8歳までに経験しておきたい科学

Science Experiences
for the Early Childhood Years
An Integrated Affective Approach

J.D.ハーレン・M.S.リプキン 著
深田昭三・隅田　学 監訳

北大路書房

Authorized translation from the English language edition, entitled
SCIENCE EXPERIENCES FOR THE EARLY CHILDHOOD YEARS:
AN INTEGRATED AFFECTIVE APPROACH, 8th Edition
ISBN: 0130384992 by Harlan, Jean D.; Rivkin, Mary S., published by Pearson Education, Inc,
Publishing as Prentice Hall,
Copyright © 2004, 2000, 1996, 1992, 1988, 1984, 1980, 1976 by Pearson Education, Inc.,
Upper Saddle River, New Jersey 07458.

All rights reserved. No part of this book may be reproduced or transmitted in any form or by any
means, electronic or mechanical, including photocopying, recording or by any information storage
retrieval system, without permission from Pearson Education, Inc.
Japanese language edition published by
Kitaoji Shobo, Copyright © 2007
Japaese translation rights arranged with, Pearson Education, Inc., publishing as Prentice Hall
through The English Agency (Japan) Ltd., Tokyo Japan

まえがき

　本書 "*Science Experiences for the Early Childhood Years*" は，みなさんが子どもたちの感情豊かな関わりを引き出せるようにと考えて8度めの改訂を迎えました。子どもたちが身の回りの世界やその仕組みに関心を向け，楽しんで調べ，見つけたことがうれしくて記憶にとどめていく，そんな感情豊かな関わりによって，学びは子どもにとって意味のあるものになります。しかし悲しいことに，このように重要なことが，国レベルで「子どもたちの学び」を決めるときには反映されないのです。私たちは，アメリカの教育を生き返らせるためには，学びにおける感情の役割がきちんと認識されなければならないと固く信じています。

　感情の役割をはっきりさせるために，スタンレー・グリーンスパン博士のとても重要な研究を引用しました。彼の研究は，知的発達が感情的な起源をもつことを明快に示しているのです。また，最近の神経科学の研究もつけ加えて，感情，思考プロセス，記憶の間にある複雑な相互作用についてどのような見解がなされているのかを示しました。意味のある探究と子どもたちの感情を結びつけ，持続的な学習を可能にすることがとても重要であると私たちは信じています。このことを反映させるために，科学的な学習のねらいを作り直しました。

　また，この改訂版では，新しい体験活動として，昆虫，空気の中で動くもの，簡単な機械，結晶の形成を書き加えました。屋外で行なう科学活動は引き続き重視しています。これをさらにおし進めるために，園（校）庭を改善するための新しい方法を提案しています。

　改訂の作業をしているとき，うれしいことにグリーンスパン博士とお茶を飲みながら午後を過ごすことができました。そして，彼が見いだしたことを，みなさんに一番うまく伝えるにはどうしたらいいのか話し合いました。彼に，教師たちへの助言をお願いしたところ，答えは明快で印象的でした。「子どもたちに感情豊かに関わりましょう。そして，子どもたちの1人ひとりの違いを大切にしましょう」。みなさんが感情豊かに関わることで，私たちが教室で子どもたちと科学を「行なって」得ている満足や喜びを，あなたも感じることができると信じています。

感謝のことば

いろいろな人たちがインスピレーションを与えてくれたおかげで，この改訂版を生き生きとしたものにすることができました。その中でも，ミルウォーキー公立博物館と，ディスカバリー・ワールド博物館で，好奇心にあふれ，懸命に探究している子どもたちに感謝します。とりわけ，一緒にミールワームの知識と科学への情熱をともにしてくれたソフィア・ボルゲーゼに感謝します。

今回の改訂を計画するにあたり，次の方々に丁寧な助言をいただきました。ウェスタン・イリノイ大学のセシリア・ベネリ氏，ボストン大学のマルシア・エドソン氏，ジェームズ・マジソン大学のスティーブン・H・フェアチャイルド氏，オールド・ドミニオン大学のウェンディ・フレイザー氏，フロリダ大学のリンダ・L・ジョーンズ氏，ウェスト・ジョージア州立大学のテリー・L・キールボーン氏，サウスイースト・ミズーリ州立大学のデボラ・モバリー氏，テキサス・クリスチャン大学のモリー・ワインバーグ氏です。

変わらぬ支持と，愛と，知恵を与えてくれた私の子どもたち，ベッツィー・ベイルズ，アン・ストローム，ジョン・ハーレン，スーザン・ボルゲーゼ，ジュリー・ハーレン・シュナイダー，そして孫の，ケイト，レイチェル，リズ，クリストファー，ローレン，ニーナ，ソフィア，ローラ，エリナ，シモーネに感謝します。聞きたがり屋で，深い知識をもち，熱意に満ちた共著者のメアリー・リプキンに心から感謝します。彼女は，私たちの企画を刺激的で，実りのある，楽しいものにしてくれました。

———— ジーン・ハーレン

感謝のことば

　私の幼児教育の学生も本書とその改訂を快よく手伝ってくれました。とりわけリン・クックは新しい文献のレビューの編集に貢献してくれました。メリーランド大学ボルティモア校の初等科学統合プロジェクトにいるドナ・ノイツェとドナ・ディクマンもまた同じく貢献をしてくれました。彼女らに心からお礼を言います。キャロル・コッペルとナタリア・キャバノーは新しい写真を撮るときに協力してくれました。スーザン・ハンフリーズは，子どもたちが屋外で学んでいるようすを美しい写真に撮って送ってくれました。

　私の孫のベルデン，マヤ，キーオン，そしてウィリーは，新しい洞察とインスピレーションを与えてくれました。その子どもたちの親であるキャロライン・セキンジャー，ガスターブ・カールソン，アイナ・クラーク，そしてロブ・セキンジャーには，子どもたちを自然界に結びつけ，私とも結びつけてくれたことを特に感謝します。ガスターブは，美しい絵を描いた本をくれました。ありがとう。

　スティーブ・リプキンとジェス・リプキンは，いつ果てるともしれないコンピュータでの作業の間，とても励ましてくれました。共著者であるジーン・ハーレンへの敬意，感嘆，好意は限りないものです。

———— メアリー・リプキン

目次

まえがき　i
感謝のことば　ii

第Ⅰ部：幼年期の科学学習はどうあるべきか

第1章　科学学習への統合的なアプローチ　　3

学びの成分　3
　　好奇心／感情／フィーリングと学習／肯定的なフィーリングと学習／否定的なフィーリングと学習／自己効力感と学習
いろいろな学習の道筋　11
　　2つの思考方法／多重知能理論
統合的な学習の枠組み　14
科学概念を多様に関連づける　18

第2章　科学の参加者──子ども・教師・家庭・地域社会　　21

考える存在としての幼児　21
　　認知理論／人としての幼児／自発性／勤勉性／個人の発達特性を尊重する
教師　26
　　誰が科学を教えるか／態度の影響／真正な興味／教える役割
家庭　30
地域社会　32

第3章　子どもたちを科学の世界へ案内する　　35

科学への招待　35
　　発見科学を指導することの意義
子どもたちを科学の世界へ案内する　38
　　科学の教え方／科学活動への2つのアプローチ／子どもたちに科学を教えるための準備／間接的な指導と直接的な指導／「問い」に学ぶ／「話し合い」を誘発する／科学の

目　次

ための時間と空間を準備する／科学活動の導入／調べることを手引きする／知ることへの興味関心を支援する／誤った固定観念にとらわれない／4歳未満の子どもたちに合わせた科学体験活動／特別な支援が必要な子どもたちに合わせた科学体験活動／協同する中で学ぶ／統合的に科学概念を学ぶためのカリキュラム／目標と評価／失敗から学ぶ／専門性を伸ばす

第Ⅱ部：科学概念・体験・統合的な活動

第4章　植物　　69

科学概念
- たくさんの種類の植物があり，それぞれが固有の形をしています。
- たいていの植物には種子ができ，その種子から新しい植物が育ちます。
- 種子は，根，茎，葉，花のある植物に育ちます。
- たいていの植物には，水，光，ミネラル，熱，空気が必要です。
- 根から成長する植物もあります。
- 植物のような形をしていても種子や根をもたないものもあります。
- 私たちの食べ物の多くは，種子です。

統合的な活動　　81
算数の活動／造形表現の活動／遊び／創造的な身体表現／創造的な思考活動／食べ物を使った活動／園（校）外での学習活動

科学概念を多様に関連づける　　86
概念を維持する／園（校）庭を改善する／概念を結びつける／家庭と地域の支援

第5章　動物　　91

科学概念
- 世界にはたくさんの種類の動物がいます。

捕獲の仕方／簡単な虫かご／害になるムシ
- 動物はいろいろな動き方をします。

ミミズの世話
- どの動物もその動物に特有な食べ物を必要とします。
- たくさんの動物が子どもを育てるために巣を作ります。
- 人間と動物はたいてい共存しています。

クラスの動物

統合的な活動　　103
算数の活動／造形表現の活動／遊び／創造的な身体表現／創造的な思考活動／食べ物を使った活動／園（校）外での学習活動

科学概念を多様に関連づける　　107
概念を維持する／園（校）庭を改善する／概念を結びつける／家庭と地域の支援

第6章　ヒトの体──健康管理と栄養　　　111

> 科学概念

- 人はみなかけがえのない存在です。
- 私たちは感覚を通じてものごとを知ります。
- 私たちの体は骨に支えられています。
- 私たちが動き，生き，息をすることができるのは，筋肉があるからです。
- 私たちは自分で健康を保ち，強くなるように心がけています。
- 体を丈夫に成長させるには栄養のある食べ物が必要です。

統合的な活動　　128
算数の活動／造形表現の活動／遊び／創造的な思考活動／創造的な動作／園（校）外での学習活動

科学概念を多様に関連づける　　131
概念を維持する／園（校）庭を改善する／概念を結びつける／家庭と地域の支援

第7章　空気　　　135

> 科学概念

- 空気はほとんどどこにでもあります。
- 空気は実在します。空気は空間を占めています。
- 空気はあらゆる方向から，ものを押さえつけます。
- 空気が動くと，ものは押されます。
- 空気が速く動くことで，飛行機は飛び続けます。
- 空気は動いているものの速度を遅くします。
- あたたかい空気は上昇します。

統合的な活動　　145
算数の活動／造形表現の活動／遊び／創造的な身体表現／創造的な思考活動／食べ物を使った活動／園（校）外での学習活動

科学概念を多様に関連づける　　149
概念を維持する／園（校）庭を改善する／概念を結びつける／家庭と地域の支援

第8章　水　　　152

> 科学概念

- 水には重さがあります。
- 水の重さと押し上げによって，ものが水に浮かびます。
- 水は蒸発します。
- 水は可逆的に姿を変えます。
- 水はいろいろなものを溶かす溶媒です。
- 水には粘り気があります。
- 水は他のものにくっつきます。
- 水は他のものにしみ込みます。

統合的な活動　　162
算数の活動／造形表現の活動／遊び／創造的な身体表現／創造的な思考活動／食べ物を使った活動

科学概念を多様に関連づける　　166
概念を維持する／園（校）庭を改善する／概念を結びつける／家庭と地域の支援

第9章　天気　　170

> 科学概念

- 太陽は地球をあたためます。
- 風は気温が変化することで起きます。
- 蒸発と凝結によって雨が降ります。
- 雨粒によって太陽の光が分散します。
- 天気は計測できます。
- 雷は静電気です。
- 帯電した電子が飛び出すと火花が出ます。

統合的な活動　　181
算数の活動／造形表現の活動／創造的な身体表現／創造的な思考活動／食べ物を使った活動／園（校）外での学習活動

科学概念を多様に関連づける　　184
概念を維持する／園（校）庭を改善する／概念を結びつける／家庭と地域の支援

第10章　岩石と鉱物　　187

> 科学概念

- 岩石にはいろいろな種類があります。

岩石のでき方　　189
含有される鉱物／3種類の岩石のでき方
- 岩石はすり減ってゆっくり変化します。
- 砕けた岩石と枯れた植物によって土壌ができています。
- 岩石には昔の植物や動物の跡が残っています。
- 鉱物は結晶を形づくります。

統合的な活動　　197
算数の活動／造形表現の活動／遊び／創造的な身体表現／創造的な思考活動／食べ物を使った活動／園（校）外での学習活動

科学概念を多様に関連づける　　202
概念を維持する／園（校）庭を改善する／概念を結びつける／家庭と地域の支援

第11章　磁石　　205

> 科学概念

- 磁石に引きよせられるものと，引きよせられないものがあります。
- ものを引きよせる力は，磁石によって違います。
- 磁石は，物質を通り抜けて引きよせることがあります。
- 磁石を使って，新しい磁石を作ることができます。
- 磁力が一番強いのは，磁石の両端です。
- 磁石の両端は，異なるはたらきをします。

統合的な活動　211
　　算数の活動／磁石の話／造形表現の活動／遊び／創造的な思考活動
科学概念を多様に関連づける　215
　　概念を維持する／園（校）庭を改善する／概念を結びつける／家庭と地域の支援

第12章　重力のはたらき　218

　科学概念
　・重力はすべてのものを引っ張ります。

統合的な活動　224
　　算数の活動／造形表現の活動／遊び／創造的な身体表現／創造的な思考活動／食べ物を使った活動／園（校）外での学習活動
科学概念を多様に関連づける　228
　　概念を維持する／園（校）庭を改善する／概念を結びつける／家庭と地域の支援

第13章　簡単な機械　230

　科学概念
　・摩擦は熱を生み，ものの動きを遅くし，ものをすり減らします。
　・てこはものを持ち上げるのを助けます。
　・斜面を使うと，ものを引っ張り上げるのが楽になります。
　・ねじには斜面が巻きついています。
　・簡単な機械はものを動かすのを助けます。
　・車輪には単独で回るものと，一緒に回るものとがあります。
　・1つの車輪で，別の車輪を回すことができます。
　・車輪は，ものを持ち上げることを，引き下ろすことに変えてくれます。

統合的な活動　241
　　算数の活動／造形表現の活動／遊び／創造的な身体表現／創造的な思考活動／食べ物を使った活動／園（校）外での学習活動
科学概念を多様に関連づける　246
　　概念を維持する／園（校）庭を改善する／概念を結びつける／家庭と地域の支援

第14章　音　249

　科学概念
　・音は何かが振動したときに起きます。
　・音はいろいろなものを通して伝わります。
　・振動するものの大きさが違うと違った音がします。

統合的な活動　256
　　算数の活動／造形表現の活動／遊び／鑑賞活動／創造的な身体表現／創造的な思考活動／食べ物を使った活動／園（校）外での学習活動
科学概念を多様に関連づける　259
　　概念を維持する／園（校）庭を改善する／概念を結びつける／家庭と地域の支援

第15章　光　　262

> 科学概念

- 光がないと，日常体験では，何も見ることができません。
- 光はまっすぐに進みます。
- かげは光が遮られたところにできます。
- 夜は地球自身のかげです。
- すべての目に見えるものは光を反射しています。
- 光にはたくさんの色が混ざっています。
- 光が屈折すると，ものが違ってみえます。

統合的な活動　270
算数の活動／光を使った話／造形表現の活動／遊び／創造的な身体表現／創造的な思考活動

科学概念を多様に関連づける　273
概念を維持する／園（校）庭を改善する／概念を結びつける／家庭と地域の支援

第16章　環境　　276

> 科学概念

- ものごとの間，たとえば，植物，動物，空気，水，天気，岩石，そして私たち自身などの間にはつながりがあります。
- 環境とは私たちの身の回りのことです。私たちはそこで生活するのと同時に，それについて学習できます。
- 私たちは力を合わせて，ゴミを減らす，再利用，修理，リサイクル（再資源化）して，環境を維持できます。

統合的な活動　284
算数の活動／造形表現の活動／遊び／創造的な思考活動／食べ物を使った活動／園（校）外での学習活動

科学概念を多様に関連づける　288
概念を維持する／園（校）庭を改善する／概念を結びつける／家庭と地域の支援

補章　家庭で行なう科学体験活動　　295
植物／動物／ヒトの体／空気／水／天気／岩石と鉱物／磁石／重力／簡単な機械／音／光／環境

訳者あとがき　　307

第Ⅰ部

幼年期の科学学習はどうあるべきか

第1章 科学学習への統合的なアプローチ

学びの成分

「先生，ぼくの手見て！」とジミーが叫びました。ヘッド・スタート（訳注：アメリカの就学前学校の1つ）の学校に入ってから1か月，ジミーは不安でずっと黙ったままでした。でも，やっと一言を発したのです。ジミーは，床に敷かれたカーペットにジュースをこぼして，それを拭き取ろうとうずくまりました。そのとき，ペーパータオルについた手形の不思議さに釘づけになりました。思いがけない場所で見慣れた形に出会ったのです。そして，知的にも，情緒的にも心を奪われました。ジミーは先生に疑問を投げかけました。新しい紙でも試してみました。そして，自分の発見について他の子どもたちに話し始めました。あふれる好奇心のおかげで，ジミーはついに私たちの学校の学び手の輪の中に入ってきたのです。

ジミーのような4歳児は，紙が水を吸い上げるというありふれた現象に，どうしてあのような強い興味を抱いたのでしょうか。もっと言うと，なぜ子どもたちは，なぜを知りたいと思うのでしょうか。幼い子どもたちは，環境とやりとりしながらさまざまなことを理解していくのが自然なことだというのが，1つの答えです。

子どもは生まれたときには，すでに反射，感覚，感情反応の能力が備わっています。これらの能力がだんだんとつながり合い，情報をうまく取り入れられるようになります。たとえば，ものを見る，握る，口に入れるという能力は，最初ばらばらですが，しばらくすると関連し合うようになります。そして，いろいろなものを見つけて，いじりまわし，気持ちを満足させるようになります。

ばらばらな能力が結びつき学びが生じるのは，脳の驚くべき発達のおかげです。そして，この脳の発達は，乳児がいろいろと経験することでもたらされます。人に

は，生まれつき無数の脳細胞（ニューロン）が備わっています。ニューロンは環境からの刺激を受けると枝を広げて別のニューロンと結びつきます。このニューロン同士の結びつきは，互いに伝達し合うネットワークへと成長していきます。このネットワークの形成によって，乳児の脳は，考える心へと成長するのです。赤ちゃんは，原因と結果の結びつきがわかるようになると，日常の困ったできごとを解決できるようになります。そして，新しい経験に手を伸ばすこともできるようになります。新しい感覚，感情反応，記憶，そして自分でやってみること，これらによって，さらにニューロンの枝分かれが促され，別のニューロンと結びつけられます。そして，より多くの情報を処理できるようになっていくのです（Diamond & Hopson, 1998, p.115）。言葉が発達し，自分で移動できるようになると，子どもたちは好奇心や探究心を抱いて，ものごとの意味を探ろうとします。適切な刺激と援助があると，子どもたちの知りたいという内的な欲求は強まります。そして，ジミーのようにもっと複雑な探究をしていこうとするのです。

世界をわかろうとする人間の内的な欲求は組織化され，情報を集め，テストし，共有するためのきちんとした方法へと発展しました。そしてそれは，科学とよばれるようになりました。実際に，「科学（science）」いう語は，ラテン語の"scire"を語源としていて，それは「知ること」という意味です。私たちが子どもたちに興味のある科学体験をさせるとき，知るという人間の自然な能力をはぐくんでいることになります。子どもたちの興味や感性にも配慮しながら科学体験をさせてみましょう。それは，知ること，学ぶことの感情的な成分を強めていることにもなるのです。

知ることや学ぶことの感情成分は，好奇心，日常体験への感情反応，できると感じやってみようと思う信念（自己効力感）などの，いろいろな側面から構成されています。これらは，互いに関係し合っていますし，複雑に絡み合ってもいます。たとえば，子どもたちが自分や周りの世界にどういう感情を抱くかで，好奇心も変わります。何かを発見することと，自己効力感との間には，互いに強め合う関係があります。新しい学習での達成感と，もっと知りたいという欲求との間にも強め合う関係があります。子どもたちは，説明のつかないできごと，恐ろしいできごとに不安を感じますが，そのとき子どもたちは，その答えを見つけ出そうとします。身の回りのものに，すばらしかったり，魅力的だったり，気持ちが安らいだりする一面があることを知るとうれしくなります。そしてそれは，情緒的な成長や認知的な成長をもたらします。本章では，この相互関係性がどんな効果をもつのか，そこには

第1章　科学学習への統合的なアプローチ

どんな生物学的な基礎があるのかをみていきましょう。そして，この相互関係性と生物学的な素地を生かして科学学習を高める方法をいくつか考えてみましょう。

● 好奇心

好奇心とよばれるものとは，いったい何なのでしょうか。定義によれば，何かを学びたいと思ったり，知りたいと思う欲求のことです。欲求は感情なのですが，心理学者は好奇心を「アフェクト（affect）」，つまり感情によって引き起こされた活動としてとらえています。好奇心は思考を促し，行動を引き出すのです。好奇心が環境を探索する前提条件であるといわれるのはこのためです。好奇心は自分でやろうと決めた目標にたどり着こうとするエネルギー源でもあります。適切な機会さえあれば，このエネルギーは生涯を通じてはたらき続けます（Kashdan & Fincham, 2002）。

科学者や，科学以外でも創造的な職業についている人々は，自分を仕事に駆り立てるエネルギーとして，好奇心をよく引き合いに出します。好奇心は最終的に画期的な発見に結びつくかもしれません。学びと個人的な成長を促して，私たちの生活を豊かにするかもしれません。いずれにしろ好奇心は，子どもたちとともに仕事をする私たちが，尊重し伸展させるに値するものなのです。

● 感情

1975年に発行されたこのテキストの最初の版を書評した人は，本書が徹底的に感情－認知的な方向をとるのに驚きました。彼は，大げさな調子で1ページにわたって次のように書きました（たぶん強い感情を表わしていたのでしょう）。「感情が何の役割を果たすというのか。これは科学についての本ではないのか」と。

その後，脳科学はすばらしい進歩をとげました。おかげで，感情と思考プロセスや記憶との間の複雑なやりとりが，とてもよくわかるようになりました。感情（emotion）という言葉は，「（気持ちを）かきたてる」とか「外へ動く」という意味の言葉に由来しています。しかし今では，感情は，いろいろな心的機能を統合し組織化することとみなされています。単純化してみましょう。これらのプロセスは感覚情報を中継するシステムと考えることができます。感覚を通して環境の中のできごとを経験すると，この情報は中脳にある組織を経由して大脳に手渡されます。そして，そのできごとが自分にどう影響するかが判断され，この情報への反応が感情処理領域に書き込まれます。このとき，推論や計画を行なう脳の領域とも連絡し

合います。そして，ニューロン活動や生化学的な活動が次つぎと引き起こされ，脳と身体の双方に作用することになるのです。

　感情反応と関係する脳の領域やシステムは，ニューロンによって脳の他の部分と結びついています。またその神経系の一部は，脳以外の身体ともネットワークを作っています。そして電気的な情報伝達を使ってやりとりをしているのです。

　脳のいろいろな生化学物質も，感情状態に影響します。生化学物質は，行動刺激や環境刺激にとても敏感です。そして血流を通して生化学的に情報を伝達します。それで脳と体とがすばやくやりとりできるのです。私たちが何かを憶えるときも，生化学物質は，学習と関係するニューロンに影響を与え，記憶を形成するのです（Shonkoff & Phillips, 2000）。

　この感情のはたらきのほとんどは，私たちがそれと意識することなしに起きます。思考や感情は，普通一緒にはたらきます。しかし，とても強い感情が起きると，なぜそうするのか意識的にはわからないうちに，行為が行なわれることもあります。感情は私たちの生活にとても重要なものです。レステックは次のように言っています。「私たちを導く感情なしには，決定することも計画することもできないだろう。感情は，私たちが生き延びていけるように進化してきたのである」（Restak, 2001, p.112）。

好奇心と楽しさとが合わさると，長期的な学習効果を生みます。

● フィーリングと学習

　フィーリングと感情という言葉は，普通互いに区別せずに使われます。しかし，現在の神経科学者は両者を別ものとみなしています（Damasio, 1999）。フィーリングは，無意識的な感情反応がコード化されたもので，意識的に認識できる記憶と

して脳に貯えられます。この貯えられたフィーリングは，学習を行なうときなど，将来の行動にも影響を及ぼします（Blair, 2002）。

　学習にとって，思考，フィーリング，感情の相互関係はとても重要です。感情には，関心を呼び起こし，何に注意を払うべきか優先順位をつける機能があるからです。さらにまた，情報を受け取ったときの情動状態によって，その情報を憶えておくべきか，どのくらい確実に憶えておくべきかが決められます。また，快適なクラス環境にいると，楽しいフィーリングが引き出されて記憶を促進する生化学物質であるエンドルフィンのレベルが上がります。不快な環境では，その反対です。ストレスの多い保育状況にいる子どもたちでは，記憶プロセスを阻害するコルチゾールのレベルが上がることがわかっています（Greenspan, 2002）。

● 肯定的なフィーリングと学習

　身の回りのものに，すばらしかったり，魅力的だったり，気持ちが安らいだりする一面があることを知るとうれしくなります。そしてそれは，情緒的な成長や認知的な成長をもたらします。発見し心地よいフィーリングが得られると，子どもは日々新たな好奇心で探究し続けようとします。6歳のアマンダが，クラスでバタフライ・ガーデンを訪れたときもそうでした。どきっとするほど美しい青いモルフォ蝶を，うまく手の甲にとまらせたとき，アマンダの顔には，喜びと畏敬と，そして満足が現われたのです。彼女はガイドさんに「ちょうちょはおしっこするの？」とつぶやきました。ガイドは「どんなことに気がついたの？」と聞き返しました。

　アマンダは，手の甲についたオレンジ色の小さな水玉について，じっと考えました。いろいろな表情が彼女の顔をよぎりました。驚き，かすかな困惑，そして納得。「そう，そういうことなんだ。ちょうちょって，人間みたい！」。彼女は座り込み，帰りの時間がくるまで身じろぎもせずにモルフォ蝶を静かに見守っていました。そして，蝶を近くの葉にやさしく移し，その場をゆっくりと後にしました。このできごとについてのアマンダの記憶は，蝶についての好奇心を支え続けるでしょう。また，自分とはまったく似ていない生き物ともつながりがあるのだという永続的なフィーリングも刻み込まれたことでしょう。

● 否定的なフィーリングと学習

　否定的なフィーリングもまた，知っておくべきことがらです。古典的な心理学研究でも，それが示されています。情緒的な愛着が育っている乳児では，母親がいる

第Ⅰ部：幼年期の科学学習はどうあるべきか

と安心して自発的な好奇心を示したり，探索行動を行なったりします。反対に，不安なフィーリングや強い恐れがあると，探索をやめたり好奇心がそがれたりもします。不安な経験が，注意，記憶，問題解決を妨げることは，たくさんの研究で示されています（Blair, 2002）。動物行動学者の研究では，圧倒的な恐れは探索を抑制するけれど，知らないものについてのちょっとした恐れからくる不安は，かえって好奇心と探索活動を刺激するともいわれています。

このことは，ジェイクが争いに備えて身構えていたケースにもあてはまると思います。ジェイクは，家で兄からたび重なる暴力を受けることに耐えていました。ジェイクの両親は「男の子はそうしたもの」だからほうっておけばよいと思い，仲裁しようとはしませんでした。しかしジェイクは，そのうらみを園に持ち込みました。こぶしがいつでもふるえるように手を握りしめていました。そして，男の子のクラスメートの間を用心深くうろつくのです。そのうちジェイクは，重力の経験に夢中になり始めました。ジェイクは，友だちを誘っては，お得意の園庭のシーソーをしようと言うのです。シーソーで自分よりも大きな子を高く持ち上げたり，その子と自分とをつり合わせたりしました。教室では，1人でてんびんを使うことに熱中しました。半円形のブロックの上に定規を置いてコインをのせ，どうやってバランスをとればよいのかを調べようとしたのです。むずかしいつり合わせ問題を自分で考え出しては挑戦しました。そして，「やった，つり合った！」と大喜びしました。だんだんとジェイクは警戒を解くようになりました。自分と同じぐらいの男の子にも少しずつ好意的にはたらきかけられるようになりました。私たちは，ジェイクがつり合いをとる活動を忍耐強く行なったおかげで，感情的にも社会的にも成長したのだととらえています。

考え違いで不安にかられたり，恐ろしいできごとに不安を抱いたりしているときにも，子どもたちは答えを見つけたいと思うかもしれません。子どもが心配することと，熱心にその答えを見つけようとすることとが，はっきりと関係しているときもあります。たとえば，4歳のマシューの母親が，アドバイスを求めてきたときもそうでした。母親は，自分の子どもが夜眠りにつくのを，どうやって助けられるのかというのです。マシューは窓から見える星を全部数え終わるまで，目を閉じることができませんでした。星が本来の場所にちゃんとあることを確かめるのに，彼は何度も何度も数えなければなりませんでした。そうしないと，寝ている間に星が落ちてくるのではないかと不安だったのです。

マシューの心配を和らげるために，どうしてものが地上に落ちてくるのか，この

第1章　科学学習への統合的なアプローチ

場合には特にどうしてものが落ちてこないのかをわからせる一連の経験をさせてみました。磁石の力は目には見えないけれども，自分の手には感じられます。マシューは，この磁石のはたらきを，実際に試しながら調べて楽しみました。磁石でたくさんの体験をつんだ後，マシューはもっと強くて見えない力である重力の効果についても，簡単な実験をしました。彼は，力の強い子が一生懸命ボールを投げ上げても，重力の引く力には勝てないことがわかりました。マシュー自身も，どんなに高くジャンプしても，地面に戻ってきます。マシューは，宇宙飛行士ごっこをするために，段ボール箱で宇宙船を作るのを手伝いました。宇宙船はあまりにも地球から離れているため，地球の重力ではもう彼を引き戻せません。マシューは，月まではとても離れていて，宇宙飛行士が3日かかって飛ぶ話を何度も何度も読んでくれとせがみました。そして，星が月よりもずっと離れていると書いてあるところで，いつもそうそうと相づちをうつのです。

　ある日，マシューが前よりもよく眠れるようになったと，母親が知らせてくれました。マシューは，ベッドにもぐり込む前に，星をちらっと見るだけですむようになったのです。彼は，地球の重力が星を引っ張り落とすほどには強くないと，自信をもって両親に説明しました。それから数年後，マシューの天文学への興味はまだ続いています。彼の家族は，遠くの町の気象台やプラネタリウムを何度も訪れました。マシューは今，気象学者になろうと考えています。子どもの頃の恐れが科学への永続的な興味に結びつく例は，セルマ・フレイバーグの『小さな魔術師』(1950) のトニーにもみられます。

　子ども1人ひとりが長い人生を歩んでいくとき，クラスでの経験がどう役立っていたかを知る機会は，保育者や教師にとってもそうたびたびあるものではありません。しかし，マシューのような話にめぐり合うと，子どもたちが自然や物理的世界のできごとに安心感を抱いたり魅了されたりする情緒的な経験が，その子にとって長期的な価値をもち得るのだという思いが強くなります。レイチェル・カーソン (1998, p.56) は，『センス・オブ・ワンダー』という自然研究における有名な本の中で，次のように書いています。「ひとたび，美しいという感覚，新しく未知なるものへの興奮，共感，同情，感嘆や愛などの感情がわき起こると，感情をゆり動かしたものへの知識を渇望するようになる。そして，その知識が見出されると，永続的な意味を持つのだ」。確かに，子どもたちが世界について何をどう学び，はたらきかけるのかということについて，感情は無視できないほど大きな影響を与えるのです。

自己効力感と学習

　自己効力感とは，さまざまなことに，うまく対処できているという感覚です。学習を成功させるには，誰にとってもこの感覚が必要です。好ましい経験をすると，自分に起きることが，ある程度はコントロールできるという信念が生まれ，それが自己効力感として発達します。自分自身をどうとらえ，自分は学習者として何ができると考えるのかは，注意を集中させる能力や，方略的に考える能力に影響します（Blair, 2002）。

　科学的な経験には，しっかりとした自己効力感，つまり自分には自力で問題に対処する能力があるという信念を生み出す点で豊かな可能性があります。マーチン・セリグマンの動機づけ研究（1992, p.151）によると，この信念は幼少期に始まり，達成動機として一生涯発達します。セリグマンは，幼児のときに自力で解決する課題が与えられなかったり，自分で対処することが認められなかったりしたときには，無力感のパターンが始まると考えています。あまりにも簡単に達成できる成功や，あまりにも容易に解決してしまう課題は，子どもが失敗に対処する能力を制約してしまいます。そのためセリグマンは，学校では，子どもたちが真剣に取り組まなければならないような挑戦的な課題を学ばせることを提案します。挑戦的な課題を克服することは，自己信頼感や自己効力感を形成する手助けになるからです。

　セリグマンによると，私たちの自尊感情や有能感は，私たちによいこと，悪いことが起きるかどうかには左右されないのだそうです。自分に起きることに対処できると考えられるかどうかによるというのです。小さい頃に科学的な経験をすることで，あることが起きるかどうかを予測できるようになりますし，子どもはいくばくかのコントロール感覚を得られるようになります。たとえば「鍋に入れた雪は，部屋の中に置いておくと水になる」などの予測ができます。これによって，混沌としていて不確実だと思っていた身の回りのできごとが，予測できるものへと置き換わっていきます。そして，子どもたちは，ちょっとしたことなら自分の力で引き起こせるのだと学ぶのです。自然の力は，時に強力で予測不可能なこともあります。しかし，科学知識によって，このような自然の大きな力にも対処できるようになります。子どもたちは，できごとの原因がわかると，自分の態度もコントロールできるのです。また，地震や大嵐などのできごとに安全に対応する訓練をすると，絶望的な恐れにも対処できるようになります。科学経験は，子どもの性格を強くするような影響をもたらすという点で特別なのです。

第1章　科学学習への統合的なアプローチ

いろいろな学習の道筋

　いろいろな形式を組み合わせて学びを拡張していこうとする実践は，幼児学校や進歩的な学校の教師たちによって，約1世紀の間追い求められてきました。脳の解剖学的構造についての新しい知見が得られたおかげで，さまざまな形式で学ぶことの意義がはっきりしてきました。1つの経験の中に異なった特徴があると，それらは脳の中の異なった場所でコード化されます。そして，それぞれの経験の特徴は，脳の奥深くにある長期的な記憶システムで結びつきます。ここで新しい情報は，すでに知っている情報と関係づけられ，記憶は精緻なものになるのです。このようにして得られた意味ある情報は，容易に思い出せます（Schacter, 1996, p.44）。これらの知見から望ましい保育・授業について考えてみると，前に述べた幼児学校や進歩的な学校の教師たちが直感的に知っていたことが正しかったことがわかります。子どもたちの学習の可能性はとても大きく，それを効果的に伸ばすには，さまざまな学習の道筋が用意されていなければならないのです。

● 2つの思考方法

　認知神経科学者は，思考方法には異なった2つの形態があり，それが一緒になってはたらくことを確信しています。
1．意識的な思考：自分がしていることを意識していて，情報を獲得したり，情報を使ったりするときに言葉を使います。
2．非意識的な思考：潜在学習とか無意識思考ともよばれます。意識下で常にはたらいていて，言葉は使われません。

　どちらの思考形態も，もう一方の思考形態を高めることができます。そして，普通どんな心的活動でも，意識的思考と非意識的思考の両方がはたらいています。これは，コンピュータにたとえることもできます。意識して使っているソフトウェア下では，目には見えないDOS（デジタル・オペレーティング・システム）が常にはたらいているのです。

　パターン化は，非意識的思考の1つです。パターン化ができるおかげで，幼児は社会的行動や言葉から，そこに含まれる複雑なパターンや暗黙のルールを「拾い出す」ことができるのです。非意識的知識を使って，3歳のキャロラインは「I teached him how to throw（彼に投げ方を教えた）」のような，誤った過去形を作りました

11

第Ⅰ部：幼年期の科学学習はどうあるべきか

（訳注：teachedではなくtaughtが文法的に正しい）。イメージもまた，1つの非意識的思考プロセスです。たとえば，何か特別なできごとを懐かしがるときには，心的なイメージを思い起こしています。比喩を使うことは，3番めによく研究されている非意識的思考です。ものをつり合わせることに熱中していたジェイクは，それを社会的関係を公平にすることの比喩として使ったのです。

「はは，やっとわかった！」という，思いがけない解決を経験することがあります。そのとき，意識的な思考では思いつかなかった解決を，非意識的なプロセスが導き出したのです。科学的思考の領域では，想像力と同じように，直感的な洞察力も大切です。解決すべき問題を見つけ出したり，解決方法のめぼしをつけたりするときに，なくてはならないのです。非意識的なプロセスでは，私たちの周りで進行しているこまごまとしたことを，意識して知覚するときよりも，はるかに多く取り入れることができます。そして，意識的思考よりも早く情報を処理することもできます（Schacter, 1996, pp.187-191）。非意識的プロセスは，まとまりを見つけ出したり，他の情報とのつながりをつけたりするときにも，とても効率的です（Brandsford et al., 1999, p.112）。

クラスで議論をしているとき，イーライがびっくりするぐらいすばらしいアイディアを出してくれました。その後彼はどう言おうかちょっと考えて，「そうだ，それを知ってたことに気がつかなかったよ」と言いました。

イーライは，どうして自分が突然ひらめいたのか，言葉で表現することはできませんでした。しかし，それは真っ当な心的活動の結果なのです。彼の先生は，それをあてずっぽうで当たったのだと，はねつけたりはしませんでした。「イーライ，それはすばらしい考えだね」と，彼の言葉を尊重して言ったのです。ダマシオ（1999, p.42）が指摘するように，「脳は，意識された心が示すものより，たくさんのことを知っている」のです。私たちは，どちらの思考形態の正当性も疑ってはなりません。

なじみ深い教育手法の中にも，両方の思考形態を利用しているものがあります。たとえば，リズム・パターンを覚えるといった時間意識は，記憶の中で非意識的にコード化されます（Salidis, 2001）。科学的な概念が憶えやすいリズミカルな歌に埋め込まれているとき，たとえば「ちびっこクモさん」のような歌の中に蒸発の概念が含まれているとき，概念はさらに強くコード化され，そして思い出しやすくなります。非意識的な思考の創造的な性質を使って，子どもたちに学んだことを想像的に表現させると，その学習を強めることができます。

多重知能理論

　私たちの脳が情報を取り込み，役に立つ知識に加工していくときには，いろいろなやり方があることは以前から知られていました。しかし，ハーバードの教育学者であるハワード・ガードナーが1983年，彼の著書で多重知能理論を提唱すると（Gardner, 1983），心理学者の間で物議をかもしました。それにもかかわらず，教育者の間ではガードナーの理論は着実に受け入れられていきました。それは教育者たちの常識的な意見をうまく説明してくれていたからです。また，彼の理論は概念を教えるときに幅広い伝達手段を使ったほうがよいことも支持しました。

　知能テストが主に測定しているのは，論理－数学的な処理能力です。しかし，ガードナーは，知能というものは，そのような単純なものではないと信じています。彼は，知能をいろいろな場面での問題解決，問題創造，問題発見としてみます。最初彼は，7つの異なった，しかし互いに組み合わされてはたらく知能を見いだしました。そして，私たちの誰もが，多かれ少なかれこれらの知能をもっているとしました。その7つの知能とは，論理－数学的知能（数学的，論理的，科学的な概念を理解したり使用したりする能力），言語的知能（考えを表現するために言葉を使う能力），音楽的知能（音楽で考える能力や，パターンを聞いたり，認識したり，記憶したりする能力），空間的知能（空間的な世界を心の中で思い描く能力），身体－運動的知能（身体を使って問題を解決したり何かを作り出す能力），対人的知能（他の人々を理解する能力），内省的知能（自分の感情について考えたり，自分自身を理解する能力）です（Gardner, 1993）。後にガードナーは，8番めの知能をつけ加えました。それは博物学的知能で，生き物を見分けて分類することなど，自然界でパターンを見いだす能力です（Gardner, 1997）。私たちが環境について学び，応答するときには，これら8つの知能をさまざまに組み合わせ，さまざまな程度使っているとガードナーはいっています。

　これらの知能がそれぞれどう発達するのか，またどう関連しながら発達するのかについては必ずしもはっきりしていません。しかし，多重知能が見いだされたことで，幼児教育者が統合的なカリキュラムを用いる理論的根拠が，さらに強くなりました。現在の研究では，いろいろな文脈で教えることの意義が確かめられています（Brandsford et al., 1999, p.50）。これらの多重アプローチを使うことで，子どもたちは科学のような社会的に価値のある知識を，効果的に作り上げ，使うことができるのです。

第Ⅰ部：幼年期の科学学習はどうあるべきか

統合的な学習の枠組み

　意味ある科学経験を他のカリキュラム領域と統合すると，子どもたちの心的な能力を高めることができます。1つの経験の中に異なった特徴があると，それらは脳の中の異なった場所でコード化されます。そして，それぞれの経験の特徴は，脳の奥深くにある長期的な記憶システムで結びつきます。時間をかけて情報をもっと十分に処理すると，もっと多くの結合が作られます。多くの結合が作られれば作られるほど，よく記憶できるようになります。教えるときには，情報を吸収し，関連づけ，使うためのさまざまなスタイルを用い，多様なつながりを提供する必要があります。子どもたちが自分たちが集めた情報についてじっくり考え，すでに知っていることに関連づけ，意味ある結びつきを作り出せるように，子どもたちを援助しなければなりません。抽象的になりがちな概念は，実際に身近な世界で機能していることがわかるように子どもたちを援助しなければなりません。そうすると，さまざまな知的能力をもつ子どもたちが，学ぶことを楽しみ，学ぶことに意味を見いだせるのです。

　このような理由から，本書の第Ⅱ部にある主要な科学トピックでは，発展的な活動をいろいろと提案しました。次に述べる学習活動は，ガードナーが見いだした多重知能のうちの1つ以上の知能を参照しています。その効果は，図1-1に図示しました。

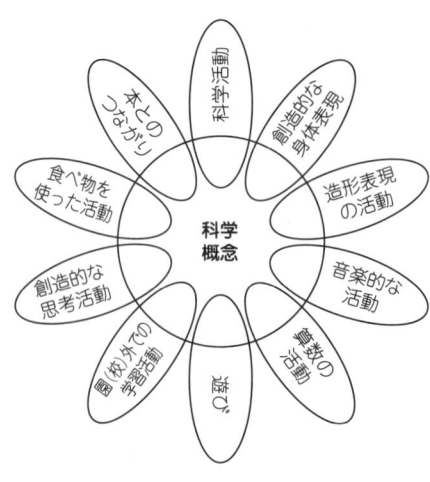

図1-1

第1章　科学学習への統合的なアプローチ

　「算数の活動」は，観察結果を測定し記録するための方法を提供しますので，どの科学活動にも関わります。本書では，科学の経験で必要とされる算数の活動を取り上げたところもあります。逆に，算数を使う文脈を提供するために，科学的なテーマを扱ったところもあります。測定したり数的に推論したりすることは，どちらもガードナーが見いだした論理－数学的知能によっています。

　「音楽的な活動」は，科学の理解をいろいろな意味で強めます。メロディーは，その概念に肯定的な感情を引き起こします。詩も，概念を直接的にあるいは比喩的に表現することで，思い出しやすくします。リズムは，パターンをくり返すことで，歌詞に含まれている概念を強化します。聞くことは，本質的に強い記憶を引き起こす感覚系です。旋律が子どもたちの耳に入ると，子どもたちは詩に表わされた概念を思い出せるのです。憶えやすいメロディー，詩，リズムは，しっかりと定着するので，消費者にものを買わせるためによく使われています。歌や民謡は，本や学校が出現する前の何世紀もの間，人々を教育するのに使われてきました。音楽的知能と関係させて，学びをさらにやさしくし，さらに長持ちさせることができます。就学前の子どもたちにキーボードを使わせて，リズムやメロディーのパターンを訓練すると，時空間的な推論が向上します。時空間的な推論は，科学と数学の基礎です（Rauscher & Zupan, 2000）。最近の脳スキャニング研究によると，音楽が処理されるのは，短期記憶と長期記憶とを，感覚的，感情的，運動的に結びつける部位であることが明らかにされています（Janata et al., 2002）。そのため，私たち人間は，音楽に対して，感情的にも身体的にも，記憶したり反応したりしやすくなっているようなのです。

　「書物や絵本」は，科学概念を，生き生きとした言葉やイメージと結びつけます。また，比喩的な意味でも，物語としても科学概念を拡張します。物語の中に科学概念が偶然含まれているときもありますし，科学的な読み物や詩の中心的なテーマとして科学概念が紹介されるときもあります。どちらの場合でも，なじみ深い知識に新しい状況で出会うことになります。そして，子どもたちの心に感情的に焼きつけられます。子どもたちに自分自身の物語や詩を書かせたり語らせたりすることは，言語的知能を使って事実，空想，感情を創造的に統合させることになります。就学前の子どもたちが，関連した指遊びを楽しむときにも，身体－運動的な知能を科学学習に組み込んでいることになります。

　本書の「造形表現の活動」は，子どもたちに自分のアイディアを直感的，創造的に表現させるために示しています。科学的なできごとを自分なりに解釈できるよう

15

に，自由な表現方法が意図的に使われています（Stein et al., 2001）。子どもたちは，自分が学んだことを示すのに，線画で表現したり，絵を描いたり，造形したりするのを楽しみます。そのときには，空間的知能と，身体－運動的知能が使われています。芸術活動の中には，科学の体験活動で使ったことのある素材を使うときもあります。子どもたちがある素材を別の方法で使うことを思いつくと，拡散的な思考が促されます。そのため，子どもたちが，特定の指示に従って何かを作らされるような作業は，造形表現の活動には含めていません。

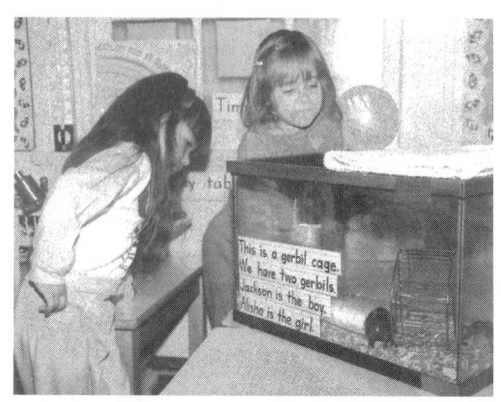

統合的な科学カリキュラムでは，科学と読み書き能力とを結びつけることができます。

「遊び」の中では，幼い子どもたちが，科学的な考え方を想像の中で試したり，適用したりできます。学び手が概念を実際に使うと，記憶が強められます（Brown & Craik, 2000）。本書では，劇遊びが 2 つの形態で示されています。1 つは，創造的な劇遊びのアイディアです。子どもたちはすでに知っている物語をその場で教えられながら演じます。もう 1 つは，子どもたちが自発的に遊ぶときのテーマです。小道具も多少用意され，遊びのアイディアが刺激されます。バーバラ・バイバー（1979, p.6）が，「それ（劇遊び）は，洞察を深め，知識を統合し，個人的なレベルで確認するための手段としてみなされていた」というように，75 年近く前，幼児学校の草創期には，劇遊びは正当な学びの形態と考えられていました。後の研究では，自発的な遊びと科学とは，問題解決を行なうときに，補い合ってはたらくことが示されています。科学は，活動の枠組みを提供します。遊びは，問題解決に積極的な態度をもたらし，創造的な行動を引き出すのです（Wolfe et al., 1998）。しかしながら，大人が子どもにまとわりついて，「教えてあげよう」と待ち構えてはいけません。くつろいだ楽しい活動としての価値を失ってしまうからです。遊びでは，

第 1 章　科学学習への統合的なアプローチ

言語的，空間的，身体－運動的，そして対人的な知能が使われる可能性があります。

「創造的な身体表現」では，楽しくくつろいだやり方で概念的な理解が促され，情報の保持が強められます。抽象的な概念が，直感的に，具体的で物理的な体の動きに変換されます。それで，物理的なできごとが記憶の中に定着するのです。ハナフォード（1995, p.87）は，「筋肉が骨を動かす前に，心の中で何かが起きる。注意の焦点が，物理的な課題をうまく成し遂げることに合わされていなければならない」と言っています。動きを通して自発的に表現するときには，空間的知能と身体－運動的知能が使われています。音楽的知能や対人的知能が発揮されることもあります。

「創造的な思考活動」は，概念を新しい関係性の中で自由に構成しなおすときに促されます。視覚化したり想像力を駆使したりしながら，できごとを逆にしたり，概念を壊して空想的な解決をしてみたり，概念を新しい見地から見直してみたりしてみます。そのときに科学概念がテストされたり，明確化されたりします。このような活動は，理性的な思考スタイルと直感的な思考スタイルとの間を行ったり来たりする柔軟性をもたらしますし，科学的なトピックに新しい関心を呼び起こすこともできます。創造的な思考活動は，内省的な知能を使います。

「食べ物を使った活動」では，味や匂いといった感覚が使われることで，概念が思い出しやすくなります。食べ物を用意したり試食したりするときの楽しさは，感情的な高まりをもたらし，記憶を長続きさせます。私たちは誰しも，特定の食べ物と，それにまつわる感情の記憶とが，生き生きと結びついていることを知っているでしょう。また，科学的な体験活動の中で食べることは，身体－運動的な知能を使うことによって，概念の保持を強めます。

「園（校）外での学習活動」は，学校で学んだ科学的な情報に関連性をつけ加え，有効なものにします（Leary, 1996）。子どもたちは，教室で身につけたことが，もっと大きな世界でも意味のあることだとわかり誇らしくなります。子どもたちが学んだ科学概念を仕事で使っている人をクラスに招くことも，やはり現場を学校に持ち込むという意味で重要です。教室の窓も，科学学習を確かめるための即席の素材となることもあります。たとえば，窓台にリスが思いがけず姿を現わしたり，窓から道路工事をしている人たちの姿が見えたりすることがあります。それは，注意をそらす材料というより，ちょうどよい実例となるときもあるのです。

園（校）庭が，教室で学んだ概念をもっと大きな世界に結びつけるための格好の場所となるときもあります。園（校）庭は教室と同じように，ぜひともその質を高

める必要があります。子どもたちが生活と学習の時間の大部分を園庭ですごす保育の場では特にそうです。幼児教育者や，環境教育や野外活動に関心のある教育者は，戸外の大切さを長らく訴えてきました。最近の研究でその重要性が再確認されています。教師が，どんなカリキュラムであっても，戸外の環境での学習を重視していると，伝統的な教育で育った子どもたちよりも，高等教育で高い成績を上げることが見いだされているのです（Lieberman & Hoody, 1998；Glenn, 2000）。園（校）庭をもっとよくしていくためのアイディアは，すべての章に含まれています。

　科学教育への統合的アプローチでは，カリキュラム全体に，身体的，感覚的，感情的な活動を織り込みます。意識的な思考と非意識的な思考を，どちらも使ったほうがよいと考えています。このアプローチは，全米乳幼児教育協会（2001）のスタンダードで支持されてきました。また，たくさんの教師，科学者，政策立案者の合意に基づいて作られた全米科学教育スタンダードの勧告とも合致します。これらのスタンダードでは，カリキュラムが発達に適切であることが必要だとされています。そして，この発達に適切なカリキュラムは，他の教科と関連づけられ，算数のプログラムと調和し，子どもにとって興味深く，適切でなければなりません。

科学概念を多様に関連づける

　子どもたちは，新しい情報をしっかり考え，すでに知っていることと関係づけ，意味のある結びつきを作り出す必要があります。これには主として2つの方法がありますが，統合的な活動ほどには簡単ではありません。この2つの方法が適用できるように前もって計画しておかなければならないからです。また，教師の能力も関わってきます。その方法とは，①概念を実際に適用することで維持するか，②新しい概念を，以前に獲得した概念と結びつけて，もっと大きな視野から理解できるようにすることです。もし結びつきの深いトピックが順々に示されるのなら，子どもたちがそれらの関係をまとめ上げるのに，とても有効です。1つのまとまった活動から引き出された理解を，次の活動に直接結びつけたり，間接的に受け渡したりできるからです。第Ⅱ部のそれぞれの章では，科学概念を維持したり，すでに知っている科学概念と新しい結びつきを作らせるためのアイディアを示しました。科学概念と科学概念を結びつけることは，図1-2に示されるように，統合的な活動を取り囲むものです（NCSESA, 1996）。

第1章　科学学習への統合的なアプローチ

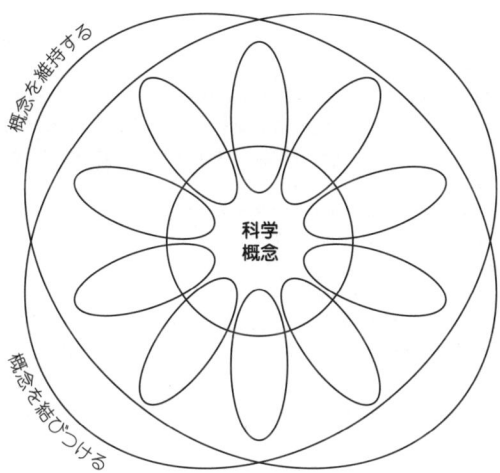

図1-2

参考文献

Biber, B. (1979). Thinking and feeling. *Young Children, 35*, **1** (November), 4-16.
Blair, C. (2002). Integrating cognition and emotion in a neurobiological conceptualization of children's functioning at school entry. *American Psychologist*, **57**, 111-125.
Brandsford, J., Brown, A., & Cocking, R. (Eds.). (1999). *How people learn: Brain, mind, experience, and school*. Washington, DC: National Academy Press.〔米国学術研究推進会議(編)　(2002)　森　敏昭・秋田喜代美(監訳)　授業を変える：認知心理学のさらなる挑戦　北大路書房〕
Brown, S., & Craik F.I.M. (2000). Encoding and retrieval of information. In E. Tulvig & F.I.M. Craik (Eds.), *The Oxford handbook of memory* (pp. 93-107). New York: Oxford University Press.
Carson, R. (1998). *The sense of wonder*. New York: HarperCollins.〔レイチェル・カーソン　(1996)　上遠恵子(訳)　センス・オブ・ワンダー　新潮社〕
Damasio, A. (1999). *The feeling of what happens: Body and emotion in the making of consciousness*. New York: Harcourt Brace.〔アントニオ・R.ダマシオ　(2003)　田中三彦(訳)　無意識の脳　講談社〕
Diamond, M., & Hopson, J. (1998). *Magic trees of the mind: How to nurture your child's intelligence, creativity, and healthy emotions from birth through adolescence*. New York: Dutton.
Fraiberg, S. (1950). *The magic years*. New York: Norton.〔S.フレイバーグ　(1992)　詫摩武俊・高辻玲子(訳)　小さな魔術師：幼児期の心の発達　金子書房〕
Gardner, H. (1983/1993). *Frames of mind* (1st/2nd ed.). New York: Basic Books.
Gardner, H. (1997). *Extraordinary minds*. New York: Basic Books.
Glenn, J.L. (2000). *Environment-based education: Creating high-performance schools and students*. Washington, DC: The National Environmental Education and Training Foundation.

Greenspan, S. (2002). *The four-thirds solution: Solving the day care crisis in America*. Cambridge, MA: Perseus Books.

Hannaford, C. (1995). *Smart moves: Why learning is not all in your head*. Arlington, VA: Great Oceans Publishing.

Janata, P., Birk, J., Van Horn, J., Leman, M., Tillmann, B., & Barucha, J. (2002). The cortical topography of tonal structures underlying western music. Science, 298, 2167-2170.

Kashdan, T., & Fincham, F. (2002). Facilitating creativity by regulating curiosity. *American Psychologist*, **57**, 373-374.

Leary, R. (1996). Field trip tips. *Science and Children*, **34**, 27-29.

National Association for the Education of Young Children. (2001). *2001 Standards for the baccalaureate or initial level*. Washington, DC: Author.

National Committee on Science Education Standards and Assessment. (1996). *National science education standards*. Washington, DC: National Research Council. ［National Research Council(編) (2001) 熊野善介・丹沢哲郎・他(訳) 全米科学教育スタンダード：アメリカ科学教育の未来を展望する 梓出版］

Lieberman, G.A., & Hoody, L.L. (1998). *Closing the achievement gap: Using the environment as an integrating context for learning*. San Diego, CA: State Environment and Education Roundtable.

Rauscher, F., & Zupan, M. (2000). Classroom keyboard instruction improves kindergarten children's spatial-temporal performance: A field experiment. *Early Childhood Research Quarterly*, **15**, 215-228.

Restak, R. (2001). *The secret life of the brain*. Washington, DC: Dana Press & Joseph Henry Press.

Salidis, J. (2001). Nonconscious temporal cognition. *Memory and Cognition*, **29**, 111-119.

Schacter, D. (1996). *Searching for memory*. New York: Basic Books.

Seligman, M. (1992). *Helplessness*. San Francisco: Freeman. ［M. E. P. セリグマン (1985) 平井 久・木村 駿(監訳) うつ病の行動学：学習性絶望感とは何か 誠信書房］

Shonkoff, J.P., & Phillips, D.A. (Eds.). (2000). *From neurons to neighborhoods: The science of early childhood development*. Washington, DC: National Academy Press.

Stein, M., McNair, S., & Butcher, J. (2001). Drawing on student understanding. *Science and Children*, **38**, 18-22.

Wolfe, C., Cummins, R., & Myers, C. (1998). Dabbling, discovery, and dragonflies: Scientific inquiry and exploratory representational play. In D. Bergen & D. Fromberg (Eds.), *Play: Birth to twelve and beyond* (pp. 68-76). New York: Garland.

第2章 科学の参加者——子ども・教師・家庭・地域社会

考える存在としての幼児

　幼い子どもたちの心は，まるで白紙のページか粘土のようなもので，熟練して思いやりのある教師が，書き込んだり形づくったりするもののように思えることがあります。実際，経験の浅い多くの教師や保護者たちは，教えることを「お話しすること」と同じだと思い込んでいます。残念ながら，教育について書かれたものの多くでも，教えることが「教授という配達」とみなされています。子どもたちの心はまるで，教師が知識や技能という荷物を積み降ろす場であるかのようです。

　認知心理学研究の流れでは，子どもの心がどうはたらくかについて，もっと現実的な見方をしています。子どもは，常に理解しようと取り組む存在だとみなされているのです。また，毎日子どもに接する親や教師による日常的な観察（最近その価値が見直されてきました）でも，同じような見方がされています。ある母親が，自分の息子の教師に語った話で考えてみましょう。

　3歳のクリストファーは，母親と一緒にショウガ風味のケーキを焼いていました。そのとき，「シナモンの神様はどこ？」と尋ねてきました。驚いた母親は，息子が尋ねた質問の意味を丁寧に読み解いてみました。母親は，最近，クリストファーの幼稚園に，近隣のシナゴーグ（ユダヤ礼拝堂）から先生が訪問したことがわかりました。クリストファーは，神様（God），シナゴーグ（synagogue），シナモン（cinnamon），シナモンの神様（cinnamon-god），このすべてを一緒にしていたのです。彼は，自分なりに知識を構成していたのです。

　クリストファーは，シナモン——触ったり，匂ったり，味わったり，見たりできるもの——についての先行経験をもっていました。おそらく，これが新しい情報を

理解するための基礎となったのでしょう。そこで，母親は，クリストファーがシナモンとシナゴーグの定義と発音のつながりを，もっと普通なものに直すように手助けしました。母親は，さらにいろいろな情報を与えました。それで，クリストファーは，洗練された知識を新たに作り上げることができました。彼はその間，自分の心のはたらきが，いかにすばらしいのかに気づいていません。彼の年齢では，1日に9つの新しい言葉をやすやすと学ぶことができます。クリストファーのすべての経験が知識を豊かにする源となっているのです。

● 認知理論

　学習するときには，活動経験が大切です。これは，ジョン・デューイとマリア・モンテッソーリが20世紀の初頭に理論化し，実証しました。ジャン・ピアジェは，子どもの思考発達の道筋と内容の細部に焦点をあてて，彼らの研究を発展させました。ピアジェの研究は，後進の研究者たちとともにさらに深まり，今日の優勢な認知理論である「構成主義」へと発展しました。構成主義的な見方では，子どもたちは世界とやりとりすることで，世界がどのようにふるまっているかを学び，意味づけを行ない，そして内的に知識を構築すると考えます。構成主義は，知識を構成するために経験が必要であることを示しています。ピアジェは，論理数学的知識の発達を特に価値あるものと考え，それを科学知識とみなしています。

　ピアジェは，幼い子どもたちが，ある状況では年長の子どもや大人とは異なる考え方をすると主張しました。そのことで，幼児教育分野の発展に計り知れない貢献をしました。彼は，知的発達には，不変な年齢段階があると仮定しました。そして，幼児の思考は具体的で抽象性がないため，幼児には幼児に特有なカリキュラムが必要であると確信していたのです。しかしながら，後の研究では，ピアジェが主張したのとは違い，幼児の思考が非論理的でもなければ，抽象性がないわけでもないことが示されています。

　子どもであれ大人であれ，十分な経験，教育，専門的知識がなければ，物理的・社会的世界について，直感や常識に頼った誤った見方をしてしまいます。このように構成された知識の多くは，学校教育では変えるのがとても困難です（Gardner, 1991）。そうだとすれば，教師はどうすればよいのでしょうか。旧ソビエトの心理学者であるレフ・ヴィゴツキーの研究（1962）が，古典的ではあるけれども再評価されています。彼の研究は，この点に焦点をあてていました。ピアジェの理論につけ加えたのは，子どもが知識を構成するとき，周りの人々に助けられたり影響を受

けたりするという洞察でした。たとえば，幼稚園児のクリストファーがシナモンとシナゴーグは別物だと学ぶのは，母親と母親の住む社会がシナモンとシナゴーグは別のものだという理解を共有しているからでしょう。母親は，クリストファーとやりとりをする中で，共有された理解に彼を引き込んだのです。

現在の最も包括的な知的発達理論としては，スタンレー・グリーンスパン (1999) の新しいアプローチがあげられます。彼は，これまでの理論で見落とされていた決定的な要素を明らかにしました。その要素によって新生児の脳は，思考する心になんなく到達できるのです。誕生以来，思考や学習に強力な役割を占めているこの要素とは，感情です。このことは，乳児と養育者との間の最も初期のやりとりにもみることができます。幼児は，養育者が笑みを返してくるのを見て，喜んで微笑むことを学ぶのです。こうした感情を基盤とした原因－結果の学習は，ピアジェが確認した年齢よりもずっと早く起きます。

グリーンスパンは，乳児が経験する1つひとつの感覚は，感情的な反応も引き起こすといっています。その経験は，身体的な印象と，感情的な印象の両面でコード化されます。そして，記憶にとどめられます。この二重のコード化が知の起源なのです。

グリーンスパンは，25年にわたって子どもの観察と調査を行なってきました。そして，その研究のおかげで，乳児期から就学前の時期にかけて，経験を基盤とした，感情的／知的で，しかも欠くことのできない6つの段階を経ることを見いだしました。これらの段階が，知性の基礎を形成するのです。興味深いことに，グリーンスパンが見いだした各発達段階は，神経学の研究で見いだされた，同じ頃の脳の成長段階とも一致しているのです (Chugani & Phelps, 1986)。

グリーンスパンが見つけた感情的／知的な段階とは，①穏やかに注意を集中させる能力，②他の人と関わる能力，③意図的に要求を伝える能力，④より複雑な社会的課題を解決する能力，⑤考えと言葉を用いる能力，⑥考えを論理的に結びつけてまとめる能力で，最後の能力は理性的な思考の基礎となります。グリーンスパンの基本的な洞察は，子どものこうした能力が，誕生してから養育者と情緒的なやりとりをすることで発達していくというものです。

6つの核となる段階をうまく達成すると，後に難題を克服する能力，柔軟で創造的に思考する能力，世界に対して好奇心をもち続ける能力が出現します。成長する過程で，子どもは知的発達の段階を次つぎと上がっていきます。しかし，初期の段階は，将来の成長の基盤を形成するうえで不可欠なのです。

グリーンスパンによれば，後に生じてくる心的レベルは，子どもが新しい課題を

経験したときに，その経験についての理解と感情とを統合することでもたらされます（1997, p.103）。知性と情緒的な健康とが密接に関係しながら成長していくと，自己意識の形成が促されます。小さい頃に感情を基盤として原因／結果を考えることは，道徳性の芽生えをもたらします。そしてそれは，自分の行為への責任意識につながり，他者の要求や権利への共感の発達にもつながっていくのです。

　グリーンスパンの知見の重要さは，知性の起源とその発達を説明することだけにとどまりません。子どもたちに学習困難や感情的な問題があるとき，その問題を見つけ，改善するための治療的枠組みをも提供してくれます。さらに，グリーンスパンは，子どもの心を引きつけるのに，学習をするときの感情的な文脈が大きな力をもつことを確認しました。感情文脈は教授がうまくいくための貴重な手がかりを与えてくれるのです。

　過去何十年にもわたって，幼児教育者は，概念を教えるためにたっぷり時間をかけ，さまざまな伝達手段を用いる実践を高く評価してきました。そうした多元的なアプローチは，子どもたちが，科学のような社会的に価値のある知識を構成したり，用いたりするのに役立ってきたのです。

　本書は，子どもがしっかりとした科学理解を生み出せるように，みなさん方の支援を手引きするものです。子どもたちの知的で感情豊かな興味に訴えかけてみてください。科学概念を教えるのに，さまざまな領域からのアプローチを用いてみてください。そして子どもの科学との関わりを刺激し，継続させていく方法を取り入れてみてください。それによって，子どもと教師が一緒に取り組み，互いが努力して理解を構築するといった，学びの共同体の形成が促されることを望みます。

● 人としての幼児

　これまでみてきたように，子どもたちが物理的世界にどのような感情を抱くのかによって，子どもたちが考えたり学んだりする能力は大きく影響されます。子どもたちが自分自身について抱く感情も同じです。さらに，社会的世界での自分の居場所に，どんな感情を抱くのかも大切で，これも学びに大きく影響します。子どもたちが自己をどう感じ，どう他者と関わるのかは，子どもたちのパーソナリティの中核部分です。エリク・エリクソン（1977）の古典的な研究では，パーソナリティの成長には普遍的な発達傾向があることが示されています。このパーソナリティの成長は学習の成功をもたらします。反対に，学習に成功することでパーソナリティの成長も促されます。パーソナリティ傾向は，認知発達の重要な感情的要素の1つなのです。

第2章　科学の参加者——子ども・教師・家庭・地域社会

● 自発性

　子どもは，ごく幼いときの経験で他者への信頼を築き，またその後，優れた自律性を発達させます。自律性が達成されると，次の段階の肯定的なパーソナリティ傾向である自発性が開花してきます。自発性を発達させている3・4歳児は，活動に注ぎ込む膨大なエネルギーをもっています。子どもたちは，自分に何ができるのかを知りたがります。世界についての新しい経験や知識を待ち望んでいるのです。そしてこの頃にちょうど推論の力と，想像の力も発達してきます。そのため，子どもたちは探究的な課題を求めるようになります。このときの子どものあふれる好奇心によって，絶え間なく「どうして？」という疑問が発せられます。行動をコントロールするシステムも芽生え始めます。そのため，子どもたちは十分時間をかけた，ゆったりとした活動ができるようになります。そして，自分の注意を引く事物に熱中できるようになるのです。

　就学前の子どもたちは，なんとなく自分に似ている子どもたちや，同じ興味をもつ子どもたちを受け入れようとします。他の子どもと実験器具や材料を共有することはまだ少しむずかしいかもしれません。しかし，この社交性のおかげで，科学コーナーでも1人で作業することはめったにありません。私たちは，身近な世界の規則性や関連性と不思議さを探究するというすばらしい時間を，子どもと一緒に過ごせるようになります。それは，一般的に言って，この段階のパーソナリティが発達

アダムは，昆虫の観察に夢中になっています。

するためなのです。

勤勉性

自発性をうまく発達させた小学校低学年の子どもは，エリクソンが勤勉性と名づけた次の段階のパーソナリティ傾向に向かいます。意味のある課題に熱心に取り組み，それをうまくやってのけようとします。そして，課題が完了するまで辛抱強く取り組みます。子どもたちは，成し遂げること自体に満足を得ようとするかのようです。この段階では，少しむずかしい課題をやり遂げることで，子どもたちの有能感が高まります。これにより子どもたちは，自分の行動を内面的にうまくコントロールできるようになり，他者と協同的に取り組むこともできるようになります。教室のルールに従いたいという傾向は，とりわけ幼稚園児（訳注：アメリカの幼稚園は5歳児対象で，小学校と同じ区分です）によくみられます。もし子どもの生活の中で，すべてがほどよくうまくいけば，この前向きなパーソナリティ傾向は，児童期を通して継続します。

個人の発達特性を尊重する

自分がどんな世界にいるのか，社会的・物理的な世界で何ができるのかを知ろうとするのは，人の自然な傾向です。そして，創造したり想像したりしようとします。答えを探し求めようとします。積極的に活動し考えることで，さらに有能になろうとします。さらには自分の力で達成し，有能になっていくことで自信をもとうとします。これらの傾向は，興味と持続力を支え，生涯を通して学び続けることを可能にします。しかしながら，あまりにも早くから学習技能や事実の記憶を強いられ，しかも最初の学年でたまたま失敗してしまうと，これらの傾向や能力は，方向を誤ったり，消え去ってしまったりすることすらあります（Marcon, 1994）。保育園や幼稚園では，科学的な探究に参加するか否かを子どもたちが選択できるようにしましょう。そうすれば，これらの傾向は守られ，そしてはぐくまれます。

教師

誰が科学を教えるか

教師が，教室をあたたかく受容的で養育的な雰囲気にできれば，子どもたちを発

見科学に導くための基礎的な資格を満たしているといえます。ハイソンとモリナーロ（2001）の教室観察研究によると，教師があたたかく，個に配慮し，熱心だと，子どもたちは積極的に学習活動に取り組むようになることが確認されています。さらに言えば，よい教授をするには，科学への前向きな態度が教師に必要ですし，子どもたちを触発し，助言し，促進する役割を果たす能力も備わっていなければなりません。反対に，子どもと教師の間の親密な関係がないと，ほとんど何も教えられません。子どもたちは，個人的な興味があり，気にかけてもらっていると感じる人から最も多くのことを学ぶのです。

態度の影響

　長期的な視点でみると，教科としての科学に対する子どもたちの態度は，科学に初めて接するときに出会う教師の態度から始まります。科学への教師の前向きな態度には，長い歴史があるでしょう。小学校から高校にかけての時期に，自分自身が科学に十分に接して，よい感情を築いた教師もいるでしょう。学校での不十分な経験にもかかわらず，科学への強い興味をもち続けている教師もいるかもしれません。子どもたちは，人生の中で「答えてくれる人」に出会うこともあります。それは，両親や祖父母かもしれません。キャンプの自然活動家が，興味深い知識を子どもに披露したり，子どもが解答を見つけるのを我慢強く手伝ってくれたりしたという出会いかもしれません。そうした恵まれた背景をもつ教師は，科学を教えるとき心地よさを感じます。そして，子どもたちの人生で科学が大切だと考えるのです。

　一方，年長の子どもたちが科学への否定的な態度を示すとしたら，その態度は，やる気がなく，教科書しか使わないような教師から「受け取った」ものかもしれません。そのような教師たちは，自信がないので，子どもたちに教科書の説明以外のことを考えさせません。実験を通して科学概念を発見させたりもしません。

　たくさんの女子生徒が，教室でジェンダー的な偏見に直面して，科学への興味を失っています。教師に，男子のほうが科学への適性が高いという固定観念があって，男子生徒に優先的に注意が向けられると，女子生徒たちはそれを見抜くのです。さらに，別の生徒たちは，事実の記憶ばかりが強調される科学の授業を受けて，やる気を失っています。この場合は，日々の生活にどんな科学原理が影響を与えているのかといったことに，目が向けられていないのです。

　機会があれば，幼い子どもたちが熱意をもって科学体験活動をしているのを見学したり，その活動に一緒に参加したりしてみましょう。科学を教えることへの否定

的な態度が変わってきます。活動を基盤とした科学教育コースや，ワークショップに参加してみるのもよいでしょう。失っていた自信を取り戻したり，薄れていた興味をもう一度わかせたりできます。このようなワークショップに参加した教師たちに対して追跡研究をすると，教師の態度が前向きに変化することがわかります。

● 真正な興味

　何かについてもっと知りたいという，本当の意味での興味を教師がもっていることは，前向きな教授態度のとても大切な一部分です。この興味があれば，教師が答えがわからないときには，子どもたちと一緒に学ぼうとするでしょう。自分はすべてを知っているわけではないことを認める能力は，よい教師の特質の1つです。

　発見することに教師自身が興味をもっていると，子どもたちの好奇心も高まります。「問いを発するなんてくだらない」と思っている子どもの好奇心も呼び起こします。刺激的でない環境のもとで衰えてしまった好奇心もよみがえらせます。教師自身の不思議に思う心が生き生きとはたらいていると，その好奇心にあふれた行動が子どもたちのお手本となります。図2-1に示したように，この重要な態度は，

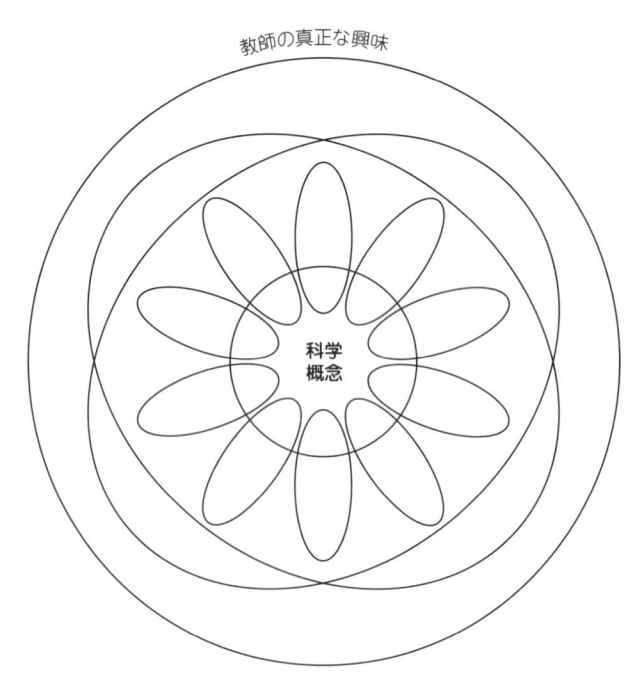

図2-1

科学教育の枠組みの基礎のところに位置づけられます。教師が物質のふるまいに無関心なのに、どうして子どもが関心をもつでしょうか。

🟢 教える役割

　発見科学を効果的に指導するには、教えるときに4つの役割が必要とされます。
1. 世話役としての役割：世話役としての教師は、1人ひとりの子どもたちが成長する機会をもてるように学習環境を整えます。計画を立て、活動に必要なリサイクル品を集め、実際に実験をしてみせます。これらは、科学の世話役としての仕事です。この役割を果たすには、子どもの活動でちょっとぐらい散らかっても寛容でなければなりません。そして、新しい冒険的な試みをいとわない気質や、失敗から教訓を学ぶ能力なども必要です。
2. 触媒としての役割：触媒としての教師は、子どもたちに自分で考え問題解決をするのだということを気づかせ、知的な力を活性化させます。この役割と対照的なのが、私たちの多くが学生時代に身につけた「教師」像です。ここでは教師は究極の知識源とみなされます。そのため、自分の知識と子どもの知識との隔たりを必要以上に大きくみてしまいます。そして、子どもが知的な能力をもっていることをみえにくくしてしまうのです。それとは反対に、触媒としての教師は、自分自身もふだんから発見の喜びにふれています。そのため、前向きで応援するような雰囲気を作り出します。
3. 助言者としての役割：助言者としての教師は、子どもが探究している間、注意深く観察し、近くで耳を傾け、質問には手短に答えます。学習のきっかけとして、あまりに多くの情報を示したりはしません。そして、子どもたちが問題の核心部分に迫れるような問いかけを行ないます。助言者としての教師は、1人ひとりの子どもたちが新しい考えを練り上げ、問題解決に取り組める時間をたっぷりととります。新任教師は、自分自身もまた学習者であることがなかなか受け入れられません。そのため、この役割に圧迫感を覚えることもあります。しかし、助言者としての役割は、直接的なものではありません。むしろ支援するコーチとしての役割なのです。
4. モデルとしての役割：モデルとしての教師は、優れた学習者がもっている重要な特性を意識的に子どもに示します。たとえば好奇心、価値理解、粘り強さ、創造性といった特性です。リリアン・カッツ（1985）は、そのような特性を気質として定義しています。気質とは、その人なりのやり方で状況にこたえる心

の習慣とか，傾向のことです。よい気質をもつことはとても重要です。そしてそれは，具体例を通して学ぶのが最もよいのです。しかし残念なことに，大人がどんな気質が学習に必要であるかを知り，そのお手本を示すことは，めったにないとカッツはいいます。私たちは，自分の経験や思考プロセスを子どもに示して，前向きな学習の気質のモデルを示すことができます。たとえば，「それは最初うまく動作しなかったけれど，先生は動くまでずっとやり続けたんです」と，自分が努力したことにふれ，粘り強さのモデルを示します。また，たとえば，「みんなにガ（蛾）の表と裏を見せるには，もっとよい方法が必要でした。そこで先生は，うまい考えを思いつきました。この２つのプラスチックのふたを合わせてテープでとめて，すてきなガの展示ケースを作ったんです」と，自分が新しい方法で問題を解いたことを打ち明けて，創造性のモデルを示すのです。

教師が前向きな態度をもち，自分に必要な役割が何かをわかっていると，子どもたちが科学的発見から得た達成感を分かち合い，喜べるという点で報われます。そして，個人的に成長できるという点でも報われるのです。

助言者としての教師が，注意深く観察し，近くで耳を傾け，質問に手短に答えます。

家庭

どんな親も，この世界について価値ある知識をもっています。それを自分の子どもに伝えることで，お互いに利益を得ることができます。ダニエラの祖母は，ガのまゆを寄付してくれました。数か月後，そのガが20人の子どもたちの目の前で羽化

しようともがいていました。私たちは，それを1時間，驚きに息をこらして見つめました。また，4歳のマヤは，たくさんの船の種類とその用途について，しっかりとした知識をみんなに知らせることができました。それはマヤと両親とが港に面した家に住んでいて，港の船をくまなく見ていたからです。マヤの家族は，クラス全体の学びを豊かなものにしてくれました。そのうえ，マヤ自身も世界を知ることに興味を抱くようになりました。親がわが子の知識の価値を認めたおかげです。

　家庭の教育的役割は独特で，しかも生き生きとしています。家庭は，教室で教える教師とは違い，子どもの知的成長を長期にわたって引き出せます。自然界や人工的な世界をすばらしいと思ったり，つまらないと思ったりする態度は，親子の初期の関わりの中で刷り込まれます。実例に基づく教授は，意識的であろうとそうでなかろうと，子どもの社会化の一部として行なわれるのです。

　親が子どもに支持的な関心を寄せると，子どもの学習への動機づけが高められることが，たくさん報告されています。最近出された研究のまとめでは，「子どもの教育に親や養育者が関与することは，何よりも子どもの学業成績に影響を与える」(Barber et al., 2002) と結論づけています。大学で数学や科学を専攻する女性やマイノリティ（社会的少数者）の人々にとっては，幼い頃からの親の励ましが，とても重要です (Hammrich, 1977)。ブルーム (1985) は，（科学者を含む）成功を収めた才能ある大人が，幼い頃からどう成長してきたのかを研究しました。その結果，親が子どもの特殊な興味を支えていたことがわかりました。また，自分の興味を一生懸命に，辛抱強く追究してみなさいとも励ましていたのです。しかし，親の興味は，時には欠けていることもあります。私たちが行なう科学教授は，親の興味を引き出す手助けとなり得ます。子どもたちが家庭で，実用的な問題解決能力を発揮したらどうでしょう。大人の世界で重要だと思われている科学知識を披露したときはどうでしょう。それを肯定的にとらえない親はほとんどいません。

　幼児教育は，始まった当初から家庭と連携した教育に努めてきました。全米乳幼児教育協会は，教師の専門性スタンダードを定めるとき，たった5つしかないスタンダードの2番目に，「家庭を支え，家庭の力を強めるために，敬意のある互恵的関係」を築くことを掲げました (2001, p.14)。アメリカ教育省は，「あなたの子どもが科学を学ぶのを支援します」という小冊子を用意しました。そして，親が自分の子どもに学校で科学を学ぶ準備をさせるようにすすめています。全米科学教師協会 (1994) は，科学教育への親の参加についての立場表明を採択しました。その立場表明では，親が子どもたちを支援するために，日常生活の中で科学を体験させ，

科学活動を一緒に行ない，さまざまな地域社会の資源を利用することに重点が置かれています。これらは，本書が1976年の初版以来主張し続けてきたことです。

残念なことに，親の多くは，自分には子どもたちと楽しく分かち合えるような科学知識がないと思っています。このような親は，子どもと珍しいイモムシを見つけて，楽しく遊んだ経験もないことでしょう。本書の第Ⅱ部の各章の「家庭と地域の支援」にあげたようなアイディアを，教師から家庭に提案してみましょう。そうすると，親にも教室での探究に協力してもらえるようになるでしょう。第Ⅱ部の主要な科学トピックについては，補章に「家庭で行なう科学体験活動」を掲載しました。この体験活動で，親は自分の子どもの科学への興味をはぐくむことができます。

補章の家庭での体験活動は，意図的に気楽な調子で書いています。親があまりにがんばれと責め立てることのないようにするためです。親が責め立ててしまうと，子どもの努力を伸ばすというよりも，だいなしにしてしまうかもしれないのです。関連活動は，教師がコピーして家庭に送ってもかまいません。しかし，宿題として送ったのではなく，家庭で楽しんでもらうためだとはっきり伝えましょう。

家庭が子どもの教育に特別な役割をもっていることを認識してもらうことが大切です。そのため，家で夜に行なうのがよい活動，家庭と直接関係する活動，家庭にとって特別な価値があり，長期にわたって始めから終わりまで通して行なうような活動（Furman, 1990）を多く取り上げています。

地域社会

科学教育を向上させるすばらしい資源が，アメリカのどの地域にもあります。参加型の子ども科学博物館，自然環境センター，動物園，水族館，プラネタリウムなどは，子どもとその家族に，競うことのない楽しい雰囲気で科学プログラムを提供しています。青少年団体，教会，図書館，大学やその他の公共機関は，科学への興味をかき立てるレクリエーション的な科学活動を実施しています。これらの機関は学校ともつながりをもっています。余暇活動，サマーキャンプ，家族向けのサイエンス・フェスティバル，移動博物館，教師への出張講義で，体験型の科学学習を行なっています。地域によっては，公共的なサービスに恵まれず，家族が子どもの好奇心を伸ばそうと思っても，その機会が少ないところもあります。しかし，これらのプログラムの多くが，そのような地域でも開催されるように計画されています。

第2章　科学の参加者——子ども・教師・家庭・地域社会

このようなプロジェクトを通して，恵まれない地域の子どもたちも，学校に上がる前から，科学の活動を楽しむことができるのです。

これらの発展の多くは，全米科学財団（NSF）が過去30年以上にわたって旗振りをしたおかげでもたらされました。全米科学財団は，部分的に資金援助もしています。そして，15に及ぶ連邦政府機関，大企業，全国的な青少年団体，科学関連の諸学会，そしてメディアを取りまとめました。国の科学教育の質を向上させ，科学リテラシーの一般レベルを高めるための活動を行なうためです。ノヴァやズーム（訳注：いずれもアメリカの公共放送サービス（PBS）で放送された科学教育番組）といった優れた科学テレビ番組も，そうした共同資金によって支えられています。

学校外での科学学習を強く主張する，先駆的な脳研究者であるマリアン・ダイアモンドは，環境の豊かさが脳の成長に影響することを研究しています。25年前に乳児の脳を刺激する運動のきっかけを作ったのも彼女でした（Diamond & Hopson, 1998）。そのマリアン・ダイアモンドは，かつて自分の子どもを連れて，カリフォルニア大学バークレー校にあるローレンス科学館を訪れたことがあります。そしてそこで，とてもわくわくした体験をしました。それを高く評価した彼女は，ローレンス科学館の館長を引き受け，長年にわたりその職をつとめました。それほど成功

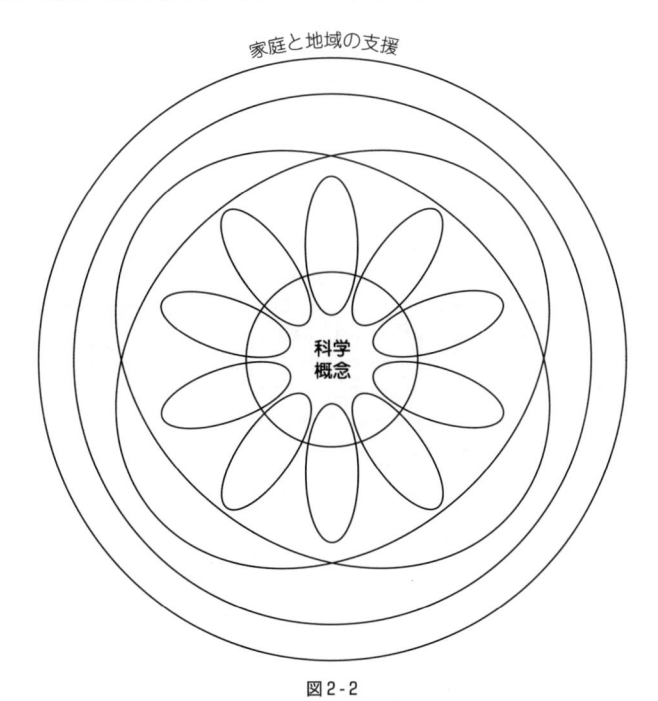

図2-2

しているローレンス科学館のプログラムの多くは，GEMSシリーズの一部として学校で使えるように出版されています。

科学学習の枠組みは，図2-2のように，家庭と地域の支援を受けて，完全なものとなります。家庭と地域の支援における影響を図2-2に示します。

参考文献

Barber, J., Parizeau, N., & Bergman, L. (2002). *Spark your child's success in math and science: Practical advice for parents*. Berkeley, CA: Lawrence Hall of Science, University of California, Berkeley.

Bloom, B. W. S. (Ed.). (1985). *Developing talent in young people*. New York: Ballantine Books.

Chugani, H., & Phelps, M. (1986). Maturational changes in cerebral functioning in infants, determined by positron emission tomography. *Science*, **231**, 840-844.

Diamond, M., & Hopson, J. (1998). *Magic trees of the mind: How to nurture your child's intelligence, creativity, and healthy emotions from birth through adolescence*. New York: Dutton.

Erikson, E. (1977). *Childhood and society*. New York: Norton. ［E. エリクソン （1977） 仁科弥生（訳） 幼児期と社会　みすず書房］

Furman, E. (1990). Plant a potato-learn about life (and death). *Young Children*, **46**, 15-20.

Gardner, H. (1991). *The unschooled mind*. New York: Basic Books.

Greenspan, S. (1997). *The growth of the mind*. Cambridge, MA: Perseus Books.

Greenspan, S. (1999). *Building healthy minds*. Cambridge, MA: Perseus Books.

Hammrich, P. (1997). Yes, daughter, you can. *Science and Children*, **34** (4), 21-24.

Hyson, M., & Molinaro, J. (2001). Learning through feeling: Children's development, teacher's beliefs and relationships, and classroom practices. In S. Golbeck (Ed.), *Psychological perspectives on early childhood education: Reframing dilemmas in research and practice* (pp. 107-131). Mahwah, NJ: Earlbaum.

Katz, L. (1985). *Dispositions in early childhood education*. ERIC/EECE Bulletin, 18.

Marcon, R. (1994). Doing the right thing for children: Linking research and policy reform in the District of Columbia public schools. *Young Children*, **49**(7), 8-20.

National Association for the Education of Young Children. (2001). *2001 Standards for the Baccalaureate or Initial Level*. Washington, DC: Author.

National Science Teachers Association. (August, 1994). *NSTA position statement: Parent involvement in science education*. Washington, DC: Author.

Vygotsky, L. S. (1962). *Thought and language*. New York: Wiley. ［L. S. ヴィゴツキー （2001） 柴田義松(訳)　思考と言語　新読書社］

第3章 子どもたちを科学の世界へ案内する

科学への招待

　演奏家のトム・ハンターは，各地の学校を訪問して回っています。トムは，小学校1年生と2年生を相手に，雲についての疑問を口にしながら考えていました。トムは子どもたちの豊かな思考を導き出すには，行動や活動について問いかけるとよいことを知っていました。それで，「雲は何をするの」と聞きました。子どもたちからは「雨を作る」「速く動く」「ゆっくり動く」「太陽を隠す」「消える」など，いろいろな答えが返ってきました。すると，それまで会話に参加していなかったある女の子が最後に手をあげて言いました。「私は雲が何をするのか知ってるわ。いろいろなもののフリをするの」。「そうなの」とトム。「雲はおじいさんのフリをしたり，馬やお城，木のフリをしたりするの」。

　この話は，「核となる科学概念を理解するための基盤」（NAEYC, 2001, p.24）を，幼い子どもが獲得するように指導するとき，喜びとむずかしさとがあることを示しています。子どもは周囲の世界を目で観察し，耳で聞き，世界について考えます。そして，世界についての独自の理解を作り上げるのです。この理解には，私たちが「科学」とよぶものもあれば，詩や倫理，ファンタジーなども含まれています。教師としての私たちの目標の1つは，「科学」を作り上げているもの，つまり自然界についてみんなが共有している理解を，子どもたちに与えることです。もう1つの目標は，この理解を作り上げるためのプロセスを，子どもたちが経験する手助けをすることです。そのプロセスには，観察し，実験し，情報を丁寧に記録すること，さらには積極的に創造的な思考を行なうことが含まれます。

　本書では，「意味のある内容についての焦点化した探究活動」（NAEYC, 2001,

p.24）を紹介しています。全米科学教育スタンダードや各州の科学教育スタンダードでは，内容，思考習慣，プロセスが示されています。本書は，その基準を子どもたちが満たせるように，教師の援助を手引きするものです。本書で提案されている体験活動をすることで，子どもたちは学校の授業科目である科学を楽しみ，科学の分野における自分の能力に自信をもつことができます。これらの体験活動には，全米乳幼児教育協会（NAEYC）がまとめた次のようなプロセスが含まれています。

・身の回りの事物や現象について問いを立てる。
・事物や現象に実際にはたらきかけて，どうなるかを調べる。
・五感すべてを使って，事物や現象を細かく観察する。
・観察できる特徴や特性を記述したり，比較，系列化，分類，整理したりする。
・観察の幅を広げるため，各種の簡単な道具を使う（虫めがね，定規，スポイトなど）。
・簡単な調査を行なう。つまり，最初に予想をし，データを集めて解釈し，単純なパターンを見つけ出し，結論を導く。
・観察したことを記録し，それに説明を加えたり，自分の考えを表現したりするときに，いろいろな表現方法を用いる。
・他の子どもたちと協同で作業し，考えを共有したり話し合うとともに，新しい見方に耳を傾ける。（NAEYC, 2001, p.24）

　これらの技能は，幼稚園や小学校のいろいろな場面で活用されます。そこに含まれる能力を身につけることで，科学を学ぶときのしっかりとした基盤ができ，他の科目を学ぶときの基盤にもなります。しかし私たちが見るところ，科学という科目は小学校でも，あまり重要視されなくなってきています。ですから，ベテラン教師にも新任教師にも，科学指導をカリキュラムに取り入れる意義が大きいことについて考えていただきたいのです。

● 発見科学を指導することの意義

　子どもたちが身近な世界を知るときには，子どもたち自身に素材を扱わせてみるというのが，最もよい方法です。そうすると，子どもたち自身が体や頭を使って，調べたり，問いかけたり，理由づけをしたり，そして回答を発見したりするようになります。発見へと導くこの科学学習アプローチでは，何を学ぶのかということも大切ですが，どうやって回答を探し出すかということも大切です。発見的な科学体験活動を，子どもが知識を追い求めることの一環としてとらえてみましょう。そう

第3章　子どもたちを科学の世界へ案内する

考えると，園や学校での知識追及を支え，可能にするためには，次のような基本的な方法が望ましいということになります。

- 発見科学では，好奇心を有効な学習の手段として尊重します。
- 発見科学では，子どもの問題解決における個性や創造力を伸ばします。そして，習得した概念はしっかりと定着します。興味深いことに，科学的に理解し考えるときには，創造的な思考をするときと同じ思考段階をたどるのです。
- 発見科学を行なってみると，素材に直接に関わるという基本的な学習スタイルが理にかなったものであることがわかります。発見科学の学習スタイルは，幼い子どもたちが自発的に体験し，触れ合い，やってみようとする姿に基づいて作り上げられました。しかし，何かを理解するときに積極的に参加することがとても大切であることは，一生を通して変わりません。それは，英語のファーストハンド（直接体験）という言葉が，現物から何かを知ることを意味するところにも表われています。
- 就学前教育で発見科学の経験をすると，よく知らずに直感的な解釈をしていたものが，徐々に置き換えられていきます。これらの経験では，自然現象がもつ深遠で美的な要素は保ち続けられます。しかし，戸惑うようなできごとに感じていた神秘性は取り除けるのです。
- 発見科学は，落ち着きのない子ども，個人的な不安にとらわれてしまっている心配性の子どもや，やりがいのないカリキュラムにやる気をそがれて退屈している子どもを集中させる手段となります。
- 学校の学習課題をするときに感じる理不尽なプレッシャーから自分を守ろうとして，学習に対して反抗的になってしまった子どもたちがいます。発見科学は，そのような子どもたちの興味もかき立てます。実際の対象物を調べる学習には遊びの要素があります。そのため，紙と鉛筆でするような，堅苦しい勉強のストレスを減らします。発見科学では，学校での形式的な勉強とは違い，身体的に関わったり，社会的に交流したりできます。プレッシャーを感じている子どもたちは，科学活動に参加することで，学ぶことへの抵抗を忘れ，学習者としての自分を取り戻せるのです。
- 発見科学の本来の目標は，子どもたちが秘めている知的能力を発達させることです。面白い素材を扱う学習は，それがどのようなものであっても子どもにやる気を起こさせます。本書第Ⅱ部の各章の前半にある発見科学活動や，後半の領域横断的な活動では，できるだけ言語学習と科学学習が統合されるように考

えられています。それは，言語体験アプローチ，読みにおけるホール・ランゲージ・アプローチ，カリキュラム開発でのプロジェクトアプローチとも似たものです。感覚や運動を用いた活動は，英語を母語としない子どもたちのためのESL（第二言語としての英語）プログラムとしても使えます。学習を行なうときに体全体を使って反応することに重点を置いているからです。

発見科学の指導では，子どもたちが思考，実践，理解するとき，感情豊かに参加することが大切です。子どもたちの感情を基礎として，体験活動が行なわれます。

子どもたちを科学の世界へ案内する

科学の教え方

構成主義が受容された反面，教師の多くが子どもの思考過程に「干渉」することを躊躇するようになりました。教師は子どもたちがしていることには，口をはさまないように努めていたのです。その一方で，もっと行動主義的な考え方をする教師もいます。彼らは，子どもは空の容器のようなもので，教師のもつ知識で満たす必要があると考えています。今私たちは，誰に何を教えようとしているかを考えに入れながら，これらの両極端の中間の指導を行なうことを目指しています。たとえば，4歳児や5歳児が雨で濡れた路面が乾くのを目にするとき，蒸発という現象を直接観察していることになります。このとき教師は蒸発という用語をもち出すのです。そして，もっと違う事例や，実験，観察記録などへとつなげていくのです。ただ，本書の第Ⅱ部に書かれている自然現象には，子どもたちが簡単に観察できないものもあります。そのようなときには，教師が子どもに積極的に気づかせてあげることが必要になります。

子どもの努力に共感できる教師，子どもが問題を解決したときの興奮や満足感を共有できる教師は，子どもの知的発達をよりよく導き，いっそう伸ばします。子どもたちは他人を真似したり，やりとりをすることでも学びますし，自分で調べたり，問題解決をすることでも学びます。教師は，この子どもたちの問題解決能力を引き出すファシリテーターの役目も担っているのです（Case, 1986）。

発見学習では，直接的な指導や間接的な指導を通して，子どもの主体性をうまく引き出し，コミュニケーションを促進するファシリテータが必要です。教師は，子どもが体験したことの意味がわかるように助け，それを拡充して概念がつかめるよ

うにします。このようにして，子どもの積極的な課題探究を補助するのです。ここで最も大切なのは，教師がこの取り組みの重要性を信じているという感情的な部分です。科学を教えるという一番大きな目的に思い入れがないと，子どもをその気にさせることはできません。体験的な活動も活力を失ってしまいます。世界の安定して変わらない側面を知ると，身の回りのことがより予測可能になります。それを子どもたちと共有しようとする強い思い入れをもちましょう。そうすると，科学が教室で息づくことになるのです。私たちの焦点を，事実を教えることから子どもを教えることへと切り換えましょう。それによって，価値ある知識の発見を助けようとするときにも，新鮮さと力強さを失わずにすむのです。

● 科学活動への2つのアプローチ

　科学活動を社会的に促進していくうえで，特色のある2つのアプローチがあります。子ども自身によって導かれる科学活動（偶発的アプローチ）と教師に導かれる科学活動です。子ども自身によって導かれるアプローチは，ごく少人数の幼児クラスで行なうとき，もう少し年長の才能のある子どもの個々の興味を育成するとき，教室内に探究する雰囲気を作り出すときなどに適しています。

　偶発的な科学活動は，歩道に埋まっている小さな水晶の光るかけら，虹色に光るカナブンの背中，蒸発する運動場の水たまりなど，子どもの好奇心が何かに引きつけられたときには，いつでも，どこでも起こり得ます。教師は子どもの発見に乗じて，さらなる発見へとつながる質問をしたり，その発見を子どもがすでに知っていることと関連づけたり，その経験を他の活動に生かしたり，子どもがもっている知識をさらに広げるための素材探しを手伝ったりするなどのことができます。科学に興味や素養があり，自信に満ちた教師は，このように子どもの知識をうまく広げていくことができます。幼い子どもたちを受け持っている教師には，子どもたちが自発的に探究する時間を作ることを強くすすめます。教室に新鮮な空気がもたらされますし，子どもと教師との間に共同性が築かれます。「学びたいと思ったときに何かを学ぶ」と，記憶に残りやすく満足感が得られるのです。

　しかし，このアプローチにも欠点はあります。大人数のクラスで同じような支援をすることは困難です。スケジュールがきちんと決まっている学校では突発的な活動を組み込むこともむずかしいでしょう。また，偶然に子どもから始まった探究活動が，適切な科学概念につながるとも限りません。全米科学振興協会（1993）と全米科学教育スタンダード・評価評議会（1996）が出版した全米科学教育スタンダー

ドでは，子どもが獲得すべき科学概念と技能と思考習慣が，互いに関連づけられながら記されています。現在，多くの州が独自の科学教育スタンダードをもっています。本書で紹介している教師が導くアプローチは，州の科学教育スタンダードや全米科学教育スタンダードを，子どもたちが満たすようにしたいという，教師の要求に応じるものとなっています。

　本書では，教師が導くアプローチであっても，子どもたちの日常のできごとや興味・関心を中心に置いています。教師は，これらの活動や応用的な活動を組み合わせて，1週間から2週間続けるとよいでしょう。基本的な活動については，不慣れな教師でも利用できるよう，実践済みの具体例を示して詳細に説明しています。その一方，各章の探究的な体験活動では，あまり具体的な書き方をしていません。教師と子どもたちが模索しながら，さらに発展させていけるようにするためです。このような探究的な活動には?マークが記されています。

　いろいろな状況の中で，同じ概念に何度も出会うと学習効果が長続きします。また，最近の子どもたちは屋内で過ごす時間が長いため，屋外での体験はとりわけ大切です。このため，第Ⅱ部のすべての章に屋外での活動を組み込んでいます。これらにはマークが記されています。また各章には，その章の科学概念が定着するように，園庭や校庭などの改善提案も含まれています。これらの提案はいずれも，言うは易く行なうは難しかもしれません。しかし，保護者を含む他の人々との協力ですべて実現可能なものですし，実現している園や学校もあります。

　他の学習や教室内のできごとで，何か関係のありそうなことがあったときには，科学の学習と関係づけたり，科学学習の内容をそれに合わせて組み替えたりすることも可能です。一度提示されただけの断片的な教材に比べ，何度もふり返り積み上げていく教材は，はるかに長く記憶に残ります。科学知識は，それが実用性をもっているときや，生涯を通じて続く学びの一部となったときにこそ定着するのです。

● 子どもたちに科学を教えるための準備

　科学学習では，教科書とその解説で学習するよりも，活動的で発見的な学習をするほうがはるかによいものになります。この点で，教育者や研究者の意見は一致しています。それにもかかわらず，ほとんどの幼稚園や小学校の教師たちは，有効性が低いとされる指導方法を実践し続けています。体験的な学習活動をしない理由として教師から最も多くあげられるのは，子どもの質問に答えられるだけの科学的な素養がないということです。問題解決型の学習では，どんな疑問が出てくるのかわ

からないということが，教師を悩ませているのです。彼らはいろいろな解決が可能だということに不安を感じます。科学へのこれらの不安がそのままにされてしまうと，「科学を行なう」のではなく，科学に関するものを読むだけの指導方法に固執することになります。

　科学について力量不足だと感じていると，科学を教えるうえで大きな制限となります。科学という科目が嫌だと思っている気持ちが子どもたちに無言で伝わるからです。しかしながら，十分すぎるほどの科学の訓練を受けた教師の場合でも，幼い子どもたちに科学概念をうまく教えられるとは限りません！　高度な知識をもっている科学者ですら，複雑な概念を幼い子どもたちが理解できるレベルに翻案するのは簡単ではないのです。

　実は私たちは，自覚している以上にたくさんの実用的な科学の知識をもっています。たとえ不足があったとしても，教えるための準備段階で知識を埋め合わせればよいのです。不慣れな教師は，本書の科学概念，学習のねらい，活動内容の説明を丁寧に読んでください。そうすれば，基礎知識を補足することができます。また，子どもたちの前で実践する前には予備実験を行ない，その結果や問題点，活動への感想などを書きとめておくことを強くすすめます。これで自信もつき，技術的に困難な点もわかります。参考文献の中でも，子どもの理解レベルで書かれた本を読むと，適切な知識が得られます。教師向けの参考文献からは，教師の興味を高めるつっこんだ情報が得られます。また，子どもの突発的な好奇心への答えを得る手助けにもなります。

　教師が活動を行なう直前にも，本書の教師用の参考文献にあたってみてください。そうすると，科学に関する最新情報を得たり，知識を補充したりできます。概念をあらためて学ぶことによる満足感が新鮮さをもたらし，子どもたちの興味を刺激することにもつながるのです。最後に，ジェローム・ブルーナー（1961, p.12）の言葉を覚えておくと心強いでしょう。「すべての科学の根底にある基本的な考えは強力であるとともに単純でもある」。

● 間接的な指導と直接的な指導

　発見学習では，間接的な指導と直接的な指導が用いられます。間接的な指導では，よく練られた発問をして子どもの考えに耳を傾けたり，話し合いを丁寧にリードしたりします。直接的な指導では，概念の手がかりを与えたり，努力を促したりします。しかし，私たちの多くは，自分が行なっている教育の中で，このような指導を

どう行なえばよいのかを知りません。そのため，これらのテクニックを少し解説しておきましょう。

子どもたちの考えに耳を傾けるという間接的な指導法では，子どもたちの発見学習への関心を引き出し，持続させることができます。また，じっくり耳を傾けることで，科学的な説明とは違う，子どもたちの誤った考えや個人的な論理にも気づくことができます。子どもの思考についての最近の研究では，幼児が自分の経験に基づいて，「根本的な」領域（心理学，生物学，物理学）で個人的で実用的な理論を発達させることがわかってきました（Wellman & Gelman, 1998）。それは子どもたちにとって生きるための知恵の１つなのです。一般的に，子どもたちは自分が集めた情報に矛盾があっても，その矛盾は想像力で埋め，自分なりの理論を作り上げます。第１章に出てきたマシューが行なったのはその例です。

さらに言うと，子どもの素朴な信念を変えさせるには，体験的な学習だけでは不十分だという研究結果もあります。子どもたちは，自分の信念とは異なる説明を受け入れようとしないのです。何らかの指導で子どもの誤概念を問題にしない限り，子どもたちは新しい体験を自分の古い信念で解釈してしまいます。そのため，体験活動を何度くり返しても，概念転換は生じないのです（Butts et al., 1993）。

しかしながら，これは子どもだけにみられることではありません。『自分だけの心（Minds of Our Own）』（Schneps, c.1997）と題された興味深いビデオシリーズを見るとよくわかります。若者や大人が，季節，電流，鏡などのありふれた現象について抱いている思考も，やはりその人特有で，しかも不十分なものです。このため，小さな子どもたちに関わる教師は２つの課題を抱えていることになります。つまり，自分の科学概念についての理解を理にかなったものにするという課題が一方ではあり，子どもたちがよりよく理解できるように支援するという課題がもう一方にあるのです。それゆえ，私たちは自分の誤概念と格闘しなければなりません。また，それと同時に心にとどめておくべき重要なことがあります。それは，子どもたちの素朴な考え方を面白がったり，風変わりと見下したり，根絶しなければならない重大な誤概念ととらえたりしないことです。ものごとを理解しようとする素朴な試みが尊重されると，子どもたちは自信をつけていきます。発見的な体験活動を行なうと，より体系的で包括的なものの見方を身につけていきます。それは，私たちが科学とよぶものです。そうなると，直感的な理論はだんだんと理にかなったものになり，再構成されていくのです。

私たちは考えていることを声に出し，自分の推論過程を子どもたちに示すことで，

子どもたちの思考を間接的に導くことができます。たとえば、「歩道に落ちていたこの葉っぱを見つけたとき、先生は思ったの。『今まで見たこともない葉っぱだわ。でも、星みたいに5つの尖ったところがある。そういえば大きなゴムの木の葉っぱも同じような形をしてたわ。だけど、ゴムの木の新しい葉っぱは、最初のうちはこんなに小さいのかしら』。そこで、先生はそれを確かめるためにどうしたと思いますか」というように、考えていることを声に出すのです。シルヴィア・ファーナム・ディゴリィ（1990）はこれを、目に見えない思考過程を子どもに見えるようにする重要な指導法であるといっています。

「問い」に学ぶ

　科学研究の質は、価値ある問いを立てられるかどうかにかかっています。質の高い発見科学学習も同じで、その質は、的確な問いを発して指導できるかどうかにかかっています。何を答えてもよいオープン・エンド（拡散的）な質問をすると、適切な回答をいくつも引き出せます。拡散的な問いは次のように、さまざまな効果をもたらします。

- 発見を引き出す：科学の活動の初めに問いを発しましょう。そうすると、答えを見つけるための発見的な活動を子どもたちに行なわせることができます。本書の第Ⅱ部で推奨されている各活動では、まず問いが太字で示されていて、その活動を行なうと答えを見つけられるようになっています。これらの問いは、活動を導入するときにも役立ちますが、その活動について子どもたちが結論を導き出すときにも役立ちます。問いをインデックスカードに書き写して、教室の科学コーナーに貼っておきましょう。そうすると、子どもたちを作業に集中させることができます。
- 予測を引き出す：「こうしたら何が起こると思いますか」などと質問して、実験を行なう前に子どもたちから予測を引き出します。幼児の場合、回答は教師が記録します。より年長の子どもたちは自分で予測をノートに書き、結果を記録することができます。
- 理解を探る：「はかりのこちら側が下がったのはどうしてだと思いますか」などの質問で子どもの理解を探ります。
- 推論を促す：「こちらの腕は乾いている感じがして、こちらは濡れている感じがするのはどうしてでしょうか」などの質問で推論を促します。
- 触媒としての役割：問いが触媒のようなはたらきをして、その問題について新

たな関心を呼び起こすことがあります。「てこをきちんとはたらかせるには，何を変えたらいいでしょうか」という問いは，もっと努力しようとする気持ちを引き出します。反対に，教師による具体的な指示が，発見をしようとする気持ちを失わせてしまうこともあります。「てこでロバートを持ち上げるには，ブロックをもう少しロバートのほうに近づけたらいいですよ」という指示は，やる気をなくさせてしまいます。

・創造的な思考を促進する：グループでの話し合いで「摩擦がなくなったら，私たちの生活はどう変わってしまうでしょうか」などと問いかけます。
・感情を反映させる：グループでの話し合いの中で，「暗箱実験で一番面白かったのはどこでしたか」などの問いかけをします。

　正解が1つしかないような問いは，収束的な問いとよばれます。教師はこのような収束的な問いをあまりにたくさん使いすぎるという研究結果が，数多く発表されています。収束的な問いは，創造的な思考を促したり，いろいろなことを関連づけたりするときにはあまり効果がないのです。しかし，学習を促進しようと収束的な問いを発するのは適切ですし，意味もあります。収束的な問いは次のようなときに有効です。

・注意を向けさせる：「赤いコップには，青いコップと同じだけの水を入れられるかな」のような問いかけで，子どもが見過ごしがちな活動の大事な要素に注意を向けさせることができます。そして，子どもは自分の行動を非難されたと感じることなく，やり方を修正できるのです。
・時間的順序を思い出させる：「まず何をしましたか。次に何をしましたか」や「それはいつ起こりましたか。次に何が起こりましたか」などの質問をします。
・以前の状況を思い出させる：「ビンの中のマメは，昨日と今日でまったく同じように見えますか」などと問いかけます。

　収束的な問いに続けて，拡散的な問いを行なってもかまいません。「どうやったらわかるかな」などと質問すると，さらに考えを深めたり，新たに調べる活動に発展させたりできます。

　教師が質問を投げかけることに不慣れなときには，同じような教師たちと一緒にロールプレイをしてみましょう。そうすると，新しいテクニックに慣れて上達できます。教師に，答えが決まっている質問をする癖がついていることがあります。そのようなときには，質問の仕方を変えるのに，相当な努力が必要です。私たちは，子どもたちから聞き出したい答えを，質問の形にして聞いてしまうことがあります。

「コップに入っていた雪は溶けて，より少ない量の水に変わったということでいいですか。みんなもそれを発見しましたか」。このような形の質問は，子どもたちが自分で結果を発見する必要性をなくさせてしまいます。また，発見しなければならないのは，教師が求めている答えなのだと教えているようなものです。

●「話し合い」を誘発する

　新しい概念を学習するときには，話し合いがいろいろな場面でさまざまな役割を果たします。
- 導入場面での話し合いでは，新しいトピックへの興味をかき立てます。子どもたちが個人的に出会ったできごとを思い出したり，その課題について知っていることを出し合ったりするように促しましょう。このとき，子どもたちの個人的な理論に明らかな欠点があっても否定してはいけません。子どもたちがこれから行なう活動で何を発見したいか，自分で問いを考え出すように促します。
- 小グループでの話し合いでは，子どもたちの行なった活動について話し合います。自分たちが調べた活動で何が起こったかを整理したり，自分たちの考えをはっきりさせたりします。1つの活動から2つ以上の結論に達することもあります。これが子どもの素朴理論を変えるきっかけにもなるのです。
- クラス全体で行なうまとめの話し合いでは，それぞれのグループが体験活動で調べた概念を持ち寄ります。こうすると子どもたちは新しい概念になじめるようになります。また，関連した情報を取りまとめることもできます。本書第Ⅱ部のすべての章に「概念を結びつける」という項をつけました。まとめの話し合いのときの参考にしてください。

　子どもたちが考えや体験を表現するときには，教師が子どもたちの表現を尊重するお手本を見せましょう。そうすると，子どもたち自身も，グループでの話し合いでお互いに学び合えるようになります。子ども同士の話し合いを促すために，無口な子どもも，無理なく対話に引き込んでみましょう。無口な子がうなずいたり，会話に反応して笑顔になるのを見つけたら，「キャリーもあなたの考えに賛成みたいね」などと，参加していることを認めてあげるのです。大人数の話し合いに参加し続けるのがむずかしい子どもがいたときには，次の具体的な例が役立つでしょう。

　　　2人の子どもに，それぞれがクレヨンを1本ずつ持ってくるように言い，そのクレヨンを交換させます。交換する前にそれぞれが1本のクレヨンを持って

いたこと，交換した後も1本のクレヨンが手元にあることを確認させます。次に，その日の天気など1つのトピックについて考えを交換させます。考えを交換した後，今日の天気についての考えが自分の中で2つに増えていることを子どもたちに伝えます。「お互いの考えに耳を傾けて，それを交換し合うと考えは増えていくのよ」とつけ加えましょう。

　鍵となる情報をある子どもが言ったからといって，そこですぐに意見交換をやめてしまわないことが重要です。同じ考えがくり返されるようになっても，参加している子ども全員が考えを言うまで，話し合いを続けてください。

　子どもは質問の答えを考え出すまでに多少の時間がかかることを，大人は見落としがちです。質問への答えが即座に返ってこないと，うまく指導できていないと考える人が多いようです。しかし，メリー・バッド・ロー（1996）の研究結果によると，その逆なのです。彼女が調査したところ，教師たちが子どもに与えていた回答時間の平均は1秒以下でした。そこでその教師たちに3秒以上待つよう指導しました。そうすると，子どもたちからの回答数が増え，より長い回答や，より多様で正確な回答が得られたのです。さらに長く教師が待つと，子どもたちはお互いの意見を聞き，それに対して意見を言い始めるようになりました。また，クラスで「優秀」と思われていない子どもたちもその話し合いに参加し始めたのです。これは何人かの子どもが答えただけでグループでの話し合いをやめてしまうと，多くの考えが未開拓のまま打ち切られるかもしれないということを意味しています。これでは，多くの子どもが，考えることや学ぶことに自信を失ってしまいます。幼い子どもは特に，考えを練り，それを表現するための時間が必要です。

　よい話し合いでは，教師は触媒の役割を担います。そして，子どもたちに考えさせ，自分の考えを表現させる権限をもたせます。これは自分だけが教室で威圧的にしゃべることに慣れている教師にとっては特にむずかしい変化かもしれません。それでも練習を重ねると，「とても面白い考えね。他の人は違う考えかもしれないからもっと聞いてみましょうか」というような橋渡しの言葉を使って，子どもたちの意見を支え，引き出せるようになります。

　触媒である教師は，子どもが正確な考えを言えばそれを取り上げ，子どもたちの考えに情報を少しつけ加えて拡張し，誤概念が残っていればそれをきちんとしたものにします。教師は子どもたちが話し合いの中で出すいろいろな意見をまとめていきます。子どもたちから出された考えに，重要なポイントが含まれていないときに

は，教師は「科学者はこうも言っています」とつけ加えることもできるでしょう。グループでの話し合いは，子どもの思考力と推論能力を刺激することを目標に行なうと成功させることができます。

科学のための時間と空間を準備する

　小グループで実験する時間をどうやって作るかは，それぞれの教育現場によって違うでしょう。学習センターを使った教育が普及してきたので，教師も活動計画を柔軟にすることが上手になってきました。科学活動は，アシスタントに手助けしてもらうと，もっと楽にできるようになります。アシスタントは，保護者にボランティアで参加してもらってもいいですし，定年で退職した教師，年長クラスからの「交換児童」でもかまいません。クラスの活動をアシスタントに監督してもらうのもよい方法です。場合によっては，カードに簡単な指示を書いて子どもたちに渡したり，テープに録音して渡してもよいでしょう。そうすると，子どもたちは自力で科学の体験活動を行なうことができます。

　科学体験活動に適した場所を選ぶことも重要です。場所が適切だと，子どもたちは学習に引きつけられますし，注意が散漫になることも防げます。そして，子どもたちの思考を促進することにもなるのです。用具入れや掃除用具が手近にあることも大切です。場所を変えて体験活動をすると，子どもの興味をそそります。テーブルを毛布で覆い，その中で科学の活動を行なうとしたらどうでしょう。子どもたちは，その日を心待ちにするのではないでしょうか。

　「さわってみて」と書いた展示コーナーを作って，内容をこまめに入れ替えてみましょう。そんな展示コーナーがあれば，子どもたちの注意を引くための凝った壁面掲示などは必要ありません。子どもたちが外で見つけたものなど，科学に関連したものを家から持ってくることもあるでしょう。多くの教師は，それらを気持ちよく受け入れてあげようと年度初めは思うものです。小さな木の枝にかけられた鳥の巣，変わった石，脱皮したばかりのヘビの皮。このようなものから，魅力的なプロジェクトが始まることがあります。しかし，展示コーナーの内容を入れ替えるという目標を忘れてしまうと，最初の努力も水の泡です。埃をかぶった鳥の巣や，ぼろぼろになったヘビの皮には誰も魅力を感じません。見飽きたものは下げるほうが賢明です。その代わりに発見活動で今使っている，壊れる心配のない素材を展示してみましょう。そうすれば，今行なっている活動にふさわしい展示コーナーを，簡単に維持することができます。

インターネットにアクセスできて大画面ディスプレイのついたコンピュータがあれば，科学指導を広げていくためにとても役に立ちます。言うまでもなく，生きているスナネズミを飼育ケースで飼えるなら，それに優るものはありません。大きさ，形，匂い，習性，目の輝き，そして鋭い歯について学べます。しかし，遠い砂漠で野性のスナネズミが住んでいる写真を見ることだけでも大きな価値があるのです（そもそもスナネズミはペットショップに生息するような生き物ではありません）。制約があって実物か写真のどちらかを選ばなければいけないとしら，ただの写真よりも，さまざまな感覚に訴える実物のほうがよいのは当然です。

小学2年生や3年生になれば，コンピュータを使ってデータを記録し，図にすることもできるようになります。コンピュータに多少慣れている子どもなら簡単なワープロソフトを使うことも可能です。しかし，コンピュータにたくさん入っているできあいの画像を利用するのは避けましょう。これらの画像が型にはまっているということもありますが，子どもが自分で描画して説明しようとする気をなくしてしまうことのほうがもっと深刻です。子どもたちは，コンピュータで文章を作成し，自分で観察したことを図にして書き入れることもできます。レッジョ・エミリアの園では，世の中のさまざまなことを絵で描き表わすよう子どもたちに体系的にはたらきかけています。そうすると，子どもたちはとてもうまく描き表わせるのです。

幼い子どもたちのためのコンピュータ使用についてのもっと詳しい情報は，ホーグランドとライト（1997）にまとめられています。

● 科学活動の導入

新しい科学活動に子どもの興味を向けさせるには，いろいろな方法があります。たとえば，「砂場の中にクリップを1箱ばらまいてしまいました。どうやったらクリップを集められるでしょうか。わかる人はいますか」というように，物理科学の活動を子どものレベルの問題に置き換えて示すやり方があります。「今日の科学活動は，私たちが毎日教室で見ているものを使って行ないます。その外側にはハンドルがついていて，中にはローラーがあります」というように，推理ゲーム仕立てで子どもたちの興味を引きつける方法もあります。また，ある教師は落ち着いたようすでゆっくりとポケットの中を探り，「みんながきっと知りたいと思うものがここにありますよ」といって子どもたちの好奇心をそそります。科学に関連した，見たことのないものを紙袋から取り出してみると，それについてもっと知りたいという気持ちになります。こうした子どもの興味をしっかりとつかむために，「これにつ

いて何か知っていますか」という問いかけを続けましょう。

　関係のある物語や詩を読んでトピックを紹介し，オープン・エンドな質問をするという方法もあります。答えは，発見活動で探させるのです。たとえば，光をトピックにするとき，導入でラッセル・ホーバンの『おやすみなさいフランシス』（訳注：ガース・ウィリアムズ絵／松岡享子訳，1966，福音館書店）を読んでみます。それから，「フランシスは椅子にかかったローブにどきっとして，怖くなったんだけど，それはどうしてかな」と質問をします。できごとをわかりやすく説明して活動を始めることもできます。たとえば，「今日ベランダに立っていたら，トラックが大きな音をたてて通ったんです。そうしたら，ベランダも揺れました。みんなは近くで大きな音がしたときに揺れを感じたことはありますか。今日は，音と揺れが一緒に起こることについて，もっと詳しく知ることができますよ」などと言うのです。科学を楽しいゲームのようなものとして売り込むのはあまり好ましいことではありません。しかし，科学の活動を子どもの世界に置き換えると，子どもの興味がそそられ，科学を「行なう」ことが大事だと思えるのです。

● 調べることを手引きする

　子どもたちが体験する（ハンズ・オン）ということは，できる限り教師は手を貸さない（ハンズ・オフ）ほうがよいということも意味します。時には，ねじ回しを固定してあげたり，パラシュートのひもを結んであげることもよいでしょう。臨機応変に手助けすると，やる気をなくした子どもでも，ものごとを成し遂げられます。しかし，時間を節約するためにおせっかいな手助けをしてはいけません。バッツとホフマン（1993）は，今もっている考えを「捨て去る学習」をするのはとてもむずかしいといっています。そのため，子どもたちが，調べたことをどう表現するのか，どう説明するのかに注意深く耳を傾けることをすすめています。子どもたちが考え方を変えるのは，体験活動をした後に，子どもたちと交わす会話だからです。

　助言者の役割を上手にするにはこつがいります。考える手がかりをさりげなく示すために，実験の大切なところを指摘してもよいでしょう。質問をして，答えを考える時間をたっぷり与えてもよいでしょう（本書で紹介している活動には，「科学概念」という見出しがついています。推論のための手がかりをここから見つけることもできます。たとえば「彼を持ち上げるのに，てこを押し下げたね」など）。賢い助言者は，自分がねらっていることを，子どもたちが早く発見するようにせかしたりはしません。子どもの頭を疑問がよぎったとき，指示をしたり，常識的なこと

を言ったりして台無しにすることのないようにも注意を払います。子どもがせかされて早まった結論を出してしまったり，子どもが自分で解決にたどり着く前に手を出してしまったりすると，経験的な学習の意味が薄れてしまうのです。

● 知ることへの興味関心を支援する

　どんな科学活動が提供されようと，グループの子ども全員が知りたがり，やりたがるだろうなどと考えるのは非現実的です。教師が用意した科学活動にグループ全員の参加を強制してしまうと，自主的な判断を育成するという発達目標に反したものとなってしまいます。どの子の発達にも独自性があります。それぞれの子どもは，さまざまな能力や動機づけを抱いて学習の場にいどむのです。

　家族のふとした言葉がけが，園や学校での子どもの選択に大きく影響してしまうこともあります。両親からの愛情に不安を抱いている子どもが，「いい服なんだから気をつけて」「男の子はお料理なんてしないの」「女の子はクモやミミズを怖がるものよ」などといった親のメッセージを，直接，間接に受け取ったとしましょう。そうすると，行動がとても強く抑えられてしまう可能性があります。こうしたメッセージは，新しい体験をしてみたいという子どもの興味をも抑制してしまうかもしれないのです。

　子どもには，何かを発見することよりも優先度の高い欲求が存在することもあります。家でさびしい思いをしている子どもだと，特定の友だちと学校で遊ぶことが何よりも大切だと感じているかもしれません。そのため，その友だちがいる時だけしか，科学活動に参加しようとしないのです。また，疲れていたり，お腹がすいていたり，体調が悪い子どもは，実験台で何が起こっているのかを観察するだけの興味を維持できないでしょう。

　科学活動をいつも拒否する子どもがいるようなら，拒否する理由を考え，参加しやすくする方法を考えましょう。その子に，その日の科学活動の準備を手伝ってくれるように頼むだけでもよいのです。子どもは自分が準備を手伝ったプロジェクト活動には，特に興味を抱くものです。ただし，科学のそのトピックが，他のいろいろな授業と関連する主要テーマだと話は別です。調べる活動にあまり積極的でない子でも，提示された概念が重要であることに気づくでしょう。

　子どもが努力して学んだり，問題を解決したりするようすを教師が評価すると，子どもを科学活動に参加させることによい影響を与えます。子どもの能力を認めるコメントをすると，科学への前向きな姿勢がはぐくまれます。それで子どもは学習

者としての自分に自信をもつのです。そして，もっと知りたいという興味をもち，努力し続けるのです。

　心理学の研究では，知的能力を褒められるときよりも，努力を褒められるときのほうが，子どもたちは作業そのものに目が向くという結果が出ています。努力を褒められた子どもたちは，もっと新しいことを理解し，もっと上手になろうとします。今している作業を楽しむことができますし，少々失敗したとしてもくじけません。一方，知的能力を褒められると，動機づけも，実際の成果もふるわなくなる傾向があります。このような子どもは，失敗の恐れがあるむずかしいプロジェクトなどを避けがちになるのです。課題に失敗してしまうと，途中であきらめやすいですし，努力を褒められた子どもに比べて，成果もよくありません（Muller & Dweck, 1998）。

　子どもが活動でうまくいかなかったときには，課題を克服できるようしっかりと励ましてあげましょう。そうすると，成功して褒められるときよりも，科学への満足感が高まることでしょう。

　結果がよいことを何よりも高く評価し，それを追求するような教師がいます。そのような教師は，子どもたちに「作業」を続けさせようと，機械的であいまいな称賛で子どもたちを操作しようとしがちです。しかし残念なことに，大げさで空虚な称賛をすると，活動への子どもの自発的な興味が妨げられ，学習への動機づけが弱まってしまうようです。子どもたちは何かを学ぶことよりも，ちゃんとした成果を出して教師に認めてもらうことに集中してしまい，活動自体への興味をなくしてしまうのです。

　実際のところ，子どもたちがよい作業をしているかどうかに注意を払うのは必要なことではありません。かえって必要な集中力を妨げ，満足のいく結果を得られなくしてしまいます。このように動機づけが不適切だと，子どもたちは何らかの障害に行き当たったとき，あきらめてしまいがちです。また，教師が近くで「励ましてくれている」間だけ作業を続けるようになってしまうかもしれません。アルフィー・コーンによると，称賛されすぎると，子どもは褒めてもらうこと自体に動機づけられてしまいます。そのため残念なことに，称賛を求めるあまり，褒められた行為自体への思い入れが損なわれてしまうのです。コーンは，褒める代わりに，子どもが達成したことに，簡潔で，評価を含まない意見を言ってあげることを推奨しています（Kohn, 2001）。表3-1は，人工的で機械的な称賛と真の激励との違いを表わしたものです。

表3-1　機械的な称賛と真の激励の比較

状況	機械的な称賛	真の激励
アメリアは発芽用のビンを覗いて叫びました。「私の芽に葉っぱがついてる！」	「かしこいね」	「きちんと観察をして新しい成長のようすを見つけたね」
ジェイクははかりのおもりがつり合ったので大喜びしています。	「よくできたね」	「両側がつり合うと気持ちいいね」
ニーナは昨日行なった光を曲げる実験を家で新しい方法で試してみました。成功しました。	「天才科学者だね！」	「新しい方法を見つけたなんてすごい。もっと教えて」

　最近では，子どもの能力を高めるために，子どもの自尊心を人為的に高めようとする学校のやり方に批判が集まっています。社会心理学者は，このような試みが予期しない負の結果を生み出すことを見いだしています。マーティン・セリグマン（1995, p.33）は，子どもの気分をよくするために，実際の成果にかかわらず大げさな称賛をすると，逆に自尊心を損ね，学習内容の習得を困難にするといっています。そして，自尊心の発達についての誤った理解は，若者のうつ病の増加とも関連しているといいます。現実には，自尊心は成功の副産物なのであり，その逆ではないのです。

　子どもたちには，学習を深め，成果を認める，真の意味での励ましが必要です。スティペックとグリーン（2001, p.87）は，幼年期の子どもを対象とした保育研究の結果をもとに，成功への期待を人為的に高めるような，誤った称賛をしてはいけないと力説しています。彼らは研究に基づいて，学習への動機づけを支援する簡潔な原則を提案しています。「子どもに自分が有能であると感じさせる最善の方法は，彼らが有能になるよう支援することである」。

　子どもたちは，活動に没頭することで，有意義な結果を得たり，時には期待以上の成果を出して新発見をしたりします。そういうときに子どもたちは成長するのです。そして，難問を克服したことに喜びを感じるのです。自分の能力が高まり報われたと感じること，それが学習への内発的な動機づけの本当の源なのです（Csikszentmihalyi, 1990）。

● 誤った固定観念にとらわれない

　知的能力に関して，ジェンダー的な固定観念や，人種的に誤った固定観念があると，今後この国の問題を解決していくであろう子どもたちの自信を喪失させ，その発達に無意味な制約を課してしまいます。教師の行動や信念は，子どもが自己への

態度を形成するときに，大きな影響を及ぼします。自己への態度は，否定的なときもありますし，肯定的なときもあります。いずれの場合でも，自分は何が成し遂げられるかという感覚を方向づける，最も影響力の大きい要因です。

　私たちは，1人ひとりの子どもの知的能力を伸ばす手助けをしたいと口では言います。しかし，私たちの行動はその言葉と矛盾しているかもしれません。私たちの行動は，時に無意識のうちに，私たち自身の価値観に基づいて行なわれているからです。自分が子どもの頃に伝え聞いた，女性やマイノリティの人々の思考能力や「生来」の興味についての，忘れたはずの偏見。それに従って行動しているのかもしれません。私たちの社会では，「科学者」といえば年をとった白人だと思っている人が多いのですが，実際にはそうではなくなってきています。私たちは，指導をするときに次のような行動をとることで，すべての子どもが科学と関わり合いがあると感じるようにできます。

・女の子やマイノリティの子どもたちにも，白人の男の子と同じぐらいに，声をかけて励まし，その子どもたちが科学に関する質問に答えたり，話し合いに参加したり，実験をしたりするように促します（Blake, 1993）。
・新しい活動に参加する機会を，すべての子どもに公平に与えます。
・クラスに招く科学者や専門家，掲示板に貼る科学者や専門家の写真は，白人男性だけでなく，女性や白人以外の人種からも選びます。このように，どの子も何らかの形で科学を経験できることを，いろいろな手段で伝えます。そうすることが，誤った固定観念に対処する確かな取り組みとなるのです（Hammrich, 1997）。

変な匂いがするけど，それでも女の子は興味津々。

第Ⅰ部：幼年期の科学学習はどうあるべきか

4歳未満の子どもたちに合わせた科学体験活動

　本書の科学活動は4歳から8歳の子どもを念頭においたものですが，その多くは，もっと年齢の低い幼児に合わせることも可能です。2歳児は，単純で感覚的な活動なら楽しんで行なえます。うちわで扇いだり，風ぐるまを回したり，風の強い日には吹き流しをそよがすことで，空気が動いているのが感じられます。石の手触りや重さを感じたり，氷を触った後に溶けた水にも触らせてみましょう。金魚をよく見て同じように動いてみたり，畑でなっている果物や野菜をとって食べてみてもよいでしょう。大きな音や静かな音を聴いたり，色つきセロファンを通して，周りをまったく違う色で眺めることもできます。

　3歳児なら，似たような活動でも，より細かい観察をさせられます。虫めがねでものを大きくして調べるような活動にも集中できるでしょう。石とそれ以外のものを分けたり，浮くものと沈むものを分けたり，磁石にくっつくものとそうでないものを分けるといった，初歩的な分類活動を楽しむこともできます。

特別な支援が必要な子どもたちに合わせた科学体験活動

　どのようなレベルの運動，行動，感覚，コミュニケーション，および心的な機能を備えた子どもたちであっても，科学はその子どもたちの思考や行動にはたらきかけることができます。発見科学では子ども同士の協同作業を必要とします。そのため，特別な支援を必要とする子どもに不足しがちな，人との関わりを促進することになります。同じクラスの子どもたちにとっても，障害のある子どもが，みんなに役立つ考えや才能をもっている1人の人間なのだと認めるきっかけになります。たとえば，ローリーにムシ採りの才能があることがわかると，誰も彼女を笑わなくなりました。鉛筆を持つこと，数字や文字を書くことは苦手でも，ムシを捕まえることへの情熱がなくなるわけではありません。ローリーは，捕まえたムシを同じクラスの子どもたちにも分けてあげました。その気前のよさが，彼女の社会的な関係をよりよいものにしたのです。スコットの場合は，右脚と右腕が不自由でしたが，やはりそれは科学に深く関わる妨げにはなりません。公園では他の子についていけないことが多いスコットでも，科学の実験台の上では，彼の社会的・知的能力が発揮されます。スコットはご機嫌な調子で，教室の植物に水やりをする自分なりの方法を発明しました。ジョウロは持ち上げるには重すぎたため，きれいなスポンジをジョウロに浸しました。それから，植物の上でスポンジを絞って水やりをし，植物たちに水を飲ませてあげるのと一緒に，葉っぱも拭いてあげたのです。

第3章　子どもたちを科学の世界へ案内する

　器具を操作しやすくすると，特別な支援が必要な子どもであっても，何かを成し遂げることが可能になります。ものをつかみにくい子どもには，薬を飲ませるときの小さなスポイトよりも，料理用の大きなスポイトのほうが使いやすいでしょう。小さなものをつかむのが困難な子どもにはトング（パンばさみ）が役立ちます。

　視力や聴力に障害のある子どもには，アプローチを変えることも重要です。視覚障害のある子どもには，事前に何をするのかを説明しておくと，新しい体験を受け入れやすくなります。聴覚障害のある子どもでは，正面に向き合って説明しなければなりません。聴覚障害があることは他の人にわかりにくいため，その子どもが背を向けているときにはコミュニケーションできないことを忘れてしまいがちです。

　車椅子を利用している子どもには，使うものを近くに置いてあげることが必要です。集中力のある子どもには，新しいかごにバッタを入れて調べさせるのもよいでしょう。完全な参加がむずかしいときには，記録係や実験の助手になってもらって，実験材料や器具の管理をしてもらいましょう。

　多くの教師は，問題行動を起こしやすい子どもたちを，科学活動にとって危険な存在と考えがちです。しかし，アラスカ州アンカレッジの研究者たちは，これに反対意見を唱えています。彼らは，さまざまな深刻な行動上の問題を抱えている子どもたちに，綿密な計画を立てて体験的な科学活動を提供しました。それをビデオ分析した結果，これらの子どもたちは，科学活動を行なっていた時間のうち90％はきちんと集中していたことがわかりました。また，科学を学ぶことに好意的な感情をもっているとも語っていました。同じ子どもたちを，きびしく行動が管理されている別の科目の授業で観察したところ，授業の約25％の時間しか集中していませんでした（Welton et al., 2000）。

　簡単に気が散ってしまう子どもには，集中させるために教材を単純化し，はっきりわかるようにすることが有効です。目に見える区分けをする，たとえば実験器具をトレイに小分けにしておくと，管理が苦手な子どもでも自分用のものがきちんと手元にあることで安心感を得られます。また，教師が近くにいてあげることで，このような子どもたちは安心して作業に取り組むことができます。鼻や耳の穴に入れられそうな小石や種子を使うときには，安全への意識が薄い子どもから目を離してはいけません。このような子どもたちがイライラして問題行動を起すと，時間もとられてしまいますし，そちらに注意も割かなければなりません。活動を成功させるために，計画段階で準備に時間をかけておくと，このような事態を最小限にできます。

障害のある子どもの場合，その子の可能性を最大限に引き出す方法を専門家と話し合いましょう。当面専門家の手助けが得られないようなら，自分をその子の立場に置き，その子の力の範囲でできることや，その子の長所を考えましょう。そして，できるだけ満足のいく科学体験を提供してみましょう。その支援がどのようなものであれ，特別な支援が必要な子どもたちの能力を成長させ，子どもたちは直面するさまざまな課題に取り組めるようになるのです。

教師は科学活動を通して，発達課題の達成が困難な子どもに自信と自発性を身につけるチャンスを十分に与えることができます。ジェーン・パーキンスという若い教師は，学習障害のある子どもたちに科学実践を行ないました。そして，科学活動に子どもたちが反応を示したことに強く感激しました。「この子たちが初めて好奇心を示したんです。子どもたちがなぜだろうと疑問を抱くチャンスは，二度と逃がさないようにします」と彼女は言っていました。

協同する中で学ぶ

現在の研究では，子どもの思考や学習は，個人の発達と社会的相互作用の両者によってもたらされると考えられています。また，子どもたちに協同の仕方が教えられておらず，個人の成果やクラス内の競争が強調されすぎているという社会認識も強まっています。他の研究では，協力をするという行動が脳の快楽中枢を刺激することがわかっていて，これは人間が「生まれつき」協力するようにできていることを示しています（Rilling et al., 2002）。このように協同的な教育に回帰していこうとする機運が高まってきています。本書に含まれている発見的な科学活動は，その多くが少人数のグループで行なうものです。また，導入，補足，およびフォローアップ部分はクラス全体で活動します。そのため，すぐさま協同学習の文脈で利用できるのです。

発見活動を協同学習課題としてどう実施するかは，プロジェクトの性質，用意できる実験材料の数，子どもたちの個別活動の経験などによって大きく異なります。重力の実験を行なうとき，実験用のはかりとおもりが1つしかなければ，4人組の1グループだけにこの実験をさせ，他のグループには手製のはかりで行なえる実験をさせるのが理にかなっています。しかしその間に，他のグループには記録ノートへ記入したり，実験結果をグラフにするなどの作業をさせてもよいでしょう。また，重力のない想像の世界を大きな壁画に描いたり，宇宙飛行士になったつもりで劇を考える活動を行なってもよいでしょう。

どのように協同的な活動を実施するかは1人ひとりの教師が判断すればよいことです。どの子も一斉に同じ学習課題に取り組むという堅苦しい方法から，だんだんと協同学習グループに移行していくのが賢明であることは言うまでもありません。また，4歳児や5歳児の社会的技能では，2人1組の学習グループが適していますし，7歳児や8歳児は，訓練をすれば4人1組で無理なく作業ができるようになります。

科学の活動は通常，発見的な活動と，それほどまとまりがなく監督の必要もあまりない活動とを組み合わせることが現実的です。こうすることで，教師は発見的な科学活動を高めることに最大限の注意を払うことができます。同時にいくつもの発見活動をこなそうとすることには，メリットはありません。

科学の活動が終わる前に，片づけの時間と，それぞれの協同グループで何を行なったかをクラス全体で話し合う時間を設けなければなりません。グループの成果を発表する機会が，クラスのどの子にも平等にあるように，番号によるローテーション・システムを使ってみましょう。まず各グループのメンバーに番号を割り振ります。そして教師は，その日の発表を担当する子どもの番号を決めるのです。そうすると，自発的に手をあげる子や目立った子ばかりが選ばれてグループの成果を発表するといったことを避けられます。

統合的に科学概念を学ぶためのカリキュラム

いつの時代であれ，子どもたちは教室や遊び場，家庭などで，変わらぬ興味や疑問，そして関心を抱いています。本書の第Ⅱ部で取り上げている科学テーマは，それにこたえるために開発されました。正確にいうと，テーマの多くは，30年前に大学の附属校にいたときに，1人の才能のある子どもに対応するために考案したものなのです。その子は，私が最初に受け持った幼稚園児クラスにいたマイケルという子でした。彼は，感心するほどの記憶力と限りない好奇心をもっていました。

マイケルの好奇心を満たし続けることが私の最大の関心事となり，資料を必死に探し，見つからないときは即興で対処しました。たった1人の子どものニーズを満たすための準備に，あまりにもエネルギーを費やしていることに，当初は不安も感じました。しかし，想像もしていなかったことが教室内で起こり始めたのです。マイケルの実験台にはいつも大勢の子どもたちが集まってきたのです。そのうち，グループの話し合いでマイケル以外にも，活動に関する興味深い意見を言ってくれる子どもが出てきました。学んだことを自発的な遊びに取り入れたのもマイケルだけ

ではありません。園庭でどうやったらうまくできるだろうとがんばっていたのも彼だけではなかったのです。他の子どもたちもだんだんと共鳴し始め，物語の話の中に，今行なっている科学プロジェクトとつながりのある箇所があると，それを教えてくれるようになりました。さらに，科学学習に関連する，いろいろなものを自宅から持ってくる子どもたちも出てきました。

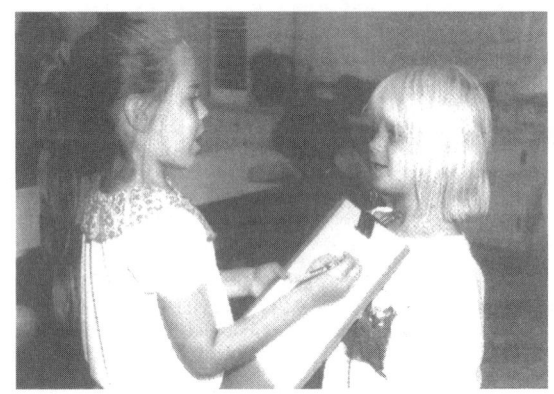

「グラフを作るための質問をするわね」

　年度の中頃には，週案を組むときに，科学についての新しいテーマ，あるいは先週からの引き続きのテーマを1つ取り上げて，それを中心に行なうようになりました。私と子どもたちは，歌を歌って科学を学び，食べ物を食べて科学を学び，科学の活動で数を学び，踊りを踊って科学を学びました。科学の学習でイーゼルや作業台を使ったり，学校の近所に出かけて，身の回りの科学事象を観察したりもしました。私と子どもたちは，楽しみながら一緒に学んだのです。

　うれしいことに，マイケルとクラスの子どもたちは，科学を中心とした幼稚園カリキュラムが生まれるきっかけを作ってくれたのです。それは年々発展し，その後も，さまざまな知的能力レベルや家庭背景をもつ子どもたちを魅了し続けました。とうとうその週案と観察記録が，本書の各テーマとして結実したのです。各テーマは，子どもの世界で役に立つ，基本的な科学概念をもとにして開発されました。そうすると，子どもたちが，身近な事象がどのように起こるのかや，なぜ起こるのかを説明できるからです。子どもたち自身が考え出した素朴で魔術的な説明を，修正し転換させるために開発されたトピックもいくつかあります。

　トピックは次の基準をもとに選ばれました。

　・子どもが直接体験できる

第 3 章　子どもたちを科学の世界へ案内する

・簡単な体験活動で理解できる
・実際に，子どもレベルでの問題解決に使える
・子どもを安心させ，身体的な健康や情緒的な健康の増進に意義がある
・実験・観察のための教材が，安価か無料で入手できる

　多くの子どもたちは，恐竜と天文学という 2 つのトピックに興味をもちます。しかし，ほとんどの学校では上記の基準を満たさないでしょう。これらは，保護者や教師が子どもと一緒に自然史博物館や，プラネタリウム，天文台などを訪れたり，実際に夜空を観察することで取り組むほうが適しています。

　クラスで地域の環境プロジェクトに参加する機会があるかもしれません。また，どのクラスでも，再利用，リサイクル，資源の節約などの活動を日課に取り入れることができます（Earthworks Group, 1990）。これらの取り組みで，子どもたちも重要な問題に一役買うことができるのです。ただし，それで科学体験に取って代われるわけではありません。自然界や物理的な世界で，ものごとがどうふるまっているかがわかると，環境問題の複雑な相互関係の理解につながります。第Ⅱ部の各章では，広範な理解を得るために，たくさんの体験活動が提案されています。そして，それらの活動で，次に行なう活動の基礎概念が得られるように配列されています。

　子どもの興味をそそるような，やりがいのある科学トピックは，他にもあるかもしれません。独創性のある教師なら，そのようなトピックを開発できるでしょう。ただし，どんな概念を習得するのかという目標は明確で，科学的な正確さをもっていなければなりません。体験的な活動をすることで，物質や生き物のふるまいに一般的な真理や法則があることを，子どもたちが気づくようでなければならないのです。他教科で関連した活動を行なうときも，活動的な科学体験と同じぐらい楽しいことが望ましいのですが，ここでもまた概念的な目標がはっきりしていなければなりません。子どもたちの集中力を，関連性の高いものから，関連性はないが気を引きやすいものへと移してしまうと，重要な情報を思い出す妨げとなることがわかっています（Mayer et al., 2001）。一般書には誤った情報が含まれていることもあるので，トピックを拡充するための文献資料探しは慎重に行なうほうがよいでしょう。ライスら（2001）が，よい科学文献を選ぶためのガイドラインについて述べています。

　トピックを拡充させるとき，それまでの学習との関連づけがあいまいで，目標もともなわず，ただ単に「すべきこと」になってしまうと，科学の学習をつまらないものにしてしまいます。レイコウとバスケーズ（1998）は，「最悪の場合，統合的

な指導は不自然でうわべだけのものになる」と注意を促しています。

　教師自身がある領域に魅了されているのなら，それも科学のトピックを開発するためのよい基盤になり得ます。教師の興味と熱意が科学への前向きな姿勢として伝わるからです。この場合には，大人の知識の広がりを，子どもの思考発達のレベルにまで下げ，子どもの身近な世界の状況に合わせていけばよいのです。そして，トピックの「身近で」具体的な側面を中心に活動を作り上げていくのです。たとえば，教師が有酸素運動や筋力トレーニングなどをいつも行なっているのなら，子どもには，鼻から吸い込まれた空気が肺を満たすことへの気づきや，自分の脈や心拍，筋肉の動きに気づくという体験に翻案できます。発見的な活動には，呼吸数の変化や，短距離を走った後に通常の呼吸に戻るまでの時間を測定するなどの活動を含めてもよいでしょう。

　環境保護活動に熱心に取り組んでみたい教師であれば，ペットボトルを再利用した飼育槽で体験活動を始め，次に園（校）庭や，より広く地域での活動へとつなげていくことができます。ベス・ジーン・ホールト（1989）は，身近な環境を調べることで，自然界にみられるパターンや調和の理解へとつなげていく，すばらしい本を書いています。

　本書で紹介した科学トピックについての活動は，子どもが調べる活動を的確に導くための1つの方法です。取り上げた概念は，全米科学振興協会による科学リテラシー基準，および全米科学教育スタンダードのK学年（幼稚園クラス）から第4学年向けの内容スタンダードで述べられているものに準拠しています。

　もっと手ごたえのある知識を追求したい子どものために，オプションとして，より複雑な概念を取り上げた活動を用意するのもよいでしょう。これを実施したほうがよいかどうかを一番よく判断できるのは教師です。トピックはその数を限定して深く探究し，教科横断的に取り上げるほうがよいのです。そのほうが，多数のトピックに浅く取り組むよりも，中核となる概念が記憶に残り，子どものためにもなります。

目標と評価

　本書に書かれている学習活動の根底には，知識を獲得させるという目標もありますが，それと同じぐらいに，1人ひとりの子どもたちの学習への感情やアプローチの仕方にも焦点をあてています。ものの世界や自然の世界にある調和を見いだすことで，子どもには安心感と自信がもたらされます。知らないものへの恐れがなくな

ってくると，達成感と，力を得たという感覚が得られます。子どもの好奇心を支援すると，子どもたちは問題解決能力を伸ばすだけでなく，学び方も学べるようになります。

　特定の学習成果を数値化するために，多くの学校では，いまだに何ができるようになったかという行動的な目標が使われています。しかし，子どもがある活動で本当に学んだことは，その場でははっきりとわからないかもしれません。家に帰り，寝る前に親と会話をするときに，その成果がみられることもあります。学習したことが断片的なままだったのが，統合的な活動に参加することでまとまってくることもあります。また，活動から何週間も後になってから，学んだことが行動の中で応用されることもあるでしょう。子どもは限られた行動目標で決めたこと以外は学んでいないと想定してしまうと，教授・学習プロセスの本質を見失ってしまいます。

　多くの園や学校では，発見的な科学学習であっても，子どもの成績を正規に評価しなければなりません。しかし，正当性をもって総合的に評価するのは，かなりむずかしいことです。そのむずかしさが認識されているかどうかは，科学教育が成熟しているかどうかの目安にさえなります（Hein, 1990）。発見科学の理念に最もかなう評価形式の1つが，子どもの言葉を観察することです。言葉を観察すると，子どもが誤った理解をしていて，もう少し説明が必要かどうかを判断することができます。素材を使いながら科学の作業をしているとき，子どもの発言に耳を傾け，質問をしてみましょう。それで多くのことがわかります。たとえば，「これについて何がわかりましたか」や「こうすると何が起こるか見せてくれますか」などの質問です。また，植物や動物，天気といった観察期間が長いものについては，終わりに「これについて何がわかりましたか」と尋ねると，概念学習の成果の判断基準が得られます。簡単なチェックリストに子どもたちの回答を記録すると便利です。このようなチェックリストは，基本概念の理解，活動の達成度，子どもが興味や満足感を示しているかを把握する項目を中心に作成できれば理想的です。このようなデータは，学習活動が成功したかどうか，意義はどうであったかについて，教師が自己評価するときにも使えます。

　最近では子ども自身が知識を構築しているのだということが，だんだんと認められるようになってきました。この立場に立つと，学習を評価をするときにも，子どもとともに行なうことが望ましいことになります。たとえば，子どもに「これについて学んだことを教えてくれるかな」と聞き，知識を表現してもらいます。表現方法は，口で説明するだけでなく，記録ノートに書き込んだり，絵に描いたり，物語

にしたり，ダンスで表現することもあるでしょう。子どもごとにフォルダを作り，ポートフォリオとして，その子どもの表現や説明を記録しておきましょう。さらに，「他にどんなことが不思議だなと思いますか」という質問をすると，その子どもが課せられた以上のことを，どれだけ学んだかを評価できます。

　評価（assess）という単語は，「傍らに座る」という意味のラテン語"assidere"を語源としています。子どもに，知っていることや知りたいことを自分なりのやり方で説明させるとき，私たちはまさに子どもたちの傍らに座っていることになります。そして，学んだことを引き出していることにもなるのです。個々人の評価だけが，子どもが学んだことを知る手段ではありません。子どもは小グループで活動して知識を豊かにしたのですから，同じように，学んだことを発表するときにも共同できるはずです。年長の子どもたちなら学んだ概念を絵に描いて壁に貼ったり，劇に仕立てたりするのもよいでしょう。幼い子どもたちは一緒になって動きで表現するとよいかもしれません。教師はこれらの活動をノートに記録したり，写真を撮ったり，絵に描いたりしておきます。

　ロウダ・カネフスキー（1995）がいっているように，科学のトピックについてグループで話し合うと，子どもの理解の仕方もわかりますし，その理解を伸ばすことにもなります。ロウダは小学1年生の児童を自分の周りに円にして座らせ，ある科学トピックを紹介し，どの子にも発言したり質問したりする機会を与えます。彼女は，子どもの発言や質問をすばやく書きとめ，次の日にはそれをプリントにし，みんなが見えるドアの横に貼るようにしています。そうしていると，子どもたちは，興味をもったトピックについて，自ら本を読んだり，両親と話し合ったりし始めます。さらに，グループでの話し合いが行なわれたり，記録ノートに書き入れたり，描画で表現したりという活動も行なわれていきます。この話し合いでのルールはごく簡単で，怒鳴らないこと，他の人の考えが間違っていると言わないこと，喧嘩をしないことです。いくつかの話し合いの記録を見ると，1人ひとりの子どもがどのように自分の思考を修正し磨いていったのか，そして新しい考えや質問でお互いを助け合っているのかがわかります。子どもたちの思考に関するこうした記録は，カリキュラムと評価をしっかりと関係づけるのに役立ちます。そして，次に教師が何を教えるべきかの判断にも役立つのです（Chittenden, 1990）。

　小学生ではペーパーテストで知識を問うこともありますが，綴りや句読点を間違えないように正確に答えを書こうとするあまり，考えの流れが妨げられ，十分な回答を導き出せないこともあります。この問題は，質問や回答をするとき，言葉だけ

第3章　子どもたちを科学の世界へ案内する

でなく簡単な絵も使うようにすれば，かなり避けられます。

　科学学習の評価は複雑です。概念，技能，態度といった評価要素が多いだけでなく，科学教育の評価方法自体がいまだ不確かだからです。プライスとハイン（1994）は次のように助言しています。

　　子どもたちの科学活動を判定する，世界共通の絶対的な基準がないことを忘れてはならない。6歳児にはどんな観察が「適切」で「優秀」なのかを判断したり，10歳の子どもにどのようなレベルの実験デザインを求めるべきかを判断するための，十分な情報と研究結果はまだ得られていない（p.27）。

　現段階で最良の方法は，時間をかけて観察を多重に行なうことです。たとえば会話，プロジェクト，描画など，観察することはいろいろありますし，個人やグループで作ったさまざまな作品を集めたりもできます。（Jones & Courtney, 2002）。

　教師はそのうえに，グループ全体も評価しなくてはなりません。子どもたちがどれだけ深く関わっていたか，科学の素材をきちんと整理できていたか，図書館の資料をどれだけ調べていたか，家や教室の外から何が持ち込まれたかなどです。これらの判断は，教師が自分の教育の有効性を評価することにもなりますし，自分自身の教育内容を見直す手がかりとなります。

　保護者相談会で両親に好まれる評価方法は，評価尺度にチェックをつけたものではありません。むしろ保護者が望んでいるのは，それぞれの子どものファイルに張られた付箋の何気ない走り書きなのです。コンピュータに，1人ひとりの子ども用のフォルダやクラス全体用のフォルダを作って，そこにデジタルカメラで撮った作品や絵やプロジェクトのようすなどを保存してみましょう。写真はプリントして，昔ながらのファイルに保管してもかまいません。レッジョ・エミリアの例にならって，子どもたちの学びを「ドキュメンテーション」にまとめ，クラスに掲示している教師もいます（Curtis & Custer, 2000）。著者の1人も，何年にもわたって科学の授業をデジタルカメラに収め，コンピュータに保存しています。その写真を眺めてみると，子どもたちと行なった授業のテーマを，写真を通して感じることができます。このような記録は，科学知識を通して，人生を豊かにする世界を子どもに伝えてきた証拠でもあるのです。

🔵 失敗から学ぶ

　本書で紹介している素材や活動の多くは，子どもと一緒に試行錯誤をした結果，修正を重ねてきたものです。あるとき，私は浮力の実験に使うプラスチック容器を，ふたがついているものとついていないものを混ぜてクラスの子どもたちに渡しました。5歳のグレッグはふたがしてある容器がなぜ浮き，ふたがない容器がなぜ沈むかを説明してくれました。彼はふたが容器を浮かせていると言ったのです！　私の落胆をよそに，彼はそのプラスチックでできたふたを水に浮かべてみせ，自分の結論の正当性を証明してみせたのです。なんてむずかしいんでしょう！　私の計画では，ふたをした容器には空気が入っているために軽いこと，ふたのない容器には水が入って重くなっていることにグレッグは気づくはずでした。柔軟なはずの私の思考回路が本来の実験目的に戻るまでに少々時間がかかりました。「グレッグ，ふたに注目したのはなかなかだったね。確かにふたは浮くものね。じゃあ，水が入った容器にふたをしたらどうなるかな。空気しか入っていない容器にもふたをして，もう一度両方がどうなるかを観察してみましょう」と私は言いました。子どもの論理に波長を合わせると，教師にとっても学習プロセスが面白いものになるのです。

　子どもたちがある活動で苦労をしているときには，活動自体を改良したほうがよいかもしれません。時折，予期しない結果も起こりますが，それを理由に科学活動をあきらめてはいけません。トーマス・エジソンがいったように，失敗は過ちではないのです。次に失敗しない方法を学ぶことが重要です。

🔵 専門性を伸ばす

　私たち自身も子どもたちと同じ学習者であると考えると，教育という仕事は限りなくやりがいのある仕事であることがわかります。興味のある疑問について調べたり，科学を教えることについて共通の関心事を他の教師と話し合ったり，講義を受けたり，博物館に行ったり，書物を読んだりすることは，新しい考えを柔軟に受け入れる手助けとなります。子ども向けや，教師向けのさまざまな情報源に慣れ親しむと，科学を教えることに生き生きとした興味がわいてきます。子どもたちへの指導を目的としないときでも，インターネットにアクセスしてみましょう。科学的な発見についての興味が深められます。科学体験活動を目の前の子どもたちに提供することで，教師は日々成長し，いろいろなアイディアを生み出せます。教えることをこのようにとらえることで，すばらしい成果が得られるのです。

参考文献

American Association for the Advancement of Science. (1993). *Benchmarks for science literacy*. New York: Oxford University Press.
Blake, S. (1993). Are you turning female and minority students away from science? *Science and Children*, **30**, 32-35.
Bruner, J. (1961). *The process of education*. Cambridge, MA: Harvard University Press. ［ブルーナー (1985) 鈴木祥蔵・佐藤三郎(訳) 教育の過程 岩波書店］
Butts, D.P., & Hofman, H. (1993). Hands-on, brains-on. *Science and Children*, **30**, 15-16.
Butts, D., Hofman, H., & Anderson, M. (1993). Is hands-on experience enough? A study of young children's views of sinking and floating objects. *Journal of Elementary Science Education*, 5(1), 50-64.
Case, R. (1986). Intellectual development: Birth to adulthood. New York: Academic Press.
Chittenden, E. (1990). Young children's discussion of science topics. In G. Hein (Ed.), *The assessment of hands-on elementary science programs* (pp. 220-247). Grand Forks, ND: North Dakota Study Group on Evaluation.
Csikszentmihalyi, M. (1990). *Flow: The psychology of optimal experience*. New York: Harper & Row. ［M. チクセントミハイ (1996) 今村浩明(訳) フロー体験：喜びの現象学 世界思想社］
Curtis, D., & Custer, M. (2000). *The art of awareness: How observation can transform your teaching*. St. Paul, MN: Redleaf Press.
Earthworks Group. (1990). *50 simple things kids can do to save the earth*. Kansas City: Andrews & McMeel. ［アース・ワークスグループ(編) (1990) 亀井よし子・芹沢恵(訳) 子どもたちが地球を救う50の方法 ブロンズ新社］
Farnham-Diggory, S. (1990). *Schooling*. Cambridge, MA: Harvard University Press.
Hammrich, P. (1997). Yes, daughter, you can. *Science and Children*, **34**(4)，20-23.
Haugland, S.W., & Wright, J.L. (1997). *Young children and technology: A world of discovery*. Boston: Allyn & Bacon.
Hein, G. (Ed.). (1990). *The assessment of hands-on elementary science programs*. Grand Forks, ND: North Dakota Study Group on Evaluation.
Holt, B.G. (1989). *Science with young children*. Washington, DC: National Association for the Education of Young Children.
Jones, J., & Courtney, R. (2002). Documenting early science learning. *Young Children*, **57**(5), 34-40.
Kanevsky, R. (1995, March). *Alternative assessment: A developmental perspective toward understanding children's work*. Workshop presented at the National Science Teachers Association National Convention, Philadelphia, PA.
Kohn, A. (2001). Five reasons to stop saying "good job." *Young Children*, **56**(5), 24-28.
Mayer, R., Heiser, J., & Lonn, S. (2001). Cognitive constraints on multimedia learning: When presenting more material results in less understanding. *Journal of Educational Psychology*, **93**(1),187-198.
Mueller, C., & Dweck, C. (1998). Praise for intelligence can undermine children's motivation and performance. *Journal of Personality and Social Psychology*, **75**, 33-52.
National Association for the Education of Young Children (2001). *2001 Standards for the baccalaureate or initial level*. Washington, DC: Author.
National Committee on Science Education Standards and Assessment. (1996). *National science education standards*. Washington, DC: National Research Council. [National Research Council(編) (2001) 熊野善介・丹沢哲郎ほか(訳) 全米科学教育スタンダード：アメリカ科学教育の未来を展望する 梓出版］

Price, S., & Hein, G. (1994). Scoring active assessments. *Science and Children*, **32**(2), 27.
Rakow, S., & Vasquez, J. (1998). Integrated instruction: A trio of strategies. *Science and Children*, **35**(6),18-22.
Rice, D., Dudley, A., & Williams, C. (2001). How do you choose science trade books? *Science and Children*, **38**(6),18-22.
Rilling, J.K., et al (2002). A neural basis for social cooperation. *Neuron*, **35**, 395-405.
Rowe, M.B. (1996). Reprint: Science, silence and sanctions. *Science and Children*, **34**(1), 35-37.
Schneps, M.H. (c. 1997). *Minds of our own*. Videotape series. Cambridge, MA: The Private Universe Project at Harvard-Smithsonian Center for Astrophysics.
Seligman, M. (1995). *The optimistic child*. Boston: Houghton Mifflin. ［マーティン・セリグマン・他　(2003)　枝廣淳子(訳)　つよい子を育てるこころのワクチン：メゲない，キレない，ウツにならないABC思考法　ダイヤモンド社］
Stipek, D., & Greene, J. (2001). Achievement motivation in early childhood: Cause for concern or celebration? In S. Golbeck (Ed.), *Psychological perspectives on early childhood education*. Mahwah, NJ: Erlbaum.
Wellman, H.M., & Gelman, S.A. (1998). Knowledge acquisition in foundational domains. In W. Damon, D. Kuhn, & R.S. Siegler (Eds.), *Handbook of child psychology (5th ed.): Vol. 2. Cognition, perception, and language*. New York: John Wiley.
Welton, N., Smith, W, Owens, K., & Adrian, M. (2000). Hands-on science as a motivator for children with emotional/behavioral disabilities. *Journal of Elementary Science Education*, **12**(2), 33-37.

第Ⅱ部

科学概念・体験・統合的な活動

第4章 植 物

　一番下に地面を表わす細長い緑の線を引き，木を描くために茶色の縦棒とその上に緑の丸を描き，その横には明るい色の花を並べたような絵。こんな絵を描いたことはないでしょうか。みなさんも，他の多くの子どもたちと同じように，草木や花に興味があったのではないでしょうか。タンポポなどで花束を作りませんでしたか。こうした興味や体験をはじめとして，みなさんは，植物について自分が思っている以上に知識が豊富です。子どもたちは，成長するものにもともと興味をもっています。その興味をもとに学習をすすめていきましょう。

　私たちに食物や衣服，住居を与え，私たちが吸う空気をきれいにし，目に映る世界を美しいもので満たしてくれる，これが植物とよばれる生きものです。子どもたちは，見上げるほどの大きな植物や足元のとても小さな雑草の花に夢中になるでしょう。子どもたちと喜びを分かち合うとき，私たちは自然の巧みな秩序にあらためて気づかされます。本章では次の科学概念について探究します。

- たくさんの種類の植物があり，それぞれが固有の形をしています。
- たいていの植物には種子ができ，その種子から新しい植物が育ちます。
- 種子は，根，茎，葉，花のある植物に育ちます。
- たいていの植物には，水，光，ミネラル，熱，空気が必要です。
- 根から成長する植物もあります。
- 植物のような形をしていても種子や根をもたないものもあります。
- 私たちの食べ物の多くは，種子です。

　最初に提案する体験活動は，落葉樹が生育できるような気候の地域を前提にしています。次の活動でも，自然の材料を集めてもらうようにしていますので，都市部の園や学校では，工夫してもらう必要があるかもしれません。後半の種子や植物の

第Ⅱ部：科学概念・体験・統合的な活動

成長に関する活動は，どこでもできるはずです。苗の世話や移植についての助言もあります。

科学概念　たくさんの種類の植物があり，それぞれが固有の形をしています。

1. いろいろな植物の各部分はどうなっているでしょうか

学習のねらい：草木の似ているところと違っているところを見つけて楽しむ。

用意するもの：大きな袋（次のものを見つけて入れます）　葉（それぞれの植物から2，3枚）　丈が高い草（種子や花がついたもの）　花　小枝　樹皮　木の実や種の入っているサヤ　コケ・地衣類　小さい紙袋

事前の準備：まず見つけたものを種類ごとに分けます。それぞれの植物から1つを教師用の袋に入れます。残ったものは，子ども用の小さな袋に分けて入れます。袋に封をして，科学コーナーのテーブルに置いておきます。

小グループでの活動：この活動は，自然散策をして材料を集めてから行ないます。

1. 教師が袋から1枚の葉を取り出して言います。「自分の袋の中を見て，これと同じ葉があるか探しましょう」。
2. 子どもたちが似たものを見つけたり，比べたりしているときに，細かい点に注目するよう促します。「それは先生の葉と本当に同じかな。その葉の先は，先生の葉と同じように丸いかな。ほとんど一緒なんだけどね。誰か先が丸い葉を見つけた人はいますか」（子どもたちはすでに植物についてかなり知識をもっているかもしれません。聞いてみてください）。
3. 同じ種類の木から集めた葉は，どの葉も形がだいたい同じだといいます（葉の大きさは同じではありません。紅葉しているときには色合いも同じではないでしょう）。たとえば，「モミジバフウの葉が成長すると，どの葉にも5つのとんがりができます。それは，この木がモミジバフウだと見分ける1つの方法です」。

図4-1

> 注：標本を展示用の容器に入れておけば，詳しく観察できます。十分に乾燥させた標本を少量の接着剤で透明なプラスチック容器（プリンのふたや惣菜容器）の内側に貼りつけます。そしてふたをして，テープでふちを閉じます（図4-1）。

2. 植物は冬の間どのように休むのでしょうか 🍀

学習のねらい：自然の季節ごとの変化に納得する。
用意するもの：紙袋　古い電話帳（厚いもの）　新聞紙　ロウ引きのパラフィン紙　電気アイロン（またはレンガ）
事前の準備：1週間前から準備を始めましょう。クラスで見に行く予定にしている木から，見本用の葉を集めてきます。葉を新聞紙の間に挟んでから，電話帳に挟み，アイロンかレンガをおもしにして，数日間押します。乾燥した葉をパラフィン紙のロウがついている面で1枚ずつ挟みます。熱いアイロンをパラフィン紙の上から押し当て，ロウをとかし，葉をパラフィン紙に包み込んでしまいます。よく見える高さの掲示板に，葉をテープで貼り，名前を書いておきます。
小グループでの活動：
1. 落葉樹の色が変わり始めたら，木の観察に出かけましょう。子どもたちは，手をつないで落葉樹の木を取り囲みます。「頭の上に何が見えますか。下には何が見えますか」。常緑樹でも同じようにしてみましょう（針葉樹の葉も地面に落ちていますが，一度に全部が新しいものに代わるわけではありません）。歩いていけるところに背の高い木がないときには，低木を見に行きます。
2. 必要に応じて，次のようなことを教えます。葉は，木が成長するのに必要な養分を作ります。葉の中の緑色（葉緑素）が太陽のエネルギーを使って，水とミネラル分と空気から養分を作り出すはたらきをするのです。夏が終わると，葉がこの仕事を終えてしまう木もあります。
3. 地面から葉を集めます。
4. 戻るとき，子どもたちに似た種類の葉をまとめさせます。自分たちが見つけた葉と見本の葉とを照らし合わせて確かめさせましょう。自宅からも葉を持ってきて，見本の葉と照らし合わせてみるように誘いかけましょう。
5. 残った葉は「造形表現の活動」で使ったり，堆肥用にとっておきます。

話し合い活動：葉を集めた楽しさを思い出させます。冬にお休みをする落葉樹や潅木の葉に，何が起きたのだろうと聞きます。葉から葉緑素がなくなっていくと，葉の中にあった別の色が現われてくるという考えを紹介します（葉緑素が全部なくなる前に，まだら色のまま地面に落ちた葉を見つけられるかもしれません）。葉は，木から落ちた後もどう役立つか話しましょう。できれば堆肥用に，葉を袋詰めしたり，積み上げたりしてみましょう（p.88「土の成分」を参照）。

第Ⅱ部：科学概念・体験・統合的な活動

科学概念

たいていの植物は種子を作り，その種子から新しい植物が育ちます。

1. 果物の種子について何が発見できるでしょうか

学習のねらい：たいていの植物が種子を作り，その種からは同じ種類の植物がたくさんの生まれることを知って安心する。

導入：カンゾウ（キスゲ），アヤメ，トウワタなどの大きな実を見せます。できればまだ茎についているものがよいでしょう。子どもたちに知っているかを聞きます。どんな種類の植物も，同じ種類の新しい仲間を増やしますが，そのときには種子を作るという仕事があることを簡単に話します。花が咲き終わると，種子ができます。「種の中には，種が包まれて守られているものもあります。私たちは，種を包んでいるところを食べることもあるんですよ。果物と野菜を調べて，種が包まれているかどうか確かめましょう」。

用意するもの：花・高木・低木・高草の穂などのサヤ　リンゴ・トマト＊・ザクロ・モモ・皮のつきのトウモロコシの実・オレンジ・殻に入った木の実・メロン・カボチャ＊・インゲンマメ・アンズ・キュウリ＊など（できるだけたくさん用意します）　発泡スチロールのトレイ　果物ナイフ（大人が使います）　スモック　新聞紙

＊植物学上は，花からできる食べられる部分のことを果実といいます。しかし，果実の中には一般に野菜とよばれているものもあります。もっと上の学年の科学の授業では，このような植物学上の区別を学ぶことになります。

事前の準備：果物と野菜を洗います。テーブルに新聞紙を広げます。子ども全員に手を洗わせます。まず最初に調べるサヤつきの植物を出しておきます。

小グループでの活動：

1. 準備したものの中に，種子が入っているか子どもたちに予測させてから調べます。果物を切り開くときには慎重にしましょう。みんなで味と匂いを分かち合います。
2. 種子は，鳥のえさ用にとっておきましょう。トウモロコシが新鮮なら，皮をむいで吊して乾燥させます。乾燥させたトウモロコシは，子どもたちが実を取って鳥にやったり，後でする発芽プロジェクトで使ったりします。可能であれば，乾燥させた皮つきトウモロコシを1本，鳥たちのために木にとめておきましょう。
3. 年長の子どもなら，1個のカボチャにどのぐらいたくさんの種子が入っているか数えさせてみましょう。子どもたちには，グループにまとめるなど，数え方を工夫させます。

話し合い活動：この体験活動について話し合うとき，1つの果物や野菜にはたくさん種子があること，そして種子の1つひとつから新しい植物ができることにしっかり注意を向けさせます。自然のものは豊富にあることについて説明します。絶滅が危ぶまれる生き物について，よくに耳にしたり心配している子どもたちにはうれしい考えでしょう。

2. 種子はどのようにまかれるのでしょうか

学習のねらい：いろいろな種子がまかれる方法に興味を抱く。
用意するもの：その地域で育てられる園芸植物の種子　雑草（ナベナ，トウワタなど）・

イネ科の草（コムギ，オートムギなど）・高木（ニワウルシ，オーク（ナラ，カシ），マツ
＊，クリなど）　虫めがね　使い古しの手袋と靴下　トレイ

事前の準備：前もって熟した種子を茎についたまま集めておきます。ふたの開いた入れ物に入れておくか，結んで束にし，それを吊して乾かします。保管しているとき，皮やサヤを傷めないようしましょう。空き地や道端の溝で雑草を探しておきます。

小グループでの活動：
1. 用意した種子をトレイに並べます。子どもたちには種子を取り出させます。サヤつきの実は種子をふり落とし，毛の生えた種子は手袋で擦り，草は穂をトレイに打ちつけて種子を取ります。
2. イガや毛で覆われた種子は虫めがねでよく見て，先が小さなカギ状になっているのを確かめます。
3. 翼のついた種子（訳注：カエデの種子など）と少し重い木の実を園（校）庭に持っていきます。子どもたちに高いところから投げさせます。それぞれの種子の落ち方がどう違うか比較させます。

話し合い活動：人が植えたはずのない場所——歩道の割れ目や岩の裂け目——に植物が育っているのを見たことがあるか子どもたちに聞きます。どうやって種子はそこまでたどり着いたのでしょうか。子どもたちはどれだけたくさん方法を思いつくでしょうか。

　＊マツの種子は，ウロコの1枚1枚のすぐ下についています。木についている古いマツカサには，もう種子がないかもしれません。しっかり閉じた新しいマツカサを見つけ，あらかじめあたためておいたオーブンの中で乾燥させましょう。ウロコが開いて，その中に種子が見つかるはずです。

科学概念　種子は，根，茎，葉，花のある植物に育ちます。

1. 種子の中には何があるのでしょうか

学習のねらい：種子の中にできたばかりの葉を見つけて喜ぶ。
　導入：「種子の中には驚きが隠されています。それを見つけましょう」。
用意するもの：（子ども1人に数個ずつ）乾燥したマメ　あれば望ましいもの：カエデの木の種子・アボカド・新鮮なサヤインゲンかエンドウ　虫めがね
事前の準備：完全にかぶるぐらいのたっぷりの水にインゲンマメを一晩つけておきます。比較のために，水につけないインゲンマメも残しておきます。

小グループでの活動：
1. インゲンマメの皮を丁寧にむいて，子どもたちに見せます。2つに分かれている部分（子葉：新しく植物が育ち始めるための栄養源）を割ってみます。「驚き」を見つけましょう。小さな新しい葉（胚）が育ち始めようとしています。
2. 「みんなも種子を開いて，虫めがねで新しい葉を探して調べてみましょう」と言います。
3. よく熟したアボカドがあれば，肉質の多いところを半分に切り，軽くひねって2つに分けます。種子を調べましょう。種子の皮は，底のほうからむきます。種子が十分熟していれば，すでに割れて根の先が出ているかもしれません。種子を植えるときには，

種子を割って開いてはいけません。

アボカドの栽培を始める：アボカドの種子の底から約1センチのところを切り取ります（訳注：アボカドの種子は，水の腐敗を防ぐために，よく洗います）。爪楊枝3本を種子の中ほどに挿して，水の入ったビンの上に種子をのせます（p.78の図4-3のように，水を満たしたビンに種子がぴったりはまるようなら爪楊枝は必要ありません）。直射日光の当たらないあたたかい場所に置いてください。水は毎日取り替えます。根が出てきたら，ビンを日の当たる場所に移します。茎から葉が出たら，深さ約13センチの鉢にそっと植えます。種子の上部1／4は土から出したままにします。水は少なくとも1日おきにやってください。葉にはよく霧を吹くか洗いましょう。

2. 種子はどのように育ち始めるでしょうか

学習のねらい：新しい植物の生命が始まる不思議さに注目する。

＜方法1＞

用意するもの：同じ大きさのプラスチックのコップ2つ　テープ　脱脂綿か砂　乾燥マメ：白インゲンマメかアオイマメ・レンズマメ（新しいもの）＊　水　プラスチックの小さな容器　望ましいもの：リョクトウ（緑豆，自然食品店で購入できます）

小グループでの活動：

1. 発芽用のドームを作ります。脱脂綿を4，5個丸めて湿らせ，余分な水分を絞り出して平べったくします（湿らせた砂を使ってもかまいません）。1個のコップに湿った綿か砂を敷きます。
2. 子どもたちにマメを目で見たり，触ったりさせます。子どもたちに，綿とコップの底のすきまにマメを4つ差し入れるのを手伝わせます。種子の中に驚きが隠れていることを思い出させます（マメは2種類以上使うようにしましょう。どれが最初に芽を出し，どれが大きくなり，どれが最も長い間成長するのかを確かめます）。
3. もう1個のコップを逆さまにして，先ほどのコップの縁にのせます。2つのコップの縁をテープでとめ，ドーム型の容器を作ります（図4-2）。
4. 直射日光の当たらない，気温が一定な場所に置きます。
5. 後で比較ができるように，どの種類の種子も1個ずつ別の小さな容器に入れておきます。ドーム型容器を観察して，カレンダーに観察を始めた日，初めて根が出た日，初めて茎が出た日，初めて葉が現われた日を記録します。毎日どこまで育ったか，コップにクレヨンで印をつけていきましょう。

注：発芽用のドーム型容器を最初から2つ作っておくのもよいアイデアです。ドームの中に葉が見えているのに，ただ見るだけで触らずにいるのはむずかしいものです。1つのドームは子どもたちが手にとって間近に見られるようにします。たとえ観察で芽がだめになっても，もう1つのドームがあります。

＊発芽させるときによくある2つの失敗原因は，古い種子を使ったことと，部屋が熱くなりすぎて乾燥したことによるものです。いつ採れたかわからない種子や，ふたのしていない発芽容器だとよい結果は期待できません。

＜方法2＞

用意するもの：ビニル袋　白いペーパータオル　ホッチキス　マスキングテープ

第 4 章　植物

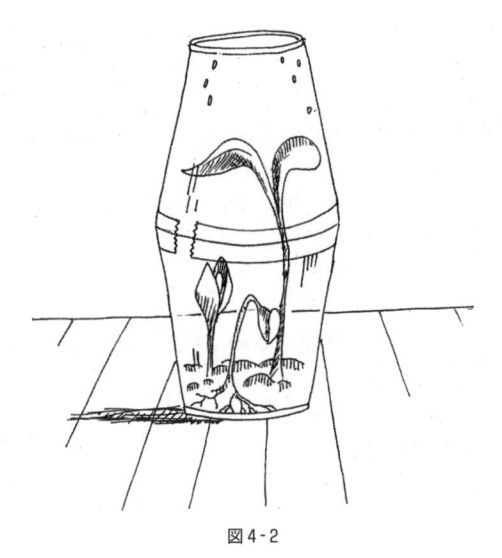

図 4 - 2

小グループでの活動：
1. 子どもたち1人ひとりに発芽用の袋を作ります。ペーパータオルをビニル袋の大きさに合わせてたたんで湿らせます。湿らせたペーパータオルの上にレンズマメを5粒おいてビニル袋に入れ，ホッチキスで袋の口をとじます。マスキングテープに子どもの名前を書いて貼りつけます。
2. 子どもたちは毎日，芽の成長をスケッチしたり文章に書いて記録します。根や茎の長さも毎日測って記録します。

3. 根と芽はどのように成長するのでしょうか

学習のねらい：根は水に向かって下向きに成長し，芽は光に向かって上向きに成長するという驚くべき傾向を確かめる。
用意するもの：活動2．「種子はどのように育ち始めるでしょうか」と同じもの。
小グループでの活動：
1. 「種から出てきた根と芽がどの方向に伸びるか観察しましょう。どの種も，根と芽の方向が同じですか」。
2. 発芽した種を1つやさしくひっくり返して，芽が下向きに，根が上向きになるようにしてコップに入れます。そして，そのコップの底に×印をつけます。
3. 根と芽の成長の変化を毎日絵に描いて記録します。種子の下にある脱脂綿を調べます。根は水に向かって脱脂綿を突き抜けているかもしれません。

話し合い活動：子どもたちに聞いてみましょう。木は枝や葉を土の中に生やすのかな，根を空中に張って育つのかな，花は土の中で咲くのかな。それとも植物は根を地面の中に伸ばし，根以外の部分を光に向かって伸ばすのかな。どうしてそうするのかな。葉は養分を作るために光と空気が必要だということを子どもたちに思い出させます。根には土か

ら水とミネラル分を吸収するはたらきがあります。そのおかげで植物は，生き，育つことができるのです。発芽した種の根と芽を逆さにしても，根と芽は向きを変えて，それぞれ必要なものが得られる方向に向かって伸びていくのです。

科学概念 たいていの植物には，
水，光，ミネラル，熱，空気が必要です。

1. 種子の成長が始まるのに必要なものは何でしょうか

学習のねらい：植物の成長を促す喜びを体験する。

用意するもの：ヒャクニチソウかマリーゴールドの種子（今年の日付がついているもの）　乾燥したトウモロコシの種子（もしあれば）　市販の鉢植え用の養土（殺菌済み）　スプーン　空のヨーグルトカップ　マスキングテープ　水　トレイ　霧吹き

事前の準備：事前に，空のヨーグルトカップを子どもの数より多く集めておきます。テーブルに新聞紙を敷きます。どのカップにも子どもの名前が書けるようにマスキングテープを貼っておきます。

小グループでの活動：子どもたちに以下の活動をさせます。

1. ほぼいっぱいになるまでカップに土を入れます。
2. 霧吹きで土を十分に湿らせます。
3. 種子を1つ土の上に置いて，その上から軽く土をかけます。そして，しっかりと押しつけてもう一度水をかけます。失敗したときに取り替えられるように，余ったカップにも種子をいくつか植えておきます（秋に乾燥したトウモロコシの種子を体験活動でとっていれば，それらも植えます）。
4. カップの並んだトレイを暖房機や直射日光から遠ざけて置きます。薄いビニルシートで軽く覆います。
5. 小さな新芽が現われたら，すぐシートを外します。トレイを日の当たる場所に動かしましょう。霧吹きで土を常に湿らせておきます。
6. 苗が成長するようすを絵に描いて記録します。
7. 1日おきに，時間を決めて，苗を湿らせます。「みなさんが小さな生まれたばかりの植物だとしたら，どんなふうに世話をしてほしいですか」と聞きます。

話し合い活動：発芽用ドーム型容器を使った観察記録と，今回の植物の栽培活動の結果とを比べましょう。「2つの活動で，種の育て方は同じだったですか。苗が途中で育たなくなって，しおれてしまったのはどちらだったでしょうか。育ち続けたのはどちらだったでしょうか」。湿らせただけの種子は，もともと備わっている養分を使いきるともう成長できません。土に根を張った植物は，土からミネラル分と水分を吸い上げて，葉で成長に必要な養分を作るのを助けています。種子は冷蔵庫の中でも育つでしょうか。確かめましょう。

追加体験：1年を通して，多少の土を手近な場所に置いておき，機会があれば植えられるように準備しておきます。最初の活動で使った種をまきます。新しいエンドウやインゲンマメは直接土に植えられます。トウモロコシは無理に実を外さないで穂軸からとれるようなるまで十分に乾燥させ，それから植えるようにしましょう。ハロウィンの後には，カボ

チャの種を乾燥させてまきます。グレープフルーツも種から育ててみましょう。収穫時期を過ぎて木で熟したグレープフルーツの種が，最も早く芽を出します。植える前に少量の水につけ，種が容器の底に沈むまで（およそ３日）置いておきます。土にくぼみを作って種子をまきます。種子の幅の２倍の深さに植えるのが，種植えの基本ルールです。

苗の世話：葉が出てきたら，北側に置くなどして適量の光を当てます。水分を保つために夜だけ覆いをします。子どもたちに霧吹きで自分の植物に水やりをさせましょう。霧吹きだと水をやりすぎることはまずありませんが，やりすぎたときには，水を吸収するもので溜った水を吸い取りましょう。植物に水をやり忘れているといけないので，夕方トレイに覆いをする前に苗の入っているカップを調べましょう。

土について：種子の発芽には，失敗しないように市販の鉢植え用の養土を使うほうがよいでしょう。自分たちで鉢植え用の土を作るときには，子どもたちに普通の土，砂，ミズゴケを１／３ずつ混ぜさせ，土作りを楽しませます。土は，砕けた石，枯れた植物，虫の老廃物からできることについて話します。

移植：２つめの双葉が現われてから数日間は，苗に直射日光を数時間当てます。できれば屋外の雨風にさらされない場所がよいでしょう。子どもたちの親には，カップの底を切り取ると，土があたたかいときに直接地面に植えられると伝えます。

　クラスにアパート住まいの子が多いときには，小ぶりの植物を育てたいと思うかもしれません。家に持ち帰らせる前に苗を移植します。３カップほどの土が入る大きさの容器を使います。容器の底に排水用の穴を開け，小石を敷いてから１／３ほど土をかぶせます。苗の入っているカップの下半分を切り取ってしっかり植え，さらに土をかけてから水をやりましょう。

2. 植物はどうやって水を吸い上げるのでしょうか

学習のねらい：水が茎を上っていく魅力的なようすを観察する。

用意するもの：葉のついたセロリの茎２本　ビン２つ　赤か青の食紅（かなり濃い色が出せるもの）　水

小グループでの活動：
1. 「水はどうやって植物の葉まで運ばれるのでしょうか」。
2. 「水がセロリの茎を上がっていくようすがわかるかどうかやってみましょう」。子どもたちに，水の入ったビンに食紅を入れてかき混ぜさせます。
3. １時間弱ぐらいしたら，葉の先に色が出ているか確かめます。色が染まったところの長さがわかるように，色がついたスジを茎から離します。また，茎の根元から薄い輪切りにして，染まっている場所を調べます。
4. 「しばらく水をやらないとセロリはどうなると思いますか。調べてみましょう」。別のセロリを空のビンに入れて一晩おきます。翌日ようすを調べましょう。
5. 「水をやるとこのセロリはどう変わると思いますか。試してみましょう」。茎の根元から５ミリぐらいを切り取り，セロリの入ったビンに水を注ぎ入れます。翌日ようすを調べます。またもとのように元気になりましたか。セロリは育つとき，地中に根を張ることを知らせます。根が土から水を吸い上げ，その水が茎の管を通って上っていくのです。

第Ⅱ部：科学概念・体験・統合的な活動

科学概念　根から成長する植物もあります。

1. ジャガイモの成長についてどんなことがわかるでしょうか

学習のねらい：塊茎（かいけい）と球根が新しい植物を作るすばらしい方法を観察する。
用意するもの：ジャガイモ（芽の出たものと出ていないもの）　鉢植え用の養土　鉢　ナイフ
事前の準備：クラスの子どもたちをがっかりさせないように，事前に自宅で同じジャガイモを使って発芽を試しておきます。

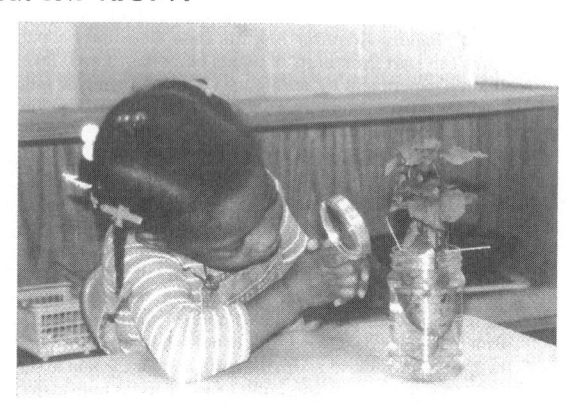

タニーシャは，サツマイモの根，葉，茎を研究しています。

[?] 探究活動：種子からではなく，植物の一部からも新しい植物ができると思うかどうか，子どもたちの考えを聞きます。ジャガイモの生育条件をいくつか作り，子どもたちに考えさせたり，実験を援助したりします。日付をカレンダーに書き入れたり，継続してスケッチや測定をしたりして，植物の成長を記録しましょう。

追加観察：家で育てたサツマイモ（市販用に発芽を遅らせる処理をしているもの以外）があれば，水の入ったビンにのせます（図4-3）。サツマイモがどうなると思うか予測させます。最初の芽が出てくるまでは直射日光は避けましょう。必要に応じて水を足したり，取り替えたりします。うまくいけばサツマイモのツルは養分がなくなるまで

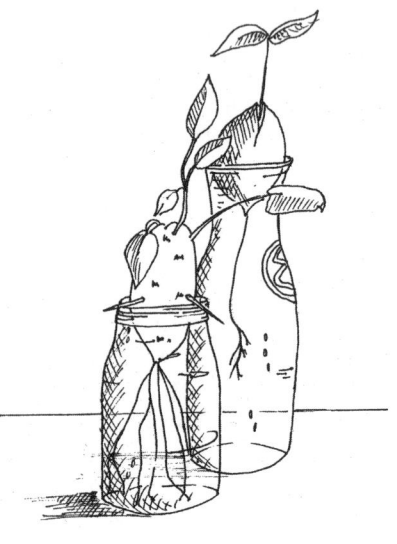

図4-3

第4章　植物

何か月もの間，成育するでしょう。古いイモがしおれ始めたら，地面に植えてもよいでしょう。それでも新しいイモができます。

　秋にはラッパスイセンの球根を外に植えましょう。その後，台所でタマネギが芽を出しているのを見つけたら垂直に切って，栄養源の球根の内側で新しい芽が育ち始めているようすを子どもたちに見せます。外に植えた球根は，春の日差しで地面があたためられ，雨が降って，育ち始めるのを待っていることを話しましょう。部屋の中では，スイセンの球根かアマリリスの球根を育ててみましょう。栽培条件についてはパッケージに書かれた指示に従いましょう。アマリリスの球根はとても大きく，見事に育ち，すばらしい花を咲かせます。子どもたちは，虫めがねを使わなくても花の雌しべと雄しべを簡単に見ることができます。花が枯れると大きなサヤができ，乾燥させてから開くと実験に使える種子がたくさんとれます。

科学概念　　植物のような形をしていても
　　　　　　　種子や根をもたないものもあります。

1. カビとは何でしょうか

学習のねらい：植物に似た単純なものが成長し増えていく驚くべき方法に気づく（訳注：カビは厳密には植物に属しません。しかし成長や増殖の仕方は似ている部分もあります。その仕組みの理解を容易にするために，ここでは植物のようなものとして説明をしています）。

話し合い活動：パン1切れと，ねじぶたつきの広口ビン2つ，醤油さしのような注ぎ口のあるビンに水を入れたものをグループごとに用意します。ほとんどの植物は，種子，または根や茎のところから，新しい植物ができることを子どもたちと一緒に思い出します。しかし，ほこりぐらいのとても小さな「胞子」とよばれるものから育つ植物もあることを話します。無数の胞子が空気中を漂っていますが，小さすぎて目には見えません。胞子があたたかくて湿り気のある栄養源に着地すると，私たちにも見ることができる植物に育ちます。

　「パンのかけらの上で，植物に似たものを育てられるでしょうか」。パンを半分に分けて2つの広口ビンに入れます。1つのビンはそのままふたをします。子どもたちに，もう1つのビンに入ったパンのかけらに水をかけさせましょう。このビンにはふたをしないで1時間おきます。その後，ふたをして，数日間，あたたかくて暗いところにしまっておきます。この2つのパンを比較しましょう。同じように見えますか。カビの生えたパンをビンに入れたままにすると，ふわふわした毛のようなものでいっぱいになります（カビの上に，黒い胞子のかたまりがポツポツと見えるでしょう）。

　この科学概念をさらに発展させたいときには，酵母菌の増殖に必要な条件（訳注：温度，湿度など）を実験してみましょう。その他にも，キノコのヒダを調べたり，岩の上に育つ地衣類をよく見てみたり，ブルーチーズを試食したり，水槽の中に生えた茶色や緑色の藻を観察したり，コケやシダを飼育槽（テラリウム）に植えたりできます。緑色をした胞子植物は，自ら養分を作り出せます。緑色をしていない胞子植物は，枯れた植物などの栄養源を利用しなければなりません。

第Ⅱ部：科学概念・体験・統合的な活動

カビは生態系の中で物質の再利用を助けていることをを子どもたちに教えましょう。カビと分解者に関する他の実験については，ジャニス・ヴァン・クリーヴの『ヴァンクリーヴ先生の不思議な科学実験室』（1989）を参照してください。

科学概念　私たちの食べ物の多くは，種子です。

1. 食べられるのはどの種子でしょうか

学習のねらい：たくさんの種子を食べてみて楽しむ。
用意するもの：
- 挽く：ミキサー　コムギ　ピーナッツ・カシューナッツ・アーモンド　コショウの実　コショウ挽き
- 焼く：皮をとったヒマワリの種子　皮をとったカボチャの種子　潰したカボチャの種子　ホットプレート
- 調理する：米　オートミール
- はじける：ポップコーン・塩・マーガリン　透明でドーム型のポップコーン用の鍋

小グループでの活動：
- 挽く：ミキサーの説明書に従ってコムギを挽き，穀物がどうすれば粉になるかを実演してみましょう。ミキサーについているレシピ本を使って，ナッツバターを作ってみましょう。
- 焼く：ホットプレートに小さじ数杯のマーガリンを入れ，皮をとったヒマワリとカボチャの種子を弱火で焼きます。うっすら茶色に色づくまで種をかき混ぜます。塩をふりましょう。おいしくて栄養もたっぷりです。

◆**安全のための注意**：子どもたちが観察しているときには，子どもの手に届かない離れたところで行なってください。

- 調理する：パッケージに書いてある作り方に従って調理します。乾燥したものと調理したものを比較してから食べましょう。
- はじける：乾燥した穀物の粒の中にちょっとだけある水分が，熱せられると蒸気に変化し，粒がパーンとはじけることを説明します。クラスでは，電気製品の安全な使い方にくれぐれも心がけましょう。

　　トミー・デパオラ『ポップコーンをつくろうよ』（訳注：福本友美子訳，2004，光村教育図書）を参照。

グループでの活動：最も大きな種子の１つであるココナッツ（ココヤシの実）を割ってみましょう。最初に先の軟らかいところに穴をあけます。そして，ジュースを計量カップに移し，それから子どもたちにジュースをスプーンで味見させます。殻を金づちで割り，ココナッツの果肉をかき出して，子どもたちに食べさせます。ミキサーがあれば，使用説明書に従ってココナッツの果肉の一部をすり潰して，次のお菓子を作りましょう。

種からできるおやつ：ミキサーでココナッツ（１カップ）と皮をとったヒマワリの種（１カップ）をすり潰します。そして，ピーナッツバター＊（大さじ２杯）と，蜂蜜，粉砂糖かメープルシロップ（いずれかを大さじ２杯）を加えて混ぜます（粉砂糖とメープルシロ

ップはいずれも植物からできています)。丸太状に形を整え，薄く切って味わいましょう。

＊クラスにピーナッツ・アレルギーの子どもがいるときには，別のナッツバターを使います。

子どもが望めば，植物から取れる他の食物についても調べてみましょう。食用になる植物の根や茎，花，葉を食べてみたり，それらについて話したりしましょう。

◆安全のための注意：自生しているものの中には有毒なものがあることを，子どもたちに注意させてください。有毒なものを食べたり口に入れたりすると，ひどい病気になりかねません。野生のキノコは決して採ったり食べたりしてはいけません。子どもたちがこれについてどんなことを知っているか聞いてみます。ヒマの実，ヨウシュヤマゴボウの実，イヌホオズキ，アメリカウメモドキ，イチイ，セイヨウヒイラギ，イボタノキ，ヤドリギなどの毒性の実は，クラスに持ち込まないでください。ラッパスイセンの球根，アヤメやユリの塊茎，またはポインセチアの葉なども試食してはいけません（訳注：食べられる果実の「種子」の中には，シアン配糖体が含まれているものがあります。たとえばモモやアンズ，リンゴなどです。シアン配糖体は水と反応してシアン化水素（青酸）を生成します。中毒を起こすことがあるので，特に未熟な「種子」を生食しないよう，十分注意してください）。

統合的な活動

● 算数の活動

記録をつける：自然散策をするときには紙袋を持っていき，途中で見つけたものをとっておきましょう。クラスでこれらを順番に並べたり，分類をしたり，数を数えたりします。結果は，掲示板に貼ったり，表に書き入れたりします（たとえば，「みんなで見つけたもの：はっぱ12まい，ドングリ10こ，木のかわ8つ，コケ1つ」など）。年少の子どもでは，数字を書いて実物を貼りつけましょう。字が読める子どもでは，数字と言葉で書きます。

集める：クリ，ドングリ，マツカサ，モミジバフウの「ボール」，プラタナスの「ボタン」，木の枝などを集めてみましょう。これらを使って，順番に並べたり，数を対応させたり，数を数えたり，重さを量ったりします。ビンゴゲームのコマとして使ったり（訳注：ビンゴゲームでは，数字の上にコマを置いていきます），四角い厚紙に書かれた数字と同じ数だけトレイに集めたり，木の枝を長さの順に並べたりします。

成長を記録する：細長い色紙を使って植物の成長を記録します。植物の茎と並べて紙を持ち，茎と同じ長さで切ります。毎日切った紙を掲示板の表にテープでとめ，それぞれに日付をつけて，植物の成長が目で見てわかるように続けて記録します。

種子を分類する： ビンにいろいろな種類のマメを混ぜて子どもに配り，種類ごとに分けて皿に入れさせます。マメの違う点と似ている点を子どもたちに説明させましょう。安野光雅の『ふしぎなたね』（訳注：1992，童話屋）を読みましょう。

変化を予測する： ポップコーンを作るセットの説明書を見て，カップ1杯のトウモロコシを量って子どもに見せます。このトウモロコシからどれくらいの量のポップコーンができると思うか子どもたちに聞き，その予想を書きとめましょう。でき上がったポップコーンを同じカップで量ります。グループみんなで声をそろえて数えましょう。もう1杯トウモロコシを量り，もう一度予想します。前回数えた結果で予測を変える子どももいるし，もとの考えのままの子どももいるでしょう。

大きな数を予測する： 年長の子どもの場合は，小グループごとに500ミリリットルビンに入ったインゲンマメを配ります。マメの数を予測させましょう。「どうすればわかるかな」。実際に数えるのも無難な方法です。子どもたちは，1つひとつ数えるという骨の折れるやり方をしなくてすむように，一列のインゲンマメの数を数えて，それから列の数を数えようとするかもしれません。あるいは，別の手っ取り早い方法を工夫したりするかもしれません。大きな数字を扱うときには計算機を使わせ，簡単に足し算や掛け算がくり返せるようにします。

● 造形表現の活動

コラージュ： 乾いた草や葉，押し花，平らな種，小さな枝は，かわいらしいコラージュの材料になります。年少の子どもたちが小枝や丈の長い草を使うときには，テープでとめたほうがよいでしょう。背景の色を変えて，材料の色合いを際立たせましょう。

擦り出し： 子どものテーブルに，新しい葉を1枚，小さな葉なら枝についたままテープで貼ります。その上に紙を置きます。子どもたちに紙の上からクレヨンで擦らせ，葉脈の模様を浮き上がらせます（訳注：力の調節のむずかしい子どもには，色えんぴつなどを使わせてください）。

半透明の窓飾り： 新しい葉や花びら，草などを2枚のロウ引きのパラフィン紙の間に挟んで，窓に吊す半透明の飾りを作りましょう。安全性を考えて，教室や保育室では紙をくっつけるのに電気アイロンは使わないようにしましょう。できるだけたくさんの子どもが参加できるように，ホットプレートに新聞紙を敷いて熱源に使います。ピザの生地を伸ばすローラーや小さい麺棒を与え，パラフィン紙の上から軽く転がして圧着します。

切り紙で作る壁の装飾： 花を創作する活動をしてみましょう。茎と葉にするために

緑色の細長い紙を，花にするためにいろいろな大きさの丸い紙を渡します。この丸い紙に切れ込みを入れたり，端を切り込んでびらびらにしたり，定規の角で跡をつけてつまんでお椀のようにしたり，らせん状に切ったり，へりを鉛筆に巻きつけて丸めたりするなど，質感や形を変える方法を教えます。はさみと木工用ボンドかのりを渡します。子どもたちが作った幻想的な花を集めて1枚の美しい壁面装飾にして，クラスのドアに飾りましょう。

葉っぱのモビール：10センチ四方ぐらいの紙を用意して，子どもたちにはさみで葉の形（子どもが葉のように見えると思うならどんな形でもかまいません）を切り取らせます。春には緑，秋にはオレンジや茶色，赤などの紙を使いましょう。紙を半分に折って切ると作りやすいと教えます。切った葉にはパンチで穴を開けて，細い糸を通します。面白い形をした本物の木の枝に，葉を結びつけたりテープでとめたりします。このときには，子どもたちを手伝ってあげましょう。でき上がったら枝を天井に吊しましょう。枝を掲示板にとめてもよいでしょう。小枝の一部が壁から飛び出しているように見えます。

遊び

畑づくり：園（校）庭にちょっとした日かげがあり，そこが土を掘って遊べるようなら，畑作りごっこにぴったりの環境です。子どもたちに，小さくてしっかりした熊手，クワ，シャベル，バケツ，手押し車などを用意します。特に教えなくても，子どもたちは石やマツカサを持ってきて植えたり，葉や草，松葉などを収穫したりするでしょう。子どもたちには，土を掘ってもよい場所がどこまでかを知らせておく必要があります。子どもたちが何を育てようとしているのか聞いてみましょう。

砂箱の屋内庭園：テーブルの上の砂箱に，拾ってきた小枝，大小のマツカサ，乾燥した草，種の入っていたサヤ，時には花びらなども並べて，小さな庭を作らせます（乾燥した砂より湿った砂のほうがしっかりとしたものが作れます）。ゴム製のおもちゃの動物や人形を加えてもよいでしょう。

花を使った楽しみ：子どもたちが雑草の花をたくさん摘めるような場所があったら，小さな花できれいな花飾りを作りましょう（長持ちはしませんが）。タンポポの茎の中ほどを裂き，そこに別のタンポポの茎を挿し入れていくやり方を子どもたちに教えます。でき上がったタンポポの綱は，輪にしてネックレスや冠にしてもよいでしょうし，できるだけ長く作って楽しんでもよいでしょう。葉と比較的丈夫な花に，ビニルコーティングしてある軟らかいワイヤーを通すと，ブレスレットにな

ります。大きな葉にワイヤーを通せば冠も作れます。タチアオイでは人形が作れます。タチアオイの花を縦に2つ重ねて真ん中に爪楊枝を挿してドレスにし，タチアオイのつぼみをその上に挿して頭にします。そして，ヒナギクの帽子をかぶせましょう。

　ケーキ用のリング型に水を張り，常緑樹の小さな枝をたくさん浮かべれば，卓上用のクリスマスリースのでき上がりです。マツカサでは七面鳥が作れます。小さめのマツカサを体に，ちっちゃなツガの球果を赤く塗って頭に，そして鳥のはねを挿して尾にします。

● 創造的な身体表現

　春に植えた種子（球根の観察をしたときには，球根）になったつもりで，子どもたちと一緒に床にしゃがみ丸くなります。穏やかな声で種が育つ話をしながら，それを子どもたちと一緒に体で表現していきます。「さあ，私たちは地面の下で待っています。太陽の日差しが土をあたためます。雨が降ります。そして，私たちは大きくなり始めます。種の中の小さな植物がどんどん大きくなって，種の皮を突き破ります。根を下に伸ばして水を吸い上げます。茎は上へ……上へ……と伸び始めて太陽の光を探します」。地上に出てきてからの植物の成長については，次のようにゆっくりと話をつなげます。葉が出て，つぼみができ，花が咲き，風に揺らめき，太陽と雨を感じ，花びらが落ち，種ができ，それからゆっくりとしおれて，次の年に植物が育つように種をまき散らします。

● 創造的な思考活動

もしも…だったら？：もしみなさんの背丈が親指くらいの大きさだったらどうしますか。どんな植物のそばで暮らしたいですか。どんな植物の中で眠りたいですか。どんな植物を食べたいですか。雨が降ったらどんな植物の下に隠れたいですか。どんな植物に登って遊びたいですか。チューリップの花の中で丸まって昼寝をしてみたくはないですか。

● 食べ物を使った活動

　リンゴが旬の頃には，アップルソースを作ってみましょう。ぶどうがたくさん採れる地域に住んでいるのなら，干しぶどう作りに挑戦しましょう。おやつ用に生の果物や野菜を洗って皮むきをするとか，スープ用に野菜を下準備するといったこと

を学ばせてもよいでしょう。クラスの料理プロジェクトで小麦粉や砂糖を使うときには，それらが植物でできていることを話しましょう。

　昼食に出た野菜が，植物のどの部位なのかを話し合ってもよいでしょう。「私たちが食べているのはセロリ（ジャガイモ，ニンジン）の葉っぱかな，根っこかな，それとも茎のところかな」。おやつの時間にクラッカーが出てきたら，小麦粉がコムギの種子から作られ，砂糖がサトウキビの茎やサトウダイコンの根からできていることを話しましょう。

● 園（校）外での学習活動

　植物について園（校）外学習をするといえば，森や草原で楽しむのが理想的だと普通は考えます。しかし，近くの食料品店でも子どもたちは貴重な植物学習ができます。店に行き，私たちが食べ物をどれほど植物に頼っているのか確かめましょう。野菜売り場，主食用の乾物の棚（小麦粉，パスタ，砂糖，マメ類，シリアルなど），缶詰や冷凍の果物や野菜，お菓子売り場などを見て回ります。自然食品のお店（ビタミン剤を売っている健康食品の店ではありません）では，精白していない穀物がどんなものかを見たり，小さな製粉機が動いているのを観察したりできます。花屋や温室も魅力的ですが，お店の人や持ち主に子どもたちを連れて行ってよいかどうか必ず確認しておきましょう。

屋外と屋内の木の散策：園や学校から歩ける範囲内に，何種類の木がありますか。子どもたちは，どうやったら木の違いが見分けられるでしょうか。葉が高いところについていて，葉が落ちてこないと手に取って調べられないようなら，樹皮の特徴が見分ける手がかりになります。子どもたちに，厚くて柔らかな紙を古いクレヨンで擦って樹皮の拓本をとらせます。木の種類が違うと，樹皮の質感がどう違うか比較しましょう。

　木の散策の最後に，屋内に戻りましょう。子どもたちにはクラスの中を歩き回って，使われている木を見つけられるだけたくさん探させます。古い建物の天井には木の化粧縁が貼ってあったり，窓やドアには木の枠がついていたりするかもしれません。上のほうも見て探すように声をかけましょう。見つけたもののリストを作らせます。鉛筆や紙もそのリストに入るはずです。

屋外で静かに観察する：天気がよい日には，近くの雑草が生い茂った場所へ探検に出かけましょう。2メートルのひもの輪で小さな観察スペースを区切ります。子どもたちが好き放題にばらばらにならないように，屋外に行く前に，観察用の輪

を一緒に使う3，4人のグループを決めましょう。子どもたちは腹ばいになり，観察用の輪の中に頭を寄せ合って観察します。自分たちの輪の中で観察したものを報告させましょう。その後，土や石，小さな生物，植物など，観察したものをまとめた表を作成します。採集したものをテープで表の上に貼ります。

雑草の花を集める：春のはじめ頃，園や学校の近くの草むらで小さな花が咲いていないか調べます。子どもたちが小さな花束にして家に持ち帰ってもよいか許可を得ましょう（小グループのほうが楽しめるでしょう）。許可をもらった場所に子どもたちを連れて行き，ハコベやスミレなど春の美しさを感じさせるものをゆったりと探させます。摘んで帰った花は水の入った小ビンに入れ，それぞれに子どもの名前を貼ります。テーブルの飾りにした後で，家に持ち帰らせましょう。子どもたちの花はパラフィン紙に包んであげます。

科学概念を多様に関連づける

概念を維持する

クラスの窓台に鉢植えの植物を並べてみましょう。それを見れば，植物の成長に必要なものが何か，いつでも思い出せます。植物の世話は，子どもたちの当番表の中でも人気の仕事になることでしょう。小さい子どもの場合，水差しを運んで行って，どのくらい水を注げばよいのかを決めるには多少の助けが必要かもしれません。年長の子どもでは，水やりについての適切なアドバイスを鉢に貼っておけば，1人でできるでしょう。新しい芽が出たとか，葉がしおれたとか，好ましくない昆虫がついているなど，今起こっている変化について話をしましょう。

その地域で植物が育つ時期に，授業や保育がずっとあるようなら，庭に植物を植えたり手入れをしたりしましょう。そうすることで，植物の一生という概念に興味をもって取り組むことができるでしょう。植物が生長している間に休みがはさまるようなら，バケツのプランターを試してみましょう。春に学校で植物を植え，夏の間は子どもか教師の自宅に移して世話をします。そして，うまくいけば秋の収穫時期に学校に持ってきます。8リットルのバケツの底に排水用の穴を開け，カボチャとヒマワリの種子を良質の土にまきます。強い苗1つを残して，他はすべて間引きしてください。十分な日光と水をたっぷり与えます。カボチャもヒマワリも完全には成長しないのですが，カボチャからは葉のついたツルや巻きひげが出て，花が咲

きます。もしかしたら小さなカボチャの実をつけるかもしれません。ヒマワリは，5，6歳児の身長より丈が高くなることもあるでしょう。先端に種子をつけますが，鳥がすぐに種子を食べてしまうかもしれません。花がしおれてきたら使い古しのストッキングやネットをさっとかけてください。

　長期的な栽培プロジェクトがうまくいかなかったときには，3歳児担当のとても優れたある女性教師の試みが参考になります。彼女は，毎年秋になると田舎を歩き回って自然のままの穂がついているトウモロコシの乾燥した株を探してきます。これは保育室に秋の収穫の雰囲気を作ります。そのうえ，すばらしいことも教えてくれます。トウモロコシの巨大な株のそばでは，子どもたちは小人のように思えるほどですが，これも1粒のトウモロコシから成長したのです。後で，トウモロコシをむかせてみましょう。この作業に子どもたちは夢中になります。粒の一部は鳥にやったり，春に発芽させるためにとっておきます。

　他にも植物に関する体験活動の機会は，時どき偶然に起こります。それを活用してください。たとえば，古くなったハロウィンのカボチャちょうちんにはカビが生えてくるかもしれません。それをそっと捨てるのではなく，屋外の雨風にさらされない場所に置いて変化を観察しましょう。その後で，堆肥の山に加えましょう。次の年に植物を育てるための土を肥沃にすることができます。

植物の世話は，子どもたちの毎日の仕事の中でも魅力のあるものの1つです。

● 園（校）庭を改善する

　園や学校の敷地の中で，小さな果樹園（リンゴ，西洋ナシ，プラム）やベリー畑（ブルーベリー，ラズベリー，スグリ）を作ってみましょう。子どもたちは実際に

食べられる植物を育てるのを喜びます。毎年少しずつ木を増やしていきましょう。

🔵 概念を結びつける

土の成分：生態系では，限りある物質がくり返し使われる自然のサイクルをなしています。肥えた土を作ることで，このことがよくわかります。頁岩（けつがん）を粉々にしたり（第10章「岩石と鉱物」を参照），頁岩が手に入らないときには砂か粘土を使って，余った苗を育ててみましょう（訳注：養分のない土で苗を育ててみるためです）。頁岩で育てたときの苗の成長と，本物の土で育てたときの苗の成長を比較します。本物の土には，少量の枯れた植物と生き物の老廃物が含まれているので，苗がよく育つのです。この考えは，秋に始める堆肥の山や堆肥袋を作る作業につなげられるでしょう。子どもたちに，集めた葉や刈った草を集めて大きなビニルのゴミ袋に入れさせます。半分くらい入れたら，スープ缶1杯分の肥料か粉末の石灰，1缶分の水，シャベル数すくい分の土を加えます。袋を閉じます。空気を入れるために，何度かはひっくり返したり，ふったり，開いたりしなければなりません。屋外で冬の間も忘れ去られないところに置きましょう。春までに完全に変化するかどうかはわかりませんが，袋の中で成長するバクテリアが物質と作用し合い，腐敗物を堆肥（腐植土）に変化させ，土を肥やします。

腐ったものにカビが生えてきたときには，虫めがねで観察させます。カビがどうやって他のものを養分として利用しているのかについて話をします。

自然の生物が完全に腐ると土がどんなふうによくなるのか，そして，なぜ新しい丈夫な植物が成長し，食物を作り出せるのかを話し合います。自然のすばらしいサイクルの1つとして，土が再生することを次のように話しましょう。「生きた植物が枯れて分解され……肥えた土からもう一度健康な植物が育ち……これがくり返し……くり返し続きます。かつて生きていたものが死んだ後にも役目があるという考え方を理解すると安心できるものです」（Furman，1990）。

岩石をぼろぼろにする植物：日かげにある岩に，うすい緑色などの色をした地衣類がついていないか探してください。地衣類は，菌類と藻類との共生体で，1か所にまとまって生えています。酸を出し，岩の表面をゆっくりと溶かします。

時には地衣類でない植物でも，岩の裂け目で育ち，その根が岩を割ることもあります。学校の近くのコンクリートの歩道には，木の根の強い力で，ひび割れていたり，押し上げられていたりするところがあるかもしれません。子どもたちと散歩をしているときに注意して見てみましょう。足を止めてよく見ます。岩がゆっくりゆっく

りと崩れていくと，植物の育つ土壌の一部になることを一緒に思い出しましょう。

空気：タンポポやトウワタの種子は柔らかなパラシュートにぶら下がっていて，風にのって長距離を移動します。カエデやトネリコの種子には翼がついていて，風に吹かれてくるくると回りながら遠くに飛ばされ，そこで芽を出します。近くにカエデの木があるときには，熟して翼のついた種子を発芽させてみましょう。熟した種子は半分に割れます。プラスチックのコップに種子を深く植えてください。翼の部分は土から顔を出すようにしておくと，種子が風にのってくるくると落ちることを思い出すことができます。1か月ほどで丈夫な芽と小さな葉が出てきます。

空気と水の循環：植物に水やりをするときには，「蒸発」という言葉を使ってみましょう。水の一部は植物の根に吸収され，残りは蒸発します。

　飼育槽を作ると，水やりをほとんどしなくてよいと知らせましょう。閉じた飼育槽では空気中に蒸発した水が，冷たいガラス面で大きな水滴になるという考えを，子どもたちから出させます。ただし，子どもたちが蒸発と凝結の体験活動をまだ行なっていないようなら，この話し合いは蒸発と凝結の体験活動をするまで後回しにしておきます。

　2リットル入りのペットボトルを使って，小さな飼育槽を作ります。底から約1／3のところでペットボトルを2つに切ります（子どものいないところで行ないます）。下側の1／3の底に小石と炭のかけらをしき，その上に鉢植え用の養土を加えます。土に小さな植物を植えましょう。水浸しにならない程度に土を湿らせます。ペットボトルの上側の2／3をかぶせ，テープで密封し，ペットボトルのキャップを閉めてください。

● 家庭と地域の支援

　子どもたちは，苗を使った自分の体験活動のようすを両親に知らせようとするでしょう。苗を家に持ち帰ったときにも家族に協力してもらいましょう。苗を生育に適した場所に置き，子どもたちが世話をするのを見守ってもらう必要があるからです。植物の世話に関するこつを印刷して，容器に結んでおきます。プロジェクト活動についても数行書き加えておくと，親は状況をよく理解したうえで子どもの話を聞くことができます。ガーデニングを楽しんでいる家族には，子どもが植物を植えて栽培するための小さなスペースを用意してもらうようにすすめましょう。

　近くの自然環境センターや自然史博物館が子ども向けプログラムをしていれば，その情報を親に知らせましょう。専門ガイドのついた自然観察ウォークが家族向け

に行なわれているかもしれません。自然環境センターに問い合わせてみてください。地域の緑化活動プログラムが，家庭でのガーデニングを応援してくれることもあるでしょう。子ども図書館や大人向けの図書館では，ガーデニングと植物の本コーナーが季節に合わせて特設されているかもしれません。

参考文献

Berger, T. (1992). *The harvest craft book*. Edinburgh: Floris Books. ［トマス・ベルガー (1999) 松浦 賢（訳） ハーベストクラフト：秋を楽しむナチュラルクラフト イザラ書房］

Furman, E. (1990, November). Plant a potato-learn about life (and death). *Young Children*, **46**, 15-20.

George, J. (1995). *Acorn pancakes, dandelion salad, & 38 other wild recipes*. New York: HarperCollins.

Hampton, C., & Kramer, D. (1994). *Classroom creature culture: Algae to anoles*. Washington, DC: National Science Teachers Association.

Kepler, L. (1996). *Windowsill science centers*. New York: Scholastic.

Kohl, M., & Gainer, C. (1991). *Good earth art*. Bellingham, WA: Bright Ring Press.

Lerner, C. (1988). *Moonseed and mistletoe: A book of poisonous wild plants*. New York: Morrow.

Lerner, C. (1990). *Dumb cane and daffodils: Poisonous plants in the house and garden*. New York: Morrow.

Lovejoy, S. (1991). *Sunflower houses*. Loveland, CO: Interweave Press.

Lovejoy, S. (1994). *Hollyhock days*. Loveland, CO: Interweave Press.

Petrash, C. (1992). *Earthways*. Mt. Rainier, MD: Gryphon.

Richardson, B. (1998). *Gardening with children*. Newtown, CT: Taunton Books.

Ring, E. (1996). *What rot! Nature's mighty recycler*. Brookfield, CT: Millbrook Press.

Russell, H.R. (2001). *Ten-minute field trips: Using the school grounds for environmental studies* (2nd ed.). Washington, DC: National Science Teachers Association.

VanCleave, J. (1989). *Basic biology for every kid*. New York: Wiley. ［J. ヴァンクリーヴ (1990) 遠山 益・久世洋子(訳) ヴァンクリーヴ先生の不思議な科学実験室：親と子が体験するサイエンス・ワールド 生物編 HBJ出版局］

第5章 動　物

> 動物についてどんな思いをもっていますか。子どもの頃の感じ方とは違っていますか。ほとんどの子どもは動物に興味をもっています。だから，子どもたちが基本的な動物に関する科学概念を身につけるのを援助すると楽しいのです。

多くの子は，どんな大きさの動物にも，どんなようすの動物にも魅力を感じます。そして，その生き物を，見たり，触ったり，世話したりしたくなります。しかし，這ったり，噛んだり，挟んだりする生き物に我慢できない子もいます。本章で紹介する体験活動で，生き物好きの子どもたちの知識を広げることができます。それとともに，不安をもつ子どもたちの感情を和らげ，身の回りにいる有益で美しい小動物を大切にしようとする気持ちももたせることができます。ここでは，次のような科学概念について探究します。

- 世界にはたくさんの種類の動物がいます。
- 動物はいろいろな動き方をします。
- どの動物もその動物に特有な食べ物を必要とします。
- たくさんの動物が子どもを育てるために巣を作ります。
- 人間と動物はたいてい共存しています。

本章の体験活動ができるかどうかは，観察のための生き物が手に入るかどうかにかかっています。ですから，計画は柔軟に立てる必要があります。クモの学習をしようとするちょうどその日に，運よくクモが見つかるとは限らないのです。

教室でペットを買い，住みかを作り，育てるには費用がかかります。しかし，ミミズやクモといった昆虫はどこにでもいますし，簡単に手に入れることができます。本章で紹介する体験活動では，昆虫，ムシ，魚，野生の鳥，絵や写真を用いて科学概念を説明します。昆虫を手に入れて学ぶだけでなく，ペットを借りてくるという

考えもあります。

科学概念　世界にはたくさんの種類の動物がいます。

　このトピックを，子どもたちへの「動物ってどんなものかな」という問いかけで始めてみましょう。具体的な動物の名前がたくさん出てくると思います。そこで，世界中にはたくさんの動物がいて，名前を言うだけで何日もかかることを知らせます。「どんなものが動物なのかを言うには，もっと簡単な方法があるよ。動物は生きているものだけど，植物ではないものなんだ」。さて，子どもたちはどれだけの動物を思い浮かべられるでしょうか。子どもたちがあげるものには，人間，クモ，ミミズ，昆虫もあるでしょう。昆虫だけでもなんと百万種以上もいるのですが，すべての昆虫には，いや実際にはすべての動物には共通した特徴があります。

1. 昆虫ってどんなものでしょうか

> **学習のねらい**：昆虫の特徴に興味を抱く。
> **用意するもの**：簡易な虫かご（p.94を参照）　生きている昆虫　葉のついた小枝　霧吹き　虫めがね　スケッチ用具
> **事前の準備**：後で出てくる捕獲の仕方で行なってください。虫かごには直射日光が当たらないようにします。
> **小グループでの活動**：
> 1. 観察の基本ルールを決めます。①昆虫や他の小動物は虫かごに入れる，②虫かごはやさしく扱う。
> 2. 昆虫の仲間を見分ける特徴を探してみようと提案します。その特徴は，体が3つの部分に分かれている（頭，胸，胴），6本の足がある，2本の触角があることです。クモは昆虫ではありませんが（足が8本ある），毛虫は昆虫です（6本だけが本当の足で関節がある）。
> 3. 子どもたちに，自分が観察している昆虫の絵を描かせます。
> 4. 簡単なお話をします。①これは大人の昆虫（成虫）です。最初は卵で，それから幼虫（はねがなくてミミズのよう）になった後，成虫の形になります。②昆虫には骨がありません。その代わりに，柔らかい体を守るための硬い殻があります。
> 5. 最後に，昆虫を野外に放します。

第 5 章　動物

🟢 捕獲の仕方

生き物の居場所をつきとめる 🐞：玄関の近くから探し始めましょう。あたたかい晩には，光に引きよせられた昆虫が網戸にいることがあります。窓枠のところや低木の間で巣を作っているクモがいないか探してみましょう。地面の石をひっくり返して，コオロギや甲虫などを見つけてみましょう。花壇では，テントウムシやマルハナバチ，バッタ，アリ，徘徊性のクモを探します。ノラニンジンやトウワタのような雑草の茂みに毛虫がいないか調べましょう。

生き物を捕まえる：変温動物は，一日の涼しい時間帯には動きが鈍くなります。身がひきしまるような秋の早朝，マルハナバチはふらふらとしていて，簡単に捕まえられます。口の開いたビンですくい取って，すばやくふたを閉めましょう。ハチがとまれるように露を帯びた木の小枝を滑り込ませて，ふたをもう一度閉め，ストッキングや網で覆って輪ゴムで止めましょう。ハチは日中のあたたかい時間のほうが簡単に探し出せますが，身を守ろうとしてすばやく動きます。用心深いハチを捕まえるには，竹製のトング（パンばさみ）を試してみましょう。毛虫をつかみとるのにもトングが使えます。毛虫の中には手で触ると皮膚に発疹ができるものもいます。

　地面を歩き回るクモやバッタは，口の開いたビンをすばやくかぶせると捕まえやすいでしょう。どちらのムシもビンの中の方に向けて飛び上がることが多いので，ビンの下にふたを滑り込ませることができます。虫取り網はチョウやガを安全に捕まえるのにうってつけです。昆虫の上で掃くようにさっと虫取り網を動かし，ムシをくるむようにすばやく袋を返します。チョウは後ろに折りたたんだ2枚のはねをやさしくつまみ，網から外して，袋の中に入れます。観察ケースや箱に移すまで，太陽の光が当たらないようにします。

　以下の2種の小さなクモだけは噛まれると危険なので注意しましょう（訳注：日本にいる毒グモでは，セアカゴケグモに注意しましょう）。

- クロゴケグモ：つやつやした黒い体で，腹部の裏側（見えない側）に明るい赤色の砂時計のような模様がついています。幼いものは腹部の表側に赤い3つの斑点があります。
- ドクイトグモ：めったにいません。屋内に住むクモで，屋根裏やクローゼットなどの暗い場所の隅にいます。黄色から茶色っぽい色をしています。前部（頭胸部）の上に濃い茶色をしたバイオリン形の模様があります，バイオリンの下部は触覚の間にあたり，バイオリンのネック部はクモの腹部に向かって伸びています。

簡易な虫かご

　小さな生き物用の虫かごを費用をかけずに作る方法はいろいろとあります。しかし，教室で学習した後に生き物を放してやることで，責任ある管理（スチュワードシップ）の精神を教えることができます。昆虫は自然界では必要な存在で，掃除役をしたり，害虫を駆除したり，花が種を作る手伝いをしたり（表5-1を参照）すると説明してください。そうすれば，小動物に生きえさを与える問題も回避できます。

　小さな昆虫用の簡易なかごを作るときには，きれいで大きめのプラスチックコップにストッキングをかぶせて伸ばし，適当な場所をテープでとめます。大きな昆虫なら，図5-1のようにプラスチックの惣菜容器を使い，横に大きな窓を切り開けておきます。湿らせたスポンジと，昆虫を捕まえたところにあった小枝を入れます。使い古しのナイロンストッキングの中に容器を入れ，ストッキングを上に引っ張っておいて，輪ゴムでしっかりとめます。最後に，ストッキングの上から，ぱちんと容器のふたを閉めます。

　小さな飼育槽が利用できるなら，すばしっこいバッタを飼うのに使えます。底に砂を敷きつめ，バッタが登れるよう木の枝を入れておきましょう。

　透明な容器で，通気用の穴が開いていて，パチンとふたができ，何度も使えるものがあれば，そのままでも完璧な虫かごです。子どもたちがみんなに見せようと小さな生き物を持ってくるときに備えて，いつでも使えるようにかごをストックしておきましょう（かごの考えに納得しない子どももいるでしょう。ジョーイは，自分の毛虫をテープにつないでおきたがりました）。

　その日の内に放すというルールには魅力的な例外があります。それはお母さんグモの場合です。母グモは，卵嚢（らんのう）を作り，卵嚢からクモの子が現われる

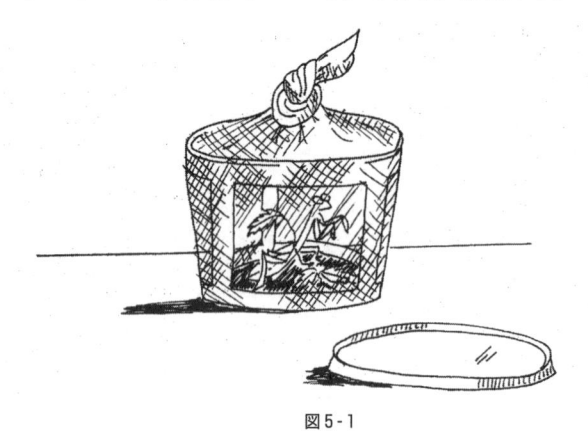

図5-1

までの数週間えさを食べません。クモの子にもまた，生まれてから食べるもの（卵嚢）が用意されています。

コモリグモは卵嚢を体の下に抱え込みます。時期がくると母グモが卵嚢を裂き赤ちゃんグモは卵から孵ります。そして赤ちゃんグモは母グモの背中に移動します。そこでしがみつくので，まるで毛のこぶのように見えます。コモリグモの親子は，水分さえあれば，プラスチック製のトランプの箱に入れて，1週間観察できます。

ただし，母グモは，卵が受精していてもいなくても卵嚢を紡ぐので，クモの観察が期待はずれに終わることもあります。卵が受精していなければ，母グモは卵嚢を裂いて開きません。

● 害になるムシ

人間や植物にとって，どちらかというと害をもたらすことが多い昆虫もいます。ハエ，カ，ゴキブリ，クロゴケグモ，ドクイトグモ，イガ（衣蛾）などです。自衛のために刺す多くの昆虫は，邪魔しなければ人間を襲うことはありません。スズメ

表5-1　一般的な昆虫について

昆虫	はたらき	興味深い特徴
アリ	環境をきれいにする掃除屋。花を受粉させる役をする。	集団で生活し，分業を行なう（子どもの世話をしたり，食べ物を集めたり）。社会性昆虫。
ミツバチ	花を受粉させるのにとても役に立つ。蜂蜜と蜜蝋を作る。	集団で生活し，分業を行なう社会性昆虫。
チョウ	受粉を媒介する（子どもたちには，植物の種づくりを助けると説明する）。	すらりとした体。触覚の先は球状。昼中に飛ぶ。休むときははねをまっすぐ立ててたたむ。普通はさなぎになる。
ガ	受粉を媒介するものもいる。カイコガは，織物になる強く光沢のある糸を紡ぐ。	太めで毛の生えた体。羽毛のような触角。休むときはねは平らに広げる。まゆを紡ぐことが多い。夜間に飛ぶ。
甲虫	ゴミを片づける掃除屋の役をするものもいる。テントウムシは害虫駆除に役立つので園芸家から重宝がられている。農作物を荒らす甲虫もいる。	美しい模様のものが多い。縞模様，斑点，玉虫色など。
コオロギ	他の動物の食べ物となる。作物によっては被害を与える。	雄だけが鳴く。堅い前ばねを持ち上げて擦り音を出す。
ホタル(体の軟らかい甲虫)	夏の夜に魅力を添えると喜ばれている。	ホタルは光の点滅で互いに信号を送り合う。
バッタ・イナゴ	農作物を荒らすこともあるが，他の動物の食べ物ともなる。	飛ぶときに，ちょっとだけはねが見える。後ろ足2本で跳ぶ。腹部に聴覚器官がある。
カマキリ	害虫駆除にとても役立つ。体長10センチくらいになり，体の部位は容易に見分けられる。	他の昆虫をばらばらに引き裂く姿にはぞっとさせられる。
狩人バチとスズメバチ	狩人バチには果樹の受粉を媒介するものもいる。害をもたらす幼虫を食べるものもいる。	スズメバチなどは枯れた木を噛んで紙状にし，子どもを育てるための巣を作る。泥で巣を作るハチもいる。美しい巣を作る。

バチ，ミツバチ，クモなどがそうです。

2. 昆虫の体は成長するにつれて，どう変化するのでしょうか

学習のねらい：昆虫の魅力的な変態過程を観察する。

導入：昆虫の成長の仕方について，子どもたちが知っていることを引き出しましょう。そして，昆虫の体は，小さな卵から成虫に成長する間に，びっくりするような変化をすることを知らせます。その変化の過程は「変態」（ライフサイクルでの成長段階）とよばれます。「この教室でも，昆虫の体に起きる変化を観察できます。これから何週かかけてミールワーム（ゴミムシダマシの幼虫）が姿を変えるようすを観察します。それから，ミールワームが何をするのか，何が好きなのかを見つけたりもします」。ミールワームとその成虫であるゴミムシダマシは無害であることを説明しておきます。ミールワームは入れ物の外に這い出ることができません。卵の段階では小さすぎて顕微鏡がないと観察できないので，観察は幼虫段階（ミールワームのとき）に始めましょう。

用意するもの：ミールワームを1人に2匹ずつ（ペットショップで購入） 500ミリリットルのプラスチック容器を4〜5名のグループに1つ＊ トレイ サインペン 金づちと釘 コムギのふすま（外皮）約400グラム（朝食用のシリアルではなく，健康食品店で買ったもの） リンゴかジャガイモ 果物ナイフ 虫めがね

事前の準備：どの容器にもグループ番号を書く。容器のふたに，金づちと釘で数箇所空気穴を開ける。どの容器にもふすまを7.5センチ入れる。薄切りにしたリンゴかジャガイモを加える。ミールワームをやさしくふすまの上に置く。観察が終わったらふたを閉める。

小グループでの活動：

1. ミールワームを手の上に置きます。「みなさんが，大きな人間の手の中にやさしく包まれたらどう感じるかな」。そして，ミールワームの学習をするときの基本ルールを決めます。①やさしくつかむ，②虫めがねで観察する，③トレイの上にばらばらに置く，④ミールワームを触った後は手を洗う。

2. 虫めがねで観察するために，ミールワームをやさしくつまみ上げてトレイに置きます。ミールワームがもぞもぞと動いているようすを見ましょう。目，口，足，触角，体節を探します。子どもたちに観察したことを絵に描かせた後，科学コーナーの容器の中にミールワームを戻します。リンゴやジャガイモにカビが生えたり，しなびたり，乾いたりしたら，新鮮なものを入れましょう。ミールワームは，グレープフルーツのような柑橘類の皮も喜びます。

3. 毎日，個々で自由に観察させて，活動や変化のようすを確かめさせましょう。たとえば，ミールワームは水分をとろうとしてリンゴやジャガイモの上に集まる，幼虫が成長するときに脱皮する，さなぎになって動かなくなる，成虫に変化するなど。

4. ミールワームが好む生活環境を調べるために，毎週いろいろな環境条件で実験してみましょう。①湿らせたペーパータオルをトレイの片側に敷く，②容器の半分を色の濃い紙で覆う，半分は暗く半分は明るくなるようにしてみる，③トレイの上にふすま，草，紙片の小さな山を作り，その上にミールワームを置く，④酢を浸した綿玉をトレイに置き，ミールワームを置いてみる。ミールワームが選ぶのを1時間ほど待ちます。子どもたちの観察結果を図表にしておきましょう。

5. ミールワームのコロニーはいつまでも維持できます。その必要がなければ，ミールワ

ームを草むらに置いて鳥のえさにしたり，ゴミの分解に役立てたりもできます。
話し合い活動：変態が生じても，6本足，頭部，触角のような特徴的な体の部位は，変態の3段階すべてで現われることを知らせましょう。幼虫は体が大きくなると，脱皮することに注目させましょう。幼虫の段階は10週間続きます。さなぎは2～3週間ほとんど動きませんが，内部では変化しています。この基本的な生命プロセスについて，子どもたちが観察したことや言ったことを記録しておきましょう。この活動は子どもたちの予想に変更を迫るものです。しかし，ミールワームを2か月以上飼い続けると，何度も変態がくり返されるので，説得力があるでしょう。

＊ミールワームは飼育槽でも飼えます。しかし，小さなグループで「所有している」と，ミールワームとのつながりをもっと強く感じられるのです。

しっかり観察することは，これ以後の学習でも生かされます。

科学概念　動物はいろいろな動き方をします。

1. ミミズはどのように動くのでしょうか

学習のねらい：足のない動物の動きに興味を抱く。
導入：子どもたちに質問してみましょう。「歩くのに6本足が必要ですか。もしも体がぐーんと曲がって地面すれすれになったとしたら，もっとたくさん足があったほうがバランスがとりやすくないですか。昆虫や鳥が空を飛ぶのに何が助けとなっているのでしょうか。とても小さくて足のない動物を想像できますか。動くのに筋肉と短い毛しか使わないんですよ。外に出かけたときに，そんなムシを見つけられるかもしれませんね」。
用意するもの：シャベル（掘る場所があるなら）　バケツ　スコップ　トレイ　虫めがね　白っぽい砂　鉢植え用の土　1リットル程度の透明な惣菜容器　紙コップ　ナイロンストッキング　輪ゴム　木の葉を乾かし細かくちぎったもの（カシやナラの葉は使わない）

97

黒い紙　テープ

事前の準備： 子どもたちを連れて土を堀りに行く前に、その場所にミミズがいるかどうか確かめておきましょう。掘る場所がなければ、近所の店や科学用品カタログでミミズを手に入れます。

小グループでの活動：
1. 軟らかい地面があれば、そこを掘ってミミズを探しましょう。子どもたちには、その手伝いをさせます。
2. 子どもたちに飼育ケース作りを手伝わせましょう。まず、透明な惣菜容器の底に砂を敷きつめ、砂の真ん中に紙コップを逆さまにして置きます。紙コップの周りに5センチほど土を入れ、その上に5センチほど砂を入れます。最後に土を入れます。少量の水で土を湿らせます。
3. 細かくちぎった木の葉で表面を覆います。2匹を残して、あとのミミズは木の葉の上に置きます。土で覆わないようにしてください。ケースの上からストッキングを伸ばして覆い、輪ゴムでしっかりとめます。
4. 2匹のミミズをトレイの上に置き、虫めがねで動きを観察しましょう（剛毛は引っ込められるので見るのはむずかしい）。体の中ほどにある幅広で明るい色の帯は卵胞です。だんだんと細くなっているほうがしっぽで、丸くなっているほうが頭です。「目はありますか」。子どもたちが観察したことを、スケッチしたり、文章に書いたり、創造的な体の動きで表現させたりしましょう。

● ミミズの世話

ミミズの飼育ケースの管理： ミミズが見えやすいところに穴を掘るように、飼育ケースの周りを黒い紙で覆っておきます。1週間ほどすると、ミミズが新しい土に慣れて穴を掘り始めるでしょう。ちょっとだけ黒い紙を取り外して、穴を掘り始めたかどうかどうか確かめてみましょう。

ミミズは乾いた土の中では長く生きることができません。飼育ケースは熱源から遠ざけておきましょう。水分が保たれるように、こまめに水をまきます。

白っぽい砂の中にできた黒っぽい土の筋は、どのようにミミズが穴を掘り土を混ぜ込むのかを示しています。葉のかけらが穴に引き込まれていきます。日によって違った食べ物、たとえばセロリの葉や乾燥オートミールなどを置いておいて、ミミズが何を食べるか調査させてみましょう。ミミズ穴に消えていくものを観察し、記録します。

土の表面に開いたミミズ穴の周りには、小さな丸いかたまりができますが、これはミミズが土を消化したあとの糞です。これはミミズが土を肥やす理由の1つです。ミミズは土の中に穴をあけるので、植物の根に水や空気を届ける役目も果たします。

ミミズの持ち方：子どもは，大人が限りない能力と勇気をもっていると思っています。ところが，子どもが大事にしているミミズをつかめるかどうかとなると，この理想の姿を守るのがむずかしい人もいるでしょう。こんなことが起きることに備えて，ヒトの触覚の仕組みを理解して勇気をつけましょう。ぬらりくらりとした物を手のひらにのせたときの感覚と，親指と人差し指でつまんだときの感覚とを比べてみましょう。触覚を伝える神経末端は，手のひらのほうが少ないのです。そのため，手のひらの中でミミズがおとなしくしていれば，ミミズがいることはほとんどわかりません。ミミズを触った後は手を洗いましょう。

2. 魚はどう動くのでしょうか

学習のねらい：魚の動きと体のはたらきに気づいて楽しむ。

用意するもの：水槽　水槽用の砂利か，湖や小川でとってきた砂　石　水草（買ったものか，湖や小川でとってきたもの）　小さめの金魚1匹　黒い紙　新聞紙　水

事前の準備：子どもを準備に参加させましょう。塩素を抜くために，水槽に約4リットルの水を入れて一晩置いておきます。とってきた水草はしっかりと洗います。とってきた砂は，たらいにお湯を少しずつ流しながら洗います（ペットショップで買った水草や砂利は洗わなくても大丈夫です）。水槽に砂や砂利を3センチほど入れます。水草の根は砂に埋め，石で固定します。新聞を折りたたんで砂の上に置き，水を注ぎます。浮かんできた新聞紙を取り去ります。魚を水に入れます。

小グループでの活動：

1. 魚の体をよく見ます。ミミズの体とどう違うか意見を出し合います。
2. くねくねと滑るように動くミミズの動作を思い出します。魚は，すばやく上下・前後に動いたり，静止したりします。この魚の動きとミミズの動きを比べてみましょう。
3. 7つのひれを見つけましょう。2組のひれ（訳注：胸びれと腹びれ）は私たちの腕と足にあたるものです。その他に，背びれ，尻びれ，尾びれがあります（腕と足にあたるひれは魚が前後にすばやく動くときにはたらきます。背びれと尻びれはバランスをとります。尾びれは，左右にふって魚を前進させます。ひれはすてきな飾りのように見えるかもしれません。しかし，骨はか細くても，懸命にはたらいているのです）。
4. 水槽を軽く叩いてみましょう。魚はすばやく動きますか。スピードを上げるときには動きが変わりますか。しっかりと見てみましょう。
5. クラスのペットとして魚を飼うときには，えさやり当番表を作りましょう。毎日違う子どもが，金魚のえさをひとつまみ与えるようにします*。週末にえさやりをする必要はありません。水槽は直射日光が当たらないところに置きます。窓に近い側には濃い色の紙を貼りつけて，藻が育ちすぎないようにします。しかし，ある程度の光は必要です。必要に応じて水換えをします。水を1／3程度，サイホンで抜いたり汲み出したりした後，空気をたっぷり含ませた水を入れます。

＊いつも水槽の同じ隅でえさをひとつまみ落とし，魚を訓練してみましょう。子どもたちは魚が自分たちと同じように学習できることに興味を抱くでしょう。

第Ⅱ部：科学概念・体験・統合的な活動

科学概念　**どの動物もその動物に特有な食べ物を必要とします。**

> **導入**：子どもたちに聞いてみましょう。「今朝の朝ご飯のとき，茶碗にドングリを山盛り一杯，テントウムシつきの草を皿に大盛り食べましたか。どうしてそういうご飯を食べないんでしょう。では何を食べましたか」。どの動物も生きるのに特有な食べ物が必要なのだということを，子どもたちがわかるよう援助しましょう。冬の間，鳥が食べ物を手に入れられるように，えさ箱作りをすることを話し合ってみましょう。えさ箱が春まで長持ちするよう計画を立てます。えさ箱のえさを求めて鳥がやってくるかもしれませんし，そのえさがないとお腹をすかせてしまうかもしれません。

1. 冬の間，どうすれば鳥にえさを与えられるでしょうか

学習のねらい：野生動物にえさを与えて楽しむ。
用意するもの：1リットル入りの牛乳パック　30センチの棒　はさみ　凧糸か釣り糸＊　市販の粒餌と，植物体験のときにとっておいた種　乾いたマツカサ　ひも　ピーナッツバター　かご　脂身
小グループでの活動：えさ箱を作ったり，設置したりする手伝いを子どもたちにさせます。

1. シジュウカラやコウカンチョウなど：牛乳パックの底から5センチほど上に，縦長の窓を切り開けます。反対側にも窓を開けます。えさ箱の底のほうに棒を突き通し，箱の両側にとまり木を作ります。容器の上に穴を開けて，凧糸や釣り糸を通します。粒餌を補充できるように，手が楽に届くくらいの高さで木の枝に吊します。

2. ゴジュウカラ，キツツキなど：マツカサの上のほうのウロコにひもを巻きつけて，取っ手を作ります。スプーンの柄でウロコの間にピーナッツバターを詰め込むのを，子どもたちにさせてみましょう。ピーナッツバターを詰めたマツカサを粒餌の中で転がしてから，枝にぶら下げます。

3. カケス，マネシツグミなど：2つのかごを凧糸で編み合わせて，閉じた容器を作ります。これは子どもたちにさせてみましょう。最後の一辺を編み合わせる前に脂肪のかたまりを中に入れます。できたものは，木に縛りつけます。

　えさ箱にやってくる鳥の記録をつけましょう。

　＊ナイロン製の釣り糸は，つるつるしていてリスがつかまることができません。そのため，リスが鳥のえさを食べてしまうのを防げます。えさ箱は，リスやネコの手が届かない場所に置きましょう。鳥を引きよせるために，何日かえさ箱の下の地面にもえさをまいておきます。

第5章　動物

科学概念　たくさんの動物が子どもを育てるために巣を作ります。

1. どうしたら巣作り中の鳥を助けてあげられるでしょう

学習のねらい：野鳥の巣作りの材料集めを手伝い楽しむ。

導入：子どもたちに聞いてみましょう。「お母さん鳥は木の枝の上で卵を産んだらどうするでしょうか。卵は自分で孵るからどこかに行ってしまうでしょうか。もちろんそうではありません。お母さん鳥は一生懸命巣を作るし、お父さん鳥と一緒に作ることもあります。その巣で卵をあたためたり、赤ちゃん鳥を守ったり、えさを食べさせたりするんです。赤ちゃん鳥が大きくなって、自分でえさがとれるようになると、鳥の家族はみんな巣からいなくなってしまうことが多いのです。毎年古い巣に戻ってくる鳥もいるけど、そうしない鳥もいます。だから鳥が新しい巣を作るときに、お手伝いしてあげましょう」。

用意するもの：プラスチックかごか網袋　15センチの長さに切った毛糸　サルオガセモドキ（入手できれば）　乾燥させた丈の高い草　糸くず　可能なら鳥の巣（合法的に採取された＊か、自然環境センターから貸し出された巣。学校の近くにあって見に行ける巣）　虫めがね

小グループでの活動：

1. 巣をクラスに持ってきたり、学校外に見に行ったりできるなら、子どもたちに巣のつくりを調べさせましょう。「中に特別な材料が使われているでしょうか。それはどうしてかな」。
2. 学校のえさ箱にやって来る鳥のために、巣の材料を用意します。これを子どもたちにさせてみましょう。サルオガセモドキの束はほぐして、かごの中にふわっと敷きます。毛糸、糸くず、小枝、丈の長い草などは、網袋に入れておきます。
3. えさ箱の近くにかごをつり下げます。

◆**安全のための注意**：巣にはダニなどのアレルゲンがある可能性があるので、子どもたちを巣に触らせてはいけません。

＊1918年の渡り鳥条約で、ほとんどの渡り鳥の巣、卵、はねは、政府の許可なしに集めてはいけないことになっています。

科学概念　人間と動物はたいてい共存しています。

1. なぜ人はペットを飼うのでしょうか

学習のねらい：みんなのペットについての情報を集めて楽しむ。

[?]探究活動：子どもたちに聞いてみましょう。「家でペットを飼っている人を知っていますか。どうして人はペットを飼うのでしょうか。ペットを飼う人は、どうやってペットの世話をしているのでしょうか。このクラスの友だちがどんなペットを飼っているか知りたくないですか。学校全体ではどうでしょう」。どうやってペットの調査をするかグループで話し合いましょう。どんな質問を聞いたらよいか、聞いたことをどうやって記録し整理

するかを考えましょう。調べたことを、どうやってみんなに伝えるのかについても決めておきます。質問や調査方法を決めるときには、採決してもよいでしょう。子どもたちの興味に応じて、大きな集団についての調査をしてもよいですし、小さな集団についての調査でもかまいません。

● クラスの動物

ペットを借りてくる：クラスのペットを日常的に世話すると、子どもたちはたくさんのことを学びます。ペットが短期間やってくるときでも、その学びの一端を味わうことができます。

　ペットを安全に観察したり世話したりするにはどうしたらよいか、ペットがくる前に話し合っておきましょう。いつもはかごに入っている小さなペットなら、大きめの箱で観察箱を作ってあげましょう。側面に窓を作り、必要ならラップで覆います。クラスにきている間、飼い主に抱いていてもらっていたほうがよい動物もいるでしょう。子どもたちには、動物が食べたり水を飲んだりするようすを観察させましょう。動物がどのように動き、えさを食べ、自分自身を守るかといった問いに、子どもたちが答えを見つけられるよう援助します。そのペットは骨が中にありますか、それとも硬い殻を身につけていますか。体に毛が生えていますか、スベスベした肌ですか、それともはねで覆われていますか。そのペットは子どもを育てますか。巣を作りますか。

　最近私たちの学校にやってきた動物でいえば、ボア・コンストリクター（訳注：体長2～3メートルになるヘビ）が椅子の背もたれにからみついてしまったこともありました。いたずら好きな飼い主が、ポニーを建物の中に入れてしまったこともありました。

動物は、子どもたちからいろいろな反応を引き出します。

動物を育てる：チョウやガを，幼虫の段階から，さなぎやまゆの段階を経て飼育していくと，わくわくする結果を得られるかもしれません。しかし，がっかりする結果で終わるかもしれません。成功するには強い興味があるだけでなく，運もよくないといけません。市販されているチョウの飼育キットを使うと，在来種ではない種をその地域に持ち込んでしまい，よくない影響を与えてしまうかもしれません。また，チョウを放しても，そのチョウに必要な食べ物がないかもしれません。あなたの住んでいるところで幼虫やさなぎを見つけられたら，それを飼育するほうが環境にやさしいのです。

卵を孵すプロジェクトでよい結果を得ようとするときにも，やはり努力と運とが必要です。教室では，手作りの装置を使うよりも，市販の人工孵化器を使ったほうがよい結果を得られるでしょう。人工孵化器の使用説明書に従いましょう。受精した卵は，産卵後は冷やしてはいけないことに気をつけます。卵が孵った後のヒヨコやアヒルの子の住みかを見つける計画を立てます。

クラスでペットを飼うのは必要でしょうか：よい教師は，動物への反応が子どもによって違うことを知っています。みんなが動物が大好きと決めてかからないのです。怖がる子に，動物に手を触れなさいとは言いません。教師は動物への否定的な態度を子どもに見せないほうがよいのですが，自分の動物への感情についても配慮しましょう。

教師は，できそうになければ，どうしても1年を通して動物を飼わなければならないと感じる必要はありません。教師が一番心を傾け，一番責任をもたなければならないのは，子どもを育てることです。子どもに対するのと同じように，動物にもあたたかく接するのは大切なことですが，絶対に必要なことではありません。とはいえ，都会に住む子のほとんどは，動物と積極的に触れ合う機会が，教室のペット以外にはないことも頭に入れておきましょう。

統合的な活動

● 算数の活動

動物を使った算数教材：動物を組み込んだ算数教材はたくさんあります。これには次のようなものがあります。
1. 動物のペア作りパズルで，カードの数字と動物の数を合わせるもの。

2．磁石ボードやフランネル・ボード（訳注：板にフランネルの布を貼ったもの。フェルトなどで作った絵をつけたりはがしたりする）で，数を数えるためのセット。

3．順番並べパズルで，卵からチョウへ，卵からカエルへ，巣作りからコマドリの卵が孵るまでの成長などを，成長する順に並べ替えるもの。

4．動物トランプを使った，動物揃えゲーム（神経衰弱で遊ぶこともできます）。

記録をつける：クラスに持ってきた小動物の数や，戸外で観察した動物の数を記録できるように，フランネル・ボードを置いておきます。雑誌から切り抜いた動物の絵や写真をフランネル・ボードにくっつけます。新たに観察を記録し始めるときには，子どもたちが数えられるように，それらの絵や写真を用意しておきます。

ヒヨコの孵化プロジェクトに挑戦するのなら，孵化の日数を表わすのに大きめのクリップを21個つないで鎖を作ってみましょう。毎日1つずつクリップを外していき，孵化するまでに残っている日数を数えます。

● 造形表現の活動

イーゼルを使った描画：子どもたちが描き始めの頃，円を1つ描いて，そこからたくさんの線を放射状に伸ばすような形をよく描きます。画家はこの形を，「クモ」とか「ムシ」とよんでいます。ムシを観察する日には緑や茶色の絵の具を用意しておきます。そして，数人の子どもにさりげなく，クモ，バッタ，毛虫など，今関心をもっている生き物を描いたら楽しいだろうねと声をかけてみましょう。新聞紙をチョウや鳥の形に切って，イーゼルの上で色を塗らせてもよいかもしれません。

クレヨンと絵・写真のコラージュ：動物の絵や写真（子どもに切らせてもよいですし，切り慣れてなければあらかじめ切っておいてもかまいません），のり，色画用紙，クレヨンなどを用意して，クレヨンを使ったコラージュを作ってみましょう。家庭向けの一般雑誌には，動物の絵や写真があまり載っていません。少し年上の子ども向けの雑誌などでよい素材を見つけられます。

皮やはねのコラージュ：手工芸品店から出る皮の切れ端や，家庭にある鳥のはねも，おもしろいコラージュの材料になります。丈夫な紙と木工用ボンドを使うと，うまく接着できます。未処理のはねを使うときには，前もってチャックつきの耐熱ナイロン袋に入れ，よく見ながら数分間電子レンジで加熱します。そうすると，はねについているダニなどのアレルゲンを死滅させることができます。

ものを組み立てて動物を作る：マツカサは，動物の形を作るときの格好の土台になります。七面鳥を作るときには，アカマツの丸いマツカサを胴体にし，赤く塗った

第 5 章 動物

ツガの球果を頭にし，はねを尻尾にするとよいでしょう。紙製の卵ケースを縦に切ると，毛虫の胴体が作れます。絵の具，布，のり，はね，モールを切ったものを使うと，想像力に富んだ装飾が作れます。

卵の殻のモザイク：卵を孵すプロジェクトの延長として，卵の殻を砕いて色をつけ，紙にのりづけする活動を行なうことができます。子どもの年齢が低ければ，大きなサイズのかけらを用いたほうが，材料を取り扱いやすくなります。

遊び

動物人形を使った遊び：子どもが手にはめて遊ぶ動物人形を出しておきます。小さなテーブルを横にすると，即席の立派なステージになります。

動物のお話を劇化する：子どもたちがよく知っている動物についてのお話，とりわけ「出演者がいっぱい」いるお話があれば，そのお話を簡略化した形で演じて楽しめます。子どもたちみんなに役を割り当て，たとえ森の木の役をする子がいたとしても，役のない子がいないようにします。同じ役を複数の子が演じてもよいかもしれません。観客の視点よりも，演じることのほうが大切なのです。出演者が十分いて，しかもすぐれた動物のお話には，『かもさんおとおり』(訳注：ロバート・マックロスキー作／渡辺茂男訳，1965，福音館書店) や「ウサギとカメ」などがあります。必要に応じて，ストーリーをどんどん先に進めるように陰からそっと援助します。教室のいろいろな場所を別々のシーンに割り当て，たとえば「ここはかもさんが巣を作った川の中の島で，積み木が置いてあるところはかもさんが泳ぐ公園よ」などといったようにします。お話を演じるのに都合がよければ，簡単な小道具を使いましょう。

創造的な身体表現

　子どもと動物の特徴を演じて楽しむのは，比較的取り組みやすいことです。創造的な身体表現をすると，変態を経験する動物の一生などを思い出させることになるでしょう。子どもたちが詩の意味を考えられるよう，動物の詩を，ゆっくりとそして感情を込めて読み聞かせてみましょう。

　子どもたちに自分の選んだ動物のまねをして，順々に床の上を歩かせることもできます（自分の番でないときには子どもたちを床に座らせておくと，おとなしく順番を待つことができます）。機転のきく5歳児のコンビが，1人が相手の背中に乗って8本足のクモのように這い回ったので，とてもすばらしい日になったこともあります（動物の動作に関するより詳細については，Smith, 2002参照）。

第Ⅱ部：科学概念・体験・統合的な活動

🌑 創造的な思考活動

もしも…だったら？：「もし足で音を聞くことができたり，耳で歩くことができたとしたらどうかな。周りの世界はどんなふうに感じられるかな」と語りかけてみます。みんなで話し合ってもよいですし，年長の子ならその答えを絵に描いたり，言葉で書かせたりしてもよいでしょう。

「もしも6本足で歩くことになったらどうかな。暮らしはどんなふうに変わるかな。2本足だとできないけど，6本足だとできることってあるかな。反対に6本足だとできなくなることってあるかな。自分が食べる食べ物を一日中集めなければならないとしたら。はねが使えたとしたら。生活はどんなふうに変わるかな。道具を使わずに住むところを作らなければならないとしたらどうかな」。想像的な答えをできるだけたくさん出させましょう。子ども自身の「こんなふうだったらどうだろう」という発想を出させてみましょう。

動物を作り出す：子どもたちに新しい動物を考えさせ，それに名前をつけたり，どんな動物なのか絵に描かせたり，説明させたりしましょう。

🌑 食べ物を使った活動

人が魚や鳥を食べるということは，「食べる」という言葉が食事のときに日常的に使われていることもあり，子どもたちでも受け入れることができます。しかし，昼ご飯に出てくるハンバーガーがもとは牛だったとか，料理に使うハムがもとはブタだったとかしつこく言い立てても，ほとんど得るところがないように思えます。それよりはむしろ，肯定的な感情を抱かせることを考えてみましょう。たとえば，牛から牛乳がとれ，にわとりが卵を生み，ハチが蜂蜜を作り，それを人が口にしています。クラスでバター（殺菌消毒したものではなく，新鮮な生クリームを使う），即席プリン，アイスクリーム，カスタードを作ったりなど，いろいろな料理を体験してみましょう。人間はいろいろな形で動物に食物を頼っていることがわかります。

🌑 園（校）外での学習活動 🍀

園（校）外で動物観察ハイキングをしたときに起きる問題点や事故の数々を想定してみると，この種の野外活動に幼児が大集団で出かけるのはほとんど不可能に思えます。観察に行っても，お目あての動物の姿が見られなければ，とてもがっかりするものです。その代わり，何かの折に園（校）庭で小動物と出会ったら，ちょっと手を休めて子どもたちと観察してみましょう。アリが歩道のひび割れに作った巣

の中ではたらいているかもしれませんし，大雨の後にはミミズが穴の中から洗い出されているかもしれません。リスや鳥が食べ物を集めていることもあります。

　農場や，動物園，ペットショップ，動物保護センターなどで学習することもできます。州の環境保全局で，自然保護区，孵化場，専門員がプログラムを用意している公園などの場所を教えてもらえます。また，動物についての無料か安価なパンフレットを置いてあるかもしれません。

　食料品店にも動物学習の素材があることを忘れてはなりません。動物は，乳製品，卵，ハチミツなどを間接的に供給しているのです。

科学概念を多様に関連づける

● 概念を維持する

　ミツバチやスズメバチが入り込んできたときに教師が冷静に対応すると，昆虫は役に立つ生き物だという観念をしっかりと強められます。これらのハチが刺すのは，邪魔されたときだけだということを子どもたちに思い出させましょう。ハチがそのうち飛び去って行けるように，窓を上のほうから開けていきます。不意にクモに気づき，子どもがキャーキャー騒いで叩き潰そうとするようなら，観察用のビンを渡してあげましょう。殺虫剤のスプレーを持って，子どもと追いかけ回すようなことはしてはいけません。それでは，クモが生物界で果たしている役割について以前教えたことを帳消しにしてしまいます（学校で殺虫剤が使われるのには，とてもがっかりさせられます）。ただ，ゴキブリ，ハエ，蚊に気遣う必要はありません。子どもの前からそれらのムシを追い払うときには，人間にとっては害虫だけど，鳥やヒキガエルにはよい食べ物なんだよと言いましょう。

　生き物への畏敬の念を強めるもう1つの機会は，クラスのペットが死んだり，死んだ鳥が園（校）庭で見つかったりしたときです。子どもには死について知らせ，しめやかなお葬式に参列させましょう。その動物の有意義な一生が終わったのだと告げます。動物の死についてのお話の中から，教師自身の見方と同じだと思うものを選び，読んであげましょう（鳥インフルエンザおよび新型インフルエンザへの対応という観点から，死んだ野鳥を見つけても素手で触らないようにします）。

園（校）庭を改善する

イギリスの学校でよく見かける「ムシ穴」についても考えてみましょう。そこからは，必要に応じて，昆虫やその他のムシをいくらでも手に入れることができます。アスファルトや草むらのすみに，縦横90×60センチの大きさの穴を40〜50センチの深さまで掘ります。穴がいっぱいになるぐらい，丸太を横にして入れます。いろいろなムシが集まってきて，卵を生みつけます。もっと簡単にするなら，人通りの少ないところに使い古しのカーペットを敷いておいてもかまいません。ムシは暗くて湿った環境を好みます。バタフライ・ガーデンは，地域にある多年草を生やしておけば，あまり管理に気を使わなくても，何年でも維持できます。

概念を結びつける

植物，動物，土，水，空気，温度，これらの間の生態学的な関係の広がりは複雑で，またすばらしいものです。就学前から小学校低学年にかけて，子どもたちは身近で具体的な例を通して，生態学的な関係性を理解する最初のステップに踏み出しているのです。たとえば，ある子は鳥が樹皮をつついているのを見て，鳥が木を傷つけているというかもしれません。大人は，その鳥の目的を教えてから，相互依存という考え方に広げていくことができます。「そうだね。ちょっと木を傷つけているように見えるね。でも本当は，鳥は食べ物をとっているんだけど，木を助けてもいるんだよ。鳥は木を食べる小さな昆虫を捕まえるんだ。木がどうやって鳥を助けるのかわかるかな」。植物と動物は互いに必要とし合っていることを，しっかり教えましょう。

動物が，他の動物や植物，種などを食べてしまってよいのかと疑問に思う子がいるかもしれません。子どもが心配するのももっともなことです。そのときには，次のように教えてみましょう。「どの生き物も，自分のような子孫を残すのに必要な数よりも，ずっと多くの種を作ったり卵を生んだりします。もしすべての種が植物に成長したり，すべての卵が動物になったりすると，世界は生き物でいっぱいになってしまいます。植物や動物の中には，自然のバランスをとるのにちょうどよい量の種が育つように，他の植物や動物のために使われないといけないものもあるのです」。幼児の段階だと，食物連鎖の中での人間の役割を知ると動揺することもあるでしょう。人間が他の動物を食べる動物だという事実には，1年生をすぎてからのほうが耐えられるかもしれません。

音の概念は，動物の生活に関する学習と結びつけることができます。ミソサザイ

が歌う高い声と，ハトがクークーと鳴く低い声とを比較してみましょう。喉をゴロゴロ鳴らしている猫の振動を感じてみましょう。カエルがゲロゲロと大きな鳴き声を出すときの，膨れ上がった鳴き袋について考えてみましょう。オスのコオロギが鳴くときには，はねを擦り合わせているのが見えることを思い出しましょう。空気の概念を，動物が生きるのに必要なものだという点で関連づけてみましょう（第7章の「空気」を参照してください）。

家庭と地域の支援

　年度のはじめの頃，昆虫を捕まえたら学校に持ってこさせてくださいと家庭に伝えておきましょう。最初，少し計画的に体験活動をさせると，教師が自分で観察対象の生き物を捕まえてこなくてもすむようになるでしょう。

　興味のある親なら，クラスに水槽を据えつけるとか，ペットの囲いを作るとか，家庭のペットを連れてきて見せるよう手配をするといったことを喜んでしてくれるでしょう。副次的な効果として，そういった親の子どもたちは，グループでの社会的地位が高くなることも多いのです。

　子ども図書館や，近くの自然保護センター，動物園，水族館などで特別プログラムがあるときには，家庭にも知らせましょう。もよりの自然史博物館で，体験型の展示や子ども向けの催しが行なわれているか調べましょう。州立公園の専門員や国有林の監視員が主催する，バードウォッチング・ツアーや夜間の動物観察ツアーなどのお知らせにも気をつけておきましょう。

参考文献

Burnett, R. (1994). *The pillbug project*. Washington, DC: National Science Teachers Association.
Burton, R. (1997). *National Audubon Society birdfeeder handbook*. New York: Dorling Kindersley.
Dunn, G. (1994). *Caring for insect livestock*. Lansing, MI: Young Entomologist's Society.
Echols, J. (1990). *Animal defenses*. Berkeley, CA: Lawrence Hall of Science.
Echols, J. (1990). *Buzzing a hive*. Berkeley, CA: Lawrence Hall of Science.
Echols, J., Housoume, K., & Kopp J. (1996). *Ant homes under the ground*. Berkeley, CA: GEMS, Lawrence Hall of Science.
Edwards, L., Nabors, M., & Camacho, C. (2002). "The dirt on worms." *Science and Children*, 10(1), p. 42-46.
Glaser, L. (1992). *Wonderful worms*. Brookfield, CT: Millbrook.
Grant, T., & Littlejohn, G. (2001). *Greening school grounds: Creating habitats for learning*. Toronto,

CA: Green Teacher.

Hampton, C., & Kramer, D. (1994). *Classroom creature culture: Algae to anoles*. Washington, DC: National Science Teachers Association.

Imes, R. (1997). *Incredible bugs*. New York: Barnes & Noble.

Kepler, L. (1996). *Windowsill science centers*. New York: Scholastic.

Kneidel, S. (1993). *Creepy crawlies and the scientific method*. Golden, CO: Fulcrum Publishing.

Kneidel, S. (1994). *Pet bugs: A kid's guide to catching and keeping touchable insects*. New York: Wiley.

Kneidel, S. (1999). *More pet bugs: A kid's guide to catching and keeping insects and other small creatures*. New York: Wiley.

Kneidel, S. (2000). *Stinkbugs, stick insects, and stag beetles, and 18 more of the strangest insects on earth*. New York: Wiley.

Knott, R., Hosoume, K., & Bergman, L. (1989). *Earthworms: Teacher's guide*. Berkeley, CA: Great Explorations in Math and Science (GEMS).

Kopp, J. (1998). *Frog math: Predict, ponder, play. Teacher's Guide*. Berkeley, CA: Lawrence Hall of Science.

Kramer, D. (1989). *Animals in the classroom*. New York: Addison-Wesley.

Levi, H., & Levi, L. (1990). *Spiders and their kin*. New York: Golden Books.

Mikula, R. (2000). *The family butterfly book*. Pownel, VT: Storey Books.

Parkers, S. (1992). *How nature works*. New York: Random House.

Pyle, R. (1994). *National Audubon Society field guide to North American butterflies*. New York: Knopf.

Rosenblatt, L. (1998). *Monarch magic: Butterfly activities and nature discoveries*. Charlotte, VT: Williamson.

Rosner, M. (2000). *Scientific American great science fair projects*. New York: Wiley.

Russell, H. (2001). *Ten-minute field trips: Using the school grounds for environmental studies* (2nd ed.). Washington, DC: National Science Teachers Association.

Smith, K. (2002). "Dancing in the forest: Narrative writing through dance." *Young Children, 57*, 90-94.

Van Cleve, J. (1999). *Play and find out about bugs*. New York: Wiley.

Wangberg, J. (1997). *Do bees sneeze?* Golden, CO: Fulcrum Press.

第6章 ヒトの体——健康管理と栄養

みなさんは、子どもたちに健康な一生を過ごさせるにはどういたらよいのか考えたことがありますか。野菜を食べることや歯磨きを学んだときのことを覚えていますか。大きくなったことがうれしかったことがありますか。本章では、子どもにとって大切な健康管理の体験活動をあらためて行なっていきましょう。

幼い子どもは、成長して強くなりたいと願っています。自分の体の中がどうなっているのかも知りたくて仕方ありません。本章で紹介する体験活動によって、子どもが自分の体に抱いている誤解や不安を解消することができます。子どもは、自分自身の体の健康を、生涯にわたって維持していく第一歩を踏み出すのです。本章では、以下の科学概念を探究します。

- 人はみなかけがえのない存在です。
- 私たちは感覚を通じてものごとを知ります。
- 私たちの体は骨に支えられています。
- 私たちが動き、生き、息をすることができるのは、筋肉があるからです。
- 私たちは自分で健康を保ち、強くなるように心がけています。
- 体を丈夫に成長させるには栄養のある食べ物が必要です。

本章の目標は、子どもたちが、自分をかけがえのない存在として評価し、1人ひとりの違いを尊重し、自分の体を大切にするようになることです。しかし、こうした科学概念や健康管理のきまりを単に知っているだけでは、子どもたちの実践には結びつきません。健康への積極的な姿勢があってこそ積極的な行動につながるのです。このような態度は、信頼できる人や物語の中の人物と一体感を感じることで育ちます。このことを念頭に置いて、幼い子どもが一体感を感じられる人形を使った体験活動から始めてみましょう。

第Ⅱ部：科学概念・体験・統合的な活動

本章の具体的な体験活動を通して，1人ひとりの独自性，五感，骨，筋肉，心臓などの概念が理解できるようになります。またその体験活動では，簡単な健康管理と栄養の考え方も学べます。

科学概念　人はみなかけがえのない存在です。

1. 自分はどのように見えるでしょうか

学習のねらい：自分の体が成長することを誇らしく思う。

用意するもの：子ども1人ひとりに厚めの紙または工作用紙　穴あけパンチ　留め具　クレヨン　紙　メジャー　体重計　姿見または小さめの鏡を数枚

事前の準備：「自分について，（子どもの名前）」と書いた冊子の表紙を用意します。1ページめとして，「（日付）：私の身長は＿＿，体重は＿＿」と書いた紙を，2ページめとして「私の姿」と書いた紙を用意します。メジャーは，壁にしっかりと固定します。

小グループでの活動：

1. 子ども1人ひとりの身長と体重を測ります。結果を冊子の1ページめに記録させましょう（体型をからかうことは子どもを傷つけます。決して許してはいけません）。

2. 子どもたちに，自分の姿を鏡に映して，わかったことを話させます。それから，冊子の2ページめに鏡で見た自分の顔を絵に描き，文章に自分自身のことを書くように言います（内気な子どもは，自分のことを文章で書いたり絵に描いたりすることができないかもしれません。そうした子どもには，その子がどう見えるか教師が言葉で伝えて自信をもたせましょう）。

3. 記入し終えたら表紙をつけ，次の頁を追加するときまで，掲示板に画びょうでとめておきます。

どれだけ背が伸びたかを伝えるときには，数字が大切です。

2. 指紋は何を表わしているのでしょうか

学習のねらい：私たち1人ひとりの個性を実感する。
用意するもの：「自分について」の冊子に追加する用紙2ページ分　余分な紙　マーカーまたはクレヨン　柔らかいペーパータオル　発泡スチロールのトレイ　濃い色の絵の具　水　虫めがね　はさみ　のり
事前の準備：濡らしたペーパータオルをたたんでトレイに入れ，指紋用のスタンプ台を作ります。でき上がったスタンプ台に，粉絵の具をふりかけたり，濃く溶いた絵の具を垂らしたりします。
小グループでの活動：
1. 子どもたちは，紙の上で指を大きく広げ，それをマーカーかクレヨンでなぞります（必要に応じて，手助けします）。
2. なぞったものを友だちと比べ，類似点と相違点を考えさせます。手のひらと指先を虫めがねでよく見るように言います。どのように見えますか。
3. 子どもたちは，指先を軽くスタンプ台につけ，余分に用意した紙にしっかりと押します。紙に写った指紋を虫めがねでよく観察し，指の指紋に違いがあるか比べます。指紋が人によって違うことや，病院で赤ちゃんが生まれたときに手形や足形をとることについて話し合います。自分たちがとった指紋の模様は，自分だけのものであることを話しましょう。
4. 指紋をたくさんとって楽しんだら，紙の上に書いた手の指のところに，丁寧に指紋を押していくように言います。紙を切るのが上手な子どもは，完成した手形を切り取って「自分について」の冊子に貼ってみたくなるでしょう。
5. 冊子の2枚のページに，「私だけのもの（右）」と「私だけのもの（左）」と書き入れます（手形は他の子とまぎれないように，すぐに子どもの名前を書き入れておきましょう）。
6. クラスの子どもたちの手形を掲示板に貼っておくと，保護者との懇談のときに1人ひとりのかけがえのなさを表わすよい掲示物になります。

科学概念　私たちは感覚を通じてものごとを知ります。

一時的に感覚を使えなくすると，感覚のはたらきのありがたさを強く実感することができます。以下の体験活動では，この原理を利用します。

1. 聴覚で何がわかるのでしょうか

学習のねらい：聴覚の大切さがわかり，聴覚障害のある人を思いやる気持ちが育つ。
グループでの活動：この体験活動では，まず聴覚障害について子どもたちがすでに知っていることを聞いてみます。聴覚障害児についての絵本を読み，聴覚障害を理解する手がか

りを与えます。みんなに見えるように絵本を持ち上げ，声を出さずに口だけ動かして本文を読み，耳が聞こえないということがどんなことなのかを示します。テレビが使える場合には，音を消して番組を見てみましょう。聴覚が使えないと，学校で学んだり友だちと遊んだりすることがむずかしくなるでしょうか。聴覚障害のある友だちも外見上の違いはありません。子どもたちが，このような友だちが抱える困難を汲み取るには，特別な指導をしないとむずかしいのです。

　耳のはたらきについて話し合いましょう（第14章「音」を参照）。耳を危険から守るにはどうしたらよいか話し合わせます。保健師が園や学校に来て聴力検査をしてくれることや，聴覚障害のある人が子どもたちに補聴器や手話を見せてくれることがないかあたってみましょう。聴覚を通して，周りの世界についてとても多くの情報を得ているのだと話します。いろいろな音に注意しながら散歩して，子どもたちに耳が聞こえることの大切さを知らせます。

2. 視覚で何がわかるのでしょうか

学習のねらい：視覚の大切さがわかり，視覚障害の人を思いやる気持ちが育つ。
導入：目をつぶってどんなものかを当てたり，目をつぶって動き回ったりしてみましょう。
用意するもの：目隠し用の柔らかなタオル（眼の病気の感染を防ぐために，目隠しは1人ずつ別のものを使います）　目隠しをとめるクリップ
触って何かを当てるための小物：わかりやすいもの（歯ブラシやレゴブロック）とむずかしいもの（10円玉と100円玉，2冊の異なる本）を混ぜます
小さな鏡　音を聞き分けるためのもの（鈴，目覚まし時計，紙やすりを擦り合わせる，輪ゴムをはじく）

小グループでの活動：
1. 子どもたちに目隠しをします。子どもが目隠しをしたままでいられるのは数分間なので，当てさせるものは少なめにして，子どもから子どもへと手渡しさせます。
2. 目隠しを外します。子どもたちはどれがわかったでしょうか。
3. もう一度目隠しをします。子どもたちに，音を聞き分けさせてみましょう。目隠しを外し，今度は目と耳を使って音を聞き分けます。
4. 鏡を使って子どもたちに自分の目を調べさせ，気づいたことを言わせます。目はじっとしていますか，それとも動いていますか。まぶたはどうなっていますか。1分間まばたきをしないで軽くまぶたを開けたままにしていると，目はどんな感じがしますか。グループの中にメガネをかけている人はいますか。どうしてでしょうか。
5. 目隠しをした子どもを，別の子どもが先導して教室の中を歩いてみましょう。やってみたい子どもに目隠しをします。目隠しをした子どもの手を，前を歩く子どもの肩にのせます。ゆっくりと部屋の中を歩かせましょう。途中で立ち止まって，今どこにいるのか，そしてどうしてそれがわかったのかを子どもたちに聞きます。

第6章　ヒトの体──健康管理と栄養

3．嗅覚と味覚で何がわかるのでしょうか

学習のねらい：複数の感覚が一緒にはたらく驚くべき事実を発見する。
　導入：風邪をひいて鼻の感覚が鈍くなっているとき，食べ物はどんな味がするか，子どもたちに知っていることを聞きましょう。科学コーナーで，「味わったり匂いを嗅いだりすることについて，いろんなことを見つけましょう」と言います。
用意するもの：リンゴ　ジャガイモ　ボウル2つ　水　レモン汁　果物ナイフ　塩　砂糖　果物のゼラチン粉末　全員分のペーパータオル
事前の準備：リンゴとジャガイモの皮をむきます。薄く切り，水を張った2つのボウルに別々に入れます。レモン汁を数滴加えて，黒く変色するのを防ぎます。
小グループでの活動：
1. 子どもたちに鼻をつまませます。「何を食べているか舌で当ててみましょう。薄切りにした食べ物の味から，それが何かを当ててください」（リンゴとジャガイモの見た目があまりはっきりと違うときには，順番に目と鼻を閉じ，ペアになった相手の子に食べさせてもらいましょう）。
2. 「では，鼻をつままないで食べてみましょう。今度はどんな味がしますか」。この他に，ほんのわずかの塩や砂糖，ゼラチン粉末で実験し，舌だけだとどんな味がするか調べさせましょう。

4．皮膚で何がわかるのでしょうか

学習のねらい：触覚による情報の伝わり方のすばらしさを実感する。
　導入：科学コーナーに置いてある2つの容器を，持ち上げたり開けたりしないで，その中身について調べてみましょう。
用意するもの：氷またはよく冷えた水　お湯　しっかりとふたの閉まる小さな容器2つ　羽毛　チョーク
事前の準備：1つの容器に冷水，もう1つにお湯を入れます。子どもたちが使うまでに温度が変わってしまわないように，タオルを重ねて包んでおきます。
小グループでの活動：
1. 「容器を開けずに，中に入っているものがわかりますか。どうやったらわかるかな」。子どもたちは体のどの部分を使いましたか。ひじを使っても子どもたちは同じことがわかるでしょうか。額ではどうでしょう。手の甲ではどうですか。これらの体の部分をすべて覆っているものは何でしょう。
2. 肌にものが触れると，触れたものの情報が私たちに簡単に伝わってくるかどうか調べてみようと声をかけます。「肌に触れたのがわからないほど，そっと羽毛でなでてみましょう。できますか」。
3. 体の場所によって，肌がものの感触をよく伝えるところと，そうでないところがあるか聞きましょう。「チョークで腕をなでたときの感触は，チョークで指先を擦ったときの感触と同じですか」。
4. 子どもたちに変わった手触りのものを持ってこさせて，「触ってください」と書いたトレイに置きます。

第Ⅱ部：科学概念・体験・統合的な活動

> **科学概念**　私たちの体は骨に支えられています。

1. 私たちの骨はどうなっているでしょうか

学習のねらい：私たちは，骨があるから，立ったり，動いたりできることを知って安心する。

導入：手で軽く腕や脚を押すと，腕や脚の奥にどんなものを感じるか子どもたちに聞きます。また，「友だちの背中の真ん中を触ると，何かがあるのがわかりますか」と聞き，子どもたちに調べさせましょう。子どもたちは科学コーナーで，骨についてもっとたくさんのことを発見できます。

用意するもの：肋骨のついたニワトリの骨（食事の残りもの）　人間の骨格図　あれば望ましいもの：プラスチックの骨格模型

事前の準備：ニワトリの肋骨部分から，結合組織と肋骨を傷つけないようにしながら，残った胸肉を取り除きます。

小グループでの活動：

1. ニワトリのまっすぐな骨と曲がった骨，長い骨と短い骨を調べます。肋骨をつないでいる結合組織をよく見ましょう。子どもたちに自分の肋骨に触れさせ，前から後ろへと肋骨のカーブをなぞらせます。大人と子どもの骨では，どちらのほうが硬いですか，長いですか（子どもたちの骨が長くなると体も大きく成長するという考えを引き出しましょう）。
2. 子どもたちに背中を曲げて，体を小さく丸めさせます。背骨の小さな骨に触れさせて，腕と脚の長い骨と比較させましょう。「どうして腕と脚は背中と違う曲がり方をするのでしょうか」。子どもたちに腕や脚の長い骨をつなぐ関節を触らせます。
3. 骨格模型や骨格図で知った骨について，子どもたちに話し合わせましょう。

> **科学概念**　私たちが動き，生き，息をすることができるのは，筋肉があるからです。

1. 筋肉はどのようなはたらきをするのでしょうか

学習のねらい：筋肉を自分の意志で動かせることを誇らしく思う。

導入：はじめに，座った状態で上半身のストレッチを行ない，筋肉に意識を集中させます。筋肉についてどんなことを知っているか子どもたちに聞きましょう。筋肉の2つの動き，つまり縮まる動きと緩む動きについて教えます。私たちが体を動かすとき，どのぐらい筋肉を縮めたり緩めたりすればよいのかは，普通脳が自動的に判断します。しかし，筋肉を使うのに懸命に考えたり努力したりしなければならない人もいます。こうした人たちには，特別な装具や松葉杖，車椅子の助けが必要でしょう。

「私たちの体には何百もの筋肉があります。体を動かすためにはたらいている筋肉を感

第6章　ヒトの体──健康管理と栄養

じることができるか調べてみましょう」。

クラスでの全体活動：筋肉を使ったり，感じたりする体験活動をしてみましょう。みんなで床に寝て行なうほうがよいのですが，座って行なうこともできます。

1. 「指を床から持ち上げましょう。体は動かさないで力を抜いたまま，指だけ動かします。指を高く上げましょう。手や手首の筋肉が張っているのを感じますか」。
2. 「次に，床から手全体を離します。体は動かさないで力を抜いたままで，手だけを持ち上げます。手をくるくるしましょう。手首や腕の筋肉が張っているのを感じますか」。同じことをひじから下の部分，それから腕全体で行ないます。伸ばした腕をゆっくりと前後に動かすときに感じる筋肉の張りを調べましょう。
3. 静かにリラックスした状態で，つま先や足，足首の動きを続けて調べます。ゆっくりと持ち上げたり，ひねったり，回したりしたときにどんな感じがするか子どもたちに聞きます。仰向きになって寝たとき，ひざから下だけを持ち上げることはできますか。なぜできないのでしょう。
4. しゃがんでギュッと小さく丸くなり，それからゆっくりと体を広げて起き上がります。胴をひねったり回したりするのに関係する筋肉について調べましょう。
5. 肩，首，そしてアゴの筋肉を伸ばします。筋肉がスムーズに動くのに気づくでしょう。にっこり笑い，顔の筋肉を使って終わります。
6. 子どもたち1人ひとりにクリップを配ります。「筋肉がいつもピンと張っているほうがよいかどうか調べてみましょう。腕と手，そして広げた指をできるだけピンと伸ばして思いっきり力をいれます。それから，筋肉がピンと張ったままクリップをつまんでみましょう。簡単ですか，むずかしいですか。では，筋肉をみんな緩めてから，クリップをつまんでみましょう。このことから，鉛筆やクレヨンを手で持って使うことについて何がわかりますか」。

2．心臓はどういう役割をしているのでしょうか

学習のねらい：心臓が力強い筋肉であることを実感する。

　導入：少しの間，1つも筋肉を動かさないでじっとしているように言います。できますか。いいえ，幸いにもできません！　腕と足を動かしていないときでも，どこかの筋肉がずっと動いているのを子どもたちは感じることができるでしょう。「いくつかの筋肉が動き続けているから，私たちは息ができるのです。全部の筋肉の中で一番強い筋肉は心臓で，血液を送る筋肉です。それが動かなくなったら，私たちは生きていられません。心臓は，細い血管に血液を送って，全身にエネルギーと酸素を送っているのです。心臓は，肋骨の内側にしっかり納められているので，その動いているようすを見ることはできませんがその動きを感じることはできます（心臓の位置を示します）」。

　子どもたちに両手の指の組み方を示し，リズミカルにギュッと握ったり緩めたりさせましょう。「みなさんの心臓はこんな感じで動いています。昼も夜も血液をポンプのように押し出しています。この動きを自分の手でどれくらい長く続けられるかやってみましょう。手で作った心臓は疲れたら押すのをやめられます。でも本当の心臓は，決して止らずにポンプ運動を続けているのです」。

用意するもの：ペーパータオルの筒　40センチのホース　秒針つきの時計　聴診器（でき

第Ⅱ部：科学概念・体験・統合的な活動

れば）

小グループでの活動：

1. 耳の横で両手の指を組み，ぎゅっぎゅっと握り，その音を聞くように言います。「心臓は縮まったり緩んだりするたびに，こうしたトック，トックという静かな音を出します」。
2. ペーパータオルの筒を使って，友だちの心拍音を聞きます。片方の耳を筒に当て，もう一方の耳は手でふさぎます。ホースの一方を自分の心臓に，もう一方を耳に当てて使うと，自分の心拍音を聴くこともできます。（聴診器を使うときには，耳につけるところをアルコールで拭いて使い回すようにします）。
3. 子どもを静かにさせ，30秒間の心拍数を数えさせましょう。🍀可能なら屋外に出て，子どもたちを数分間思い切り走らせます。運動の直後に心拍数を数えて，静かにしていたときの心拍数と比較させます。運動中に何が起きているのでしょう。

   注：運動をして心拍数が上がることを不安に感じる子どもがいたら，「心臓の筋肉は鍛えるほど強くなり，もっとよくはたらくようになります」とつけ加えて安心させましょう。子どもたちから筋力トレーニングの話し合いが起こるかもしれません。

3. 空気は体のどこに行くのでしょうか

学習のねらい：筋肉のおかげで空気を取り込めることを感じて喜ぶ。

グループでの活動：運動後に心拍数が変化したことを思い出して話し合わせます。激しく走ったとき，体の変化で他に気づいたことがないか聞きます。激しく運動した後に息が切れたことはないですか。「心臓の動きが速くなるのと同じように，呼吸も速くなります。呼吸と心臓の動きは，体の必要に応じて一緒に変化するのです。筋肉が激しく動くと，すばやく血液を送ってもらって酸素を取り込み，エネルギーを手に入れる必要があります。心臓は激しく動いて血液をより速く送り出します。別の筋肉も速く動いて，肺に空気を入れて酸素を取り込むスピードを速めます」。次の体験活動では，筋肉が肋骨を持ち上げて，肺に新しい空気を取り入れるようすを，もっと詳しく知ることができます。

用意するもの：1メートルの定規　大きな鏡　子ども1人ひとりにカードまたは厚紙1枚　骨格模型か骨格図

小グループでの活動：

1. 骨格模型か骨格図で，肋骨が曲がっているようすを見せます。肋骨は，心臓や肺のような体の中の大切なところを守っています。
2. 子どもたち1人ひとりに自分の肋骨を見

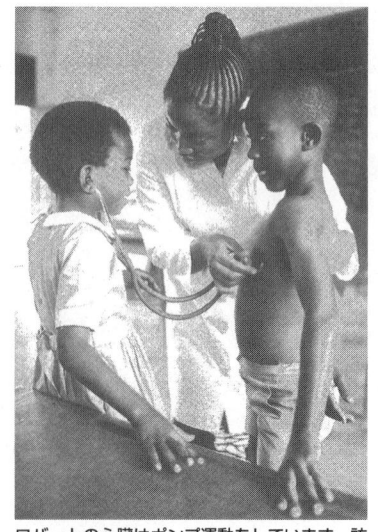

ロバートの心臓はポンプ運動をしています。訪問看護師が手を貸し，レジーナは生命の音を聴いています。

118

第6章　ヒトの体——健康管理と栄養

つけさせます（訳注：Tシャツなど薄手の服の上からでかまいません）。肋骨の下側にカードを当て，垂直に立てて持たせます。鏡に写すとどう見えますか。カードは動いていますか。どのように動いていますか。カードが上下に動くのを子どもが見ているとき，子どもの横に定規を立てます。カードの動く幅はどれくらいですか。お腹のあたりの特別な筋肉が肋骨を上下に動かしています。なぜ動かしているのでしょうか。

科学概念

私たちは自分で健康を保ち，強くなるように心がけています。

1．なぜ私たちの体には休息と運動が必要なのでしょうか

学習のねらい：休息することへの抵抗を和らげ，運動を楽しむ。

導入：私たちの体は激しく動くと疲れます。とても活動的なとき，筋肉は血流から得た栄養や酸素を使い尽くしてしまうことがあります。そうすると筋肉はエネルギーを失って，動き続けられなくなります。疲れたのです。筋肉が激しく動き続けられるように，リラックスして休息する必要があります。また，一日の終わりに疲れていたら，誰にもふだんとは別のことが起きます。眠くて目が閉じそうになったり，よく考えられなくなったりするのです。不機嫌になることもあるかもしれません。私たちには休息が必要なのです。子どもたちがのんびりと休息する必要があるのには，もう1つ重要な理由があります。子どもたちの体が成長するためにエネルギーを必要としているのです。子どもたちの体は翌日に動き，遊び，成長するための準備を，夜寝ている間（約10時間）にします。健康と成長のために自分たちの体に必要な2つのこと，つまり運動と休息についての絵を描いたり，絵を切り取ったりして貼ります。

用意するもの：はさみ　のり　クレヨン　雑誌またはカタログに載っている活動している人と休息している人の絵　「自分について」の冊子用の用紙

小グループでの活動：
1．子どもたちに運動を楽しんでいる自分の絵を描かせるか，運動と休息を想起させる絵を切り取って貼らせます。
2．健康でいられるにはどれくらいの睡眠が必要か，現実的な時間を書かせます。

2．なぜ石鹸で手を洗うのでしょうか

学習のねらい：石けんと水で手を洗うことの重要性に関心をもつ。

導入：手洗いについての意外な情報をクラスの子どもたちに知らせましょう。「健康についての一番の発明品は石けんです！　石けんにはかたまりになっているもの，液体のもの，粉になっているものなどがあります。どの石けんで手を洗っても，病気を起こすもとになるばい菌を皮膚から洗い落とすことができます」。子どもたちが細菌について知っていることを聞きます。必要なら，病原菌は小さすぎて目に見えないことを補足します。石けん

で洗い流さなかったら，細菌は食事をするときに子どもたちの手についたままかもしれません。そして細菌は手から食べ物へと広がることもあります。子どもたちは，実験を通して，石けんと水で洗う効果について多くのことがわかるでしょう。

用意するもの：使い古しの白い布　洗い桶を2つ　固形石けん　水　ペーパータオル　トレイを2つ　紙とのり　はさみ　鉢植え用の土　油

事前の準備：水と土と少量の油を混ぜて，薄い溶液を作ります。布の一部を切り分けて，対照用の布としてとっておきます。残りの布を先の溶液につけます。乾かしてから小さく切り，子どもに2枚ずつ渡します。石けんと手を洗っている人の絵を集めます。「自分について」のページに「石けんで手を洗う」と書きます。

小グループでの活動：
1. 2つの洗い桶に水を入れます。1つの洗い桶では汚れた布を水だけで洗い，もう1つの洗い桶では汚れた布を固形石けんと水で擦って洗います。
2. 2つのトレイの内側にペーパータオルを敷きます。水で洗った布をトレイ1に置き，石けんと水で洗った布をトレイ2に置きます。湿った布の横に子どもの名前を書いておきます。
3. 乾燥した2枚の布のどちらがきれいか比べてみます。冊子のページに，比較できるように，その2枚の布と対照用の布を並べて貼りつけます。この実験の説明を書いておきましょう。

[?] 探究活動：小グループで行ないます。子どもの手のひらをワセリンで拭き，鉢植え用の土を擦りつけましょう。子どもそれぞれに，きれいにする方法を選ばせます。乾燥したタオルで拭き取る，水洗いする，石けんで洗う，石けんと小さなブラシでごしごし洗う，あるいはその他の自分で工夫したやり方など。子どもたちはどの方法が最も効果的だと判断したでしょうか。各グループの結果を記録します。この結果をどのように応用するかについて話し合いましょう。

3. 予防接種にはどんな効果があるのでしょうか

学習のねらい：子どもたちが予防接種に対処できるようになる。

クラス全体での活動：はしか，おたふく風邪など子どもの頃にかかるウイルス性の病気について，どんなことを知っているか子どもたちに聞きます。病気や注射器が出てくる絵本を読んで，注射を怖がる子どもを勇気づけましょう。

絵本を読んだらさらに，薬を飲ませるための注射器（訳注：針のついていない注射器）を薬局で買ってきて，子どもたちに調べさせてみましょう。注射器に水を入れてから空にする練習をさせます。未就学児なら，病院ごっこのコーナーを作って注射器を置いておくとよいでしょう。保健師を招いて，予防接種に恐ろしさを感じないように教えてもらいましょう。

「自分について」の冊子に，予防接種についての子ども向けのメッセージをつけ加えます。地域の保健所などに，その冊子に入れるのにうってつけの予防接種促進のパンフレットがあるかもしれません。保健所から家庭に送られる予防接種記録の冊子（訳注：日本なら母子手帳）も教室で予防接種について学ぶときに役立ちます。

第6章 ヒトの体——健康管理と栄養

4. 歯の手入れはどうすればよいでしょうか

学習のねらい：自分の歯を大切にすることに誇りをもつようにする。
導入：子どもたちに，歯が抜けたり生えてきたりすることについて考えを出し合わせます。歯科衛生士を招いて，初歩的な歯の健康管理について子どもたちに話してもらいます。プラスチックの歯と巨大な歯ブラシを使って上手な歯の磨き方を実演してくれる人もいるでしょう。歯科衛生士に来てもらえないときには，歯をきちんと手入れするために，子どもたちがすでに知っていることや，今していることを話し合います。子どもの発言に加えて，定期的な歯科検診のことや，歯を強くし健康な歯ぐきを作る乳製品などの食品を食べることを必要に応じてつけ加えます。どんなお菓子を食べれば歯が丈夫でいられるのかについて話しましょう。

5. 歯にはどんなはたらきがあるのでしょうか

学習のねらい：歯のはたらきを実感する。
用意するもの：小さな鏡　ティッシュペーパー　クラッカー　リンゴの薄切り　雑誌にある歯磨き粉，歯ブラシ，歯を磨いている子どもの絵や写真　「自分について」のページ　のり　はさみ
事前の準備：冊子のページに「私は歯を磨く」と書きます。ティッシュペーパーを折りたたんで歯形がとれるぐらいの大きさにしておきます。
小グループでの活動：
1. 自分が笑った顔を鏡で見させます。「笑顔はどんな感じですか。歯は笑ったときに見せる以外にも大切な役割があるでしょうか。どの歯もみんなよく似ていますか」。
2. たたんだティッシュペーパーを全部の歯でゆっくり噛みます。「ティッシュについた歯形をよく見てみましょう。みんな同じでしたか。噛みつくのに都合のよい歯はどれでしょうか。食べ物を飲み込めるように細かく噛み砕いたり，すり潰したりするのに都合のよい歯はどれでしょうか」。
3. 鏡を使って，すり潰すための歯を調べさせます。子どもたちにクラッカーを配って食べさせます。鏡を使って奥歯の表面をもう一度見てみましょう。舌でクラッカーのくずをきれいにすることができますか。
4. 子どもたちにリンゴの薄切りを配って，よく噛ませます。また鏡で確認しましょう。「自然の歯ブラシ」といわれるリンゴで奥歯のようすは変わりましたか。
5. 子どもは冊子のページに絵を描いたり，雑誌の切り抜きを貼ったりしてもよいでしょう。
6. 流しに子どもたちを集め，水で口をすすいで食べ物のくずを洗い流す練習をさせましょう。

■ 第Ⅱ部：科学概念・体験・統合的な活動

> **科学概念** 体を丈夫に成長させるには栄養のある食べ物が必要です。

1. 健康的でバランスのとれた食事とはどのようなものでしょうか

学習のねらい：健康的な食品を食べて喜ぶ。

事前の準備：話の内容を説明するため，フランネル・ボード（訳注：板にフランネルの布を貼ったもの。フェルトなどで作った絵をつけたりはがしたりする）に色つきのビニルテープを貼って，図6-1のような食品群ピラミッドの枠を作ります。まず大きな正三角形を作り，4段に分けます。短いテープを使って，中ほどの2つの段をさらに適当な大きさに分けます。いろいろな食品の絵を切り抜き，フランネル・ボードにつくように裏あてを貼ります。話を読みながら，絵の食品を適切な食品群の場所に置いていきます。子どもの興味を引きそうな「食事指針ピラミッド」（図6-1）のポスターがあるなら，物語の展開に沿って食品を指し示してもかまいません。

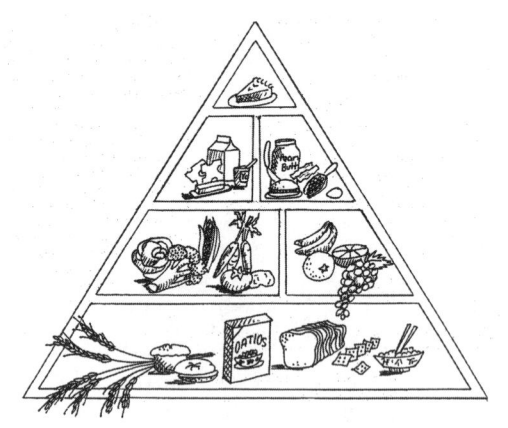

図6-1 食事指針ピラミッド

クラス全体での活動：フランネル・ボードを使って，「逆さまに食べたかった少年」の話を読んで説明し，話し合わせます。

● **逆さまに食べたかった少年**

　　おばあさんがお店から帰ってくると，男の子が本を持ってソファに丸まっていました。おばあさんは食べ物でいっぱいになった袋を下ろすと，クラッカーの箱を取り出して言いました。「あなたに見せたい大切なものがあるの。箱についている絵を見て。これは食事指針ピラミッドというのよ。これを見れば健康のためにどんな食事をすればいいかがわかるの。これからは，これを守って毎日健康な食事をしますからね」。
　　少年は箱に描かれた三角形の絵を見ました。それは4段になっていて，そのうちの2段はさらに2つに分かれています。それぞれの部屋には食べ物の絵が描かれています。一番大きいのは一番下の段です。おばあさんはそこを指差して言いました。「一番大きいところはパンのなかまよ。あなたのような子どもは，この食べ物を毎日6サービング（訳注：サービングは米国食事指針における1回の摂取量単位。おにぎり1個が1サービングにあ

第6章　ヒトの体──健康管理と栄養

たる）を食べる必要があるの。それで，パンとシリアル，お米，それにマカロニを買ってきたわ」。少年は黙っています。

「パンの段の上は野菜と果物ね」。おばあさんは続けます。「野菜のなかからはニンジンとブロッコリー，サツマイモ，果物のなかからはリンゴとオレンジを買ったの。毎日野菜は3サービング，果物は2サービング食べますからね」。男の子はまだ黙ったままです。

次におばあさんはタンパク質とミネラルの段にある2つのグループを指差しました。「これは乳製品のなかま。あなたのような子どもは毎日3サービング必要だから，牛乳とチーズとおいしいヨーグルトを買ってきたわよ。そしてこれが肉のなかま。あなたには毎日2サービングが必要だから，鶏肉とマメでチリを作ってあげるわ」。少年は何も言いません。

おばあさんは言います。「健康で，強く大きく成長するには何をたくさん食べて，何を減らせばいいのかがこの絵を見れば簡単にわかることがわかったでしょう。あなたが一番たくさん食べなければいけないのは，ピラミッドの一番下の一番大きな段の食べ物よ。そして，頂上に近いほうの食べ物は少なめでいいの。一番小さな頂上の段にはどんな食べ物があるかわかる？　クッキーやケーキ，ポテトチップ，それにキャンディや甘いジュースのようなものよ。こうした食べ物はほとんど必要ないから，ときどき食べればいいの。そのときもたくさん食べてはダメよ」。

すると男の子が口を開きました。「一番下の段の食べ物を一番たくさん食べなきゃいけないなら，僕こうしよう」と言うと，さっとソファの上でくるっと逆さまになって頭をたらしました。「僕はコウモリかナマケモノかゴジュウカラになりたいよ。そしたら，逆さまに食べることができるもん。おばあちゃんは僕の好きな甘いお菓子やデザートや，ポテトチップや，ジュースばっかり食べたり飲んだりさせてくれるんだ。逆さになったら，それってみんなピラミッドの底だよ！　これからずっと毎日食べたいよ」。

「何てことを！」おばあさんは言いました。「そんな願いは叶えられないわよ！　あなたが一日中逆さまにぶら下がって，甘いものとポテトチップにバターたっぷりのスナック，そして甘い飲み物ばかりを口にしているような，コウモリやナマケモノやゴジュウカラでなくてよかったわ。タンパク質の段の食べ物を十分に食べないと，丈夫な筋肉と骨が育たなくて，木に逆さまにぶら下がることもできないのよ。毛やはねもひどいものでしょうね。歯だって脂肪たっぷりの甘い食べ物を噛めなくなるし，強い骨も育たないわ」。

「うーん。そんなの嫌だ！」と男の子は言いました。

「果物や野菜の段の食べ物をしっかり食べないと，体を元気にするビタミンがとれなくなるわ」とおばあさんは言います。「半病人のようにそこでぶら下がって，ずっと咳と鼻水が止まらず，惨めな思いで木にぶら下がっていなくちゃならないわね」。

「えー，そんなの嫌だよ！」と男の子は言いました。

「パンや，オートムギのシリアル，コムギ，お米，スパゲッティやマカロニなどを食べなかったら，あの辺りまで動くだけのエネルギーもなくなるんだから。ただ疲れてぐったりしているだけになるわよ。そんなの楽しいかしら」。おばあさんが聞きました。

「嫌だ。そんなの絶対に嫌だよ！」と男の子は言いました。

「他にも知っておくことがあるのよ」とおばあさんは続けます。「デザートとサクサクしたポテトチップばかり食べて，ジュースばかり飲んだりしていると，ずんぐりのおでぶさんになって，しまいには木が折れて，どさっと落ちてしまうのよ」。

男の子は笑い出し、あまりのおかしさにソファから滑り落ちそうになりました。なんとかソファにつかまり、まっすぐに体を起こして言いました。「わかったよ、おばあちゃん。コウモリにもナマケモノにもゴジュウカラにもなりたくないよ。おばあちゃんが買ってくれたものを食べるよ。もう逆さになったりしない。ごはんはいつ？」。

2. 各食品のなかまはどのようなはたらきをするのでしょうか

学習のねらい：いろいろな食品が私たちを健康にしてくれていることを実感する。
グループでの活動：食品のなかまの分類ゲームをします。
用意するもの：食料品を入れる袋6枚（大袋1枚・中袋4枚・小袋1枚）食べ物のおもちゃ・台紙に張った食品の絵・食料品の空箱や容器など（全食品群がそろうように準備します）　食事指針ピラミッドのポスターや図
事前の準備：大袋に「パンと穀物（6）」と書きます。中袋4枚に、それぞれ「野菜のなかま（3）」「果物のなかま（2）」「乳製品のなかま（3）」「肉のなかま（2）」と書きます。小袋に「脂肪と甘いもの」と書きます。
クラスでの全体活動：
1. 次の質問をします。「食べ物をなかまごとに分けて袋に入れ、お店から家まで持って帰るとしたらどうしますか」。
2. 子どもたちは、それぞれの袋に食料品の箱や絵を選んで入れます。正しい袋に入れられたら、その食品の栄養や毎日とることが必要な量について話します。
- パンと穀物のなかま：「このなかまからはエネルギーと繊維が得られます。シリアルやパスタもこのなかまです。私たちは、このなかまの食べ物を一番多く食べる必要があります。子どもは毎日6サービング食べなければなりません」。
- 野菜のなかま：「野菜にはビタミンがたくさんあります。ビタミンは、体によい食べ物がうまくはたらくように助けてくれるものです。そのおかげで、私たちの体は健康で強くなれるのです。子どもには毎日3サービング分が必要です」。
- 果物のなかま：「どの果物からも健康に必要な特別なビタミンをとることができます。子どもは毎日少なくても2サービング食べなければいけません」。
- 乳製品群：「牛乳、チーズ、ヨーグルトは強い歯や骨を作ります。成長期の子どもは毎日3サービング食べる必要があります」。
- 肉のなかま：「魚、卵、木の実、そしていろいろなマメ類がこのなかまに入ります。肉のなかまに入る食べ物は体の成長を助け、強い筋肉を作ります。子どもには毎日2サービング分必要です」。
- ピラミッドの一番上：「脂肪や油、砂糖をたっぷり含む食べ物がここに入ります。とる必要のない食べ物のなかまです。『ピラミッドの一番上』の食べ物は、成長の助けにもならなければ、健康を保つのにも役立ちません。これらを食べるのは、ほんの少しだけにします」。

注：この活動には十分な時間をかけましょう。袋を空にしてくり返せば、どの子どもも数回ずつ食品を分類することができます。

3. 穀物は食品としてどのように使われているのでしょうか

学習のねらい：全粒の穀物のよいところを発見して楽しむ。

　食事ピラミッドの指針では，穀類は健康的でバランスのとれた食事の基本であり，とても重要だとされています。コムギ粒（外皮をむいたコムギ）は安くて，とても栄養があります。全粒の穀物を，クラスで探究すると面白いでしょう。今，再び流行りだしていますが，もともとコムギ粒を使った食品（フルメンティーという小麦粥など）は，入植者がアメリカに持ち込んだ，開拓者たちの主食だったのです。こうした食べ物を使った体験活動は，初期入植者の学習にもうまくつながります。全粒穀物は自然食品店で購入したり，インターネットで注文したりすることもできます。クラスにコムギアレルギーの子どもがいる場合には，オオムギで代用できます。オオムギもコムギと同じように挽いて粉にすることができます。全粒のコムギ粒が500グラムもあれば，以下の3つの体験活動がすべてできます。可能なら，乾燥したコムギの株を小さな束にして教室に飾りましょう。

＜その１：コムギを料理する＞

用意するもの：全粒のコムギ粒　計量カップ　きれいなトレイ　ざる　水　1リットル程度の片手鍋　塩　電気鍋　教室で料理ができないときの代用品：広口の魔法ビン　やかん　湯沸かし器

クラス全体での活動：コムギ粒とコムギの束を子どもたちに見せます。コムギ粒に触れてその堅さを体感しましょう。身近な食品である，コムギについての知識を子どもたちに出し合わせましょう。下校前に，1カップ（200ミリリットル）の全粒のコムギ粒を量ってトレイに広げ，子どもたちに割れたコムギ粒やもみがらを選り分けて取り除かせます。コムギの一部は小さな容器に入れてとっておきます。後で料理したり，挽いて粉末にしたり，発芽させたりしたときに比較するのです。残ったコムギ粒を注意深くざるに移し，流水ですすいでから鍋に入れ，2カップ（400ミリリットル）の水に一晩浸します。

　翌朝，浸していた水を切るようすを子どもたちに見せます。水を吸ったコムギ粒を電気鍋に入れ，粒が浸かる程度にお湯を加えます。小さじ1／2杯の塩を入れてかき混ぜましょう。ふたをして，2時間半から3時間，一番高い温度で加熱します。コムギ粒の大きさは倍以上になり，柔らかくなります。トウモロコシよりは少し噛みごたえがあるでしょう。ほとんどの水が吸収されます。できたコムギ料理を子どもたちに配りましょう。

◆安全のための注意：電気鍋とコードは，子どもの手が届かない安全な場所に置きます。熱いふたを外すときは注意し，子どもから離して行ないます。調理の時間が終わったら，コードを抜きます。電気鍋を使わないときは，コードをコンセントから離れたところに置きます。

別な事前準備のやり方：水を吸ったコムギ粒を家に持ち帰るか，学校の調理室に持っていき，子どものいないところで次の準備をします。

1. やかんで湯を沸かします。その熱湯で魔法ビンをざっとすすぎます。魔法ビンにたっぷりと熱湯を注いであたためておきます。冷めないようにふたをしましょう。次のステップで煮立てたコムギ粒を入れる直前に，魔法ビンの熱湯を捨てて空にします。
2. 片手鍋にコムギ粒とそれが浸かるくらいの水を入れて加熱します。ぐつぐつと煮立たせ，塩を加えます。
3. あたためた空の魔法ビンに，熱いコムギ粒とお湯を入れます。必要ならコムギ粒がち

ょうど浸かる程度に熱湯を少し加えます。魔法ビンの上のところに空気のスペースを残します。栓やふたをしっかり閉めましょう。魔法ビンを横にし，そのまま少なくとも8時間置きます。夜にこの準備をしておけば，翌朝学校に持ってくるときには食べられるようになっているでしょう。

<その2：コムギをひいて粉にする>
　　旧式のコーヒーミルがあって，子どもたちに交代で使わせることができれば，この体験活動は満足のいくものになるでしょう。＊教師が料理用の電動ミキサーで挽くようすを見せるだけでも，子どもたちは，粉になっていく過程に関心を示します（フードプロセッサーは使いません。硬い穀粒だと機械が傷んでしまいます）。コムギ粒1カップをミキサーのガラス容器（プラスチックではなく）に入れ，高速で約4分間，粉になるまで回します。目の細かいざるでふるいにかけて粉をボウルに集めます。ざるを通らない粒はグリッツ（あら挽きの穀物）といい，朝食のシリアルとして料理に使えます。

◆**安全のための注意**：この作業中は，常に片手をミキサーに添えておきます。子どもがミキサーに触れることのないようにしましょう。挽き終わったら，コンセントからプラグを抜きます。

　　新しい機械が発明されるまで何千年もの間，小麦粉を作る人たちは，溝のついた重い石うすで穀物を挽いて粉にしていたことを話しましょう。可能なら，自宅で全粒粉を使って何かを焼いてきて，クラスの子どもたちと一緒に食べましょう。

＊別なやり方として，教師が小さな電動のコーヒーミルを使ってコムギ粒1／4カップを4分間挽いてもかまいません。

<その3：コムギを発芽させる>
　　次の体験活動「ビタミンが豊富な穀物を発芽させられるでしょうか」の指示に従ってコムギ粒を発芽させます。コムギの芽は2日で食べられるようになります（発芽したコムギはとても甘いのです）。種子は発芽し始めると同時にビタミンを作り出すことを話します。
　　まとめの話し合い活動の場で，小さな容器にとっておいたコムギ粒を子どもたちに回します。コムギの種子を食べられるように変化させる3つのやり方（調理する，粉にする，発芽させる）について話します。雑誌の広告を見て，あるいは，家族と食料品店に行ったときにはシリアルやパスタ，クラッカーの箱を見て，コムギなどの穀物の写真や絵を探すように言いましょう。

4. ビタミンが豊富な穀物を発芽させられるでしょうか

学習のねらい：栄養のあるおやつを育てることに喜びを感じる。
　　種子を発芽させる活動は，おそらく，栄養について教室で行なえる最も安上がりな体験活動でしょう。数十円分の種子を発芽させるだけで，クラス全員分のおいしいおやつができます。芽にはビタミンとミネラルが豊富です。植物の発芽を学ぶときには，子どもたちみんなが発芽の活動に関わります。

用意するもの：自然食品店で購入したアルファルファ（ムラサキウマゴヤシ）の種子　1リットルビン　発泡スチロールのコップ（1リットルビンの口にはまる大きさのもの）

太い針　10センチ四方の布　輪ゴム　テープ　紙　受け皿
事前の準備：
　＜方法１＞　針を使って発泡スチロールのコップの底と下半分にたくさん穴を開け，排水用の穴をつくります（図6-2）。教室が広ければ，発芽用のビンを２つ用意して，もっと多くの芽を発芽させて，もっとたくさんの子どもを参加させましょう。
　＜方法２＞　＜方法１＞と同じようにしますが，発芽の容器に２リットルのペットボトルを使います。ペットボトルの上側１／４を切り取り，切り口のほうからストッキングをかぶせます。図6-3のようにストッキングの上側を結びます。芽を水洗いし，ストッキングの網で排水します。蛇口に引っ掛けて水を切ります。

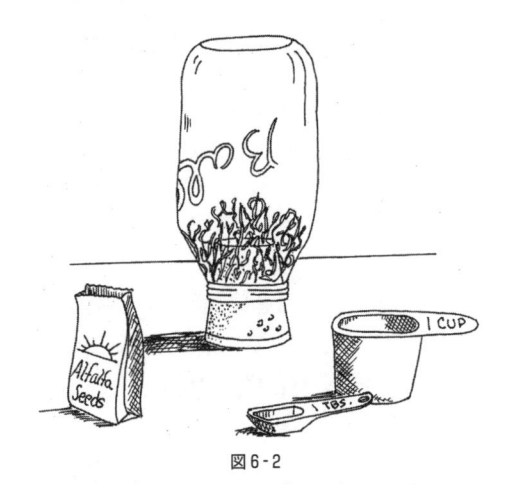

図6-2

図6-3

小グループでの活動：
1．金曜日に，子どもたちと発芽プロジェクトについて話し合います。少量の乾燥したアルファルファの種子を少しテープで紙に貼り，変化していく芽と毎日比較します。
2．子どもたちに大さじ２杯分のアルファルファの種子を量らせ，ビンに入れます。子どもたちには，「先生は，日曜日の夜に，家でビンの中の種子が浸かるようにお湯を１

カップ入れておくね」と話します。
3. 月曜日の朝，ピンの口に布をかぶせて輪ゴムでとめ，水切りをするのを見せます。ピンに冷たい水を入れ，子どもたちに種子をやさしくかき混ぜるように言いましょう。それからもう一度静かに水を切ります。
4. ＜方法１＞の場合，布を外して，排水用のコップをピンの口にしっかりはめ込みます。図６-２のように，コップの縁が台の役目を果たすようにピンを逆さにし，受け皿にのせます。直射日光の当たらない場所に置きましょう。
5. 芽が出ている種子の世話を子どもたち全員ができるように，毎日２，３回，水洗いと水切りをする計画を立てます。＜方法１＞では，布を使って水洗いと水切りをしますが，発芽してからは，布の代わりに発泡スチロールのコップを使うことができます。
6. 小さな緑色の葉が出たら，芽が葉緑素を作れるようにピンを日の当たるところに置いて，日光を当てましょう。
7. 金曜日には，芽を深いボウルにあけ，きれいな水を注ぎます。発芽しなかった硬い種子はボウルの底に沈むでしょう。水面近くの発芽した種子だけをすくい出します。ペーパータオルで水を切って，子どもたちに配りましょう。

統合的な活動

算数の活動

1. 子どもが生まれてから今までに体重が増えてきたことを，具体的な体験活動に置き変えてみましょう。１人ずつが生まれたときの体重分と今の体重分の木のブロックを同じになるまで，体重計に積んでいきます。「自分について」の冊子に，わかったことを次のように記入するとよいでしょう。「私は赤ちゃんのとき，ブロック＿＿＿個分と同じ体重でした。今は＿＿＿個分です」。子どもたちは，小さい頃と比較して，自分が大きくなったことを実感してうれしくなります。
2. 持ち上げられるブロックの数を調べて，筋肉の強さを知る手がかりにしましょう。(「みんなの筋肉は，今どれくらいの重さを持ち上げることができるかな」といったような，競争心をあおる質問は避けましょう)。
3. 分という時間の長さの感覚をつかませるために，キッチンタイマーや秒針つきの時計を使って時間を計り，子どもたちにいろいろな楽しいエアロビクス体操をさせます。激しい運動をする前と後で，10秒間心拍数を計らせましょう。
4. 「このテーブルは，私の手で11個分の幅があります」というように，子どもた

ちに手や足を使って，ものの長さ，幅，厚さなどを測らせます。
5．フランネル・ボード用に作った果物や野菜の切り抜きを利用して，フラネルボードを使った算数の活動をしてみましょう。なかま集め，一対一対応，図形作りに利用できるでしょう。
6．料理の体験活動で計量スプーンや計量カップを使うときには，事前にそれらで量を量ったり比べたりする時間をとりましょう。計量スプーンや計量カップは十分に用意し，どの子どもも料理の材料が量れるようにします。「生地を作るのに小麦粉1カップが必要です。2人が1／2カップずつ入れたら十分かな。やってみましょう」。砂と水のコーナーに，プラスチックの計量カップを何セットか置いておきます。子どもたちはそれらの道具を使って練習することで，量を量って比較することの実際的な感覚を養うことができます。

● 造形表現の活動

紙人形のチェーン：人はいろいろな点で似ていることを思い出すため，紙を折りたたんで切り，鎖のようにつながった紙人形を作ります。子どもたちにマーカーやクレヨンを使ってそれぞれの紙人形に違いを出すように促します。「みなさん1人ひとりが違うように，人形も1つひとつが違う姿になるようにしましょう」。

個性のコラージュ：グループによるプロジェクトとして，いろいろな年齢やいろいろな人種の人々の写真や絵を使ってコラージュを作り，ポスターにします。1人ひとりが違うことを強調します。

指紋アート：子どもの指紋をぺたぺたとたくさん押して，デザインや模様を作ることができます。簡単な絵の具のスタンプ台を使いましょう。指紋で花びらを作ったら，茎をクレヨンで描き足したり，指紋の風船には糸を描き足したりしたらどうかなと声をかけましょう。

洗濯バサミの人形：飾り気のない木の洗濯バサミを人形の頭，胴体，脚に見立てましょう。「首」のあたりでモールをひねり，腕と手を作ります。頭にボールペンで顔を描きましょう。布の切れ端を輪ゴムで体にとめます。人形の体の柔らかい部分と硬い部分を，人体の骨のつくりと比較しましょう。

● 遊び

病院ごっこ：包帯や子ども用のベッドなど病院ごっこに使う小道具を用意します。ペーパータオルの芯も用意しておくと，子どもたちは心臓の鼓動を聴くことができ

ます。また，おもちゃのプラスチックの注射器（針がついていないもの）を用意し，子どもたちに注射を打つ役を演じさせます。

食料品店：お店屋さんごっこで，子どもたちがおもちゃの食べ物をどのように並べたのかを，栄養に関する体験活動の前後で比較します。

レストラン：健康によい食べ物には高い値段をつけたメニューを，写真や絵を使って作ります。レストランごっこをする子どもに，メモ帳と鉛筆，おもちゃのレジ，トレイ，おもちゃの食べ物（あるいは食品の箱から切り抜いた写真や絵）を用意します。

● 創造的な思考活動

似てるよ・違うよゲーム：1人の子どもに，周りの友だちを見渡して，自分と似ているところが1つある子を見つけさせます。たとえば2人とも女の子だからという理由で，エレナがジェニーを選んだときには，ジェニーをエレナの横に立たせ，ジェニーに2人の違うところを1つ見つけさせます。次に，ジェニーが自分と1つ似ているところのある友だちを見つける，というように続けます。あらゆる点でそっくりな人はいないことを話して，ゲームを終えます。子どもたちがよく考えて選んだことを褒めます。

● 創造的な動作

　操り人形を探してきて，人形が糸で操られるときのぎこちない動きを見せます。木彫りの操り人形と子どもの体の違いを比べてみましょう。子どもたちは，音楽に合わせて，誰かに糸で操られているような動きを体で表現しながら踊ります。最後に「糸が切れました」と言って踊りを終えます。

　子どもたちにぬいぐるみを見せます。ぬいぐるみは体がとても柔らかいので，操り人形や子どもたちにはできない曲がり方や丸まり方ができます。子どもたちに骨や筋肉のない，ぬいぐるみのように踊らせてみましょう。最後に筋肉をもっている普通の人間の動きに戻ります。

● 園（校）外での学習活動

保健所：保健所を見学できる場合には子どもたちを連れて行きましょう。身長と体重を測るなど，子どもたちが恐ろしさを感じないようなやり方で訪問しましょう。子どもたちには保健所で起こり得ることに対する心構えをさせておくようにします。

第6章 ヒトの体——健康管理と栄養

園（学校）への訪問：地域の救急医療班が園（学校）を訪問してくれるかもしれません。医療関係者が身近なところまで来てくれると，子どもたちはより安心できます。救急車をじっくりと見学させてもらいましょう。救急車は魅力的で安心感が得られます。医療関係者に会うと不安に思う子どももいますが，医療班の人たちであれば，むしろ勇敢さにあこがれる気持ちが呼び起こされるでしょう。

科学概念を多様に関連づける

● 概念を維持する

　自分の健康と食事には自分で責任をもつべきだという原則に賛成する教師であれば，この目標を達成するための，ちょっとした指導のチャンスがいろいろとあることに気づくでしょう。尊敬している教師がふだんの手洗いや歯磨きを子どもたちと一緒にすれば，子どもたちはすぐにそれをまねします。ひざをすりむいた子どもの応急手当をするときには，血が流れて，傷の上に新しい皮膚を作る準備を始めているんだよと話し，子どもを安心させましょう。子どもが治療を受けたときには，治療についての気持ちを言わせて，元気になるために必要な処置に立ち向かった姿勢を褒めてあげましょう。

　おやつの時間や昼食の時間は，教師が子どもたちに甘くない食べ物のよさを実感させる絶好の機会です。食べ物について話し合ったり，メニューに書いてあるものが，どの食品群になるのか自然に話ができたりします。誰もが（大人も含めて）出された食べ物をすべて食べてみることや，子どもたちはできるだけいっぱい食べるようにする（強制するのではなく）という簡単なルールを決めます。しかし，嫌いな食べ物を罰として使ったり，好きな食べ物を，嫌いな食べ物を無理に食べさせるためのご褒美として使ったりしてはいけません。そんなことをすれば，子どもと教師の間の信頼関係を傷つけ，子どもは教師に従わなくなってしまうかもしれません。

　家庭での健康管理や食事について，子どもにあれこれしなさいと「言い聞かせ」すぎると逆効果になりかねません。幼い子どもの場合，家族が従っている習慣や文化様式を変えるには限度があります。ですから，健康的な基準を園や学校の外でも子どもたちに押しつけてしまうと，罪悪感や恨みを感じさせることになるかもしれません。毎日家で食べたものを子どもたちに報告させるというのは，よく行なわれる実践ですが，子どもたちが受け入れられていると感じる気持ちを脅かし，自尊心

を傷つけてしまう可能性もあります。またこの実践では，健康管理についての知識を実践に移すという目標も達成できないでしょう。教師は，子どもと親に正確な情報を提供することや，食事や健康管理の理にかなった習慣の手本を示し，子どもたちが手本に習うよう励ますこと，努力する子どもたちを支えること，これらのことを通して目標達成に大きく貢献できるのです。

● 園（校）庭を改善する

　北アメリカの子どもたちは運動不足の問題を抱えているので，アスファルトの園（校）庭を改良して運動の機会を増やしましょう。鮮やかな絵を描いてみましょう。くねくねとした蛇の絵を描いて区切りを入れておくと，飛び跳ねてみたり数を数えてみたくなったりします。100個の四角形の絵を描き，そこに1から100までの数字を書いておくと，数字から数字へと飛んで遊べます。色鮮やかな同心円を描けば，「走って黄色い円に入ろう」とか「青い円にお手玉を投げよう」という指示でゲームをすることができます。

● 概念を結びつける

1. 子どもたちが視覚について学んでいるときには，光が湾曲したガラスを通過すると，ものが実際より大きく見えることについて考えさせます（第15章「光」を参照）。「こうやってめがねはものを見やすくしているのです」。
2. 聴覚について話し合うときには，耳の内側にあるデリケートな部分について話します。その部分が振動して音を聞き取ります。（第14章「音」を参照）。
3. 牛乳や緑色野菜からカルシウムを取り入れて骨や歯ができますが，動物の硬い殻を作るのも同じカルシウムです（第5章「動物」を参照）。カルシウムは鉱物で，圧縮されたり他の鉱物と結びついたりすると岩石になります（第10章「岩石と鉱物」を参照）。
4. 子どもたちが肺を広げたり縮めたりする筋肉について学んでいるときには，生物が生きるために空気が必要であることを話します。
5. 教室に安いロープと滑車を使って運動用器具を作り，筋肉の発達や運動を簡単な機械に結びつけます。
6. 種子の発芽体験を思い出させます（p.126「ビタミンが豊富な穀物を発芽させられるでしょうか」を参照）。1つひとつの種子には，新しい芽が育つのに十分な栄養が閉じ込められています。この栄養は，人間の体を成長させるのにも

役立ちます。肉を食べるのを減らし，植物からタンパク質をもっととるようになれば，世界中の人々に，もっと十分に食べ物を供給できるようになるでしょう。

7. 手を清潔にする必要性と，衛生的な食事の準備の必要性とを結びつけるために，次の比較をしてみましょう。水ですすいでいないコムギ粒を，湿らせたペーパータオルと一緒にビニル袋に入れて封をします。また，しっかりと水洗いしたコムギ粒を，同じようなビニル袋に入れて封をします。平らなところに，2，3日間，静かに置いておきましょう。数日後，虫めがねで種子を調べます。すすいでいないコムギ粒にカビや細菌が繁殖していることがはっきり確かめられます。

8. コリウスのような成長の速い植物の鉢植えを2つ使って実験をします。1つの鉢にだけ液体の肥料を毎月与えます。数か月のうちに成長の違いが現われ，適切な栄養がどれほど生物の成長を促すかがよくわかります（しかしながら，人間が植物の栄養剤をとるとひどい病気になることがあることは，きちんと伝えておきます）。

家庭と地域の支援

　本章の2つの目標——自分を大切にすることと，生涯の早い段階で自分の健康に対して責任をとること——は，保護者の参加なくして達成することはできません。自分の子どもの健康にわざと目を向けない親はほとんどいないでしょうが，幼い子どもたちの予防接種件数はどんどん減っています。豊かな国アメリカにおいて，たくさんの栄養失調の子どもがいることにも失望させられます。全米小児科学会では，病気の治療を高価な医療に頼るのではなく，責任ある自己管理によって予防しようとキャンペーンを行なっています。教師と家族とが協力することで，子どもに責任ある態度を育成することができます。「自分について」の冊子は，家族がわが子の健康的な発育を促すことへの関心を高めるでしょう。

　パン焼きができる家族の人がいれば，教室に招いてパンを焼いてもらいましょう。
　近くの子ども科学博物館で催される参加型の人体展示や，地元の病院が行なう子ども向けの健康管理・予防プログラムについて家族に知らせましょう。

参考文献

Allison, L. (1976). *Blood and guts: A working guide to your own insides*. Boston: Little Brown.

Baird, P (1994). *The pyramid cookbook*. New York: Henry Holt.

Cobb, Vicki. (2000). *Follow your nose*. Brookfield, CT: Millbrook Press.

Furh, J., & Barclay, K. (1998). "The importance of appropriate nutrition and nutrition education." *Young Children*, 53(1), 74-79.

Greene, M. (1994). *A sigh of relief: The first aid handbook for childhood emergencies* (4th ed.). New York: Bantam Books.

Johnson, H. (1997). *The growing edge with the bodyworks*. Amherst, MA: Gemini Press.

Kenda, M., & Williams, P (1990). *Cooking wizardry for kids*. Hauppauge, NY: Barron's.

Rockwell, R., Williams, R., & Sherwood, E. (1992). *Everybody has a body*. Mt. Rainier, MD: Gryphon House.

Sanders, S. (2002). *Active for life: Developmentally appropriate movement programs for young children* Washington, DC: NAEYC.

Stein, S. (1992). *The body book*. New York: Workman Publishing.

VanCleave, J. (1990). *Basic biology for every kid*. New York: Wiley.［J. ヴァンクリーヴ　（1990）遠山　益・久世洋子(訳). ヴァンクリーヴ先生の不思議な科学実験室：親と子が体験するサイエンス・ワールド　生物編　HBJ出版局］

第7章 空気

> 今，周りにある空気はどうなっていますか。とても熱かったり，冷たかったりしないと，空気があることにすら気づかないでしょう。ふだんは気づきませんが，私たちは魚が水の中を泳ぐように，空気の中を動きまわっているのです。空気がないと私たちは生きていけません。子どもたちに空気を理解させるには，どうすればよいでしょうか。では，本章を始めましょう。

子どもたちは，感覚を通してさまざまな物質について学んでいきます。空気は目に見えず，どこにでもあります。そして，何かに影響が現われない限り，空気の存在を感覚でとらえることはできません。ですから，空気は子どもにとって興味深いのです。本章の体験活動では，次のような科学概念について調べていきます。

- 空気はほとんどどこにでもあります。
- 空気は実在します。空気は空間を占めています。
- 空気はあらゆる方向から，ものを押さえつけます。
- 空気が動くと，ものは押されます。
- 空気が速く動くことで，飛行機は飛び続けます。
- 空気は動いているものの速度を遅くします。
- あたたかい空気は上昇します。

本章の活動で，子どもたちは，空の容器の中にも空気が入っていることがわかります。自分自身が空気を吸っていることにも気づくでしょう。また，閉じ込められた空気を体感し，空気が空間を占めていることや，どのようにものを押さえつけているのかにも気づきます。そして，空気で動くものを作って楽しみます。

両手でお椀の形を作り，子どもたちに問いかけて，空気についての話題を導入しましょう。「先生の手の中には大切なものがあります。中を覗いてもいいですが，

何も見えないでしょう。大切なものは見えないのです！　この見えないものについて，たくさんのことを見つけていきましょう」。

科学概念　空気はほとんどどこにでもあります。

1. 空き缶から出てくるものは何でしょうか

学習のねらい：空気は見えなくても，ほとんどどこにでもあることに気づいて楽しむ。
用意するもの：空き缶　釘　金づち　洗面器　水
（室内で行なうとき）ビニルのエプロン　水遊び用のプール（洗面器をプールの中に置きます。子どもはプールの外で待たせます）
小グループでの活動：
1．子どもたちに缶を調べさせます。中に入っているものに気づくでしょうか。
2．金づちと釘で缶の底に穴をあけます。できれば，子どもにさせましょう。
3．「もし缶の中に何か入っているなら，この穴から押し出せるかな。やってみましょう」と言います。
4．缶を逆さにして，ゆっくりと水の中に入れます。缶の穴の上に手を置くように言います。何かが穴から押し出されているのに気づくでしょう。空気の流れです。「この空の缶の中には，何かあるはずです。……見えない何かが」。
5．子どもたちに実験をさせます。

2. 空の容器の中に何があるかわかるでしょうか

学習のねらい：空気は目には見えないけれども，ほとんどどこにでもにあることを確かめる。
用意するもの：空のボトル容器（透明なものがよい。ふたを外しておく）　羽毛（綿毛やティッシュペーパー片でもよい）
小グループでの活動：
1．子どもたちに空の容器を調べさせます。中に何か入っているのに気づくでしょうか。
2．「容器の先を自分のあごに向けて，ぎゅっと握ってみましょう。何か感じますか。それは何でしょうか。絞り出せるかどうか調べてみましょう。続けて」。
3．子どもたちに羽毛を渡します。「容器の先を羽毛に向けたらどうなるか，やってみましょう。容器が本当に空なら，羽毛は飛ばされたりしないでしょう」（この活動は，羽毛を使う場所を限定しないと，散らかります）。

3. 空気は私たちの体の中にどうやって入ってくるのでしょうか

学習のねらい：私たちは，空気中で絶えず息をしなければならないことに納得する。

グループでの活動：すべての子どもに，深呼吸をした後，できるだけ長い間，唇を固く閉じ，鼻をしっかりとつまむように言います。「どうだった。どうして鼻から手を放したの。手を放したということは，体は何を必要としているのでしょう。もう1回，やってみましょう」。「私たちの体は，空気の中に入っている酸素というものを必要とします。私たちはおよそ6秒ごとに，体に空気を吸い込む必要があります。空気は体の中ですぐに使われてしまうからです」。話し合いをさせて，生物が生きていくには，空気がなくてはならないという考えを引き出します。重いふたのついた箱の中に入ったり，閉め切られた場所に入ることの危険性についても話し合いましょう。危険性のあるものの例をあげましょう。

　子どもにティッシュペーパーを渡し，鼻や口の前で垂らすように言います。「体の中に空気を入れたり，また，体の中から空気を出したりすると，ティッシュはどうなるか調べてみましょう。口を閉じてもやってみましょう。口を少し開けてもやってみましょう。空気が行ったり来たりするのがわかるでしょう。では，空気が体のどこに入っていくのか，調べてみましょう」。床の上で仰向けになったり，テーブルの上に頭をつけたりすると，息をするたびに胸が上下するのがよくわかります。

科学概念 空気は実在します。空気は空間を占めています。

1. どうしたら空気が物質であることがわかるでしょうか

学習のねらい：空気を閉じ込めて，体感して楽しむ。

用意するもの：透明なポリ袋とビニタイ（訳注：電源コードなどを束ねるのに使う鉄線入りのビニルひも）か，チャックつきの袋　ストロー　テープ

事前の準備：子ども全員にポリ袋を用意します。袋の端を閉じ，閉じたところにストローを差し込みます。そして，差し込んだところをテープでしっかりととめます。

小グループでの活動：
1. 「机が本当にあるということを，どうやって伝えますか。目を閉じていても伝えられますか。感じるということは，何かが本当にあるということを知るよい方法なのです」。
2. 準備した袋の中に息を吹き込ませます。「みなさんは袋の中に何を入れたのでしょう。袋の中を見てみましょう。触れてみましょう。中に何があると思いますか？」。
3. ストローを外して，袋の端をとめます。子どもたちに，空気でいっぱいになった袋をしばらく触って調べさせます。

　家ではポリ袋で遊ぼうとは思わないでしょうから，ポリ袋は学校に置いておくほうがよいでしょう。

2. コップの中の空気で何ができるでしょうか

学習のねらい：空気の力に驚く。

用意するもの：透明なプラスチック製のボウル（または深さ12センチ程度のガラス製の料理用ボウル。安全に使えるもの）　水差し　コルク　透明なプラスチック製のコップ　エプロン（はねよけとして）

事前の準備：室内で行なうときには水遊び用のプールを用意し，その真ん中にボウルを置きます。

小グループでの活動：
1. ボウルの中にコルクを置きます。「今，コルクはボウルにくっついています。ボウルに水を注ぐと，どうなるでしょう。見てみましょう」。
2. ボウルの半分の深さまで，水を注ぎます。「コルクは，ボウルの底にくっついているかな」。
3. 「コルクを底にくっつけられる人はいますか」と聞きます。そして，子どもたちにさせてみましょう。「手を離してもコルクはそのままですか」。
4. 「コップの中のもので水を押しのけると，コルクをボウルの底にくっつけたままにできるかもしれません」。コップを逆さにして，コルクの上からボウルの底までまっすぐ押し入れます。「コップの中の何が水を押しのけたのでしょう。何か見えますか」。
5. 子どもたちに実験させます。

話し合い活動：両手でお椀の形を作り，空気をすくい取らせます。「そのまま鼻に寄せてみてください。空気は匂いがしますか。ちょっと覗いてみてください。空気は見えますか。音がしますか。味がしますか」（子どもたちは喜んで舌を出して，調べようとします）。実験を終えた後，空気が本当にあるということがどうやってわかったのかと尋ねます。子どもは新しく知ったことを自慢し，このような話し合いを進んで行なうようになります。次は，指人形を登場させます。この人形は，目に見えないものは存在しない，と信じていることにします。子どもたちは楽しみながら，いろいろな方法で人形を納得させようとするでしょう。

3. 袋の中の空気で何ができるでしょうか

学習のねらい：空気の力を利用できることを誇らしく思う。

用意するもの：丈夫で大きな紙袋　ビニタイ（またはテープ）　自転車用の空気入れ（または，ふいご型のポンプやハンドポンプ）　重たい本（またはブロック）

事前の準備：袋の口を閉じ，ビニタイかテープでとめます。袋を床に置き，その上に本をまっすぐ立てます。ポンプを袋のそばに置きます。

小グループでの活動：
1. ポンプとはどんなもので，どうやって使うのか，子どもがよく知らないようなら，ポンプを使ってみせます。ポンプを押すと，空気取り入れ口から空気が入ることに注目させます（取り入れ口のキャップは外しておきます）。空気を押しているという感触を得ます。
2. 「袋が空気でいっぱいになると，本は倒れるでしょうか。どうすればわかるでしょう」

第 7 章　空気

と聞きます。
3．ポンプのホースの先を袋の中に差し込みます（図 7-1）。ホースの差込口をピニタイでとめるか，子どもたちが空気を袋に入れて本を倒そうとしている間，手でしっかりと握っておきます。「空気で本が倒れましたか。空気は見えなくても本当にある，ということがわかりましたか」。車のエアーバッグの役割について話し合います。

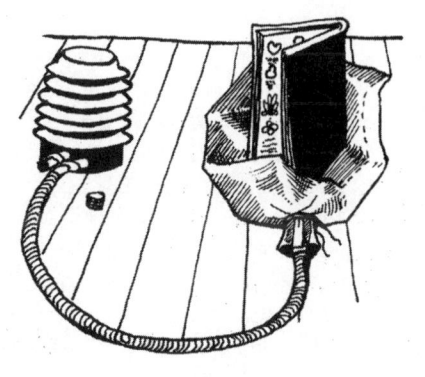

図 7-1

科学概念　空気はあらゆる方向から，ものを押さえつけます。

1．細い管の中で，何が水を押し上げているのでしょうか

学習のねらい：空気が細い管の中の液体を押したり引いたりすることに驚く。
用意するもの：料理用のスポイト　小さな容器（250 ミリリットル程度の水を入れておく）　スポンジ・洗い桶・新聞紙（後片づけのために）　ストロー（半分に切っておく）　吸盤（もしあれば）
小グループでの活動：
1．子どもにスポイトを調べさせます。管の中は空ですか。スポイトのゴム部分を握って出てくるものを体感します。
2．容器に入った水にスポイトを差し込みます。「スポイトから空気を押し出すとどうなりますか。ゴム球からゆっくり手を放すとき，管をよく見てください。何が起こりま

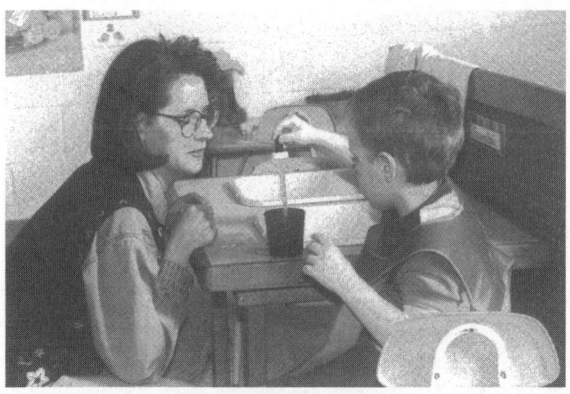

科学の道具の操作を学びます。

第Ⅱ部：科学概念・体験・統合的な活動

したか」。
3. 水がいっぱいに入ったスポイトを持ち上げます。そして尋ねます。「今，水はどうなっていますか。何が水をとめていると思いますか。おそらく，管の中には，目に見えないものが水と一緒に入っています」。
4. ゴム部分を握り，水を押し出します。握るのをやめて，空気を入れます。「今，どうなりましたか。やってみましょう」。
5. 「では，ストローで同じことをやってみましょう」。水にストローをつけて，その両端をそれぞれ人差し指でふさぎます。そのままストローを水から出して，上の端を押さえた指はそのままにして下の端を押さえている指を外します。水はストローの中にとどまったままです。なぜでしょう（大気圧が水を押しとめています。図7-2）。
6. 「上の端を指でふさいでいるので，そこからは何も入ることはできません。先生が少しだけ空気をストローの中に入れるので，しっかり見ていてください」。上の端から指を外すと，ストローから水が出ます。子どもに実験させましょう。

注：管の表面に水滴がついているだけで，中に水がいっぱいに入っていると思う子どもがいるかもしれません。握っていたゴム部分から手を離すときは，管を水の中に入れたまま離せるように手伝ってあげましょう。

吸盤を平らな面に押しつけると，空気が出ていくときのギュウという音が聞こえます。空気が吸盤を外から押すので，吸盤は面にくっついていることを，子どもに知らせましょう。

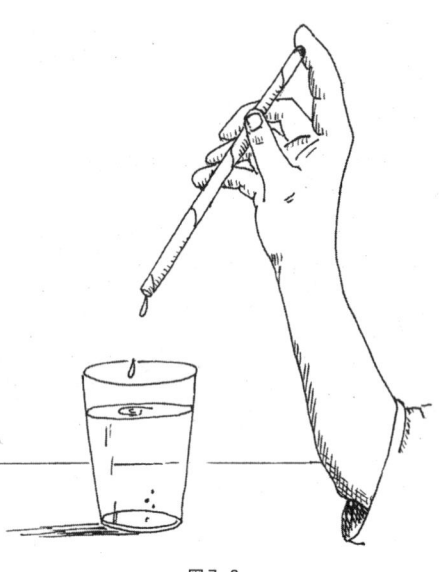

図7-2

科学概念 空気が動くと，ものは押されます。

導入：顔の前で手のひらを前後にふらせます。「肌に何か感じましたか。空気が動いていると，何かを感じるでしょう。動いていないと，何も感じません」。（風のように）私たちはじっとしていて空気が動いているときもあり，空気はじっとしていて私たちが動いているときもあります。どちらも同じように，自分に向かって空気が動いてきているように感じます。このことを子どもたちに説明しましょう。

第7章　空気

1. 何かに押されているのがわかるでしょうか

学習のねらい：空気が動くと，私たちが押されることを楽しむ。
用意するもの：新聞紙　紙テープ　風ぐるま（または凧）
屋外での活動：外に出て，子どもたちに新聞紙を渡します。「じっと立ったままで，持っている新聞紙を放すとどうでしょう。新聞紙は体に張りつくでしょうか。できるだけ速く走っているときではどうでしょう。やってみましょう。新聞紙を持っていなくても，新聞紙が体に張りつきます。何が新聞紙を張りつけているのでしょう」。風ぐるまや紙テープを持たせて，楽しく走らせましょう。風に向かって走りながら，凧を揚げます。風のある日とない日に，凧を揚げてみましょう。

2. 紙飛行機を作って空中を飛ばすことができるでしょうか

学習のねらい：空気の動きでものが運ばれることを知り，自信を深める。
用意するもの：コピー用紙（1人に1枚）　クリップ（1人に1個）
事前の準備：用紙の中央に縦方向に線を引きます。その線からそれぞれ4センチのところに，並行する2本の線を引きます。そして，用紙の下から2センチのところに，線を引きます。
小グループでの活動：
1. 紙の下から2センチのところで，紙を折り返します。これを4回，くり返して折りたたんでいきます。
2. 折り返しを押さえながら，中央の線に沿って，用紙を半分に折ります。そして，並行した2本の線のところで折り，両翼を作ります。ペーパークリップで，端をとめます（図7-3を参照）。
3. 折り返し部分を頭にして，紙飛行機の真ん中あたりを持って，飛ばしてみましょう。頭から落ちるようなら，頭を軽くするために，クリップの位置を変えたり，折り返しの数を減らします。飛ばすときには，手や腕を下へふるのではなく，まっすぐ前に押し出すようにします。

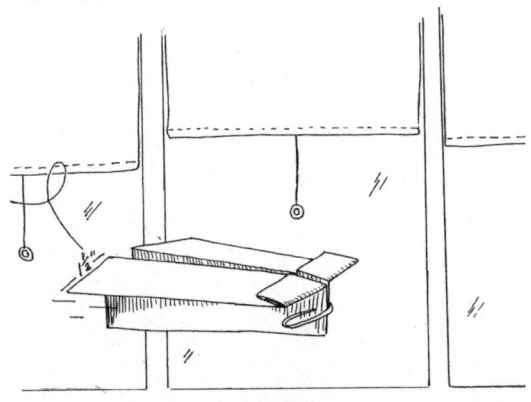

図7-3

第Ⅱ部：科学概念・体験・統合的な活動

3. ヘリコプターを作って空中で回すことができるでしょうか

学習のねらい：空気の動きでヘリコプターが回るのを見て楽しむ。
用意するもの：ヘリコプターの図版（1人に2枚。予備も準備します）　はさみ（1人に1丁）
事前の準備：図7-4にあるヘリコプターの展開図を描いて，コピーします。A4サイズのコピー用紙から4枚の図版（6×21センチ）がとれます。
小グループでの活動：

1. 子どもたちにヘリコプターの図版（図7-4①）を配り，実線のところを切り，点線のところを折って見せます。縦の2本の点線を折り，ヘリコプターの軸の部分を作ります。はねの1つを前に，もう1つを後ろに折ります（図7-4⑤⑥）。
2. 椅子や机の上に立ち，手を高く伸ばして，ヘリコプターを落下させます。落下しながらくるくると回るはずです。落下しているときには，空気がヘリコプターのはねを押していることを説明します。2枚のはねが空気を受けて，くるくると回るのです。
3. ♣屋外では，固定遊具に登って実験させましょう。屋内であれば，階段の吹き抜けを使って実験してもよいでしょう。

[?]**探究活動**：ヘリコプターを逆さにして落下させるとどうなるか予測させます。ヘリコプターはちゃんと回るでしょうか。はねを反対側に折るとどうなるでしょうか。紙の種類を変えると回転が変わるでしょうか。大きさの違うヘリコプターは回り方も違うでしょうか。工作用紙を使うと大きなものを作れます。カエデの種子のように小さいものだとどうなるでしょう。

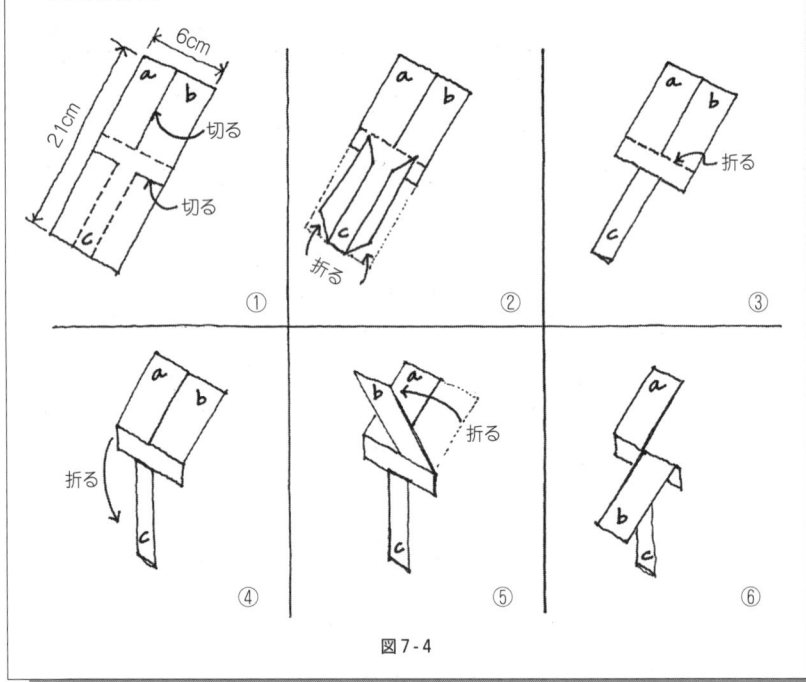

図7-4

第7章　空気

> **科学概念**　空気が速く動くことで，飛行機は飛び続けます。

1．空気が速く動いたり，ゆっくり動いたりすると，何が起こるでしょうか

学習のねらい：重い飛行機がなぜ空に浮かんでいられるのか，謎を解く。
用意するもの：ヘアドライヤー（冷風に設定できるもの）　椅子　コピー用紙　ティッシュペーパー　テープ
事前の準備：コピー用紙は，5×30センチの大きさに切ります。ティッシュペーパーは，2.5×15センチの大きさに切り，1人に1枚ずつ用意します。
クラス全体での活動：
1．5×30センチに切った紙の片端を，椅子の背にテープで貼りつけて，もう一方の端を椅子の前に垂らします。
2．ヘアドライヤーのスイッチを入れ，風を紙を張りつけたところから，垂れているほうに向けて吹きつけます。子どもたちに紙が浮き上がっていくのを観察させます。紙に何が起こったのでしょうか＊。
3．ティッシュペーパーの切れ端の片側を両手でつかみ，前に垂らします。つかんでいる端を口元につけます。ティッシュペーパーの上を通り過ぎるように息を吹きかけます。そうすると，ティッシュペーパーが浮き上がります。息を吹きつけるのをやめると，どうなるでしょうか。子どもたちにも実験させてみます。

　＊この演示は，ベルヌーイの原理によるものです。空気が速く動くところは低圧となって紙切れや飛行機の翼を浮き上がらせ，また，下の高圧のところはそれらを押し上げる，というものです。

話し合い活動：重い飛行機は強力なエンジンで前進しますが，空に飛び上がるのは翼のおかげです。翼の上を空気が速く動くと，紙切れと同じように，翼が持ち上がるのです。カーブした翼の上を通る空気は，翼の下を通る空気よりも速く動きます。そうすると，翼の上のほうが空気圧が小さくなるのです。また，翼の下を通る空気の流れは遅いので，翼の下では空気圧が大きくなります。この強い圧力が翼を押し上げ，飛行機が持ち上がって，飛行機は空を飛び続けるのです。片方の手のひらを平らにして，そっと差し出し，圧力が小さい（低い）ことを表現します。そして，もう一方の手を握りこぶしにして，下から強く押し上げ，圧力が大きい（高い）ことを表現します。このように，子どもたちに圧力の効果をまねさせてみましょう。

♣カーブした翼は，その上に速い空気を作り，その下に遅い空気を作ることを体感させてみましょう。運動場に大きな半円を描きます。1人は半円の弧に沿って歩き，もう1人は半円の直径に沿って歩きます。どちらが先に反対側にたどり着くでしょうか。同時にたどり着くには，弧に沿って歩く子はどうすればよいでしょうか。走る！　そう，ちょうど空気が速く動くように。みんなでやってみましょう。

❓**探究活動**：空気がものを運ぶという現象をさらに調べます。子どもたちを座らせて，目を閉じて耳をふさぐように言います。それから，変わった当てものをしてみましょう。空気中に，低アレルギー性の空気清浄剤を少し散布するのです。子どもたちが香りの分子に気づくのに，どれくらいの時間がかかるでしょうか。手は触れず，空気の匂いを嗅ぐだけで教室を調べさせてみましょう。わかったことについて話し合い，教室の図に記録しま

第Ⅱ部：科学概念・体験・統合的な活動

す。酢を皿に入れ，酢の匂いが空気の動きで教室全体に広がるのにどのくらいかかるでしょうか。ストップウォッチがあれば計って記録します。皮をむいたオレンジ，スライスしたタマネギなど，別の匂いを放つものとも比較してみましょう。

科学概念　空気は動いているものの速度を遅くします。

話し合い活動：子どもに2枚のコピー用紙を見せます。1つはそのままで，もう1つはくちゃくちゃに堅く丸めます。「2つをできるだけ高く持ち上げて，そこから同時に放すと，どうなるでしょう」と聞きます（子どもの反応を待ちます）。「両方が同じように落ちていくと思いますか。調べてみましょう」。子どもがじっくり観察し，記録できるように，くり返しやって見せます。「どちらがゆっくりと落ちましたか。広げた紙を下から押して，落ちるのを遅くしているものは何でしょうか。わかりますか」。地上でも水上でも，すべてのものが動くときには，動くにつれ，空気を脇に押しのけていかなければならないことにふれます。大きいものは，小さいものよりも多くの空気を押しのけていかなければなりません。

1. パラシュートはどうなっているのでしょうか🍀

学習のねらい：空気の圧力で人の安全が保たれていることを，楽しみながら知る。
用意するもの：（すべてを全員に用意します）　木製の糸巻き（または小さなおもちゃの人形）＊
　30センチ四方の軽いシート（レジ袋やクリーニングのカバーなど）　1.2メートルの軽いひも　テープ
事前の準備：シートを正方形に切ります（1人に1枚）。60センチのひもを2本作ります（1人に2本）。
小グループでの活動：

1. 2本のひもの両端を，シートの四隅にテープでつけます。ひもの真ん中を束ねて結びます（図7-5を参照）。束ねたひもの端を，おもちゃの人形（あるいは糸巻き）にテープでつけます（必要ならば，結びつけます）。
2. 🍀外に出て，ジャングルジム（または階段など）の上まで子どもを1人登らせます。パラシュートをつけた人形（糸巻き）と，何もつけていない人形（糸巻き）とを同時に落とさせます。結果を比較します。
3. パラシュートを折りたたみ，ひもと一緒に人形や糸巻きに巻きつけます。子どもたちにそれをできるだけ高く放り投げさせます。パラシュートが開かないときには，人形（糸巻き）におもりをつけます。安全のために，パラシュート同士がぶつからないように子どもたちを離します。
4. 車が衝突したときに，エアーバッグが重大な損傷から人を守っていることについて話し合います。

第7章 空気

＊糸巻き（または人形）は，シートとひもよりも重いものを選んでください。さらに重くする必要があれば，金属のナットやワッシャーをつけます。

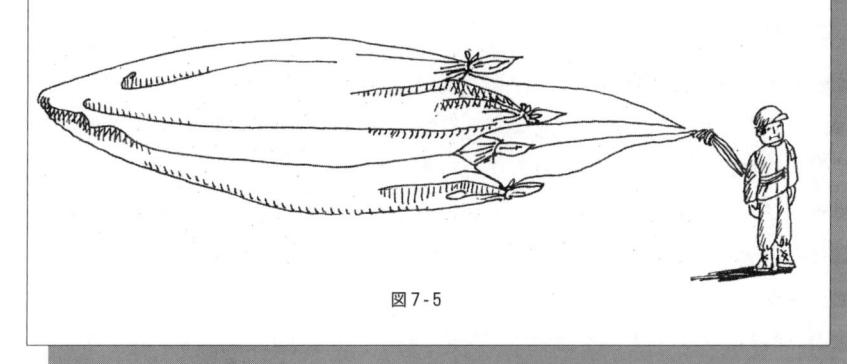

図7-5

| 科学概念 | あたたかい空気は上昇します。 |

> **学習のねらい**：温度が空気に影響を及ぼすようすに驚く。
> **? 探究活動**：「袋の中を空気でいっぱいにするには，どんな方法があるかな」と聞いてみます。薄いポリ袋を数枚，ビニタイを数本，できるだけたくさんの種類の空気ポンプ（ハンドポンプ，足踏み式のポンプ，自転車用の空気入れなど）を準備しておきます。いろいろな考えを出させましょう。ポリ袋に空気を入れるやり方を変えるとどうなるか比較させます。袋の口を下にして，ヘアドライヤーで数秒間，熱風を送り，袋をいっぱいにし，ドライヤーのスイッチを切って袋を手から放します。どうなりますか。何が違うのでしょうか。子どもたちは熱気球のことを知っているでしょうか。楽しんでやってみましょう！
> ◆**安全のための注意**：ドライヤーや電気コンセントに子どもを近づけないようにします。

統合的な活動

● 算数の活動

測定：風船の中の空気は，時間が経つとどうなるでしょうか。子どもの考えを聞いてみましょう。それから，風船を膨らませます。壁面には大きな紙をテープで貼りつけ，紙に風船の輪郭を描き写します。変化について子どもが予測したことも書いておきましょう。風船がどうなっていくか，数日かけて観察します。風船の輪郭を

毎日描き写し，風船が縮んでいくのを記録しましょう。

● 造形表現の活動

イーゼルを使った描画：画用紙を切って，鳥，風船（裏側にひもをテープで貼りつけ，たらします），チョウ，凧など，空気で動くものの形を紙で作っておきます。子どもたちは切り絵の中から好きなもの選んで，自分なりに絵の具で色を塗ります。

コラージュ：羽毛，ノゲシやタンポポの綿毛や種子，カエデの種子など，空気で運ばれる自然物をコラージュに使います。梱包に使う空気の入ったプチプチを切って，コラージュに貼りつけてもよいでしょう。

紙のうちわ：紙のうちわを作って，空気を動かしてみましょう。紙に色を塗らせて，それをアコーディオンのように折りたたんで扇子にします。アイスキャンディーの棒に小さな紙皿を貼りつけてもよいでしょう。

紙飛行機：簡単な紙飛行機を作り，クレヨンで色をつけて，飾りを描きましょう。

空気圧を使った造形活動：薬を飲ませるときの使い捨てのスポイトを使って，空気圧を造形に利用しましょう。スポイトに食紅を薄く溶かした水を入れ，吸水性のよい紙の上に絵を描かせます。はかなくて魅力的な造形――雪のお絵かき――でも，スポイトと着色した水が使えます。大きなバケツに雪を集めて，窓台の上に置いておきます。発泡スチロールのトレイに，すばやく雪を盛って子どもたちに取り分けます。子どもたちは，トレイの雪に色がついたしずくを落とします。解けた雪を捨てるために，バケツをもう1つ用意しておきます。

空気の力を用いた造形活動：ストローを使って空気圧で容器から絵の具を持ち上

ジャマールは，空気の力で絵を描く体験をしています。

げ，表面がつるつるの紙の上にしずくを落とします。ストローで息を吹きつけると，絵の具のしずくの形を変えることができます。

🌀 遊び

船：子どもたちに，大型積み木と木の板で，ごっこ遊びの船を作らせてみましょう。2枚の板を斜めに組み合わせると，船の船首になります。浮き輪を膨らませて，救命具としましょう。

飛行機：2枚の板で飛行機の機首を作ります。中が空の大型積み木をならべて，胴体と尾部にします。もう2枚の板を突き出すように敷いて翼にしましょう。飛行機に乗ったことのある子どもは，空気や酸素についての知識をごっこ遊びに生かすことができます。

パラシュート遊び：大きな丸いシートの周囲を何人かで持って上下させてみましょう。中に入った空気の動きで，シートを持ち上げる力が生じるのがわかります。パラシュートのように膨らんでいる下を，シートが落ちてくる前に一度に1人が走り抜ける遊びをしてみましょう。子どもたちはとても喜びます。持つ人と走る人とが交代すると，協力の気持ちが養われます。

空気と石けん水の遊び：コップに水と洗剤を入れ，ストローでシャボン玉を作らせます。幼い子どもたちには，洗剤の代わりに，目に入っても痛くないベビーシャンプーを使いましょう。口の中に液を吸い込むのを防ぐために，ストローの真ん中から上に，はさみで切り込みを入れておきます。

空気のクッションの遊び：子どもたちに，代わる代わる丈夫なエアベッドに空気を入れさせます。そして，それをマット代わりに使って，でんぐり返しをして遊びます。

紙のダンス：1枚の紙を渦巻き状に切り，1本の細長いらせん状の帯にします。それに長い糸をつけて，天井からぶら下げます。うちわで風を送ると，渦巻きがぐるぐる回ります。渦巻きがいくつもぶら下がっていると，幻想的な印象を与えます。空気の循環で，渦巻きは静かに回りつづけます。

🌀 創造的な身体表現

1. 自分を風船に見立て，息が吹き込まれて，大きくなるふりをさせます。ぐにゃぐにゃになって床にべったりと横になるように言います。「じゃあ，先生が風船に空気を入れます。もっともっと入れます。みんなはどんどん大きくなりま

す」。子どもたちがぎりぎりまで大きくなったとき，「これから風船をチクリと刺すよ」と言います。刺された風船はパーンとはじけて，空気が出てしまい，ぐにゃぐにゃのゴムになって床に倒れます。

2．空中で舞う鳥やチョウのように動きます。子どもたちは手に七面鳥のはねを持って腕を伸ばし，「翼」を広げた鳥になって楽しむでしょう。

● 創造的な思考活動

　ゆっくりと静かに想像させます。「目を閉じて，大きく深呼吸をしましょう。肺が空気でいっぱいになっているのがわかるでしょう。空気をゆっくりと吐き出して，自分の体が空気よりも軽くなっていくのを想像してください。そう，あなたは軽くなって，浮かんで窓から出ていき，学校の上を漂うことができます。上から学校はどんなふうに見えますか。空気の流れにのって，お気に入りの場所へ遊びに行ってみましょう。下で凧揚げをしている人が見えて楽しいですね……空気の流れになって凧をぐっと押してみましょう。凧はうまく飛んでいないようです。ひもを強く引っ張ってあげましょう。……じゃあ，自分の体が小さくなって，ちょうど手の中に入るぐらいの空気になったと想像してください……いいですね。今度は，自分が入るといっぱいになってしまいそうな，狭い場所を探しましょう……蚊のはねの下をそっと通り過ぎ……鍵穴に忍び込み……クモの巣を揺らして……ホルンの中に滑り込み，管の中を回って，音の突風になって出ていきます……じゃあ，そっと教室に戻り，目を開けましょう。そして，自分の空気の旅について，みんなとお話ししてみましょう」。

● 食べ物を使った活動

　電動泡立て器があれば，めったにない楽しみが味わえます。泡立て器でかき混ぜると，小さな空気の泡がたくさん混ざり込むことを説明します。中のようすが変わり，膨らんでいることに注目させます。次のものを混ぜてみましょう。

  ・粉末のスキムミルクを1／2カップ

  ・冷水を1／2カップ

  ・砂糖の入っていないゼラチンをティースプーンすり切り1杯

　　（イチゴ味にすると最高です）

　ツノが立つまで，高速で4〜5分間，かき混ぜます。子どもが楽しむだけの量を配るには，約3カップ分も作れば十分です。少量とって，虫めがねですばやく空気

の泡を観察します。食の科学は，印象に残ります。自分たちが喜んで食べているものの一部が空気であることを，子どもは決して忘れないでしょう。

● 園（校）外での学習活動

飛行場見学：学習の焦点をできるだけ絞り込みましょう。飛行場には，見るとわくわくするようなものがとてもたくさんあります。飛行の原理を長々と説明されても，子どもは我慢できません。大人が施設のガイドツアーを申し込むときには，このことを理解しておきましょう。

科学概念を多様に関連づける

● 概念を維持する

1. 機会があれば，空気のはたらきや存在についてさりげなく話をしたり，聞いたりしてみましょう。クラスで外に出たときは，空を飛んでいる飛行機や鳥，風に飛ばされた葉っぱや種，ゴミに目を向けてみましょう。
2. 学校の廊下を静かに歩かなければならないとき，子どもたちに口の中を大きな空気でいっぱいにするように言います。静かでいられるように，頬を膨らませ，このおかしな表情を作ります。「静かにしなさい」というよりも，効果的です。空気がおしゃべりするところをふさいでいるのです。
3. 使い捨てのスポイトで小さな苗木に水をやったり，容器の中のムシに湿り気を与えたりしましょう。造形のプロジェクトでもスポイトは使えます。必要ならスポイトを液体の中につけたまま，スポイトから空気を押し出すことを思い出させましょう。液体の中に空気の泡が出てくるのが見えるでしょう。
4. ジュース缶など，真空に閉じられた容器を缶切りを使って開けるとき，缶に空気が勢いよく入ろうとして，シュという音がします。この音を子どもに注意して聞かせます。また，ふいご型の足踏みポンプを使うとき，空気取り入れ口のゴムキャップに注目させます。空気を押し出して，ふいごをぺしゃんこにします。そしてゴムキャップをずらすと，シュという音とともに空気が勢いよく入り，ふいごが急に膨れるのがわかります。

園（校）庭を改善する

　学校にブランコがあるなら，ブランコは子どもたちに空気の存在を体感させるのにとても役立ちます。特に速くこぐと，空気を切っているのを顔で感じることができます（ブランコは，振り子（第12章「重力のはたらき」を参照）のよい教材にもなります。できることなら設置しましょう）。

概念を結びつける

1．蒸発について調べるときには，水の概念を空気に関係づけることができます。小さな水滴や水蒸気は，空気の一部になります。霧や雲は，とても湿った空気だと説明してみましょう。
2．空気の動きと，植物の繁殖（種が四方に散ること）とを関係づけてみましょう。
3．音と空気の概念とを関係づけてみましょう。音は空気によって伝わります。何かが振動すると，空気の動きが起こり，音が生じるのです。フルートや笛のような筒の中でも，閉じ込められた空気が振動します。
4．生態系と関連づけて，空気の大切な役割を取り上げてみましょう。すべての生物が生きるうえで必要としているものの1つが空気です。空気がひどく汚されると，すべての生物に問題が起きます。新しい空気を作る方法はありません。空気は何度もくり返し使われます。だからこそ人間は，空気をきれいに保つ方法を見つけていかなければならないのです。

家庭と地域の支援

　学校で行なっている空気の活動を支援したり，さらに伸ばしたりする方法を，学級だよりで保護者に伝えることができます。家族で一緒に外出したときには，高いところを飛んでいる鳥や飛行機を見ることができます。空気と一緒に動いている雲を見ることもできるでしょう。家の中で快適に過ごすために，冬にはどうやって空気をあたためているのでしょうか。夏にはクーラーの中を空気がどのように通っているのでしょうか。そんなことも教えられます。

　その地域で，グライダーや軽飛行機，風ぐるま，凧揚げ，熱気球，パラセイリングを見ることのできる場所について，家庭に知らせましょう。

参考文献

Hann, J. (1991). *How science works* (pp.115-123). Pleasantville, NY: Reader's Digest.
Hirschfeld, R., & White, N. (1995). *The kids' science book*. Charlotte, VT: Williamson. ［ロバート・ハーシェフェルド,ナンシー・ホワイト （1996） 仲村明子(訳) 小さな科学者のための実験ブック　ブロンズ新社］
Leonard, Jacqueline. (2002). Let's go fly a kite! *Science and Children*, **40**(4), 20-24.
Levenson, E. (1994). *Teaching children about physical science* (pp. 71-73). New York: Tab Books.
Mander, Jerry. (1998). *The great international paper airplane book*. New York: Galahad Books.
Markle, S. (1990). *Exploring spring*. New York: Avon.
San Francisco Exploratorium Staff. (1996). *The science explorer*. New York: Henry Holt.
Strong, T., & LeFeure, D. (1999). *Parachute games*. Urbana, IL: Human Kinetics Press.

第8章

水

> 流れ落ちる滝，暑い日に顔を水で洗うときの冷たい心地よさ，喉の渇きを潤すボトルの水，気持ちのよいシャワー。みなさんは水の喜びを知っています！ 子どもたちと水の驚くべき特性について楽しく学び，喜びを分かち合いましょう。

すべての生き物は，生きていくために水が必要です。私たちの地球は水なしでは存在できません。子どもたちは水に入ると，水をくんでジャーとこぼしたり，まき散らしたり，ばちゃばちゃさせたりといったことをとても喜びます。子どもたちが，この魅力的な物質についてもっとたくさん学び，このとても大切な資源を長く敬う心が育つよう援助しましょう。本章の体験活動は，次のような科学概念について探究します。

- 水には重さがあります。
- 水の重さと押し上げによって，ものが水に浮かびます。
- 水は蒸発します。
- 水は可逆的に姿を変えます。
- 水はいろいろなものを溶かす溶媒です。
- 水には粘り気があります。
- 水は他のものにくっつきます。
- 水は他のものにしみ込みます。

きらきらしていて透明な水に重さがあることは，子どもたちにとって想像しやすいことではありません。水の重さを体験し，それに注意が向けられるようになると，水はどうやってものを浮かすのかがわかるようになります。これから紹介する活動を通して，子どもたちは水の重さを体験し，浮力について調べます。その他，蒸発，凝結，凍結，融解などの現象，溶媒としての水，水には凝集力，付着力，表面張力

第8章 水

> 科学概念 **水には重さがあります。**

1. どうすれば水の重さを感じられるでしょうか

学習のねらい：水の性質についての興味を抱く。
用意するもの：（あたたかい時期の戸外の活動であれば）水　小さな子ども用プール　大きなバケツ　大きな水差しか牛乳パック　（室内で行なうときには次のものを加える）ゴム長靴　ビニル製のスモック
事前の準備：🍀戸外で活動するときには，靴とソックスを脱がせ，ズボンのすそを捲り上げさせます。室内で活動するときには，長靴をはかせ，スモックを着させます。
小グループでの活動：
  1. 子どもたちに，指を水につけさせてみます。「ちょっと考えてみてください。水って重たいでしょうか。どうやったらわかるでしょうか」。
  2. 順番に子どもをプールの中に立たせ，空のバケツを持たせます。
  3. バケツが重くて持てなくなるまで，他の子どもたちが，水差しや牛乳パックでバケツに水を入れます。この直接体験をすると，水に重さがあるという結論を容易に得られ，分かち合うことができます。

> 科学概念 **水の重さと押し上げによって，ものが水に浮かびます。**

1. どんなものが浮かび，どんなものが沈むでしょうか 🍀

学習のねらい：水の押し上げを調べて楽しむ。
用意するもの：洗面器　ビニル製のエプロン　石・コルク・ワッシャーなど
  重さを比べるためのペア：ピンポン玉／ゴルフボール，金属のスプーン／プラスチックのスプーン，プラスチックのクリップ／鉄のクリップ
  はかり　トレイ（2つ）
事前の準備：片方のトレイには「うかぶもの」と書いたカード，別のトレイには「しずむもの」と書いたカードをテープで貼りつけておきます。
小グループでの活動：
  1. 子どもたちに，手のひらを静かに水の表面に触れさせ，手に対して押しつける力（押し上げ＊）を感じさせます。「水が押し返す力と水の重さとが，いろいろなものを浮かばせようとすることを確かめてみましょう」。
  2. 「浮かぶものを，洗面器の底につくまで押しつけてみましょう。手を離すとどうなる

でしょうか」（水の押し上げで，ものが浮き上がります）。
3. 準備した石，コルク，ワッシャーなどを，浮かぶものと沈むものに分けて，それぞれのトレイに入れようと提案してみます。「どうしてこれが沈むと思うのですか」と聞きます。
4. 重さが浮き沈みに関係していることを確かめるために，同じ形をしたペアそれぞれの重さを量らせます＊＊。

＊押し上げ＝水のかたまりが上に押し上げようとする自然な傾向
＊＊最初の説明では，重さでかまいません。正確には密度なのですが，説明するのがもっとむずかしくなります。

2. ものの形は，浮かぶこととどう関係するでしょうか

学習のねらい：形が浮力に影響することを発見して，自信を深める。
用意するもの：（前半用）洗面器と同じぐらいの大きさのアルミホイルを2枚　レタースケールや台所用のはかり　金づち　まな板　洗面器　ビニル製のエプロン　（後半用）粘土　麺棒　1円玉
事前の準備：表を書き，重さ，形，浮かぶ，沈む，の4つの欄を作っておきます。
小グループでの活動：

1. 活動1.「どんなものが浮かび，どんなものが沈むでしょうか」の観察を思い出させましょう。「重たく見えても浮かんだものがありましたか。浮かぶのに役立つことが，他にないか確かめてみましょう」。
2. 「このアルミホイルのシートは浮かぶでしょうか。やってみましょう」。
3. 次に，手でアルミホイルをできるだけ小さく丸めさせ，それをまな板の上で金づちでつぶし，こちこちに硬くなった塊を作らせます。アルミの形を変えたことで，浮力が違うか聞いてみます。そして，実際にやってみましょう（アルミホイルがシート状のときには，塊のときよりも，その重さがより広い水面上にかかります。そしてよりたくさんの水が下から押し上げています）。観察した結果を，重さ，形の違い，浮かんだか，沈んだかという点から記録させます。
4. 同じ重さで同じ形の粘土のボールを2つ作ります。子どもたちには，どちらも同じであることを確かめさせます。「この2つは浮かぶでしょうか，沈むでしょうか」。ボールの1つを平たく延ばして，ボートの形にします。「どちらも沈んでしまうのでしょうか，確かめてみましょう」。この観察も記録させます。子どもたちには，ボートの形を作ったり，それを浮かばせたりして遊ばせます。
5. 「このボートに1円玉をのせても浮かんでいるでしょうか。1円玉を1枚ずつのせて，試してみましょう」（広げた形のものでも，最後には水の重さよりも重くなって沈んでしまいます）。子どもたちには，プールで浮かんだり沈んだりした体験を話し合わせてみましょう。

第 8 章 水

科学概念 水は蒸発します。

1. 空気や風は水を蒸発させるでしょうか

学習のねらい：蒸発に気づいたり，速く蒸発させることができて誇らしく思う。
用意するもの：トレイを2枚　洗面器　ペーパータオル　黒板などの黒っぽくて滑らかな表面をもつもの　厚紙かうちわ　ヘアドライヤー　紙
事前の準備：子どもに紙を折らせて，うちわを作らせましょう。
　◆**安全のための注意**：ドライヤーのコードを足で引っかけてしまうなど，危ない使い方にならないように注意します。
小グループでの活動：
　1．「ペーパータオルを濡らしてトレイの上に広げておくとどうなると思いますか。やってみましょう」。1枚のトレイは日の当たるあたたかい場所に置き，もう1枚は涼しくて暗い場所に置いておきます。30分後にどうなっているのかを確かめてみます。
　2．ヘアドライヤーを子どもに見せ，ドライヤーからあたたかい空気が出ているのを感じさせます。「どんな感じがしましたか。このあたたかい空気が，ペーパータオルに起きていることをわからせてくれますよ」。
　3．子どもに指を水で濡らさせ，黒板に名前の跡をつけさせてみます。「水で書いた名前にあたたかい空気を吹きつけてください。水はどうなるのか，しっかり見ていてくださいね。水はどこに行ったのでしょうか。水は空気にしか触れていませんよ」。水は，見えないほど小さな水滴（水蒸気）になって，空中に行ってしまいます。水が空中に行くことを，水が「蒸発」したといいます。
　4．「名前をもう一度黒板に書いてみましょう。紙のうちわを折って，名前の近くであおいで風を送ってみてください。水はどこに行っちゃうのでしょうか。ペーパータオルがどうなったか確かめに行きましょう。湿っていたのはどうなったでしょうか」。
　[?] **探究活動**：水が一番早く蒸発するのは，部屋のどこなのかを子どもたちに予測させてみましょう。そして「やってみましょう」。子どもたちの予測は書きとめておきます。子どもたちに，番号をふった濡れたペーパータオルを配ります。どのペーパータオルを，部屋のどこに置いたのかは図に書き入れておきます。ペーパータオルがどうなっているのか，こまめに調べます。いろいろな場所の乾く時間を図にしたり，記録した観察データを比較したりします。気温，風，日光，熱源への近さなどの変数は，蒸発時間にどう影響しましたか。

第Ⅱ部：科学概念・体験・統合的な活動

> **科学概念** 水は可逆的に姿を変えます。

1. 温度が違うと，水はどのように変わるでしょうか

学習のねらい：水の姿が変わったり，もとに戻ったりするときの規則性に気づく。
用意するもの：水　同じ形の浅めのプラスチックのボウル2枚（製氷皿を使うのはよくありません。氷は四角い形をしているものだと信じている子どもたちもいるのです）　水を入れた2〜3個の小さな風船（子どもたちは濡れることなく「氷の卵」を楽しめます）　冷凍庫か，できれば氷が張るような気候
小グループでの活動：
1. 朝早く，子どもたちに，ボウルがいっぱいになるぐらいまで水を入れさせます。そしてそれを，冷凍庫に入れさせるか，外の気温が零度以下なら外に持って出させます。もう1つのボウルは，室内（水がこぼれたりしない場所）に置き，1時間以上そのままにしておきます。
2. 子どもたちに，「2つのボウルは同じままだと思いますか。それとも違うようになると思いますか」と尋ねます。
3. 氷が固まった頃，ボウルを持ち帰ります。みんなが見れるように，大皿の上に出します。
4. 「ボウルの水を冷たい場所に置いておくと，何が起きるでしょうか。やってみましょう」。子どもたちがもう一度したいと思うようなら，この活動をくり返します*。
5. できれば，雪玉やつららを室内に持ち込んで，洗面器の中で融かしてみます。コーヒー一缶に雪を入れて深さを測り，雪を完全に融かしてからもう一度深さを測ります。雪のときと同じぐらいの深さだったでしょうか。

　*水や氷に関する経験が豊富で，それらが可逆的に変化すると予測する子どもたちがいるかもしれません。しかし，水が水蒸気に変わり，それが水に戻るという変化はあまりなじみがないでしょう。どちらの変化でも，経験の少ない子どもたちが原因－結果についての知識を得るには，何度かくり返すことが必要です。

2. どうすると水は水蒸気に変化し，水蒸気は水に変化するでしょうか

学習のねらい：雨や霧がどうしてできるのかがわかってうれしくなる。
用意するもの：アルミ皿　透明なプラスチックのコップ　暗い色の紙　水・氷　熱湯　虫めがね
事前の準備：家で前もって実験をしておきます。暗い色の紙を後ろに置いて，水蒸気が見えやすくしておきます。観察しているとき子どもが込み合わないように，2つ以上のセットを用意します。必要なだけくり返します。
小グループでの活動：
1. 気温が水の姿を変えるという以前の経験を思い起こさせます。「このカップの中で何が起きるのかを見てみましょう」。

2. 子どもたちにコップとアルミ皿を渡して，どちらも乾いていて，穴も開いていないことを確かめさせます。そして，コップにお湯を注ぐときには，後ろに下がっているように注意をします。「コップには何も入っていませんね。コップの中の空気は透き通っていて，向こう側が透けて見えます」。
3. 子どもに，アルミ皿の上に氷をのせさせ，皿のすぐ下の空気が冷たいことを感じさせます。そして，コップに下から5センチほどお湯を注ぎます。
4. 子どもにコップの中のあたたかい空気とアルミ皿の下の冷たい空気を感じさせます。「では，コップの中の変化をしばらく見てみましょう」。
5. すぐに氷をのせたアルミ皿をコップの上にのせて，ふたをします（図8-1）。「何が起きるかな」（蒸発が起きています。水の小さな粒が空気に混ざって，水蒸気になっているのです）。「水蒸気が上に上がって行って，冷たい空気に触れたでしょうか。皿を持ち上げて皿の下を確かめてみましょう。どんなになっていますか」。
6. 水滴を虫めがねで見てみます。「どうして乾いた皿に水滴がついたのでしょうか」。ほどなく大きな水滴となって落ち始めます。子どもたちに次のようなことを思い出させます。水の粒があたたかい空気の中に混じり，冷たい空気のところまで上がって行き，湿った空気が冷やされて，だんだんと大きな水滴になり，水滴が落ちてきて，もう一度水に戻るのです。

図8-1

注：子どもたちは，凝結して落ちてくる水滴を，雨だというかもしれません。同じような比喩を使うと，湯気は，霧や小さな雲ということになります。正確にいうと，雲の中で凝結が起きるときには，水滴が埃の粒に付着して集まり，雨粒になります。コップの中でできる水滴は，雨粒ができるのとほぼ同じような原理で作られます。地表から遠く離れたところにある空気は，あたたい地表から遠く離れているので冷たいのだと子どもたちに知らせましょう。地表に近いところにある空気は，地表からの熱であたためられるのです（空に氷の皿はないことを，子どもたちがわかっているかどうか確かめておきましょう）。

グループでの活動：子どもたちに，水をすくうように手を丸めさせ，その中にゆっくりと息を吐かせてみましょう。体から出てきた息はあたたかく感じられるでしょうか，冷たく

感じられるでしょうか。子どもたちに小さな鏡やアルミの皿を配ります。これらの表面は冷たいでしょうか。冷たい鏡や金属に息を吹きかけるとどうなるのか，子どもたちに予測させてみます。そして，息を吹きかけて，どうなるのか確かめさせます。子どもたちは結果がわかったでしょうか。「曇ったところはどんな感じですか。湿った感じ，それとも乾いた感じでしょうか。もう一度やってみましょう。曇ったところを確かめ，次に息を吹きかけてないところを確かめてみましょう。どうして湿った感じがするのでしょうか」。家庭でのありふれた凝結現象についても話し合ってみます。シャワーで湯気が立った後のお風呂場の鏡，やかんで湯を沸かしたときの台所の窓，食器を乾かすために食器洗い機の扉を開けたときのめがねなど。

科学概念　水はいろいろなものを溶かす溶媒です。

1. どんなものが水に溶けるでしょうか

学習のねらい：水が特定のものをどう変えるのかを楽しむ。

用意するもの：マフィンを作るときの型かプラスチックの製氷皿　水差し
　いろいろな乾いたもの：塩，砂，コーンスターチ，小麦粉，小さな砂利，種，コーンミール（とうもろこしの粉）
　スプーン　サラダ油　ペットボトル　ビニル製のエプロン　新聞　スポンジ　かき混ぜるための棒　バケツ

事前の準備：作業テーブルに新聞を広げておきます。型に水を半分だけ入れておきます。

小グループでの活動：
1. 「水の入っているところに塩を少し入れると，どうなるでしょうか。かき混ぜてみましょう。塩はまだ見えますか。感じることができますか。塩はどこにいったのでしょうか」。
2. 「指を水につけてみてください。どんな味がしますか。塩はまだここに入っているんです。でも，とっても小さくなってしまったので，見ることはできません。水に溶けたんです」。
3. 「他のものも試してみましょう。それぞれを別のところに入れて，どれが溶けるのか確かめてみましょう」
4. ペットボトルに半分だけ水を入れます。油をちょっと加えて，きっちりとふたをします。そして子どもたちにふらせます。「溶けたかな。しばらくそのままにしてみましょう。油はどうなったかな」。

グループでの活動：500ミリリットルビンに水を入れ，砂，泥，砂利を混ぜます。1日から数日そのまま置いておき，ビンのようすを確かめてみます。水はまだどろどろでしょうか。砂や泥は溶けてしまったでしょうか。ビンの底のほうにあるのは何でしょうか。

第8章 水

科学概念 水には粘り気があります。

1. 水滴はどのようにふるまうでしょうか

学習のねらい：水滴をくっつけたり広げたりして楽しむ。
用意するもの：水　（子ども1人ひとりに）フィルムケースやプラスチックの小ビンなどの小さな容器　スポイト　パラフィン紙　アイスキャンディーの棒・草の葉・ストローなど　こぼれた水を拭き取るためのスポンジ　1円玉
事前の準備：子どもの数だけ，パラフィン紙を10センチ角に切っておきます。子ども用の容器に水を入れます（子どもは大きなスポイトで入れるのが好きです）
小グループでの活動：
1. 1人ひとりの人差し指の先に，一滴ずつ水を落とします。「水のしずくを見て何がわかりますか」。水滴のすばらしさを楽しみましょう。「親指でしずくをやさしくさわって，静かに引っ張ってみましょう。何が起きるでしょうか」（とても小さな粒ー分子ーが互いに引っ張り合うことで，水滴がもとの形に戻ります）。
2. 子ども1人ひとりに四角いパラフィン紙を配ります。「この紙の上に水を一滴落としたら何が起きるでしょうか。確かめてみましょう。水滴は平べったいでしょうか，それとも盛り上がっているでしょうか」。
3. 水滴の表面は，しっかりと引き合っているので，見えない「皮膚」のようなはたらきをすることをつけ加えましょう。水の一番小さい粒（分子）は互いに引っ張り合うのです。「紙の上にもっといっぱい水滴を落としてみましょう。草の葉で水滴を互いに引きよせると，どうなるでしょうか」。1円玉の上に，どのぐらい多く水滴をのせられるか，子どもたちにやらせてみましょう。

グループでの活動：小グループでの活動でわかったことを復習しましょう。ウォルター・ウィックのすばらしい本『ひとしずくの水』（訳注：林田康一訳，1998，あすなろ書房）を子どものレベルに合わせて分かち合いましょう。一度に一滴ずつ水がしたたり落ちることで，どうしてツララの形ができるのか話し合ってみましょう。

野外での学習活動🍀：雨が降った次の日，虫めがね，ノート，鉛筆を持って，子どもたちと園（校）庭に行きましょう。子どもたちが水滴がくっついているのを見つけたら，その場所を記録しておきます。後でみんなで見つけたものについて話し合いましょう。

2. 水の表面はどのようにふるまうでしょうか

学習のねらい：表面張力の強さに驚く*。
用意するもの：透明なプラスチックのコップ　水　スポイト　ゆでていないスパゲッティを少し・クリップ・小枝　こぼれた水を拭くためのスポンジや新聞紙
小グループでの活動：
1. コップに水をいっぱいになるまで満たします。
2. 子どもたちには（コップを横から見られるよう）頭を低くして観察させます。スポイ

第Ⅱ部：科学概念・体験・統合的な活動

トを使ってコップの水に水滴をゆっくりと加えます。「もっと水滴を加えたらどうなるでしょうか」。一滴ずつ加えてみます（水滴が加えられるごとに，水がコップのふちの上に盛り上がってきますが，最後には表面張力が弱くなって形が崩れてしまいます）。
3. 「一番上の水の粒は，しっかりとくっつき合っているので，上にものをのせられるかもしれませんね」。スパゲッティのかけらを水平に持って，水面の上に静かに置きます。「縦でものせられるでしょうか」（この場合，水面をつきぬけてしまいます）。クリップや小枝でも試してみましょう。

＊張力とは，水の表面で分子がしっかりとくっつき合うことをいいます。

3. 石けんは水の表面張力をどう変えるでしょうか

学習のねらい：表面張力の効果が変化することに驚く。
用意するもの：水差し　小さめのアルミ鍋　ピン入りのコショウやベビーパウダー　綿棒　液体石けんか固形石けん　液体洗剤　小枝・草・クリップ
事前の準備：アルミ鍋に2.5センチほど水を注いでおきます。
小グループでの活動：
1. 「水の一番小さな粒が，この水の表面でしっかりと引っ張り合っているのを見ることはできません。でも，多分この引っ張り合いをしているだろうなということはわかります」。
2. コショウやパウダーを水にふりかけます。「どうなりましたか。みんなも，やってみましょう」。
3. 綿棒に洗剤や石けんを少しつけます。「水の表面にちょっとだけ石けんをつけるとどうなるのかやってみましょう」。実験をもう一度するときには，鍋の中の水をいったん空にしてから準備をします。
4. 子どもたちを2人組みにして手を握らせ，互いに引っ張らせます。これは，水の粒がしっかりとくっつき合っているのと似ています。「もし先生が，みんなが握っている手を引き離したらどうなると思いますか。これは，水の粒が引っ張り合っているのを石けんが引き裂くのとだいたい同じことなのです」。

科学概念　**水は他のものにくっつきます。**

1. どうしたら水がくっつくのを見られるでしょうか

学習のねらい：くっついている水滴の美しさと強さを味わう。
用意するもの：直径が5センチくらいのコーヒーカップ　プリンのカップなどの透明なふた2枚（汚れていないもの）—できるだけ全部の子どもに，きれいなふたを配る— テープ　虫めがね　水　プリンのふたをさらに4枚　草の葉・小枝

第 8 章 水

事前の準備：子どもの手の届かないところで，熱湯を入れたカップに透明なふたをします。蒸気がふたの下に凝結し，目に見えるぐらいの小さな水滴がいっぱいつくまで置いておきます。このふたをとり，乾いたふたと合わせてテープでとめて，密閉されたケースを作ります（p.70図4-1を参照）。子どもたちが観察したり，草の葉や小枝で触れたりするために，封をしないふたも用意します＊。透明なふたのうち4枚は，縁を落としておきます。

小グループでの活動：
1. 凝結の経験を思い出させましょう。水滴の入ったケースと虫めがねを配ります。何を観察できるでしょうか。「このきれいな水滴がどのぐらい長くプラスチックにくっついていられるのか確かめてみましょう」。定期的にチェックします。
2. 「水は，私たちが感じとれるほどしっかりとくっつくと思いますか」。縁をとったふたに水を吹きつけて，もう1枚のふたをかぶせます。「これを引き離してみてください。どんな感じがしますか。乾いたふたも引き離してみましょう。違った感じがするかな」。
3. 子どもの指を水につけさせて，指先が乾くまでのどのくらいかかるか調べさせます。
4. ♣水を入れたバケツと大きなスポイトを屋外に持ち出します。水は，園庭や校庭の何にくっつくのかを子どもたちに調べさせます。

＊これは，ごく普通で気にもとめないようなできごとにも，自然の驚くべき法則が隠れているのだということを，子どもたちが知るための簡単で，しかも強力な方法です。何度もやってみましょう。

科学概念　水は他のものにしみ込みます。

1. どんなものに水は浸透するでしょうか

学習のねらい：水がものにしみ込んでいったり，吸い上げられたりすることに興味を抱く。
用意するもの：水　子ども1人ひとりに小さなプラスチックの小ビンとスポイト　発泡スチロールのトレイ
　試すもの：樹皮，綿，ティッシュ，ペーパータオル，スベスベした紙，石，布の切れ端，さいころ状に切った乾いたスポンジなど
　食紅　虫めがね　プラスチックのピン　セロリの茎　透明なストローか細めのピペット（が望ましい）
事前の準備：プラスチックのビンに水を入れます。プラスチックビンの水に食紅で色をつけます。1人ずつに試すものを入れたトレイを用意します。
小グループでの活動：
1. 「トレイの中のいろいろなものに水を数滴垂らしてみるとどうなるでしょうか」。その結果について話し合います。
2. 「ペーパータオルとスベスベした紙は，虫めがねで見てみると同じかどうか確かめてみましょう。どちらが水がしみ込む小さな穴が多いでしょうか」（水はどちらにもつきますが，ペーパータオルのほうが，水が入り込んでくっつく場所が多いのです）。
3. 水が柔らかい紙にしみ込むようすがより観察しやすいように，新しいペーパータオル，

色つきの水，虫めがねを配ります。どうやってその材料が水を吸い込むのかについて話し合うときに，「吸収」という言葉を使います。

グループでの活動：試したものに水がどうやってくっつき，しみ込んだのかを思い出させます。「水がしみ込んで，細い管の中を上に這い上がっていくと想像してみましょう」。子どもの考えを聞いてみます。「水がセロリの茎の細い管を這い上がるかどうか試してみましょう」（色をつけた水の入ったコップに，透明なストローやピペットを差し込むと，毛管現象をすぐ見ることができます）。色水が葉に達するまで，セロリを数日間調べます。子どもたちが虫めがねで観察できるように，茎をスライスします。土の中の水分が，根や茎の中の管を通って吸い上げられ，木や植物を成長させることについて話します。

統合的な活動

算数の活動

1. 子どもが水で遊んでいるときには，計量カップか，少し大ざっぱにいくのなら3種類の大きさの牛乳パックを子どものそばに置いておきます。カップをいっぱいにしたり，この大きさの牛乳パックをいっぱいにしたりするには，小さな容器で何杯入れればよいかなどと子どもに尋ねます。

2. 乾いているときの重さ，水に濡らしたときの重さを，子どもに記録させます。乾いたスポンジの重さをはかりで量ります。そのスポンジをボウルの水の中に浸します。子どもに濡れたスポンジの重さを予測させます。スポンジの重さをもう一度量ります。何が重さの違いをもたらしたのかを子どもに考えさせます。空のボウルにスポンジの水を絞り出します。スポンジの重さをもう一度量ります。結果について話し合うときに，多い／少ないという比較を導入することができます。

3. 乾燥マメの水の吸収を測定します。朝早く，1/4カップのマメを1カップの水に浸し，別の1/4カップのマメを2カップの水に浸します。2時間後，6時間後，翌朝に，水を流して，測定し，水を入れなおします。どのぐらいの水をマメは吸収するでしょうか。いくつかの小グループで，別の種類のマメ，別の量の水で試すこともできます。結果を比較し，図に表わします。

造形表現の活動

氷でお絵かき：フィンガーペイント用の絵の具と光沢のある紙を使いますが，フィ

ンガーペイントをするときとは違い，前もって水を濡らしておきません。その代わりに，子どもにアイスキャンディーの棒をつけた氷を渡します。その棒を筆代わりにして，絵の具を広げたり，薄めたりして絵を描きます。

粉絵の具での描画： 粉絵の具に水を混ぜるのを，見せたり手伝わせたりします。描いた後，乾燥させるために絵を吊すときには，蒸発という用語を使って，どのように乾燥するのかを説明します。

凝集／付着効果： コップの水に色をつけ，異なった色のしずくを紙の上で混ぜ合わせます。異なった色が混ざり合う凝集作用を見るのは，わくわくします。別の機会に，付着効果を確かめる経験もさせてみましょう。いろいろな紙，たとえばフィンガーペイントの紙，ペーパータオル，コーヒーフィルターなどに色水を付着させて比較してみます。

● 遊び

ままごと： 人形の服を洗って，日の当たるところ，陰になるところ，室内などに干します。乾くまでの時間を比べてみましょう。ボウルに石けん水と普通の水を入れ，それぞれ泡立て器でかき混ぜます。石けん水のほうが，たくさんの空気が入ることに気づかせます。また，その理由を説明させてみます。

戸外での水遊び❦： 水遊びテーブルに，2〜3枚の洗面器を置きます。プラスチックの水差し，じょうご，小さな入れ物，チューブなどを置いておきます。子どもを裸足にして，プラスチックのチューブと手動ポンプを使ってバケツから子ども用プールまで水を移させてみます。手動ポンプは，DIYショップにあります。もっとやりたいなら，子ども用プールの隣に中空ブロックを積んで，その上に水の入ったバケツを置きます。もしあれば水遊び用のポンプをつけ加えてもよいでしょう。

　H・A・レイの『じてんしゃにのるひとまねこざる』（訳注：光吉夏弥訳，1998，岩波書店）を読みます。それから，ジョージが物語の中で使ったやり方に従って，新聞紙でボートを作り，それを子ども用プールに浮かべてみます。

シャボン玉づくり： 次の方法の中からいくつか選んで，表面張力を楽しんでみましょう。

・❦市販のシャボン玉液に，先に輪のついた棒を浸して，ふったり吹いたりします。液を補充するときには，食器用洗剤1／4カップと水1カップの混合液を用います。薬局でグリセリンを買ってきて，この混合液にスプーン1杯を加えると，シャボン玉の強度を増すことができます。もし手に入るのなら，市販さ

れているシャボン玉用の巨大な輪と型板のセットやかごなども試してみましょう。これらは屋外で使います（曇りの日にはシャボン玉が壊れにくい）。
- ストローと洗剤・水の溶液が入った缶を配り，ストローで息を吹き込んで泡を作らせます。これなら空中にシャボン玉を飛ばすことがむずかしい子どもたちでも簡単にできます。

    ◆安全のための注意：1人ずつにプラスチックのストローを配ります。ストローには，子どもの名前を油性ペンで書いておきます。ストローを平らにして，口から3センチのところに切れ目を入れ，誤って液を飲み込むことを防ぎます。
- 太目のストローを使って，洗剤・水の溶液で作ったシャボン玉を空中に飛ばします。ストローの先端部分に膜が張るように，ストローを溶液につけるやり方を，子どもたちに見せます。口のほうに液が流れてこないようにストローはちょっと下向きに持つように言います。
- 軟らかいプラスチックのじょうごを使って巨大なシャボン玉を作ります（じょうごは数個用意しておき，別の子どもに使わせる前に，口のあたるところを洗います）。じょうごを上下逆さにして，洗剤液の入ったボウルにつけます。ボウルの中に，静かに泡を吹き，じょうごの内側に液の膜ができるようにします。じょうごを引き上げ，ゆっくりとシャボン玉を吹きます。
- 空気を入れた風船を例にあげて，シャボン玉の外側の膜がどんなふうに引っ張

ジェシーは静かにシャボン玉を吹き，シャボン玉の表面張力を観察しています。

り合っているのか，子どもたちと話し合いましょう。石けんや洗剤の混合液は，水だけのときよりも，より柔軟で伸縮性のある「膜」を作るのです。

創造的な身体表現

シャボン玉：とっさのときの活動案（たとえば，子どもたちが集まって何をするのか待っているが，まだ準備ができていないときに使う活動案）の1つに，シャボン玉の動きをつけ加えましょう。子どもたちに，イメージのシャボン玉を吹くから，それをつかまえてと言います。「ここらあたりの高いところにシャボン玉があるよ……ひじでつかまえて……肩で……あごで。これは地面に落としちゃダメですよ。これは指先でつかまえて。それから私のところに吹き返して。手が石けんの膜だと思って。その膜に息を吹き込んで，もう膨らまないぐらいまで膨らませて，ポンと飛び出すまで」。

雪だるま：子どもたちに，想像上の雪だるまを転がさせてみましょう。雪だるまがだんだんと大きくなるにつれて，転がすのもゆっくりになります。「胸を作るために小さめの雪玉を転がしてみましょう……もっと小さいのを頭のために……それを持ち上げてのせてみましょう。あらあら，転がって行ったよ。こんな大きさの雪玉だと，とっても重いよ。さあ，今度はみんなが雪だるまになってみましょう。やさしそうで，冷たくて，背が高くて。でも，待って。太陽が照り始めて，空気があたたかくなってきた。あら，腕や体に何が起きたかな」。雪だるまが水たまりになり，蒸発し，跡形もなくなるまでをさせてみましょう。

凝集：この活動は，子どもたちが水の分子が互いに引き合い，つながり合うという概念をつかませるのに使います。「できるだけ一番小さな水の粒にまで縮むよ。あんまり小さくて顕微鏡なしでは見ることもできないほど小さいよ。さあ動き回って，他の水の粒とつながって大きな水の粒になる方法をみつけてみましょう（創意工夫を生かして，ひじ，腕，脚をつなぐ）。さあ，みんながつながって一滴の水になるにはどうしたらいいかな。できるだけたくさんつながるようにしよう。それじゃあ，外側の水の粒がしっかりと結び合うとどうなるのか，ひじをつないで確かめてみましょう。見て，外側の端が円の中のほうへと私たちを引っ張っているよ。さあ，ひじをほどいて。外側の粒が離れるよ。腕を伸ばして水滴を伸ばすよう，手をつなぎましょう。いいね。まだくっつき合っているけど，大きな水滴に広がったんだよ」。

🌑 創造的な思考活動

　水の概念に関連して，一風変わったお話を作ってみましょう。雑誌やカタログから切り抜いた写真を貼りつけたものを見せながらお話をします。水の概念を取り上げるときには，子どもが間違いに気づいて訂正できるように，明らかに誤った文章を入れておきます。たとえば，キャンプのお話では，「夏の日差しの中，子どもたちは池の上でスケートするのが待ちきれませんでした」とか，「ジョンとアンは，ボートを水に浮かべようとして，重い石でボートをいっぱいにしました」とか，「お父さんは，スープ用に湯を沸かそうとして，冷蔵庫にやかんを入れました」など。

🌑 食べ物を使った活動

　水は，私たちが食べるものすべてに含まれています。子どもたちは，料理をするときにいろいろな水の概念を用います。たとえば，ゼラチンを溶かすためにお湯を沸かすとか，それを固めるために氷を溶かすとか，フルーツジュースを凍らせてアイスキャンディーを作るなどです。昼食のご飯を作ることから，水の吸収と量の測定を経験できるでしょう。ポップコーンがはじけることは，水の特性——高温で水が蒸気に変わる——が関係した，わくわくするような食べ物体験です。コーンの種の中にある水分が，あまりにも急激に蒸気に変わるので，種が割れてしまうのだと教えましょう。子どもたちは，とても驚き，喜びます。ポップコーンを作る道具のカバーがプラスチックでできていると，蒸気が出ていることがよくわかります。

科学概念を多様に関連づける

🌑 概念を維持する

1. 学校園で服を乾かさなければならないとき——雪の中で遊んだり，水たまりに落ちたりしたとき——には，蒸発について話し合いましょう。とりわけ，きちんとしていることを気にかける子には，ふとしたことから汚れても洗えばよいし，その水分は蒸発し，衣服はまたきれいになることを教えると安心します。子どもが学校や園にレインコートと長靴でやってきたときには，衣服の外側についている雨粒——これはその素材が水を吸収しない証拠です——に気づかせましょう。

2. 雨の後，園（校）庭の水たまりを調べてみましょう。水たまりが一番大きくな

ったとき，石で水たまりの輪郭に印をつけておきます（水たまりがコンクリートやアスファルトの上にできているなら，チョークを使います）。こうしておくと，子どもたちが水たまりの大きさを観察するとき，日々の変化を比較しやすくなります。もしあなたが水たまりチェックの習慣を忘れたとしても，子どもたちが教えてくれるでしょう。緯度が高い地域に住む子どもたちは，蒸発に加えて，水たまりが凍ったり，融けたりするのを見ることもできるかもしれません。冷たい空気が水を凍らせるのと関係づけましょう。

アイダホ州にある「スネーク・リバー」では，子どもたちは丘で，ポンプで，川床で，遊ぶことができます。

園（校）庭を改善する

アメリカの保育園の多くでは，水を溜めたままにすることは禁止されています。しかし，水を流すのは許されています。アイダホ州立大学では，キャンパス内の保育園の中を小さな「スネーク・リバー」が流れています。子どもたちがポンプを使って丘の上から流した水は，岩に沿って作られた，浅くて曲がりくねったコンクリートの谷を流れ，橋をくぐり，地下の帯水層にいたります。子どもたちは，バケツやコップを下ろしてその帯水層から水を汲み上げることができます。子どもたちが板で水をせきとめ，本物の川のようにダムを作れる場所が2か所用意されています。子どもたちは，ものを川に流すことができるし，川が狭いところでは速く水が流れることも観察できます。同じように，水の魅力を取り入れているところは，他にもあります。学校や園の施設を作る業者も，楽しい水遊びの特徴をつけ加え始めているのです。

概念を結びつける

　空気と水との関係は，教室の魚や植物を世話するときに見つけることもできますし，簡単な実験で効果的に示すこともできます。

1. 部屋の中に置いておいたふたを閉めたビンをよく見ると，水の中に空気があることの証拠を見ることができます。小さな泡の列がビンの側面に現われるのです。魚は生きていくのに空気が必要で，水は空気を含んでいるのだということを教えてあげましょう。魚は水中から空気を取り入れる特別な仕組みを持っています。危険がないように，子どもたちが泳ぐときには水中から空気を取り入れられないのだとつけ加えます。子どもたちは泳ぐとき，どうやって息をし，どうやって水の中で体を浮かし，腕や脚をどう使って前へ進むのかを学ばなければなりません。

2. 植物に水が必要なことは，葉の薄い植物に，週末水を切らしておくことで，とてもはっきりと見ることができます。アボカドは見事にしおれますが，しっかり水やりをすると1時間ほどで回復します。

3. 大気圧（第7章「空気」を参照）は，水槽の水を空にするとき，水遊び用のたらいの水を排水するとき，あるいは戸外で水遊びをするときなどに利用できます。約1メートルの長さのチューブに完全に水を満たし，両端を空気が入らないようにつまんで，サイホンを作りましょう。チューブの一方の端を水に入れ，他方を下のバケツに置きます。そうするとチューブに空気が入らない限り，水はバケツの中に排水されます。水槽の水の表面にかかる大気圧が，チューブの中の水を押し上げることを説明しましょう。

家庭と地域の支援

　家庭には，水の概念や，水／空気の概念の例になる状況がたくさんあります。お風呂に入ったときの鏡や窓の曇り，夕食を準備しているときの湯気で曇った窓，寒い日に衣類乾燥機の通気孔から吐き出される蒸気の「煙」など，これらはすべて教室で経験したことを拡充するものです。

　家族でプールに行ったり海に行ったりしたときには，水深の浅いところを歩いて，水の重さや質感を試すことができます。自分の体が浮くときには，浮力の原理がはたらいているのだということを，子どもは体感できます。親は子どもの横に立って励ましてあげましょう。

　巨大シャボン玉の実演や，その他のシャボン玉に関わる催しものが，子どものい

る地域の科学センターや，地域のサマー・プログラムの一環として行なわれるときには，家庭にそれを知らせましょう。

参考文献

Agler, L. (1990). *Involving dissolving*. Berkeley, CA: Lawrence Hall of Science.
Agler, L. (1990). *Liquid explorations*. Berkeley, CA: Lawrence Hall of Science.
Barber, J., & Willard, K. (1999). *Bubble festival: Presenting bubble activities in a learning station format, Grades K-6*. Berkeley, CA: Lawrence Hall of Science.
Devonshire, H. (1991). *Water science through art*. New York: Franklin Watts.
Fitzsimmons, P., & Goldhaber, J. (1997). Inquiry at the water table. *Science and Children*, **34**,17-19.
Hann, J. (1991). *How science works* (pp. 130-143). Pleasantville, NY: Reader's Digest.
Levenson, E. (1994). *Teaching children about physical science* (pp. 146-167). TAB Books.
Ward, A. (1992). *Water and floating*. New York: Franklin Watts.
Zubrowski, B. (1981). *Messing around with water pumps and siphons*. Boston: Little Brown.

第9章 天気

> 誰もが口にする科学の話題は何でしょう。そう，それは天気です！　みなさん天気については長年の知識をもっていることでしょう。本章は，子どもたちと一緒に身近な現象を解明するのに最適です。

「誰が太陽を明るくしているの。風はどこからやってくるの」。子どもは，幼い頃に，天気に好奇心を抱いたり，不安を覚えたりするものです。太陽，水の循環，そして大気の移動について簡単な科学概念を調べる活動をすることによって，天気は観察して楽しむ対象になり，避けがたい耐えるべきことではなくなります。雷の性質について理解すれば，嵐への恐怖心を和らげることができます。本章では次の科学概念を取り上げます。

- 太陽は地球をあたためます。
- 風は気温が変化することで起きます。
- 蒸発と凝結によって雨が降ります。
- 雨粒によって太陽の光が分散します。
- 天気は計測できます。
- 雷は静電気です。
- 帯電した電子が飛び出すと火花が出ます。

以下に続く体験活動で，子どもたちは，太陽の効果を体感し，あたたかい空気の移動がもたらす効果を観察し，人工の虹を作り，天気を記録し，太陽の周りを回る地球の動きをまねします。

第9章 天気

科学概念 太陽は地球をあたためます。

1. よく晴れた日に，あたたかくなるのはなぜでしょうか

学習のねらい：あたたかさの原因としての太陽を体感し，理解する。

[?] 探究活動：この活動は穏やかな晴れた日に行なってください。砂と水，それに同じ大きさの容器を2つ用意しましょう。年長の児童には，温度計も2つ用意してください。

1. その日の気温について，子どもたちに考えを話し合わせましょう。子どもたちは，着る服をどうやって決めたのでしょうか。「今日は，あたたかくて気持ちがいいですね。どうしてあたたかくなるのかな。調べてみましょう」。

2. 子どもたちに2つの容器とも砂を敷かせます。年少の子どもたちでは，砂に触れさせて，どちらの容器の砂も温度が同じであることを確かめさせます。年長の児童では，温度計で砂の温度を測らせます。🐾容器を持って外に移動します。1つは日のあまり当たらない日かげに，もう1つは日なたに置きます。1時間後にそれぞれの場所に戻ってくることを知らせ，「戻ってきたとき，2つの容器の砂はあたたかさが同じだと思いますか」と聞きます。1時間後，自分たちの予想を確かめます。どちらのほうがあたたかいでしょうか。あたたかさの違いの原因は何でしょうか。日なたと，建物や木に太陽の光を遮られた日かげでは，どちらのほうがあたたかいと感じるでしょうか（太陽は地球——陸，大気，その他太陽の光が届くものすべて——をあたためています）。

3. 「太陽のあたため方の違いがわかるものは，他にもあるかな」。学校の周辺を歩き，子どもたちに日なたにある建物やアスファルト，歩道に触れさせます。それから，日かげにあるものに触れさせます。どちらのほうがあたたかく感じますか。日なたに止めてある車に触り，次に日かげに止めてある車に触ってみましょう。地面にある石の表面に触れてから，裏返して下の面にも触れてみましょう。「どこにあるものが一番あたたかいですか。どうして違いが出るのでしょう」。校庭に穴を掘れるなら，地面の温度と穴の中の温度を子どもたちに比べさせましょう。この他にも子どもが提案するものの温度を調べ，結果を記録します。

話し合い活動：太陽がさまざまなものの温度にどう影響しているかについて，子どもたちが得た結果と結論をまとめます。話題を発展させて，砂浜の砂と水を比べると，裸足であたたかく感じるのはどちらか考えさせます。プールのデッキとプールの水ではどうでしょうか。子どもたちが，あるものが別のものよりも太陽から多くのあたたかさを吸収することがわかるように支援しましょう。

第Ⅱ部：科学概念・体験・統合的な活動

科学概念 **風は気温が変化することで起きます。**

1. 何が空気を動かし，風を起こすのでしょうか

学習のねらい：熱が空気に与える驚くべき影響を体感する。
　導入：ここでの活動を始めるにあたり，風は目に見えないのに，どうやって吹いていることがわかるのか子どもたちに発言させます。子どもたちの考えをまとめ，目に見えるものに風が当たると風が吹いていることがわかると解説を加えます。
＜活動１＞
用意するもの：傘のない電気スタンド（普通の60ワットの電球）　細長く（２×10センチ）切ったティッシュペーパー
小グループでの活動：
1. 空気を熱して実験をすることで，子どもたちは，空気が風としてどう動くかを発見できます。
2. 子どもたちに，明かりをつけていない電球の上にある空気を感じさせます。子ども全員にティッシュを渡し，電球の真上でその片端をしっかりと持たせます。ティッシュはどうなりますか（垂れ下がるはずです）。
3. スタンドのスイッチを入れて電球が十分に熱くなった後，同じことをくり返します（熱い電球のそばではくれぐれも気をつけてください）。今度は電球の上の空気はどんな感じですか。あたたかい空気だとティッシュはどうなりますか。
4. 空気が動くとその方向にものを押すことを思い出させます。空気がものを押す方向で，空気が動いている方向がわかるのです。熱せられた空気がティッシュの端を押す方向を子どもたちに観察させます。

◆**安全のための注意**：「絶対に，熱い電球に燃えやすいものを触れさせてはいけません」と必ず子どもたちに伝えます。

5. ティッシュの先端は垂れ下がっていますか，それとも押し上げられて，まっすぐになっていたり，少し上向きになっていたりしますか（熱せられた空気は上昇します）。あたたかい空気が上昇することがわかる例を，他にも見たことがあるか子どもたちに尋ねます。煙（加熱された空気とガスに炭素粒子が混ざったもの）が煙突の中を昇る，コンロにかけたやかんから蒸気が上がる，気球に乗る人は離陸するとき気球の中の空気をあたためるなどがあります（p.145「あたたかい空気は上昇します」を参照）。さらに，「太陽が地面をあたためると，その上にある空気もあたたかくなります。電球の上の空気は，上がっていきましたね。ちょうどそれと同じように，あたためられた地面の上にある空気も上がります。空気が上がることで風が起きるのです」とつけ加えましょう。

＜活動２＞
用意するもの：透明なプラスチックのコップ　冷水　お湯　小さな透明容器　食紅
事前の準備：教室内で水を熱するときには，安全な場所で電気ポットを使いましょう。
　◆**安全のための注意**：投入式の加熱コイルは，直接コップに入れないでください。投入式加熱コイルの使用はとても危険です。
小グループでの活動：
1. 「空気が動いて風が起きる原因はもう１つあります。空気の代わりに水を使って同じ

ようなことを見ることができます」。
2．「このコップに入っている冷たい水を冷たい空気，これから注ぐお湯は熱い空気としましょう」。見分けやすくするため，お湯の入った小ビンに食紅を2，3滴加えます（冷水の入っているコップを子どもたちの目の高さに持っていくと結果を観察しやすくなります）。
3．「色のついたお湯はどんな動きをしていますか。数分間，コップを動かさずによく見てみましょう。色のついた冷水で同じことをするとどうなるでしょうか。冷水はゆっくりと上昇して水面に層となって溜まりますか，それともすぐにコップの中の水と混ざりますか」。

「水や空気はあたためられると軽くなります。冷たい水や冷たい空気は，あたたかい水やあたたかい空気の下にもぐり込みます。そして，あたたかい空気やあたたかい水を上へと押し上げます。水に色をつけて，この動きを見ましたね。外の空気でも同じことが起きていますが，目で見ることはできません。あたたかい空気は冷たい空気より軽いので，冷たい空気があたたかい空気の下に勢いよく流れ込みます。そして，あたたかい空気を上に押し上げます。こうしたことが起きると，私たちは冷たい空気があたたかい空気の下に，勢いよく流れ込むのを感じます。この空気はすばやく動きます。それが風なのです。空気は，地球上のどこでも，いつもこんなふうに動いています。あたたかい空気は上がり，冷たい空気がその下に勢いよく流れ込み，そこにある木の葉や旗，人，それにありとあらゆるものを押すのです」と解説します。

あたたかく，湯気の立ち込める台所で冷凍庫の扉を開けるとどうなるか，子どもたちに自宅で確かめさせましょう。霧はどの方向に動くでしょうか。

注：続く話し合いでは，急激に空気があたためられ，周りの冷たい空気が勢いよく動くと，雷鳴が生じることを取り上げましょう。雲を突き抜けて光る稲妻は高速で移動し，周囲の空気を急速に熱します。熱せられた空気は急激に膨らみ，雷鳴とよばれる大きな音を引き起こすのです。子どもたちに，口を閉じて上下の唇を互いにつけ，「b」の音を出すときのように空気を押し出したときに出るとても小さな弾む音を聞かせます。小さな弾む音は，小さな空間から空気が急速に押し出ることで起きます。雷鳴は，大量の空気が急速に動くことで起きます。

子どもたちは，体験しながらデータを集めるのが好きです。

第Ⅱ部：科学概念・体験・統合的な活動

> **科学概念** 蒸発と凝結によって雨が降ります。

1. 雨はどのようにしてできるのでしょうか

学習のねらい：蒸発と凝結をくり返す水の循環を知って安心する。
用意するもの：チャックつきのビニル袋　フィルムケースや透明なプラスチックの小ビン　テープ　ジュース（または水と食紅）
グループでの活動：子どもたちに「空気の中からどうやって雨ができると思いますか」と尋ねます。回答は年齢やそれまでの蒸発・凝結・降水に関する学習活動の経験によって違うでしょうが（第8章「水」を参照）、とりあえずすべてを受け入れます。「モデルを作って、自分たちで確かめてみましょう」。
　実験の準備をします。ジュースや着色した水を半分まで入れた容器をビニル袋の中に入れ、しっかり封をして、袋を日の当たる窓にテープで貼りつけます（図9-1）。数日後、

図9-1

袋の中の液体と空気はどうなっているか予測させます。実際に調べてみましょう。子どもたちは，水蒸気が袋の内側に付着し，数滴のしずくとなって最終的には底に滑り落ちるのを観察できます。子どもたちに，観察したことを絵や言葉で記録させます。真昼に太陽の光がよく当たっているときと比較して，曇っている日や朝早くは，袋のようすが違うでしょうか。袋の水滴はジュースと同じ色でしょうか。

少量のジュースを浅い容器に入れて部屋に約1日放置し，水分を完全に蒸発させます。空気はジュースに溶けていたものも吸い上げましたか，それとも吸い上げたのはジュースの水分だけですか。空気は海水を吸い上げて塩辛い雨を降らせるでしょうか。数日かけて少量の食塩水を蒸発させて，答えを見つけます。空気は水を水蒸気として吸い上げることをグループで思い起こさせます。太陽であたためられた袋の中の空気は，ジュースの水分だけを吸い上げたのです。

あたたかい空気は冷たい空気より多くの蒸気を含むことができます。袋の中の水蒸気は，曇っている日にはようすが違っていたのではないでしょうか。屋外では，地球上のどこでも，常にこうしたことが起こっています。水がどこにあろうとも，空気は少しずつ水分を吸い上げています。太陽は空気をあたため，蒸発過程を早めます。水蒸気は空高く上昇するにつれて集まり，雲になります。雲の中の小さなしずくが集まって大きなしずくになります。地球の上空の低い気温がこの凝結過程を早め，しずくが雨となって降るのです。そして，この蒸発と凝結の循環が何度もくり返されているのです。

2. 氷点下の空気中だと水滴はどうなるのでしょうか

学習のねらい：可逆的な水の変化を起こして楽しむ。
用意するもの：スポイト（先端が細いものほどうまく球状のしずくになります）　クッキーを焼くときに使う天板　アルミホイル　水　冷凍庫（もしくは気温が氷点下になるときに行ないます）
小グループでの活動：
1. 「袋の中の水蒸気が冷やされて水滴に変化するのを見ましたね。水滴が落ちる前に凍ったらどうなると思いますか。調べてみましょう」。
2. クッキー用の天板にアルミホイルを敷きます。子どもたち1人ひとりが，水滴が触れ合わないように間隔をあけながら，慎重にアルミホイルの上に水滴を落とします。その板を冷凍庫に入れるか，気温が氷点下になる日であれば屋外の雨風にさらされない場所に置きます。
3. 10分後，冷凍庫に戻って，凍ったしずくを子どもたちに見せます。「前と同じに見えますか。何が起こったのでしょう」。手早く凍ったしずくをすくって子どもたちの手のひらに落とします。「今何が起こっていますか」。その後で，雨滴が凍って大きくなると氷の粒（凍雨）になることを解説します。水蒸気が凍ると雪になります。

第Ⅱ部：科学概念・体験・統合的な活動

科学概念　雨粒によって太陽の光が分散します。

1. どうして虹ができるのでしょうか

学習のねらい：虹を作って楽しむ。

導入：虹について話し合いをします。運よく虹を見かけたときのうれしさについて語り合います。雨が降った後，水蒸気を適度に含む空気に，太陽の光がうまいぐあいに差し込むと虹ができることを説明します。「虹は，めったに見られないね。でも，鏡と水を使って，太陽の光を水に通して反射させてみましょう。ちょっとした虹が作れます」。

用意するもの：トレイ　白い厚紙　小さな鏡　水　日の当たる場所

小グループでの活動：
1. 日の当たるテーブルの上や窓台にトレイを置き，トレイの端に45度の角度で鏡を置きます。鏡のそばで，子どもたちに交代で白い厚紙を持たせ，他の子どもたちには，交代で太陽光を鏡から厚紙に反射させます。
2. 太陽光が厚紙に当たったら，鏡が5センチぐらい浸るように，ゆっくりとトレイに水を注ぎます。光が厚紙の上で，スペクトル（「ちょっとした虹のようなもの」）を作るように，少し角度の調整をします。
3. 光が水を通って屈折し，分散してスペクトルになることを確かめます。これには，鏡の水中部分に手をかざし，反射を遮ってみるとよいでしょう。スペクトルはどうなるでしょうか。

科学概念　天気は計測できます。

1. 温度計はどうやって温度を測っているのでしょうか

学習のねらい：温度の違いが液体に及ぼす影響を思い出して，温度計が理解できるようになり誇らしく思う。

用意するもの：調理用温度計　お湯　氷　小さな容器　気温測定用の温度計

クラス全体での活動：
1. 日なたではあたたかいと感じ，日かげでは涼しいと感じたことを思い出させます。「空気のあたたかさを調べるには，他にどんな方法がありますか」。温度計を見せて，液柱の示す位置（室内の温度）を記録します。しばらく温度計を屋外に出したら，液柱はどの位置になるのか予想させます。温度計を屋外に置き，しばらくしてから違いを調べます。
2. 調理用の温度計をよく調べさせます。食品は気温よりもずっと高い温度で調理されるので，調理用温度計の最低温度は，気温測定用の温度計よりも高いところにあることにふれます。温度計をお湯の入った容器に入れます。「液は上がるでしょうか，それ

とも下がるでしょうか」。最終的に示した温度を記録します。そのお湯に氷を入れたらどうなるか予想を尋ねます。子どもたちに氷を入れさせ，結果を確認します。温度計を読み，その温度を記録します。毎日屋外の温度計を調べる計画を立て（温度計は必ず日かげに置いてください），自分が調べた温度とその日の天気予報を継続的に記録しましょう。温度計になってみる創造的な身体表現も行なってみましょう（p.182「創造的な身体表現」を参照）。

2. 風が吹く速さは，どれくらいでしょうか

学習のねらい：風速の違いを見分けることに関心をもつ。

グループでの活動：グループの子どもたちを窓のそばに集めます。子どもたちは風が吹いているかどうかを見分けることができますか。どうやって見分けますか。子どもたちは何を見ていますか。グループでの話し合いの中で，風，太陽の熱，そして水が一緒にはたらいて天気が決まるという考えを紹介します。風は雨雲を動かしたり，乾燥した空気を運んだりするのです。

天気を表現したり比較したりする方法をたくさん知っていると，天気の観察がもっと楽しくなります。何世代もの間，人は風が周囲に与える影響を観察して風速を判断してきました。表9-1は風速に関するビューフォート風力階級の一部で，風速の程度を目測で知るための指標です。

グループでの話し合いの最後に，計測のおかげで嵐がきても安全でいられることについて話し合いましょう。「気象予報士が一生懸命に情報を集めているおかげで，私たちは激しい嵐が近づいていることがわかりますし，必要なときには対策を講じることができます」。こう言って，子どもたちを安心させます。

表9-1

判断の目安	状態	風速
木の葉は動かない。煙突から煙がまっすぐ昇る。	平穏	0.2m/s未満
軽い旗がなびく。木の葉と小枝が揺れ続ける。	軟風	3.4〜5.4m/s
大枝が揺れる。傘をさしにくい。	雄風	10.8〜13.8m/s
大きな木全体が揺れる。風に向かって歩きにくい。	強風	13.9〜17.1m/s
木が根こそぎ倒れる。	全強風	24.5〜28.4m/s

毎日窓辺で風速を調べることにしましょう。子どもたちには，記録用紙に風のようすを記録させましょう。子どもたちは，学校の旗を観察したり，濡れた指をかざしてどちら側が風で冷たく感じるかを確かめて，毎日風の向きを調べることができます。風には，その風が吹いてくる方向の名前がつけられています（北風は旗を南へと押します）。

3. 雨はどれだけ降っているのでしょうか

学習のねらい：天気を計測することに好奇心を抱く。

用意するもの：広口のグラス（または透明のプラスチックビン）　輪ゴム　プラスチック定規

グループでの活動：子どもたちは，雨が必要な理由をどう考えているのかを引き出してみます。どんな生き物も生きていくために水が必要であること，湖や川，貯水池，地下水は雨で満たされていることをしっかり教えます。雨がどれだけ降っているかを知ることが，多くの人にとって大切である理由を調べます（農家の子ども，洪水がよく起こる地域に暮らす子ども，都市部に暮らす子どもで水道の水を貯水池に頼っている子どもがいるときには，雨量についての情報を教えてくれるかもしれません）。

「気象予報士は，特別な計器を使ってどれだけ雨が降っているか調べます。私たちもそれと似たようなものを作れます。外に出て，どこか危なくないところに，雨の量を計る器具を置いてみましょう。雨が降るごとにどれだけ降ったかが調べられます」と子どもたちに言います（これは相対的な計測になります。毎日グラスに集めた雨の量を比較します）。

グラスやピンに定規を輪ゴムでとめ，安全で静かな空き地に置きます。雨が降った後，すぐにグラスに溜まった水の高さを調べます。調べ終わったらグラスを空にします。雨がよく降る季節では，数週間にわたって雨が何センチ降るか記録します。

グループで思い出し，比較できるように，棒グラフに天気を記録します。

科学概念　**雷は静電気です。**

導入：雷について知っていることを子どもたちに話し合わせます。「雷は静電気が起こす強力な火花です。雨雲の中にものすごくたくさんある水滴と小さな氷の粒とが互いに擦れ合うと電気を帯びます。この水滴と氷の粒の1つひとつに，活発な動きをする目に見えないものが含まれています。それが電子です。電子はどんなものにも含まれています。電子を目で見ることはできませんが，ものの動きで電子のはたらきがわかります」とつけ加えます。

5センチ四方の薄いプラスチックを親指と人差し指で挟み，子どもたちに見せます。

「先生がこのプラスチックを放したらどうなると思いますか」。やってみます。

「擦れ合う（摩擦）と，プラスチックに何か違いが起きるでしょうか。確かめてみましょう」。ウールやナイロンの布にそのプラスチックを擦りつけます。もう一度プラスチックを持ち上げて，手を放します。「見て。手を放したのに，今度はプラスチックが離れません。摩擦がプラスチックの中にあるとても小さくて目に見えないものに変化を起こしたのです。その小さなものは電子です。電子は私たちの体にも含まれています。摩擦により，電子がエネルギーをもって動けるようになります。そうすると静電気とよばれる電気がたまるのです」。子どもたちに，静電気について知っていることを出させます。子どもたちは，セーターを脱ぐときに髪の毛が逆立つことや，テレビ画面やコンピュータのモニターの電源を切ったときに出るパチパチという音をあげるかもしれません。できれば，子どもたちに静電気で貼りつくステッカーで窓を飾らせてみましょう。

子どもたちにプラスチックの小片を渡して試させます。ナイロンのカーペットのサンプルや子どもが着ている衣服に擦りつけさせましょう。合成繊維なら，プラスチックを擦りつけるのに適しています。「電子はどんなものにも含まれていますが，電子が移動できるほど電気を帯びないと私たちは気づきません。静電気で小さなものをジャンプさせて遊べますよ」。

1. どうすれば電気をためてものを動かせるでしょうか

学習のねらい：静電気を発生させて楽しむ。
用意するもの：透明なプラスチックの箱　ティッシュペーパー　櫛（プラスチック製かナイロン製）　木綿糸　ウール・毛皮・シルクかナイロンの切れ端
小グループでの活動：
1．子どもたちにティッシュペーパーを米粒大に細かくちぎらせ，ちぎった紙片をプラスチックの箱に入れます。
2．「箱のふたを布で勢いよく擦って，ちぎったティッシュがどうなるか見てみましょう」（紙片はふたに引きつけられます。図9-2を参照）。
3．ようすを見ながら，次の考えを補足します。「２つのものを擦り合わせる（摩擦）と，

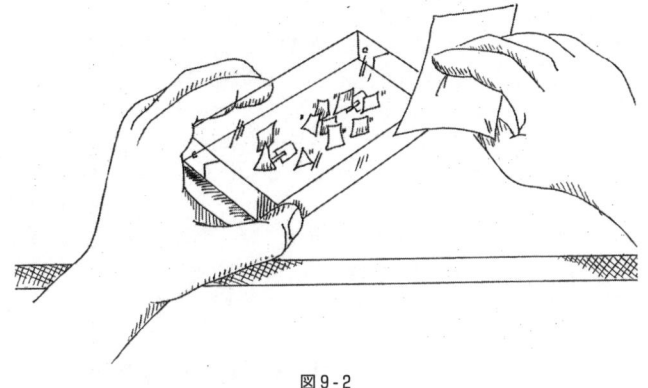

図9-2

こちら（布）にある電子という目に見えない小さなものが離れ，そちら（箱のふた）に飛んでいきます。このように電子が飛んでいくことを，静電気が帯電したといいます。帯電すると他のものを引きつけたり押しのけたりします。帯電した箱のふたがティッシュを引きよせたのです」。
4．箱をひっくり返し，箱の底に帯電させるよう提案してみましょう。どうなりますか。
5．「次に，布を使って櫛に帯電させてみましょう。糸を近づけてみます。どうなりますか。静電気が糸を櫛のほうに引きよせましたか」。
6．「帯電した櫛を髪の毛に近づけてみましょう。静電気が髪の毛を櫛のほうに引きよせますか」。

科学概念　帯電した電子が飛び出すと火花が出ます。

1．どうすれば小さな雷を光らせることができるでしょうか（空気が乾燥しているときに行ないましょう）

学習のねらい：静電気の火花を起こし，操作することで雷への恐怖を和らげる。
導入：「静電気を帯びたものが別のものを引きよせるようすを観察しましたね。次に，電子がたまって静電気を帯びると，火花が出るか調べてみましょう。暗い場所なら，たぶん火花が見れますよ。その火花は小さな雷のようなものです。風船を水と小さな氷の粒がいっぱい詰まった雷雲だとしましょう。水滴と氷の粒は雷雲の中で吹き乱れて，互いに擦れ合います。エネルギーがたまって大量に帯電すると，大きな火花を出すのです」。
用意するもの：細長い風船　小さなウールかナイロンの敷物（またはカーペットのサンプル）　厚手の毛布　テーブル
事前の準備：テーブルに毛布をかぶせ，暗い場所を作ります。敷物をテーブルの下の床に敷きます。風船を膨らませます。
小グループでの活動：
1．敷物に風船を擦りつけて帯電させるようすを子どもたちに見せます。子どもたちと一緒に20回数えながら擦りつけます。
2．「先生の指を，もう１つの雲か地球だとしましょう。帯電した風船を指に近づけますよ。よく見てね！　音も聞くのよ！　火花が先生の指に飛び移ったのが見えましたか。さあ，自分でやってみましょう」。
話し合い活動：「家でも，部屋が薄暗かったら小さな稲妻を作れますよ。ウールやナイロンの敷物の上で足をひきずって歩いてから，何か金属製のものに触ってみましょう。自分の体から，金属に電気が少しだけ飛んでいくのを，感じたり，見たり，聞いたりできます」。
「このような小さな火花は危険ではありません。でも，雷雲から落ちる雷は，地球を直撃するときにはとても強力です。ですから雷雨のときは建物や車に避難するのです」。
　注：帯電の実験は湿度が高いときにはうまくいきません。この実験は，空気が乾燥している日に行なうようにしてください。

統合的な活動

🌑 算数の活動

天気の図表化：この活動が終わった後，収集した気象データは，図表を作成させるときに役立ちます。

　（年少の子どもの場合）大きな紙に線を引いてカレンダーを作ります。私たちに見えるときも見えないときも太陽は輝いています。それを子どもたちに気づかせるために，四角に区切られた欄には，すべて黄色い太陽のマークを描いておきます（子どもに天気について尋ねるときには，「今日は太陽が出ていましたか」ではなく「今日は太陽が見えましたか」というように正確な言葉を使いましょう）。子どもたちに，その日の天気が何か判断させます。霧の濃い日なら，白いティッシュペーパーを四角に切って太陽の上にテープで貼りつけます。雨の日や雪の日には，雲の形に切り抜いた白い紙を貼って太陽を覆います。

　年長の子どもの場合では，カレンダーに天気を記録し，気温，クラスで目測した風速，天候状態（快晴，晴れ，曇り，雨）を図表にしましょう。月末には，それぞれの天候状態の日数をまとめます。棒グラフを使えば，その月の天気が簡単に比較できます。「最も多かったのはどんな天気ですか」とか「晴れた日より曇りの日のほうが何日多かったでしょう」といったような質問にもすぐに答えられます。記録をさかのぼって，月ごとや季節ごとにまとめて比較してみましょう。子どもたちに雲の種類を教えて，それぞれの雲が見られた日数をグラフに表わしてもよいでしょう。家で天気予報を見てこさせたり，新聞の予報を持ってこさせたりするのもよいでしょう。次の日，クラスで集めたデータと比較して，予報と実際の天気が一致したかどうかを記録させます。

🌑 造形表現の活動

天気のモビール：子どもたちに手伝ってもらい，天気のシンボルを作成して教室に吊します。大きな紙から雲の形を2つ1組で切り抜き，針金ハンガーを覆うようにそれらをホッチキスでとめます。その中に綿やシュレッダーから出てきた紙くずを子どもたちに詰めさせ，柔らかい彫刻作品のようにします。長い銀色のリボンの端をハンガーの下のところにテープで貼って，雨に見立てます。子どもたちに，厚紙で作った虹のアーチに，クレヨンで色の列を塗らせましょう。モビールに黄色い

工作用紙で作った太陽も加えましょう。

霧の絵：子どもたちに淡い青色の紙に屋外の風景を描かせます。絵の幅にぴったりの大きさの白いティッシュペーパーを上端に貼り，霧の効果を与えます。ティッシュペーパーを裏に折り返せば「霧」が晴れます。

雨のお絵かき：子どもたちがフィンガーペインティングで描いた絵を，屋外で弱い雨に数秒さらすとどんな変化が現われるか調べてみましょう。

歩道のお絵かき：大きめのブラシと水を入れた缶を子どもたちに渡して，曇った日に歩道に大きな絵を描かせましょう。太陽が出てきたり，あたたかい風が絵の上を吹きぬけたりすると，描いた絵はどうなるか予想させます。

● 創造的な身体表現

温度計：「周りの人に手が当たらないぐらいに広がりましょう。あたたかくなると大きく，冷たくなると小さくなる特別な液体になってみましょう。では，下に丸い液溜めがある細長い管に入りますね。背筋をまっすぐにして，温度計の管にぴったり収まるようにしてくださいね。太陽で周りの空気があたたかくなったら教えます。あたたかくなって大きくなるときには，細長い管の中で伸びるんですよ。空気が冷たくて小さく縮まるときには，まっすぐしゃがみ込みましょう。

　さあ，晴れわたった青空に太陽が輝いています。お昼ご飯の時間です。空気はどんどんあたたかくなっていきます。空気がとてもあたたかいので，みんなはどんどん大きくならなければなりません。まぁ！40度の目盛りまで届いています。では，みんなを涼しい部屋の中に連れて行きます。部屋の中では太陽は輝いていません。やっぱり，ここは外より涼しいですね。みんなが冷たくなったら管の中では何が起こりますか。少し縮んでいきます。ここは25度くらいでしょう。次にもう一度，みんなを外に連れて行きます。あたたかくなってきました。でも待ってください。大きな雲が出てきて太陽を遮ります。今は太陽が見えません。みんなはどうなりますか。大きくなりますか，それとも小さくなりますか。太陽の光が遮られて少し冷たくなると，液が縮み始めます。さあ，今度は夜です。地球の私たちがいる場所には太陽の光が当たりません。昼間の太陽の光が当たるときよりもずっと涼しいので，みんなはどんどん縮んでいきます。では，吹雪のときはどうなるかやってみましょう。ほら，ツララや雪だるまがあります。液が縮んでいきます。とうとう床のところまで縮みました。さあ，もとに戻りましょう」。

第9章　天気

🌀 創造的な思考活動

「鳥のように風にのって飛べたら……」「自分が雨粒だったら……」「雲にのって飛べたら……」など，子どもたちの興味を刺激する問いかけをします。それに対する子どもの反応は，お話としてプリントにしたり，テープに録音したりしましょう。でき上がった話を読んだり，録音したテープを聴いて，クラス全員で楽しみます。子どもが出した考えを，本人のイラストつきでまとめた小冊子を作成してもよいでしょう。

🌀 食べ物を使った活動

何世紀もの間，果物や野菜，魚，肉，薬草を保存加工するのに，あたたかい空気が利用されてきました。子どもたちに乾燥リンゴを作らせて楽しみます。まず，子どもたちにリンゴを何個か洗わせます。芯を取って横に薄く（6ミリ厚）輪切りにします。それから，水の入ったボールに大さじ2杯のレモン汁を加え，輪切りにしたリンゴを入れます。水からあげたリンゴは軽くはたいて水分を取り，清潔な細長い丸棒か太いひもに通します。直射日光の当たらない教室のあたたかい隅にその丸棒を引っ掛けたり，ひもを結びつけたりして，数日間乾燥させます。虫がつかないように薄い綿の布を上に軽くかけます。リンゴがカサカサし，色が黒っぽくなり，少し弾力が出てきたら，水でさっと洗い，乾かして食べます。

タオルをかけたトレイに小さな房のブドウを置いて，日光の下で乾燥させる実験をしましょう。ブドウは毎日裏返します。新鮮なトウモロコシを切り取り，ブドウと同じ方法で乾燥させます。乾燥させたトウモロコシは鳥に与えるか，一晩水につけてから15分間煮て食べます。できれば，乾燥マメ，乾燥フルーツ，乾燥野菜，乾燥肉の実物を持ってきます。

よく晴れた暑い日にはハーブを水の中に入れ，日の当たるところにしばらく置いて，お茶として飲んだり，太陽熱を使った簡単なコンロを作ってマシュマロを焼いたりしてもよいでしょう。

🌀 園（校）外での学習活動 🍀

雨がやんだら，学校の周りを歩き，風と雨が環境に与える影響を調べます。水たまりができていませんか。どうしてその場所にできたのでしょう。砂場の木の腰掛けは，アスファルトと同じように濡れていますか。運動場のブランコの下の地面は，砂利を敷いたところと同じように乾いていますか。木の葉（小枝や大枝）は風に吹

き落とされていませんか。こうしたようすから風速について何がわかるでしょうか。たくさん雨が降って，側溝があふれたり，土が流されてミミズが地中から洗い出されたりしていませんでしたか。

科学概念を多様に関連づける

概念を維持する

1. その日の天気に合わせてどんなことをしたかを子どもたちに記録させて，発展的な天気調べをします。天気が自分たちの生活に及ぼすプラスの影響とマイナスの影響について調べるのを日課にすることも可能です。
2. 小さな除湿機があれば，湿度の高い日に子どもたちと一緒に除湿機を調べましょう。部屋の湿度を変えるこの機械が，水蒸気を水に凝結させる過程をどう利用しているのか調べます。除湿機に特に安全上の問題がないなら，電源を入れる前に子どもたちに冷却コイルに触れさせます。電源を入れ，子どもたちに紙片を持たせ，まず吸い込み口のそば，次に吹き出し口に近づけさせ，空気がどの方向に動いているかを発見させます。冷却コイルに徐々に起こる変化に注目しましょう。しばらく作動した後も，冷却コイルは作動前と同じようすですか。子どもたちに水受皿の水を空にするのを手伝わせます。子どもたちがこの過程を冷たい大気中の雲と関連づける手助けをしましょう。

園（校）庭を改善する

校舎の縦樋の下に天水桶（てんすいおけ）を設置してみましょう。水を節約することを教え，雨の流出も減らせます。溜まった水は学校園の花壇や芝にまいて使うことができます。最近の天水桶には，底のあたりにホースを取りつけるための蛇口がついていたり，水が不用意にあふれ出るのを防ぐ流出弁が上のほうについていたりします。また，虫や小動物，ゴミが入り込まないようにカバーもされています。天水桶は園芸用品店で購入できます。普及に協力的な業者がアドバイスをしてくれますし，インターネットも利用できます。

風向きを知るのに，吹き流しを設置してみましょう。航空管制官や気象学者も吹き流しを使っていますし，NASAのエンジニアがスペースシャトルを着陸させるときにも吹き流しを利用しています。インターネット（NASAのサイトなど）では，

吹き流しの作り方や，いろいろな販売業者が紹介されています。

● 概念を結びつける

1. 小規模な水循環は，教室の飼育槽でも観察できます。時には，飼育槽のガラス容器が結露しています。しかし，乾燥しているときもあります。飼育槽の植物は何週間も水を与えなくても枯れません。なぜでしょうか。
2. 水の三態変化，空気が水を吸収すること，空気の移動による作用，水より軽いものを押し上げる水，グライダーを支える空気など学んだことを思い出させます。
3. 水の循環（蒸発・凝結の過程）は，限りある水を美しく保つための自然の方法の1つであることを知らせます。

● 家庭と地域の支援

　湿度の高い日に冷凍庫の扉を開けると，冷たく湿った空気が流れ下りてきます。食べ物を煮ている鍋や，やかんからは湯気が立ち上ります。そのようすを子どもたちに見せてあげるよう家族に伝えましょう。家庭にエンジェル・チャイムがあれば，人形の下のロウソク立てに，小さなロウソクを立てて火をつけてみましょう。そして，空気がロウソクの火であたためられる前と後のようすを比べてみます。エンジェル・チャイムのロウソク立ての上にあるはねの部分が曲がっているのは，あたたかい空気の流れをとらえて動くためであることにもふれましょう。近くの家や会社の屋根にソーラーシステムが取りつけられているのが見えたら，それを家族に伝えます。そこでは，太陽エネルギーを水をあたためるために使っていることを話してもよいでしょう。その地域に風力発電用の風車があれば，その場所について話しておきます。

　都市部だとテレビ局の気象予報士に，クラスで天気予報の授業をしてもらえる可能性があります。見学をさせてくれそうな地元の気象台を家族に知らせておきましょう。

参考文献

Franklin Institute Science Museum. (1995). *Ben Franklin book of easy & incredible experiments.* New York: John Wiley.
Franklin, S. (1995). *Power up!* Glenview, IL: Goodyear.
Kahl, J. (1998). *National Audubon Society first field guide to the weather.* New York: Scholastic.
Kenda, M., & Williams, P. (1990). *Cooking wizardry for kids.* Hauppauge, NY: Barron's.
Levenson, E. (1994). *Teaching children about science.* Blue Ridge Summit, PA: Tab Books.
Mandell, M. (1990). *Simple weather experiments with everyday materials.* New York: Sterling Publishing.
McVey, V. (1991). *Weatherwisdom.* San Francisco: Sierra Club Books.
Perry, P. (1993). *Rainy, windy, snowy, sunny days: Linking fiction to nonfiction.* Englewood, CO: Teacher Ideas.
Van Rose, S. (1994). *Earth.* London: Dorling Kindersley. ［スザンナ・ヴァン・ローズ （1994） 早川真理(訳)　地球　東京書籍］

第10章 岩石と鉱物

> みなさんは，岩石や鉱物を身につけていませんか。岩石で字を書いていませんか。地球は巨大な岩石です。岩石は私たちの生活の基盤そのものです。みなさんは，岩石についてすでにたくさんのことを知っています。ここでは，岩石に関する基本的な知識を子どもたちにどう伝えたらよいかを学びましょう。

「あれっ，これには輝く斑点があるよ！　見て！　これは小さな石がくっついてかたまりになっているよ。これらは同じ仲間かな。これにはぐるぐると縞模様があるよ」。子どもたちは，たくさん積まれた石をよりわけて，お気に入りの石を探すのが大好きです。地球が巨大な岩石のボールで，その岩石は何百万年も前からあると聞いたら，畏敬の念を抱くでしょう。岩石の大切さを学ぶことで，子どもたちに安心の気持ちが育つように思えます。たとえば，ジブラルタルの岩（訳注：スペインの南側，イベリア半島の最南端にある，主に石灰岩からなる岩山。イギリス領）は，多くの西洋人たちにとって，信頼と安定の象徴です。本章の体験活動では，次のような科学概念について探究します。

- 岩石にはいろいろな種類があります。
- 岩石はすり減ってゆっくり変化します。
- 砕けた岩石と枯れた植物によって土壌ができています。
- 岩石には昔の植物や動物の跡が残っています。
- 鉱物は結晶を形づくります。

本章の体験活動は，身近な道路の砂利を洗ったり，調べたりする自由な体験から始まるようになっています。そして，分類をしたり硬さを調べたりする活動が続きます。岩石の形成に関する基本的な知識が示されます。また他にも，軟らかい石を砕いたり，石を割って出てくる新しい表面と古い表面とを比較したり，石を粉々に

して土と比較したり，結晶を作ったりする体験活動が紹介されています。

> **導入**：小さな石を手に隠して，静かに言います。「先生の手の中には，とても小さくて，でもすごく古いものがあります。とにかく古くて，人間が地球上に住み始めるより前から，いや恐竜が生きていたよりもっと前から，ずっとここにあったかもしれません。何だかわかるかな」。ゆっくりと手を開きます。出てきたのはただの石ころですが，もう価値のある大切な石です。

科学概念　岩石にはいろいろな種類があります。

1. 石は，乾いているときや濡れているときに，どう見えるでしょうか

学習のねらい：石を調べて楽しむ。
用意するもの：バケツ1杯の砂利　洗い桶　水　液体洗剤　使い古しの小さなブラシ　虫めがね　きれいにした岩石を入れるためのトレイ　石を洗うためのスポンジ　子ども用のスモック
事前の準備：洗い桶に1/4くらい水を入れておきます。
小グループでの活動：
1. 子どもたちに，石を洗わせて，濡れているときと乾いているときで，同じに見えるかどうか調べさせます。
2. 子どもたちにお気に入りの石を選ばせて，その形，手触り，色を話します。
3. 虫めがねで注意深く調べた後で，子どもたちに，お気に入りの石について，文章に書いたり，絵を描いたり，話したりさせましょう。科学活動の間，子どもたちが1人ひとりで調べられるように，砂利を出したままにしておきます。

注：子どもたちは，たくさん量があって自由に調べることができると，引きつけられるようです。ありふれた石が洗い桶に山積みされているほうが，整然とラベルの張られた特別な石の標本箱よりも，子どもには魅力的でしょう。

＊建築用の砂利には，いろいろな石が含まれています。大きさはアーモンド粒大から卵の大きさのものまであります。学校でバケツに1杯ほどしか使わないのであれば，無料で分けてくれる業者もあるでしょう。普通は，トン単位で売られています。

2. よく似ている石を見つけられるでしょうか

学習のねらい：石の特徴を実感し，組織だてて理解する。
用意するもの：バケツ1杯の砂利（建築用材）　分類用の容器（卵パック，マーガリンの空き容器，仕切りのあるプラスティック皿，古くなったマフィンの焼型など）
　[?]**探究活動**：いくつかの点から石を分類して，似ているものを同じ容器に入れるよう声

第10章　岩石と鉱物

をかけます。子どもたちは，簡単に（色，大きさ，形，手触りから）分類します。もし，自分たちだけで始めることができないときには，このように声をかけます。「平べったい石はこっちに入れましょう。平らでない石はあっちに入れましょう。どんな点から似ているものを分けてみたいですか」。子どもたちが考えた分類の観点を記録して，話し合いましょう。

3. どの石が硬くて，どの石が軟らかいでしょうか

学習のねらい：石を分類するすばらしい方法を知る。
用意するもの：砂利　チョーク（石膏を固めたもの）　軽石（薬局で手に入ります）　ゲームセンターのコインなど　3つの皿（または箱）
事前の準備：「かたい」「やわらかい」という2つのラベルを作ります。3つの皿を並べます。「かたい」「やわらかい」というラベルを，それぞれ両端の皿につけます。真ん中の皿には何もラベルをつけません。
小グループでの活動：
1. 「爪で傷をつけられる軟らかい石もあります。ちょっと硬い石だと爪では傷がつきませんが，コインの縁で傷つけることができます」。
2. 子どもたちにスクラッチ試験（訳注：引っ掻いて硬さを調べる試験）をさせて，硬さの度合いから分類するよう言います。「爪で傷がつく石は『やわらかい』と書かれた皿に置きましょう。コインだけでしか傷つかない石は，真ん中の印のない皿へ置きましょう。コインでも傷がつかない石は『かたい』と書かれた皿へ置きましょう」。
　もし子どもたちが，3つに分類するのがむずかしければ，2つに分類するように活動を単純にしましょう。まず，コインでは傷がつかない硬い石と，コインで傷がつく軟らかい石に分類します。そして別の活動として，爪で傷がつく軟らかい石と爪では傷がつかない硬い石を見つけさせます。おそらく教師は，すべての石の中で最も硬い石を指にはめています。それはダイヤモンド（純粋な炭素の結晶）です。

岩石のでき方

　子どもたちが，ここでの体験活動に取り組むとき，岩石に含まれる鉱物や岩石のでき方について簡単な知識を示しましょう。

● 含有される鉱物

　子どもたちが，石の分類をしていて，斑点や縞模様の色について尋ねてきたら，ほとんどの石には，たくさんの種類の物質が混ざっていることを話します。この物

189

質を鉱物とよんでいます。約2000種類の鉱物がありますが，そのうち豊富にあるのは，約20種類のみです。鉱物の混ざり方が異なると，異なる種類の岩石になります（子どもたちにお菓子やパンを焼く体験を思い出させるとよいでしょう。同じ材料でも，別の方法で混ぜ合わせると，別な食べ物になることがあると話します。パンとクッキーはほとんど同じ材料で作られています）。鉱物の混ざり合いは，時どき，斑点や輝き，縞模様のようにはっきりと現われます。岩石は，たくさんの異なる鉱物の組み合わせからなっています。また，植物，動物，人間の健やかな成育には，少量の鉱物（ミネラル）が必要です。

3種類の岩石のでき方

火成作用： 何百万年も前，一部の岩石は，地球の奥深くで溶けて混ざり合っていました。それらが冷されるとき，とても硬い岩石になります。削られて小さな石になると，たいていボールのような丸い形になります。

堆積作用： 一部の岩石は，サンドイッチのような地層の中でできます。砂，泥，小さな石の層が，古い時代の湖や河川，海の底で，とても大きな圧力によって圧縮されるのです。時どき動物の骨が，この岩石の中に混ざっています。堆積岩ができるまでには，とても大きな圧力が何千年にもわたってかかっています。色のついた縞模様や線がみられる堆積岩もあります。砂のような手触りがするものや，小さな岩石がくっついているものもあります。これらはすべて大きな圧力でできたものです。砕けるときは，薄い層にそって割れ，小さな破片になります。削られて小さな石になると，平べったい板状になります。

変成作用： 火成作用や堆積作用で形成された岩石の一部が，もう一度高い熱や圧力を受けることで，別な種類の岩石に変化します。破片は平らな板状に割れます。削られた小さな石もまた，板状の平らな形になります。

　自分たちが住んでいる地域で，岩石について何か発見してみましょう。露頭（地表に岩石や地層が現われたもの）でも，土に埋もれた石でもかまいません。何百万年も前に，みなさんの地域では，岩石が隆起して山や丘になったのでしょうか。大昔の河川が，岩石を浸食し，渓谷を作ったのでしょうか。適切な時をみはからって，子どもたちにこのことを話しましょう。

第10章　岩石と鉱物

科学概念　岩石はすり減ってゆっくり変化します。

1. どうやったら石をすり減らすことができるでしょうか

学習のねらい：石を変化させる水の力を，楽しみながら知る。
用意するもの：軟らかくもろい石（頁岩，軟らかい砂岩）　ふたのついたコーヒー豆の缶　包装してある硬いあめ玉（1人に1つずつ）　金づち　ボウルいっぱいの水
事前の準備：軽く金づちで叩いて包装紙の上からあめ玉を割っておきます。
小グループでの活動：

1. 軟らかい石をいくつか缶に入れます。石がどんな感じかを子どもたちに聞きます。しっかりとふたをします。子どもたちにその缶を持たせ，できるだけ激しく，長くふらせます。缶を開けて，「何が変化していますか。底に粉のようなものがありますか」と聞きます。
2. もしこの活動を室内で行なうのであれば，2つのもろい石を白い紙の上でぎゅっぎゅっと擦り合わせてもよいでしょう。
3. 子どもたちに手を洗わせます。金づちで割ったあめ玉を子どもたちに配り，包装から取り出させます。「これを割れた石だとしましょう」。包み紙の中に破片を1つ残しておいて，別の破片をボウルの水で数分間，すすがせます。「水の中で何が起こると思いますか」。水中ですすいだあめの角と，包装紙に入ったままのあめの角を比べさせます。「実物の岩石の角がとれて丸くなるには，もっとずっと長い時間をかけて水の中を流れなければならないのです」。あめ玉をみんなで食べましょう。

話し合い活動：石を缶に入れてふった活動の結果を，石がすり減るという点から話し合わせましょう。大きな岩石がどうやって小片に砕けるかについて話します。何百年もかけて，岩石の表面は風や水で削られます。自然の海岸に行ったことがある子どもたちには，砂浜になめらかな小石があったか，それともギザギザな岩石があったかを思い出させます。波や水の流れがどうやって岩石を転がしなめらかにするのか，またゆっくりゆっくりと削っていくのかを話し合わせます。もし近くに子どもたちがよく知っている岩石の層があれば，それらの岩石がゆっくりと変化し，風や水の流れで削られた過程について話しましょう。

2. どうすれば石で絵を描くことができるでしょうか

学習のねらい：石がすり減っていくのを楽しむ。
グループでの活動：安全な歩道があればこの活動ができます。いろいろな軟らかい石を子どもたちに渡し，それらで歩道に絵を描きましょう。洞窟に住んでいた人々は，いろいろな色の軟らかい石で岩石の壁に絵を描いたことを話します。

　後で，子どもたちに，私たちが字を書くのに使っている2つの石を見せます。それは，鉛筆の芯（黒鉛）と黒板用のチョーク（石膏を固めたもの）です。これらの石はとても軟らかく，絵を描いたり文字を書いたりしている間にみるみる削られていきます。文字などが書けるのは，その削りカスがノートや黒板に残るからなのです。

第Ⅱ部：科学概念・体験・統合的な活動

みなさんの教室では，古いスレート（変成岩）の黒板を使っているところがあるでしょうか。おそらく雑貨屋では，それほど高くなく買えるでしょう。スレートの平板は，解体業者が古いスレートぶきの屋根を取り壊した後，リサイクルショップで売られていることがあります（この体験活動が終わったら，スレートを窓辺の植木鉢の下に敷くとちょうどよいでしょう）。

3. 石は変化しているのでしょうか

学習のねらい：石の内部と風化された表面との違いに驚き，魅了される。
用意するもの：石（丸い形をしたものは硬くて割れないので避けます）　金づち　使い古しの薄い布（石片が飛び散るのを防ぐために）　保護めがね　虫めがね　歩道か硬い面
小グループでの活動：

1. 石を歩道の上に置き，薄い布を2枚かけて，金づちで強く叩きます（金づちを使った経験のある子どもたちなら，このやり方でうまくできます。両手で金づちを持つと簡単です）。とても硬くて丸い石（火成岩）はうまく割れないかもしれませんが，それ以外の石は，金づちを一ふりすれば割れるでしょう。

◆**安全のための注意**：子どもには全員，保護めがねを着用させます。

2. 石の内側を調べて，外側のようすと比較させます。

注：この活動は，とてもわくわくするもので，子どもたちは「石に夢中」になっていくでしょう。子どもたちは好奇心いっぱいに，石の中がどうなっているか調べるでしょう。雲母のきらめき，鉱物の縞，光沢のある面や，ピカピカ光る水晶の粒を発見するでしょう。子どもたちに，ボロボロの石の表面もかつては内部と同じ色や手触りだったことを話して，子どもに想像させましょう。「何が起こって，石の表面が変化したのでしょう」と聞きます。

もし，学校の許可が得られて，岩石用の研磨機が利用できるようなら，6週間にわたって興味をそそる岩石磨きのプロジェクトに取り組めます。この活動を通して，子どもたちは，岩石の変化がどれほどゆっくりであるかをよく理解できるでしょう。

子どもたちが1つずつ持っていた石は，どの石もつるつるしたきらめく宝石のようになります。岩石用の研磨機は，入手しやすい発泡スチロールの保冷箱などに入れておくと，音を小さくできます。子どもたちは，2週間ごとに観察すると，石のようすが変化しているのに気づくでしょう。そのときに石の大きさも変わっているはずです（訳注：硬い石の場合は，教師が，園（学校）にいる間中，機械を動かし続けましょう）。

第10章　岩石と鉱物

科学概念　**砕けた岩石と枯れた植物によって土壌ができています。**

1. 軟らかい石を粉々にするとどうなるでしょうか

学習のねらい：石が土のようになるのを見て満足感を得る。
用意するもの：もろい石（頁岩，軟らかい砂岩など）　捨ててもよいジーンズ　金づち　新聞紙　ふるい　空き缶
小グループでの活動：
1. ジーンズの片方の足をもう片方に入れます。二重になったジーンズの足の中に石を数個入れて，歩道に置きます。子どもたちに，順番に，石を金づちで叩かせ，どうなったか何度も確認させましょう。
2. 新聞紙を地面に広げて，空き缶を置きます。空き缶の上にふるいをのせ，ジーンズの中身をふるいにかけます。こぼれた粉が，新聞紙の周りに散らばらないようにします。
3. 子どもたちが疲れるまで，石を粉々にしましょう。
4. 粉末状になった石が缶の中に入っているのを確認し，次の体験活動のためにとっておきます。

2. 土とはどんなものでしょうか

学習のねらい：肥えた土は何からできているか調べて楽しむ。
用意するもの：移植ごて　容器　新聞紙　地表近くの土　ふるい　虫めがね　活動1.「軟らかい石を粉々にするとどうなるでしょうか」で砕いた石　紙コップ2つ　水
小グループでの活動：
1. 土を取ってもかまわない場所から，子どもたちに移植ごていっぱいの土を掘らせ，教室に持ち帰ります。
2. 新聞紙の上にその土を広げて，虫めがねで観察します。子どもたちが粉々に砕いた石と比べます。
3. 土をふるいにかけます。よい土には，木の葉のかけら，小枝，根，虫が入っています。これらの一部が，ふるいに残るでしょう。
4. ふるいにかけてより分けた土と粉末状の石を，別のコップに入れて，どちらにも少量の水を注いでかき混ぜます。比べてみましょう。

注：粘土質の土は，粉末状の石が湿っただけのように見えます。しかしその土には，もともとは植物や動物だった物質（そしておそらく砂も）が含まれており，植物を育てるのによい土になっています。

> 第Ⅱ部：科学概念・体験・統合的な活動

> **科学概念** 岩石には昔の植物や動物の跡が残っています。

　石を割って中を見ると，予想外の色やきらめきや手触りがあったことを思い出させましょう。さらに，人間が出現するより何百万年も前の地球上に棲んでいた，動物や貝殻や植物の跡が，岩石の層の間に挟まれた状態で見つかることがあるとつけ加えましょう。そうした岩石を化石とよびます（子どもたちが活動に使った工事用の砂利の中にも，化石があるかもしれません）。

　子どもたちは，粘土に，自分の手や貝殻，葉っぱの形を写しとって楽しむことができます。粘土は，もともと石が砕けてできたものです。もちろん化石のように古くも硬くもないですが，化石に似たものを作れるのです。

1. 化石の型を作りましょう

> **学習のねらい**：化石のような型がとれることを誇らしく思う。
> 　湿った粘土を小さな麺棒で1センチ程度の厚さに伸ばすのを，子どもたちにやらせてみましょう。粘土に，葉っぱや貝殻，自分の手などをしっかりと押しつけて，跡をつけるやり方を見せます。子どもたちは，きれいな型がとれるまで，何回かやってみる必要があるかもしれません。うまくいかなかったら，麺棒を湿らせて軽く粘土の上で転がすと前の型が消えます。粘土から型を切り取るときは，コーヒー豆の空き缶をカッターの代わりに使いましょう。切り取った型の上部に，糸で吊す結び穴を開けます。そして，子どものイニシャルを粘土に彫っておきましょう。数日間，乾かします。本当の化石ができるためには，とてつもなく長い時間がかかることを話します。希望があれば，教師が，乾いた粘土にシェラックニスを塗って保存してもよいでしょう。

> **科学概念** 鉱物は結晶を形づくります。

1. 鉱物の結晶はどのようにしてできるのでしょうか

> **学習のねらい**：結晶ができることに興味を抱く。
> 　**導入**：（この活動は，子どもたちが蒸発の概念を理解した後に行ないます）。ジオード（晶洞石）などの興味深い結晶を手に入れて子どもたちに見せましょう（岩石収集家から借りられるかもしれません）。授業で石を割ったときに，きらきら光る雲母のかけらや，小さくてもピカピカした水晶が見つかったのならそれでもよいですし，宝石の原石などもよいでしょう。子どもたちには，鉱物が水に溶けてその水が蒸発するときや，鉱物が高温

で溶けてゆっくりと冷やされるときに，こうした結晶ができることを教えます。鉱物は，種類ごとに独特な形の結晶を作ります。「お湯に，身近にある鉱物を入れて溶かしてみましょう。そして何日か経って，水が蒸発したらどんなふうになっているのか調べましょう」。この活動は前もって家で試しておきましょう。そして，住んでいる地域の気候によって実験条件を変える必要があるかどうかや，結晶ができるまでにおおよそどのぐらいの時間がかかるのかを確認しておきます。結晶がゆっくりできていくので，溶液はそっとしておく必要があると言っておきます。数日間は「ほうっておく」観察をすることになります。

用意するもの：計量カップとスプーン　約60ミリリットルの熱湯（保温ポットに入れて持ち運びます）　スプーン1杯（約15ミリリットル）の食塩　直径20センチ程度のアルミ皿

クラス全体での観察：子どもたちに手伝ってもらって食塩を量り，注意しながら熱湯に入れて溶かします。その水溶液をアルミ皿に注ぎます。アルミ皿は静かにそっとしておける場所に置きます。科学実験をしていることがわかるように，子どもたちには「科学実験中です。さわらないで！」と書いた張り紙を作らせます。次の日に，変化のようすを確かめましょう。水がだんだんと蒸発するにつれて現われてくるものを，子どもたちに虫めがねで観察させます。もうきれいな食塩の立方体の結晶が少しできているかもしれません。日が経つにつれて，だんだんとたくさんの結晶ができてきます。

2. どの結晶もよく似ているのでしょうか

学習のねらい：結晶のつくりがそれぞれ違うことに驚く。

導入：子どもたちに，「他の鉱物も，食塩のような立方体の結晶になるのでしょうか」と聞きます（この活動も，最初のうちは「ほうっておく」実験になります）。科学者が，実験室でいろいろな試料で実験したり，比較したりするときには，結果が正確になるように，混合物ごとに別の器具を使うよう気をつけていると説明します。

用意するもの：少量の硫酸マグネシウム＊・食塩・ホウ砂（ほうしゃ，ホウ酸ナトリウム）＊＊　計量スプーン　プラスチックスプーン3個　小さなカップ3個　プリンなどについている透明なプラスチックのふた6個　油性ペン　テープ　トレイかオーブンの天板　パラフィン紙　倍率の高い虫めがね（可能であれば，40倍の顕微鏡）

　＊薬局で入手できます（訳注：シャリ塩，エプソムソルトともよばれています）。
　＊＊これも薬局で入手できます。
　注：どちらも決して口に入れてはいけません。

事前の準備：
1. それぞれの鉱物につき1つずつふたを用意して，それぞれわかるように印を書きます。
2. トレイにパラフィン紙を敷きます。
3. トレイに，印を書いたふたを3個置きます。

クラス全体での活動：
1. 3つのカップに，沸騰したお湯を大さじ2杯ずつ入れます。
2. 小さじ1／2の食塩，小さじ1／2の硫酸マグネシウム，小さじ1／2のホウ砂を，別々のカップに入れて，かき混ぜます。
3. それぞれの溶液を，印を書いたふたにスプーンで注ぎます。

4. 2日間，溶液を置いたトレイを静かにそっとしておきます。結晶ができたら，きれいなふたをかぶせて，テープでとめます（図10-1）。
5. 虫めがね（できれば40倍の顕微鏡）で観察しましょう。結果を比較しましょう。可能なら，鉱物ごとに固有な結晶の形があるのだということがわかるまで，この体験活動をくり返してください。

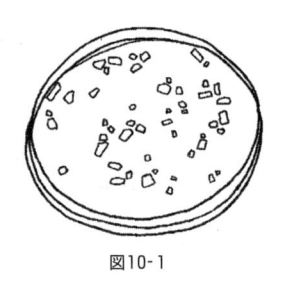

図10-1

3. 洞窟の中の鍾乳石や石筍（せきじゅん）はどのようにしてできるのでしょうか

学習のねらい：小さな結晶の柱ができるようすを観察して楽しむ。
用意するもの：45センチ程度の毛糸か凧糸　いらなくなった小さな鍵2個　濃い色の色画用紙1枚　ペーパータオル　トレイもしくはオーブンの天板　500ミリリットルのビン2個　2カップ（500ミリリットル）の熱湯　1／4カップ（60ミリリットル）の硫酸マグネシウム　虫めがね
事前の準備：
1. 糸の両端に鍵を結びつけておきます。
2. トレイの上に，ペーパータオルを2枚敷き，その上に色画用紙をのせます。
3. 2つのビンに，1カップ（250ミリリットル）ずつ熱湯を注ぎます。
4. 大さじ2杯の硫酸マグネシウムをビンに入れてかき混ぜます。溶けるだけ多くの硫酸マグネシウムを足します。色画用紙の上に2つのビンを離して置きます。
5. 糸を片方のビンにざっと浸します。そして，糸の両端につけた鍵をそれぞれのビンに入れます。ビンは，糸がたるむぐらいに，しかし色画用紙にはつかない程度に離します（図10-2）。静かにそっと置いておきましょう。結晶が成長していくようすを観察し，垂れ下がってくる石柱の長さを毎日測ります。硬い石柱ができるまでには，数日かかります。

クラス全体での観察：つららは，水のしずくが凍ってできることを子どもたちが知っているかどうか聞いてみましょう。できれば，鍾乳石や石筍について参考となる絵や写真を紹

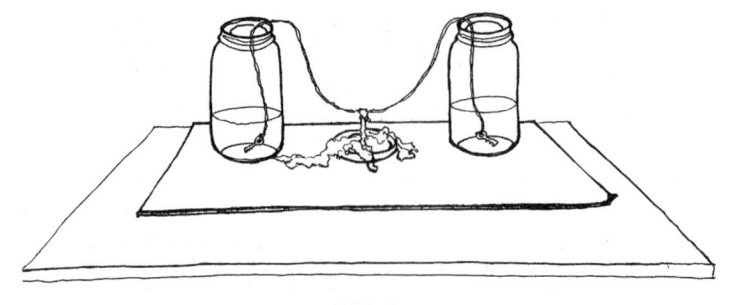

図10-2

介します。鉱物の溶け込んだ溶液が，地下にある石灰岩の洞窟にポタポタと落ちてきて，何百万年もかけて，柱状の結晶になるようすについて話し合いましょう。「これとよく似た現象を，もっとずっと速く見ることができますよ」。図10-2に示した実験をやってみましょう。静かなところに置いて，数日間，子どもに観察させます。結果にビックリしますよ！

注：大昔の木や貝殻，骨がどのようにして石に変わるのか説明する実験をしてみましょう。ビンに1カップのお湯を入れて溶けるだけ多くのホウ砂を入れます。色つきのモールの片方を，細いらせん状になるようにねじります。反対側は鉛筆に巻きつけます。ビンの口に鉛筆を渡してモールをホウ砂の溶液につけたとき，らせんの下端がビンの底につかないようにモールの長さを調節します（図10-3）。数週間すると，結晶ができます。ビンから取り出して，石のように硬くなったらせんを空気中で乾燥させます。枯れた木や，動物の殻，骨には小さな穴があります。その穴が鉱物の溶液で満たされると，この実験と同じように，石に変わるのです。

図10-3

統合的な活動

● 算数の活動

数を数える：石を使って「つかみ放題ゲーム」ができます。子どもたちの輪の真ん中に，石を入れた箱を置きます。順番に輪の中に進み，両手で持てるだけの石をすくいます。そして，すくった石の数を数えます。得点をソロバンや電卓で記録していきます。

宝探し：砂箱に適当な数の石を埋めて（分類もさせたいのなら，石と貝殻を混ぜます），子どもたちに探させましょう。大きな砂箱があるなら，糸でいくつかに仕切

り，何人かの子どもたちの持ち場を分けます。子どもたちが仲よく使えるようになります。

計数缶：缶の側面に1から10（またはそれ以上）の数字を書き，テーブルか棚の上に数字の順番に並べます。小石がいっぱい入った缶をその横に置きます。そして，子どもたちはそれぞれ数を数えて，缶に書かれた数字だけの石をその缶に入れていきます。

石並べ：砂利を入れたバケツの中から，目に見えて大きさの違う石をいくつか見つけて，紙袋に入れます。一度に1人ずつ，紙袋の中から石を選んで，大きさの順に並べていきます。石を選ぶときは，十分に指先の感覚や手触りで選べるように，たっぷりと時間を与えます。最初の子には，一番小さな石を見つけるように言います。次の子には，一番小さな石に比べて，ちょっとだけ大きい石を見つけて隣に置くように言います。一番大きな石が並ぶまで行ないます。定規の使える年長の子どもたちでは，この活動で定規を使ってもかまいません。石並べは，最もつるつるした石からごつごつした石へといった手触りの順や，白っぽいものから黒っぽいものへといった色の順でもできます。

計量：小石でいっぱいにした2つの缶を教室のはかりのそばに置いておきましょう。子どもたちに自由に量らせます。

● 造形表現の活動

岩石の造形：いろいろな大きさの石をボンドでつなぎ合わせて，作品を作らせます。作品の形に合わせて絵の具で塗ってもよいでしょう。作品にシェラックニスを塗れば（大人が塗ります），ペーパーウエイトとして使えます。

砂のモザイク画：小さくて平らな石や貝殻を用意して，子どもたちに湿った砂の上でデザインを作らせてみましょう。何度もくり返して遊べます。

禅寺の庭：年度の残りの期間も石と関わりをもち続けさせるために，浅いトレイに砂を敷きつめ，面白い形の石を1つか2つ置いておきます。おもちゃの熊手や櫛も置いておきます。子どもたちには，毎日交代で石の周りに好きな砂模様を描かせましょう。心が安らぎます。

石と砂のコラージュ：小さな石を，硬めのダンボールに貼って，模様を作ります。あらかじめ石に色を塗っておいても楽しいでしょう。砂と粉絵の具を，しっかりふたができるビンの中に入れてふると，砂に色がつけられます。ふたに穴を開け，その穴から色つきの砂がふりかけられるようにしておきます。綿棒（綿球）に水で溶

いたボンドをつけ，工作用紙の上に渦巻きを描きます。接着材の模様の上に，色のついた砂をふりかけます。余った砂は小さなトレイに集めて，もう一度使います。

チョークの絵：子どもたちがチョークを造形に使うときには，チョークの材料が前は岩石だったことを思い起こさせましょう。

砂ぬり絵：コラージュのときと同じようにして4色の砂を準備します。子どもたち1人ひとりに，透明でねじ式のふたのついた容器を配ります。容器を動かさないように気をつけながら，スプーンで砂を容器に移し，その容器の中に色違いの砂の層を作ります。爪楊枝で容器の内側に沿って静かにかき回し，面白い模様を作ります。私の学生，ペギーは，そうした層を利用して，恐竜の生きた時期をどうやって決めるのかを子どもたちにわかりやすく教えました。毎日1層ずつ増やし，日付と色を記録します。小さな鶏の骨をある層の上に置いておきましょう。5日後，子どもに聞きます。「砂の層で一番古いものはどれですか。一番新しい層はどれかな。どうやったらわかりますか」。地球の表面は，それぞれの層が積み上がってできた岩石の地層でできていることを説明します。科学者は，恐竜がどの岩石の層で見つかったかということから，恐竜が生きていた年代を知ります。

「見つけた粘土」作り：天然の粘土がある場所を見つけます。小川の土手や水路，あるいは浸食された場所などに，よい粘土があることが多いようです（地元の陶芸家に尋ねてみましょう）。できれば，子どもたちと一緒に粘土を少し掘ってみましょう。粘土のようすに注目してください。石が中に含まれていますか。市販の粘土のようにするためにはどうしたらよいでしょうか。子どもたちに考えがあるでしょうか。粘土がどろどろになるまで，数日間，バケツの水の中に入れておく方法があります。それを濾してから，沈殿するまで置いておきます。数日かかりますが，我慢してください。粘土が少し乾燥したら，こねたり形を変えたりできます。

● 遊び

室内の砂箱や屋外の砂場で，石を使った遊びを紹介しましょう。石を並べると，家の間取り図が作れます。石を積んで家具にしたりもできます。小枝や洗濯バサミが石の家の住人になります。砂箱に作った砂丘や砂漠の中に石を並べて道を作り，子どものおもちゃの車を走らせたりもできます。そして，後片づけの時間には，砂の中から石をより分けるためにふるいを使います。子どもたちはこの作業をゆったりと楽しみます。

第Ⅱ部：科学概念・体験・統合的な活動

🔵 創造的な身体表現

　「岩歩き」をしてみましょう。子どもたちは，円の中で楽しく動きます。ヒントから自分の動きを考えて，教師の手拍子や太鼓の音に合わせて動きます。大人がやってみせると，子どもたちものってきます。次のような物語の形式で，動き方を示しましょう。「さぁ岩歩きに行きましょう。裸足になったつもりで。砂利道から出発しますよ。うわぁ！　ごつごつした石の上に足を降ろすのは大変。ささっと，軽く歩いて砂利道のおしまいまで行きましょう。ぴょん，ぴょん，ぴょん。いいですね。砂のところにきました。砂の中に，足が埋まって歩きにくいですね。ざくざくざく，ざくざくざく。一歩ごとに砂が小さく盛り上がります。見て！　濡れたところにきました。コケの生えた石の上を歩かなければなりません。とても滑りやすいですね。一歩一歩，気をつけて歩きましょう。あの巨大な岩を見てください。登りましょう。かがみ込んで手でしっかりとしがみつきます。ゆっくり，ゆっくり登りましょう。さぁ，頂上に着きました。向こう側の砂浜に向かって，走って下りましょう。走って，走って，砂浜まで走りましょう。砂が太陽に照らされてとても熱くなっています。ここではのんびり歩けません。足を冷やすために，水際まで急いで行きましょう。さあ，座ってゆっくり休みましょう」。

🔵 創造的な思考活動

　お気に入りの小さな石を家から持ってこさせます。教室にある石から好きなものを選んでもかまいません。「自分の石を手に持って，その形や感触を楽しみましょう。目を閉じて，その石が20倍も大きくなったと考えましょう。おっきい！　もっともっと大きくなったと考えましょう。登って探検できるほど大きいのです。登ってみると，斜面は急ですか。足の裏の感触はどうですか。手の感触はどうですか。探検したくなるような割れ目がありますか。座れるような平らなところはありますか」。石と親しむには，さまざまな感覚的な言い方をしてみましょう。想像上の石の大きさをもとに戻して，子どもたちは岩登りから教室に戻ります。

🔵 食べ物を使った活動

　毎日少しの量ですが，自分たちが岩石の一種を食べていることを知ると，子どもたちは驚きます。その岩石とは塩です。子どもたちに岩塩を見せましょう（食料品店や薬局で入手できます）。地下からとれる岩塩も，大昔は海の一部であったと話してあげましょう。

表面がザラザラの石で種子を挽いて，あら挽きにしたり細かい粒にしたりするというのも，食物と岩石とのつながりの1つです。自然食品の店には，コーンミールや石うす挽きの小麦粉があるでしょう（ある教師は，「先住アメリカ人」という授業の中で，興味をもった子どもたちに，石うすで乾燥とうもろこしの粒を挽かせました）。

　シリアルの箱を取り出して，成分表示ラベルに書かれている鉱物（ミネラル）を声に出して読みましょう。カルシウム，カリウム，ナトリウム，亜鉛，鉄，銅などは，すべて私たちの体を強く，健康に保つ役割を果たしています。これらは，栄養のある食品に，少量含まれています。

●園（校）外での学習活動

　園や学校の周辺を歩いて，自然の状態にある岩石，建材に使うために切られた石，石でできた製品や鉱物を探してみましょう。暑さ，寒さ，風，雨に長年さらされたために，表面がすり減ってなめらかになっているところや割れ目を，岩石に近づいて見つけましょう。子どもたちは，ありふれた石に，自分が参加したできごとにちなんだ名前をつけ，自分のものとします。たとえば，ピクニックの石，座った石，お話の時間の石，亀を見つけたところの石などです。その特別な名前も使ってあげましょう。

　古い石段や道路の縁石を探しましょう。何千もの足に踏みつけられたために，段の形がすり減っています。モニュメントや石壁，古いレンガ造りの建物にある石でできた窓の下枠，敷石や砕いた石が敷きつめられた道を探しましょう。

　岩石や鉱物を含む人工物は，いたるところにあります。コンクリートやアスファルト舗装された遊び場の表面には，肌理のあらい砂利や細かい砂利が，コンクリートやアスファルトと一緒に固められています。コンクリートやアスファルトも岩石からできたものです。セメントのブロックや，レンガ，タイル，テラゾー（訳注：セメントに大理石片を埋め込んだもの）の床，陶磁器の流し，ガラス，鉄の柵，スチールのすべり台，そして園（校）庭の周りを囲むフェンスは，岩石や鉱物を原料としています。このようなものがない学校園はありません。子どもたちを取り巻く環境にあるそうした強くて硬いもののおかげで，子どもたちは安心できるのです。

　マーガレット先生は，野外活動のとき，生態系の掃除をしてくれる生き物に焦点をあててみました。クラスの子どもたちを，空き地に連れて行って，そこに落ちているものを調べさせたのです。子どもたちは，自分が集めたものを，人工物と自然

物の2種類に分類してまとめました。自然物は分解され，ゆくゆくは土壌の一部となりますので，そのまま置いて帰ってもよいと説明します。人工物は分解されないので，みんなで持ち帰って，学校のリサイクル用のゴミ箱に捨てます。アルミ缶やプラスチック製品を捨てっぱなしにしておくと，子どもたちがおじいさんおばあさんになってもそのままだということを伝えます。

科学概念を多様に関連づける

● 概念を維持する

　岩石や鉱物はとても身近なものなので，いつもいつもそれについて話をしていたら退屈です。日常のちょっとした変化があるときに，岩石の話を出しましょう。たとえば，「リンが今日つけているブレスレットの石はとても素敵ですね。その石について話してくれませんか」などと言います。変わった石を見つけたときは，教室に持ってきて子どもたちに見せてあげましょう。その手触りや，色，自分で気に入ったところなどを話します。教師が石に関心があることがわかると，子どもたちも自分のお気に入りの石を持ってきて同じようにするでしょう。

● 園（校）庭を改善する

　園（校）庭の地質学的環境を豊かにすることを考えてみてください。ボストンのある学校には，自然の巨大な礫岩のかたまりがあります。イギリスのクームスにある学校では，校長先生が，国内のあらゆる場所から，岩石をトラックで運び入れました。学校の正面玄関の側に，地域の大きな岩石が置かれていて，子どもたちは毎日ポンポンと触ったり見たりできます。庭の端には，アーサー王に関連のある地域から運んできた大きな王座の形をした岩石があって，子どもたちはそこに登ったり，座ったりできます。そこまで大々的ではありませんが，アーカンソー州リトルロックの学校でも岩石のプロジェクトが行なわれています。そこでは，野球ボールほどの大きさの岩石を州全体から集め，ラベルをつけて，野生生物の生息地へつながる小道に置いてあります。このようなプロジェクトで，子どもたちは，岩石について継続して学べるのです。

　ジェンセンとブラードは，校庭に「泥遊びコーナー」を用意して，「幼児期を再体験する」よう強く訴えています（Jensen & Bullard, 2002）。

第10章　岩石と鉱物

● 概念を結びつける

　本書の第8章「水」や第12章「重力のはたらき」で紹介されている実験の材料にも，岩石が含まれています。磁石のはたらきについて話し合うときにも，磁力をもっている物質が，磁鉄鉱とよばれる岩石であると教えることができます。

　土壌と植物の成長との関連は，簡単に説明できます。ベゴニアやパイナップルなどを挿し木するときに，時どき湿らせた砂が使われます。子どもたちが軟らかい石をすり潰したときにできる粉末の石は，種子を発芽させる体験活動に使えます。腐植土や枯れた植物などを含むよい土で種を育てたときと比較してみましょう。

　どうやって枯れた植物などの自然物が土壌を改良し，そのおかげで健康で強い植物が育つかを話し合いましょう。「人間は植物を食物として利用していますか」と聞きます。土壌が再生されるやり方を，自然のすばらしいサイクルの1つとして話しましょう。生きている植物が枯れて腐敗して分解され，土が肥え，植物や食べ物が育つ，このサイクルがくり返しくり返し起こっています。堆肥で土壌を維持し，改良することは，私たちの地球を再生するのに自分たちでできる方法の1つであることを話しましょう。

　できれば，秋のはじめ頃に，プラスチックのスプーンや発泡スチロールのコップ，アルミ缶など，微生物によって分解されない物質を，校庭の目印をつけたところに埋めます。紙袋とビニル袋も埋めましょう。春の終わり頃，それらを掘り起こして，微生物が分解できる物質とそうでない物質で，土に埋めた結果に違いがあるか確かめます。自分たちが観察したことと，分解されない人工物は再利用したりリサイクルしたりしなければならないことを，子どもたちがうまく結びつけられるようにしましょう。4月22日の「アースデイ（地球の日）」を祝いましょう。

● 家庭と地域の支援

　家族を招いて，特別な石や化石を一緒に観察しましょう。借りた石がきちんと返せるように，マスキングテープに名前を書いて貼っておきます。道路工事でむき出しになっている露頭や，地域のシンボルとなっている特別な岩や石があれば，それを子どもたちに知らせましょう。子どもたちが岩石に関心をもつようになったら，家庭には，子どもたちの上着やジーンズを洗濯する前に，ポケットに石が入っていないか調べてみるよう，お願いしておくとよいでしょう。

　地域の博物館の多くは，岩石の展示を行なっていて，とても興味をそそられるものがあります。近くの自然史博物館には，目のくらむような結晶や，暗い部屋の中

にある神秘的な青白い光を発する石が展示されていることもあります。自然環境センターでは，実際に石を触って体験的に調べることもできるかもしれません。地元の岩石愛好家が定例の展示会を催していたら参加してみましょう。

参考文献

Challoner, Jack. (1999). *Rocks and minerals*. Milwaukee: Gareth Stevens.
Gibbons, G. (1987). *The pottery place*. San Diego: Harcourt.
Hauser, J. (1997). *Super science concoctions*. Charlotte, VA: Williamson.
Horenstein, S. (1993). *Rocks tell stories*. Brookfield, CT: Millbrook Press.
Jensen, Becky J., & Bullard, Julie A. (2002). The mud center: recapturing childhood. *Young Children*, **57** (3),16-19.
Levenson, E. (1994). *Teaching children about life and earth sciences*. New York: Tab Books.
Meyer, C. (1975). *Rock tumbling: From stones to gems to jewelry*. New York: Morrow.
Pellant, C. (1992). *Rocks and minerals*. New York: Dorling Kindersley. ［クリス・ペラント（1997）　岩石と鉱物の写真図鑑：オールカラー世界の岩石と鉱物500　日本ヴォーグ社］
Potter, Jean. (1998). *Science in seconds at the beach*. New York: John Wiley.
Ricciuti, E. (1998). *Rocks and minerals: A National Audubon Society first field guide*. New York: Scholastic.
Sexton, U. (1997). Science learning in the sand. *Science and Children*, **34**, 28-31.
Stace, Alexa. (2002). *The atlas of the Earth*. New York: Friedman.
Stangl, Jean. (1990). *Crystals and crystal gardens you can grow*. New York: Franklin Watts.
VanCleave, J. (1996). *Rocks and minerals*. New York: John Wiley.
Van Rose, S. (1994). Earth. London: Dorling Kindersley. ［スザンナ・ヴァン・ローズ　(1994)　早川真理(訳)　地球　東京書籍］

第11章 磁石

> 　私たちは，魅力ある人には引きよせられ，そうでない人には近づこうとしません。磁石も別の磁石に似たようなふるまいをします。しかし，子どもたちは，N極やS極という言葉から，寒い場所やサンタクロースなどを思い浮かべるようです（訳注：英語ではN極も北極もどちらもnorth poleなので，子どもたちは混乱してしまいます）。本章で紹介する活動で経験をしたり，言葉を学んだりすると，混乱せずにすむようになります。

　磁石は，鉄やスチール（訳注：スチールは鋼のことで，鉄と炭素の合金です）を引きよせますし，幼い子どもたちの興味も引きつけます。磁力そのものを直接見たり感じたりすることはできませんが，それがもたらす効果は見たり感じたりできます。磁力がはたらくのを体験すると，子どもたちは目には見えない力があることを受け入れることができます。本章では，以下の科学概念を基礎とした体験活動を行ないます。

- 磁石に引きよせられるものと，引きよせられないものがあります。
- ものを引きよせる力は，磁石によって違います。
- 磁石は，物質を通り抜けて引きよせることがあります。
- 磁石を使って，新しい磁石を作ることができます。
- 磁力が一番強いのは，磁石の両端です。
- 磁石の両端は，異なるはたらきをします。

　本章では，子どもたちは身近なものでいろいろな実験をします。そして，磁石がどんなものを引きよせ，どんな物質を通り抜けて力を及ぼすのかを調べます。また，一時磁石を作ったり，磁石の両極がどう作用し合うのかを発見したりします。磁石の体験活動を行なうとき，コンピュータ，フロッピーディスク，周辺機器，クレジットカード，カセットテープなどには用心してください。そばで磁石の実験をする

と，子どもたちが，それらをひどく壊してしまうかもしれません。

> 科学概念
>
> ## 磁石に引きよせられるものと，引きよせられないものがあります。

1. 磁石は，何を引きよせるのでしょうか

学習のねらい：磁石のはたらきについて調べたり，結論を引き出したりして楽しむ。

用意するもの：いろいろな形や大きさをした磁石　子ども1人ずつに，試す材料が入った発泡スチロールのトレイ

鉄／スチールの例：鍵，キーホルダー，ボルト，釘，クリップ

鉄／スチールではないものの例：10円玉，真鍮製のファスナー，輪ゴム，プラスチック，ガラス，木，アルミ製品

大きめのトレイや箱のふたなどを2つ

事前の準備：テーブルの上に磁石だけ出しておいて，子どもたちを集めます。一緒に磁石の数を数えましょう（小さな磁石はなくしがちです）。1つのトレイに「はい」の札を貼り，もう1つに「いいえ」の札を貼ります。

小グループでの活動：

1. 子ども1人ひとりに実験用のクリップと小さな磁石を配りましょう。磁石のはたらきをしっかり観察させたいときには，テーブルの上で，磁石をクリップのほうに近づけます。そのはたらきを感じさせたいときには，クリップを手のひらで押さえさせておくとよいでしょう。

2. 「磁石は何でも引きよせるのでしょうか。小さなトレイに入っているもので試してみましょう」。

3. 少し調べた後で，磁石によって引きよせられたものと，そうでないものを分けるように言います。このとき，「はい」のトレイと「いいえ」のトレイを使います。

4. 「『はい』のトレイに入っているものは似ていませんが，同じものでできていますね」。子どもたちは，どれも金属だと言うでしょう。もっと厳密な言葉として鉄やスチールという言葉を使ってみましょう。「磁石は，鉄かスチールでできているものにだけくっつきます」（磁石は，コバルトやニッケルも引きよせます。しかし，この2つの鉱物が，身の回りの製品の中で単独で使われることはほとんどありません）。

🍀子どもたちをペアにして，自然環境や身近な環境の中に，磁石に引きよせられるものがあるかどうか調べさせましょう。戸外

フェシリアとエリックは磁石の強さを調べています。

第11章　磁石

に磁石を持っていき，1人の子が磁石で調べ，もう1人の子がノートに記録をとります。学校の駐車場の一角の通行を遮断して，子どもたちに車のバンパーやナンバープレート，ホイールキャップ，タイヤを調べさせてもよいでしょう（車の他のところには触らせないようにしましょう。磁石が車の塗装をはがしてしまい，あなたは学校で評判を落としてしまうかもしれません！）。学校の建物も調べさせましょう。

　注：おもちゃの磁石は，学校で使うには磁力が弱すぎることが多いようです。強い磁石は，学校に出入りしている業者や，科学実験器具を扱っている業者から買えます。古いスピーカーから，磁石を取り出して再利用することもできます。科学実験器具を売っている店では，40種類もの形（リング状，円筒形，棒状，U字形）や種類（鉄，セラミック，ゴム）の磁石を扱っています。

科学概念　ものを引きよせる力は，磁石によって違います。

1. どの磁石が一番強くて，どの磁石が一番弱いのでしょうか

学習のねらい：条件をそろえた正確な測定をし，満足感を得る。

　[?]探究活動：科学コーナーに大きさや形が違う磁石を準備して，子どもたちが磁石の強さを比較できるようにしましょう。磁石には，マニキュアで番号をつけておきます（訳注：マニキュアであれば，速乾性があり，目立ちやすく，除光液で消すことも可能です）。細長い紙を，磁石ごとに用意します。紙にクリップを置く位置を決めて，その位置がわかるように，クリップの周りをかたどります。そして，磁石の端を合わせるところとして，10センチ程度離れたところに線を書き入れておきます。どの磁石でも同じようにします。子どもたちが実験をするときには，磁石をゆっくりとクリップのほうに動かし，クリップが磁石に引きよせられたら，紙に磁石の端の位置の印をつけます。その印と，最初に磁石を置いていた線との距離を定規で測り，科学コーナーに置いてある記録用紙に結果を書き入れます。強い磁石は遠くからクリップを引きよせます。弱い磁石ほどクリップに近づかないと引きよせられません。家からいろいろな変わった磁石を持ってきて，試すよう促しましょう。

科学概念　磁石は，物質を通り抜けて引きよせることがあります。

1. 磁石は，磁石につかないものを通り抜けて，ものを引きよせられるでしょうか

学習のねらい：磁石の引きよせる力は物質を通り抜けることを，楽しんで調べる。
用意するもの：磁石＊　スチールウールのたわし　鉄やスチールできたもの（釘，ボルト，クリップ，ワッシャー）　紙・厚紙・アルミニウム箔　靴の空箱　大きめのグラス3つ

207

砂か土　水

事前の準備：鉄でできたものを大きめのグラスに入れます。別のグラスに水を入れ，その中にワッシャーを入れます。3つめのグラスに水を入れ，その中にもワッシャーを入れておきます。鉄でできたものは箱の中にも入れて，砂をかけておきます。

小グループでの活動：

1. 「これ（スチールウール）が何でできているか知っていますか。磁石を使うと答えがわかるかもしれませんね」。
2. スチールウールを小さく切って，子どもに配りましょう。そのスチールウールを紙に包み，磁石で持ち上げられるか調べましょう。厚紙やアルミニウム箔でもやってみてください。「磁石は，それらを通して引きよせますか」。
3. 水の入っていないグラスの外側に磁石をつけます。この磁石で，グラスの中に入っている鉄でできたものを引きよせられるでしょうか。いろいろなものや，いろいろな磁石で試してみましょう。
4. 砂を入れた箱に磁石をもぐらせたり，水の入ったグラスに磁石を浸けさせたりしましょう。磁力は，磁石が引きつけないものを通ることができるでしょうか。教室に水槽があったら，水槽の内側についた藻を掃除する磁石式のコケ取りを，後で使ってみましょう。

注：子どもたちは，U型磁石の両端に「保磁鉄片」をつけることを覚えると，磁石を強く保つことができるようになります。磁石に衝撃を与えないことも，磁力を強く保つのに大切です。保磁鉄片も磁石だと信じている子もいるかもしれません。磁石から外すとはたらかなくなってしまう磁石だと思っているのです。子どもは，自分の経験から，何の変哲もない金属片に，何かのはたらきがあるとは思いません。保磁鉄片の代わりに使える，鉄やスチールでできた身近なものを見つけましょう。「みんなの持っているはさみは磁石ではないですね。磁石ははさみにくっつくでしょうか。くっつくようなら，U型磁石をはさみにくっつけて，はさみを保磁鉄片にする実験をしてみましょう。そうすると磁石の力を強く保つことができます」。子どもたちは，経験することで，保磁鉄片をはっきり理解できるのです。大人が口で言い聞かせただけではだめなのです。

＊鉄でできていないものが薄いことと，磁力が強いことが，この実験の成功の鍵を握る要素です。新しくて磁力の強い磁石は，指一本を通してでもクリップを引きよせるでしょう。耳たぶの反対側に磁石をつけて，イヤリングのようにすることもできます。磁力が弱い磁石は，厚紙の向こう側にあるクリップさえ引きよせられないかもしれません。磁石を使っていないときには，磁力が保てるように，2つの磁石の異極同士（N極とS極，S極とN極）を合わせて保管しておきます。

科学概念　磁石を使って，新しい磁石を作ることができます。

1. どうやったら磁石が作れるのでしょうか

学習のねらい：一時磁石を作れることを誇らしく思う。
用意するもの：5センチの針か，まっすぐに伸ばしたクリップ　磁力の強い棒磁石　クリッ

ブ・スチールウール・鉄製のまっすぐなピン（真鍮製でないもの）

小グループでの活動:
1. 針やクリップが鉄でできているかどうか，磁石を使って調べさせます。
2. 「針やクリップでスチールウールを持ち上げてみましょう。それは磁石ですか」（まだ，磁石ではありません）。
3. 針を，磁石の片方の端に対して一定の方向に擦りつけるようすを，子どもたちに見せます。25回まで，声に出して数えます。
4. 「では，針がスチールウールを引きよせるか試してみましょう。磁化されて，針は一時的に磁石になりました」。

注：この実験は，衝撃で磁石が弱くなることを教えるきっかけにもなります。磁化された針を数回強く何かにぶつけてから，軽い鉄製のものを持ち上げてみましょう。引きよせる力がとても弱くなっていることがわかります。

科学概念　磁力が一番強いのは，磁石の両端です。

1. 磁石のどこが最も磁力が強いでしょうか

学習のねらい：磁石の力が発生する場所に興味を抱く。
用意するもの：スチールウール　クリップ・チェーンつきのキーホルダーか照明のスイッチに使うチェーンを8センチぐらい　U型磁石と棒磁石
事前の準備：スチールウールを細かく切っておきます（はさみの刃に鉄がついていましたか。はさみが一時的に磁石になったのです）。チェーンは，まっすぐに伸ばしておきます。

小グループでの活動:
1. U型磁石の曲がっている側（訳注：中央部分のこと）をスチールウールにつけてみます。鉄は，磁石の真ん中につくかどうか気づかせましょう。「さあ，磁石の先のほうをスチールウールにつけてみましょう。磁石の端は，真ん中と違ったはたらきをするでしょうか」。棒磁石でも試してみましょう。
2. 伸ばしておいたチェーンに，棒磁石の両端をつけましょう。チェーン全体が磁石につくのか，それとも中央のところがだらっと下がっているのかじっくりと観察してみましょう（チェーンは棒磁石よりも長いこと）。
3. 棒磁石の中央の上方1センチのところにチェーンを垂らしてみましょう（磁石の磁力が強いと，チェーンの先端は，磁石のどちらかの端のほうに見た目でわかるほど曲がります）。

第Ⅱ部：科学概念・体験・統合的な活動

> **科学概念** 磁石の両端は，異なるはたらきをします。

1. 磁石の端はどのようなはたらきをするのでしょうか

学習のねらい：異極同士が引きよせ合ったり，同極同士がしりぞけ合ったりするのを見て，磁石の面白さを体感する。

用意するもの：磁力の強い棒磁石2本　ひも　マニキュアかテープ　方位磁針（あれば）

事前の準備：軽い磁石を使うときは，テーブルの端や椅子の座るところに，ひもをテープでとめておきます。重い磁石を使うのであれば，ひもを水平な棒や椅子の背もたれなどに結んでおきましょう。そうすると，磁石は自由に揺れて動くことができます。

小グループでの活動：
1. 磁石の真ん中にひもを結びバランスをとります。
2. 磁石をぶら下げ，磁石が自由に動くようにします。動きが止まったら，棒の片方の端（またはU型磁石の片側）が北極を指しているでしょう。北を指した端に，テープで印をつけるかマニキュアで点をつけておきます。次の磁石でも同じことをやってみます。方位磁針があれば，それを水平なところに置きましょう。子どもたちは磁石が北を指していることを確かめられます＊。
3. 磁石を子どもに持たせて，同極を合わせさせます（N極とN極，S極とS極）「どんな感じがしますか。異極同士も試してみましょう。どうなるかな」。引きよせ合ったり，しりぞけ合ったりすることを調べる時間をたっぷり与えましょう。磁力の強い磁石を使うと，印象深い結果が得られます。

＊方位磁針の針も，磁石の端と同じようになります。方位磁針が水平に置かれていると，針は自由にふれ，北を指して止まります。これは，地球がN極とS極をもつ大きな磁石だから起きる現象です。その力が，方位磁針の針を引きよせて北に向けるのです。

2. 形が違えば磁石の強さは違うでしょうか

用意するもの：小麦粉粘土　食卓用のナイフ　リング状の穴あき磁石3個　円盤型磁石

クラス全体での活動：
1. リング磁石，円盤型磁石，U型磁石を見せましょう。これらの磁石の同極，異極についての子どもたちの考えを知ります（磁石の端が円盤の平らなところだということは，理解しにくいことです）。
2. U型磁石の2つの端を見せましょう。「この磁石が曲がっているのは，両端を近づけて引きよせる力を強くするためです。粘土の模型を使って，丸い磁石がどうやって作られているか考えてみましょう」。一握りの小麦粉粘土を転がして，細長い棒状にします。「最初に細長い磁石を作ります。両方の端に引きよせる力があります。N極とS極はどこでしょうか」。
3. 粘土の棒を半分に切りましょう。「さあ，N極とS極をもつ磁石が2つになりました。磁石は短くても長くても，端のほうに力が集まっています」（図11-1を参照）。

4. 棒を薄く切りましょう。垂直に薄く切った磁石のN極とS極を見つけましょう。「磁力はまだ端に集まっていますよ。リング磁石，円盤型磁石は，長めの磁石を薄く切ったものです」。
5. 何枚かの円盤型磁石やリング磁石のN極とS極同士をくっつけて棒のようにし，立ててみましょう。それから，垂直に立てた鉛筆に3つのリング磁石を同極でしりぞけ合うように差し込んで「浮かべ」てみましょう。「どんな形になっても，力はいつも端にあります」。いろいろなリング磁石や円盤型磁石にクリップや他の磁石をくっつけて，リング磁石や円盤型磁石の磁力を調べさせましょう。

図11-1

統合的な活動

● 算数の活動

袋の中の磁石：大きな紙袋に鉄製のビンの王冠や釘，クリップなど，小さな鉄製のものを半分ぐらい入れましょう。釣り竿代わりの棒に，強力な磁石をひもで結びます。

子どもたちには，袋の中に磁石を入れて引き上げさせてみましょう。その後，引き上げたものの数を声に出して数えます。このゲームを数の理解を促進するバージョンにすることもできます。紙に魚の絵を書いて切り出し，番号を書いてクリップか安全ピンをつけます。この魚を釣って遊ぶことができます。

磁石の数え方：プラスチックでできた数字形のマグネットと，いろいろな形のマグネットを，マグネットボード（訳注：磁石がつくホワイトボードや掲示板など）に貼りつけて使ってみましょう。マグネットを寄せ集めて，そのマグネットの数を表わす数字形マグネットを貼りつけます。子どもたちに紙袋から数字を引かせて，その数だけマグ

ネットをボードに貼るゲームをさせてもよいでしょう。台所に古いオーブンの天板があれば，マグネットボードの代わりにできます。

◉ 磁石の話

　磁石の実用的な使い方を取り上げた話をしてみましょう。お話をするときの小道具として，磁石を持ってきてもよいでしょう。お父さんが通気口の下に鍵を落としたときのこと，妹が泡風呂にヘアピンの入った箱を落としてしまったときのこと，ピンの入った箱を誰かがひっくり返してしまったときのこと，釘の入ったガラスビンをガレージの床に落として壊してしまったときのこと，どれも小さな磁石が窮地を救ったのでした。これらの災難は，椅子職人が使う金づち（訳注：金づちの先が2つに割れていて，磁石になっている），マグネットで固定する懐中電灯，取り出し口に磁石がついているクリップやピン入れなどの，手近にあった磁石で解決できたのです。

　次にあげるように，磁石の効果を活用して，1年中使えるお話のための舞台装置が作れます。

磁石で動く人形：ドールハウス用の小さな人形の底に，テープでクリップを貼りつけましょう。靴の空箱を横にして立て，人形の舞台を作ります（図11-2）。磁石を持って舞台の下に入れ，人形を動かします。人形は，ボタンを頭にした糸巻き，洗濯ばさみ人形（訳注：木製の長い洗濯ばさみに服を着せて作る人形）にクリップで足をつけたり，モールで作った人形でもかまいません。子どもたちは磁石で人形を動かして，聞きなれたお話をちょっと変えて話したり，自分で劇を作ったりすることが大好きです。

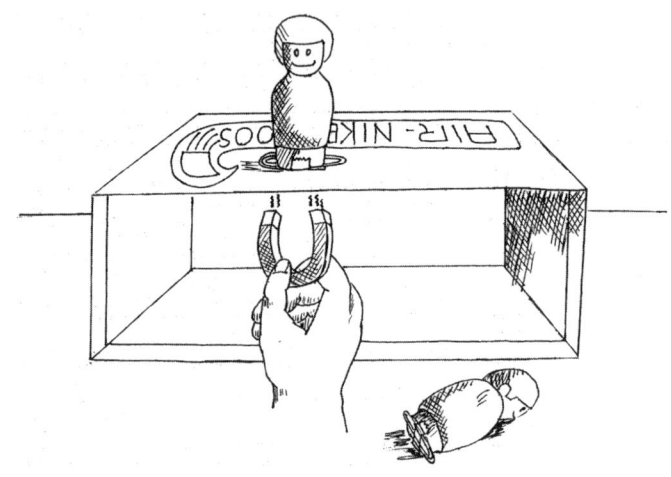

図11-2

紙人形を使ったお話：物語に登場する人形を，紙に描いて切り取りましょう。クリップや小さな安全ピンを人形の背中にテープで貼りつけます。大きな紙袋（模様がついていてもついていなくてもかまいません）を裏返して背景にします。そして紙袋の中に磁石を入れて紙人形を操ります。

マグネットボードを使ったお話：フランネル・ボード（訳注：板にフランネルの布を貼ったもの。フェルトなどで作った絵をつけたりはがしたりする）で使うような，布や紙の人形を使いましょう。人形は，シャツのボタンぐらいの大きさの磁石でくっつけます。お話の中に，昆虫の磁石なども混ぜておいても面白いかもしれません。マグネットボードやカラフルな丸いマグネットは，事務用品店で売っています。マグネットつきの単語セット（訳注：いろいろな単語の裏に磁石をつけたもの。組み合わせて文を作る）でメッセージを作ってみましょう。

● 造形表現の活動

鉄やスチールなどのがらくたで作品を作ってみましょう。

1．釘で，ビンの王冠1個につき2つの穴をあけておきます。
2．粘土を盛り上げたり，発泡スチロールのブロックや果物用のダンボール箱などを使って像の土台を準備します。
3．鉄くず（クリップ，釘，ビンの王冠，ヘアピン，モール，ビニタイ（電源コードなどを束ねるのに使う鉄線入りのビニルひも），ワッシャー，軟らかい針金）がたくさん入ったトレイを子どもに渡します。これらの材料が磁石にくっつくかどうかを子どもたちが調べるために，磁石もいくつか渡します。今日の作品は，鉄やスチールだけで作ることを説明をしましょう。
4．面白い形が作れるように，穴を開けたビンの王冠にどうやって針金を通すのか，クリップを広げるにはどうしたらよいか，モールを指に巻きつけてコイルのような形にするにはどうするのかなどを見せてあげましょう。

● 遊び

自動車整備：子どもがおもちゃのレッカー車で，スチールの車をガレージまで牽引していけるように，レッカー車に小さな磁石をつけます。

ブロック遊び：小さなプラスチック製の車の前に輪ゴムで円盤型磁石を取りつけます。あるものはN極を表にして，あるものはS極を表にしてつけます。

魅力的なゲーム：ボール型の磁石が入手できるなら，それを1ダース用意して，放

課後，極がはっきりしたものに改良しましょう。2種類の色のボールを6個選びます。合わせ目のところからボールの外側の部分をバターナイフで外し，中に入っている小さな磁石のN極を見つけます。それからN極側はある色に，S極側は別の色になるように組み立て直し，ツートーンカラーのボールにします。子どもたちには，ボールを転がし合ったり，ぐるぐる回して送ってみたり，つなげて形を作ったり，別のボールの上にのせてみたりして遊ばせ，どんなことが起こるか体験させましょう。もし子どもが自分で色と極との関係がわからないようなら，気がつくように仕向けてみましょう（この活動は縁のついたトレイの上でさせます。子どものポケットは，このような魅力あるおもちゃを引きよせるかもしれません。トレイの上にあるはずのボールの数を告げておきましょう）。

磁石の制作箱：保磁鉄片（なければ釘でもよい）つきの小さくて強い磁石を3つ4つ集めましょう。がらくた作品で使ったものと同じようなものも見つけてきます。キーホルダーやファイルのリング，古い鍵，ココアの缶のふたなどです。子どもたちは，磁石でいろいろなものをくっつけ合わせることが大好きです。ブリキ製のクッキーの缶も探してきて，遊び道具をしまう箱にしましょう。ブリキは，鉄をメッキしたものなので，缶のふたと本体は，制作するときの土台にもなります。

磁石を使った立体組み立てセットが市販されていて，学校の実験器具のカタログで入手できます。磁石ゲームや磁石の模型セットが，おもちゃ屋や専門店で入手できます。書いて消せるお絵かきボードでは，マグネットペンでスクリーンに鉄粉を引きよせ，絵を表示します。マグナッツというすばらしい磁石遊びのセットが，ハースソングやチャイルドクラフト（訳注：子ども向けの科学教材・おもちゃなどの販売を手がけているアメリカの会社）で入手できます。磁石のブーツを履いた丈夫で柔軟な動きをする人形に，アクロバットをさせたり，スチールのキャビネットを登らせたり，ロープにつかまらせたり，ケーブルカーに乗せたりなどといったことができます。

● 創造的な思考活動

私は，磁石です：トレイいっぱいに雑多なものを集めましょう（鍵，ビンの王冠，糸巻き，棒，石，釘，ボルト，クリップなど）。子どもたちを床に円になって座らせ，その真ん中にトレイを置きます。ゲームを紹介するときには，教師がリーダーになって始めます。自分の隣の子どもに，なりたいものを1つ選ぶように言います。そして，「先生は，すっごく強い磁石です。マリア，あなたは，なぁに」と言いましょう。もし，マリアが王冠と答えたら，「では，一緒にくっつきましょう」と言

って，手をつなぎます。マリアに，隣の子どもにこう言うように促します。「ジョシュ，私は王冠です。磁化されています。あなたは，なぁに」。もし，ジョシュが石に決めていたら，マリアは，くっつくことができる誰かを見つけるまで，次の子どもに同じことを言い続けます。ゲームを終わるときには，「先生は，もとの人間に戻りました。だから，引きよせる力はもうなくなりました」と言います。

科学概念を多様に関連づける

● 概念を維持する

　学校やその周りで磁石が使われているものに気がついたときには，それを知らせましょう。冷蔵庫のドアの内側にあるパッキンの部分，子どもがしているベルトのデザインつきバックル，戸棚の扉の留め金など。最後の例では，戸棚を使うときには，バタンとではなくやさしく閉めて，磁力が失われないようにしようねと子どもたちに促すのもよいでしょう。キャッシュカードやクレジットカードには細長い磁気ストライプがついています。磁力が銀行の仕事や，買い物や，その他の目的でも使われていることを教えてみましょう。

　磁石を，教室で使う掃除道具の1つにしてみましょう。作業台があれば，その近くのフックに磁石と保磁鉄片を吊しておきます。迷子になった釘を集めるときに，床の上，作業台の引き出しの中，作業台の上などで磁石を使わせます。子どもたちが木工作業をした後，木くずの中から小さな釘をより分けるときにも使えます。砂場に埋もれたブリキのミニカーを見つけるときにも磁石は便利です。

● 園（校）庭を改善する

　東西南北を示す方位を，アスファルトの上に書くこともできます。小学校高学年の子どもたちには，図柄をデザインさせてもよいでしょう。子どもたちは，これを見て携帯用の方位磁針をチェックできます。

● 概念を結びつける

1. 磁力が物質を通り抜けて効果を与えることを話し合うときには，「空気も磁力が通り抜ける物質の1つなのかな」と，子どもたちに聞いてみましょう。子どもたちは，どう答えるでしょうか。空気も磁力も見ることはできないけれど，

どちらも本当にあることを見つけたよねと，子どもたちと思い出しましょう。

1. 磁力は水を通り抜けられることを利用して，水遊びを計画してみましょう。子どもたちに発泡スチロールで遊覧船を作らせ，その船には輪ゴムでクリップをつけます。トレイの両端の下にブロックを3つ積み重ねます。トレイに水を張り，発泡スチロール製の船を浮かべましょう。子どもたちは，トレイの下で磁石を動かし，水を通り抜けた磁力でボートを誘導できます。

3. 水遊び活動で，浮力と，磁石の極が引きよせ合ったり，しりぞけ合ったりする原理とを統合させましょう。5センチぐらいの先のとがっていない針を磁化させます。それを，発泡スチロールで作った遊覧船の上に取りつけて，トレイに浮かべます。針の端と同極の磁石を近づけて遊覧船を押し出したり，異極を近づけて遊覧船を引き戻したりしましょう。もし，針がボートから落ちたら，子どもたちは，水の中にある針を探すのに，磁石で釣り上げることができます。

4. コロンブスの発見の頃に使われた船舶用羅針盤の簡単な模型を作ってみましょう。磁化された針を小さな発泡スチロール製の小片に貼りつけ，水を入れたボウルに浮かべます。ボウルを前後にやさしくゆすっても，水位は一定で，それゆえ羅針盤も水平であることを確かめます（重力は，どんなものも引きよせます。そのため，容器の中にある浅いところの水も深いところの水も同じ水位に保たれるのです）。探検家たちには頼りになる羅針盤があったので，星や太陽が見えないときや，嵐で船が揺れたときでも，羅針盤に導かれて進むことができたのです。

● 家庭と地域の支援

おみやげのマグネットや商品宣伝用のマグネットで，面白いものがあったら貸してくれるよう，家庭に依頼してみましょう。マグネットは，教室にあるスチールの戸棚や机に貼りつけて展示します。文字磁石で展示のタイトルを作ったり，マグネットつきの単語セットから言葉を選んで展示のスローガンを作ったりして，一緒に飾りましょう。

近くの子ども博物館や科学博物館で，磁石に関係した参加型の催しがあるときには，家庭にも知らせましょう。家族で公共図書館を利用したときに，図書館の出口に，磁気を利用した図書盗難防止システムが設置してあれば，その仕組みを図書館司書に説明してもらいましょう。

参考文献

Berger, M. (1988). *The science of music*. New York: Thomas Y. Crowell.
Hann, J. (1991). *How science works*. Pleasantville, NY: Reader's Digest.
Kassinger, Ruth. (2001). *Reinvent the wheel*. New York: John Wiley.
Levenson, E. (1994). *Teaching children about physical science*. New York: Tab Books.
Woodruff, John. (1998). *Magnetism*. Austin, TX: Raintree.
VanCleave, J. (1993). *Magnets*. New York: John Wiley.
VanCleave, J. (2002). *Science through the ages*. New York: John Wiley.

第12章
重力のはたらき

> 子どもの頃，地球の下側に住んでいる人は，落っこちてしまうのではないかと心配になったことはありませんか。重力という力について知ることで子どもたちは新発見をし，不安が和らぎます。ですから，楽しんでこの体験活動を行ないましょう。

　子どもたちは，磁石の目に見えない引く力を，手で感じた経験があります。この気づきから，重力のはたらきについての簡単な理解へと進むことができます。子どもたちは，人，家，学校を地面に引きとどめているとても強い目に見えない力——重力——を信じる準備ができているのです。本章の体験活動では，次の中心となる科学概念を詳しく学びます。

- 重力はすべてのものを引っ張ります。

　重力は，どこにでもあるのに，めったに気づかれることもなく，その名前が呼ばれることもありません。そんな重力の「はたらき」に子どもたちの関心を引きつけるには，私たちがふだん，活動好きの子どもに対して行なう以上に，準備や説明が必要です。基本的な知識が出てくる物語から，重力の学習を始めましょう。体験活動では，物体を引っ張っている重力を測定したり，比べたり，振り子を試してみたり，ものをつり合わせたりします。

> **導入**：1枚の紙をくしゃくしゃに丸めて指の間に挟み，重力の話を始めます。「これから，先生が手を下に向けて指を開くと，この紙のボールはどうなるでしょうか」と子どもたちに聞きます。子どもたちの予想が正しいかどうか確認します。「どんなときでもこの玉は同じように下に落ちるでしょうか。上に飛んでいったりしないでしょうか。みんながつまずいたときに，下に倒れるのではなく，上に飛び上がったことはないですか。そのわけについての物語を始めましょう」。

第12章　重力のはたらき

　物語をするときには，フランネル・ボード（訳注：板にフランネルの布を貼ったもの。フェルトなどで作った絵をつけたりはがしたりする）とフェルトの絵を使いましょう。次のように話始めてください。

　あるとき，1人の女の子が夢を見ました。何もかもがとても変な感じでした。女の子は空中に浮かんでいて，自分の家を探していました。友だちの男の子がボールを持って近くを飛んでいるのが見えます。2人は，キャッチボールをしようとしました。けれども，男の子がボールを投げると，ボールはふわふわと手の届かない上のほうへ行ってしまいました。次は，自分の家が，そよ風に吹かれて静かに上へ下へと揺れているのが見えました。誰かが天井にミルクをこぼして，お母さんは大あわてです。目が覚めて，自分の家がじっとその場にあったのを喜びました。

　「夢の中には大切なものが抜けていました。家，ボール，子どもは，ふわふわと浮かんだりしません。ミルクは上にはこぼれません！　こうしたことが起こらないのには，わけがあります。とても強い力が，世界中のすべてのものを下向きに引っ張っているのです。その力を重力とよびます。重力そのものは見ることも触ることもできません。私たちは，重力のはたらきを見ることができるだけです」。
　「目に見えないけれど，ある種のものを引っ張るものを思いつきませんか。磁石が鉄やスチールを引きつけるようすを思い出しますね。ですが，重力は磁石よりもずっとずっと力が強いのです。重力は，地球の中から引いています。たえずすべてのものを，引いています。私たちは，あまりにも重力に慣れているので，それがはたらいていることさえ気づきません」。
　宇宙服を着ている宇宙飛行士の写真を見せましょう。「月面を歩いた宇宙飛行士は，ちょっと変わった体験をしました。月面に立つためには，とても重いブーツをはかなければならなかったのです。月の重力が，地球の重力より弱いからです」。
　「科学コーナーでは，地球の重力がどれくらいの強さでみなさんを引いているかを体験できますよ」。

科学概念　**重力はすべてのものを引っ張ります。**

1. 重力が私たちを引っ張っていることにどうしたら気づけるでしょうか

学習のねらい：目に見えない重力に気づき始める。
　この活動の最初に行なうデモンストレーションの参加者として，希望する子どもに出てもらいます。その子どもをまっすぐな背もたれの椅子に座らせます。両足は床にべったりついていること，背中は椅子の背についていること，両手はひざにあることを確認します。そこで，その子どもに，体を前に揺らさず，筋肉を少しも動かさずに立ち上がるよう言います。その子どもが，立ち上がろうと懸命にがんばるのを励まし，その子が体験したことをクラスで報告させます。「立ち上がるにはどうすればいいでしょうか。考えてみてくだ

さい」と言います。
　クラスの他の子どもたちは，小グループになってこの体験活動を順番に行ない，活動をしていない子どもは，椅子から動けないことを観察します。その後，子どもたちに気づいたことを話し合わせましょう。「筋肉を動かさなかったときに，みなさんを椅子から動けなくしたものは何だと思いますか。立ち上がるにはどうしなければなりませんでしたか」。
　話し合いから，私たちを椅子から立たせなかったのは重力の力だ，という結論を導きます。重力は，常にすべてのものを引っ張ります。自分を押して椅子から離し，立ち上がるには，エネルギーが必要です。エネルギーを使って，筋肉を動かして，立ち上がります。重力に逆らって仕事をするにはエネルギーが必要です。

この子どもは，重力が常に引いているのを感じています。

2. 私たちの体の動かし方は重力にどう影響を受けているでしょうか

学習のねらい：自分たちの体が重力にどのように適応しているかに気づいて楽しむ。
用意するもの：体重計　台所用のはかり　小さくて丈夫な袋を4つ　砂と小石　取っ手のある買い物袋　容器　スコップ　（可能であれば）細長い鏡　低い平均台
事前の準備：それぞれの小袋に約1キロの砂か石を入れておきます。
小グループでの活動：
1. 「体重計で重さを量ると，重力がどれくらい自分を引っ張っているかわかります」。
2. 重力が子どもたちをそれぞれどれくらい引っ張っているのか調べましょう。重さを記録します。
3. 両手に砂袋を持ってもう一度重さを量り，砂袋を持っていなかったときの重さと比較しましょう。重力がより強く引っ張っているのは，どちらですか。
4. 両手に持っていた砂袋を買い物袋に入れて，子どもに片手で持たせます。砂の重さは片側にかかっています。もう一度，子どもの重さを1人ひとり量りましょう。
5. 「鏡を見てごらん。みなさんは今，まっすぐに立っていますか，それとも，傾いていますか。自分のバランスを保つために，重いほうから離れるように傾いているはずです」。

第12章　重力のはたらき

　低い平均台の上で，歩いたり，向きを変えたり，一本足で立つとき，自分の腕がどう使われているか，子どもたちに調べさせましょう。
　2種類のはかりを使って，子どもたちにさまざまなものの重さを量らせましょう。容器を使うと便利です。重さや大きさの異なるものを準備して，重さが必ずしも大きさで決まるわけではないことを子どもたちに発見させましょう。
話し合い活動：以前，重力はすべてのものを下向きに引きつけていると話し合ったことを思い出させましょう。重力で，空から下に引っ張られているものを見たことがあるか意見を出し合います（落ち葉，種子，雪，雨など）。グライダー，凧，鳥，飛行機は，重力の引っ張りがあっても，動いている間は空気が持ち上げているので，空高く飛んでいられることも思い出させましょう。子どもたちは，エネルギーを使って重力を押し返し，地面から瞬間的に飛び上がることができるでしょうか。

3. 物体を引いている重力を比較するにはどうすればよいでしょうか

学習のねらい：さまざまなものをつり合わせて，重力がどれくらい引いているか調べて楽しむ。
用意するもの：60センチの丸い棒　20×20センチの棚板　長さ50ミリと38ミリの釘　1メートルの定規　細い針金　小さなヨーグルトカップを2つ（再利用品を使います）
　重さを量る小さなもの：貝殻，ワッシャー，ドングリ，綿など
事前の準備：1メートルの定規に，真ん中から左右に8センチ刻みで，ドリルで穴をあけるか，のこぎりで小さい刻み目をつけます。50ミリの釘で1メートルの定規の真ん中に穴をあけ，印をつけます。ヨーグルトカップの側面に，2つの穴を向かい合わせにあけます。
小グループでの活動：
1. てんびんの台を作ります：正方形の棚板の中心に印をつけ，棚板と垂直になるように棒を釘で打ちつけます（子どもたちに金づちで打たせましょう）。
2. 1メートル定規の真ん中（50センチ）の印のところに38ミリの釘を通し，まっすぐ立てた棒の先に，ゆるく打ちつけます。定規が自由に左右に揺れるようにしてください。
3. 細い針金を定規の穴に差し込んで，カップの穴に引っ掛けます。（定規の右側と左側に1つずつカップをつり下げます。子どもたちが希望すれば，もっとたくさんカップをつけさせてもかまいません）。穴の代わりに刻み目をつけたときには，細い針金をカップに渡して，刻み目につり下げます。
4. 子どもたちが，小さなものをカップに入れて，つり合わせます。
5. 綿と貝殻のように，重さが異なるものを示します。綿玉5つと貝殻5つはつり合うでしょうか。貝殻をのせたほうが下がるでしょうか。これはどういうことでしょう（重力が貝殻をより引いています。貝殻は綿玉より重さがあるともいえます）。

　個別に重さを量って調べる活動を行なえるように，この自作したてんびんと計るものが入った容器を科学コーナーに置いておきましょう。
　[?] 探究活動：子どもたちに小石と手のひらサイズの石を見せ，「この2つの石を同じ高さから同時に落としたら，同時に床に落ちるでしょうか，それとも別々に落ちるでしょうか」と尋ねます。そして，子どもたちの予測とその理由を記録します。腕を前に出して，2つの石を落とさせます。教師は何も言わないで，子どもたちにわかったことを聞きます。

♣ノートと鉛筆を持って戸外に出て，小グループで実験を行ない，記録します。どの子どもにも一度は実験をさせましょう。実験に使っても壊れないものが入った容器を2つ用意します。壊れない小さなものとしては，たとえば，小石，ドングリ，マツカサ，綿の玉，ワッシャー，発泡スチロール片，古い鍵などを入れます。大きなものとしては，野球ボール，岩石，金属製の文鎮などを入れます。安全のための注意を話し合い，容器に入っているものを使って実験させるか，園（校）庭でどんな高さから落としても安全なもので実験させましょう。教室に戻って，観察したことを整理して，結論を導かせます。

子どもたちに，「みんなが行なった実験は約400年前に科学の世界をびっくりさせた重力の実験ですよ」と言いましょう。それは，有名な科学者のガリレオが考えた実験です。言い伝えによると，ガリレオは，ピサの斜塔から大きさの異なる2つの金属の球を落として，落下する物体の重さに関わらず，重力がすべてを同じ割合の速度で引くことを示しました。

キャサリンは，積み木をどうやってつり合わせるか考えています。

4. 物体のつり合いを保つことができますか

学習のねらい：重さの異なる物体をつり合わせる，すばらしいやり方を発見する。
用意するもの：30センチの定規　半円の積み木　小石　ティンカートイ（訳注：長い棒や，丸い継ぎ手などを使って，車や動物などを組み立てるおもちゃ）
小グループでの活動：
1. 半円の積み木の上に，定規の真ん中がその半円の一番高いところにくるように，静かに置きます。「定規が傾くかまっすぐなままかわかるかな。みなさんもやってみましょう」。
2. 「2つの石を定規の上でつり合わせてみましょう」。定規の端に置いた軽い石とバランスをとるために，もう片端に置いた少し重い石を定規の中心（支点）へ向けてどう動かすとよいか示します。
3. ティンカートイの長い棒の両端に円盤を1個ずつ取りつけ，縦に置いて土台にします。次に，やじろべえを作るように，円盤型の継ぎ手の左右に，ハの字になるように長い

棒を差し込み，それぞれの棒の先端には小さめの継ぎ手をつけます。そして，図12-1のように，土台の上に置いてつり合わせます。

4．円盤型の継ぎ手から棒を1本抜いたらどうなりますか。もう1本抜いたらどうでしょうか。円盤型の継ぎ手は，棒がなくても安定していますか（差し込む棒の位置や重さが違うと，円盤型の継ぎ手への重力のかかり方が変わります）。

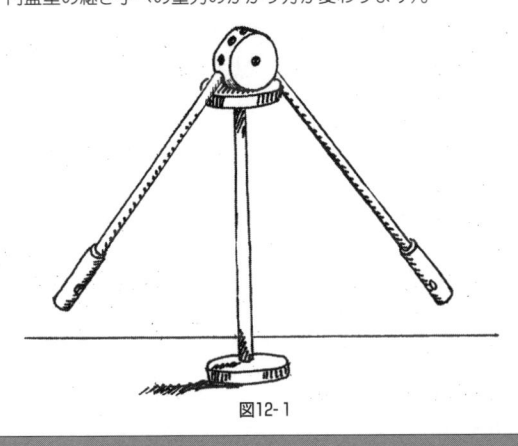

図12-1

5．振り子はどのように動くのでしょうか

学習のねらい：振り子の動きに驚き，楽しむ。
グループでの活動：30センチのひもの先端に小さい人形を結びつけ，もう一方の端を持って人形をぶら下げます。「どうやったら人形を高い位置に移動させられるでしょうか。ひもを持ち上げてはいけません。そのとおり！　人形を振ると，高い位置へ移動します。でも見てください。高いところへ行くのですが，そこでとどまっていませんね。どうしてかな。先生が振るのをやめたらどうなるかよく見ててね。さっきと同じくらいの高さまで上がっていますか。だんだん振れがゆっくりになり，低くなり，もう止まりそうです。何のせいで止まるのでしょうか」。

「みなさんがブランコにのっているとき，同じようなことが起こりますか。自分の筋肉を使って引いたり押したりし始めたとき，どうなりますか。エネルギーを使ってブランコを前後に揺らし続けるのを止めたら，どうなりますか。ブランコは，一番上のほうで止まりますか，それとも地面の近くで止まりますか。どうしてでしょうか」（その理由には重力が関係します）。子どもたちが後から試せるように，ひもと人形で作った振り子をテーブルの端にテープでとめておきます。

別の日にも振り子について調べる活動を行ないます。砂の振り子を作って，子どもたちに，振り子が描く美しい弧のパターンを観察させましょう。空の台所用洗剤の容器の底を切り取って，じょうごを作ります。切り口の近くに，等間隔に3つの穴をあけます。3本の丈夫なひもを穴に結んで，まとめて丈夫な太いひもに結びつけます（図12-2）。その太いひもをねじフックなどでドアの枠か天井のはりに固定して，逆さにしたじょうごを吊ります。洗剤容器の先（ふたのあるほう）を床から2センチ程度離します。そうすると，飛び散りません。

振り子の下に、大きなビニルシートを広げます。じょうごの半分くらいまでの砂を入れます。先のキャップを開け、容器を一押しします。そして、砂の流れが興味深い弧のパターンになっていくのを観察します。

「振れはどんどん大きくなっていきますか、小さくなっていきますか。発見しましょう」。振り子の押し方を変えると、異なるパターンができます。子どもたちに調べさせるため、振り子を教室の科学コーナーに置いておきます。

♣楽しむと同時に後片づけを楽にするためには、砂の振り子を外の木の枝や鉄棒などに吊してもよいでしょう。このときには、流れ出る砂の量を増やします。粉絵の具と砂を混ぜ合わせ、色の違う砂で実験しても面白いでしょう。容器の中で、数色の砂を層のようにして、やってみましょう。

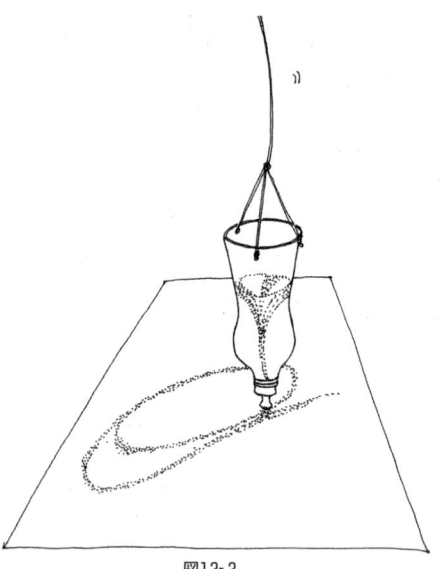

図12-2

❓探究活動：♣ストップウォッチか秒針がついた時計、クリップボード、紙と鉛筆を持って、ブランコのところに行きましょう。年長クラスから来てもらった大きな子ども1人と、クラスの子ども1人に実験をしてもらいます。ストップウォッチで1分間を計る子ども1人と、データを書きとめる子ども1人も選びます。残りの子どもたちは、みんなで、1分間に振れる数を、大きな声で数えます。

最初に年長の子どもがとてもゆっくりブランコをこぎます。子どもたちは、ブランコが一番手前にきたときを1回の振れとして回数を数え、1分間に振れた回数を記録します。次に、ブランコを強くこいだり、速くこいだりしてもらって、振れの回数を数えます。

次に、体の小さい子どもがこぐと振れの結果が異なるかどうか、グループで予想させます。クラスの子ども1人が、速くこいだり、ゆっくりこいだりして、そのときの振れの回数を数えます（正確に数えれば、同じ長さの振り子の振れは、重さなどに関係なく同じになります）。参加を希望する子どもたちみんなで調べ続けます。もしブランコの鎖を短くできるのなら、新しい条件でもう一度実験を行なってください（1分間に振れる回数は多くなりますが、ここでも、どの子も同じ回数振れるでしょう）。

統合的な活動

🔵 算数の活動

上皿てんびんと重りを使って実験すれば、子どもたちは数的に等しいということ

の理解を深めることができます。上皿てんびんを科学コーナーで使えるようにして、立方体ブロックの数が同じだとつり合い、違うとつり合わないことを確かめます。市販の標準分銅セットは、大きさが大きくなるほど重さが重くなるようにできています。これも用意しておきましょう。おもりの代用としては、しっかりとふたのできる小さなプラスチック（または金属）容器に砂や小石を入れたものも使えます。25，50，100グラムになるようにして、それぞれの容器にその数字を書きます。

　数と左右のバランスの関係を教える道具には、いろいろなものがあります。その1つが、先ほどの数字と、その重さが対応している道具（てんびん）です。これを使って数式の左右が等しいと、重さがつり合うことを確かめることができます。上皿てんびんのそばには、おもりのセットと重さを量るものが入った箱とを一緒に置き、いつでも子どもたちが使えるようにしておきます。

● 造形表現の活動

　自然の素材を用いたモビールを作りましょう。落ちている小枝などを集めます。園（校）庭に木があれば、子どもたちにも集めさせましょう。テープと糸を使って、小枝を子どもたちの作業がしやすい高さに吊します。マツカサやマメのサヤのような小さな自然物を2つ用意して、ぶら下がっている小枝に糸で吊します。子どもたちは、吊すときに糸を小枝の中心に近づけたり、遠ざけたり、また片方の糸を小枝に巻きつけて短くしたりしてバランスをとる体験活動を行なえます（図12-3）。発泡スチロールを切って何かの形を作り、これと同じようなモビールを作ってもよいでしょう。

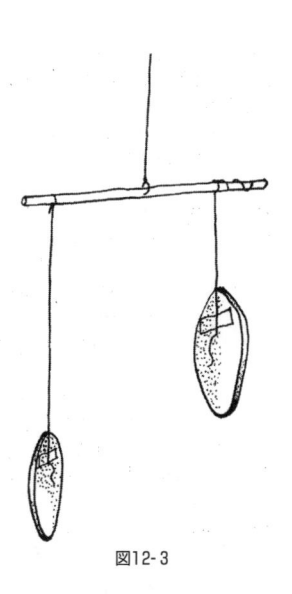

図12-3

● 遊び

お店屋さんごっこ：上皿てんびんや古い台所用のはかり、セイヨウトチノキ（マロニエ）の実などの素材を入れた容器、おもちゃの果物や野菜を、お店屋さんごっこのコーナーに用意しておきましょう。

積み木遊び：積み木で遊んでいる子どもに、どうして積んだものが崩れるのか考えさせます。高いタワーを作るには、大きくてしっかりした基礎が必要であること、しっかりとした基礎を作るとタワーにはたらく重力の位置が下がり安定することを

教えます。必要なときには、「重さを支えている積み木の両側に、重力が同じようにかかっているのかな」とか、「バランスのとれていない積み方をするとひっくり返るんじゃないかな」などと聞いてみましょう。

宇宙船：冷蔵庫を梱包する箱を探して、子どもたちに宇宙船を作らせてみましょう。小さいダンボール箱と電話のコードで、リトルベアー（訳注：『こぐまのくまくん』の主人公）が想像の月面旅行で着けていたような宇宙ヘルメットを子どもに作らせてもよいでしょう。宇宙船ごっこをする前には、エルス・ミナリクの『こぐまのくまくん』（訳注：モーリス・センダック絵／松岡享子訳, 1972, 福音館書店）や、その他の宇宙飛行士の本を読んで遊びのアイディアを膨らませましょう。

● 創造的な身体表現

　子どもたちが踊ったり、体を動かしたりしているとき、バランスを保つために、何気なしにその位置を変えて調節していることに気づかせます。ある方に体を傾けると、無意識的に逆方向に手や足を伸ばして、重力の引きにつり合わせています。

　子どもたちに、今嵐の真っ只中の船にいて、左右にぐらりぐらりと揺れているまねをさせましょう。子どもたちは、足を大きく開かないとひっくり返ってしまうでしょう。アイススケーターのような動きもさせてみましょう。腕を振り、体を曲げて、氷上を大股で滑っています。今度は、綱渡りです。揺れる綱の上を、片足ずつ前に滑らせるように歩きます。腕は伸ばしています。次は、重い岩を持ち上げているところを思い浮かべます。筋肉を一生懸命にたらせて、少しずつ、重力に逆らって持ち上げます。そして、その岩を静かに降ろして、ゆっくり前に転がします。続いて、重力の弱い月面にいる宇宙飛行士になったつもりで、体を動かしてみましょう。

　教室の緊張がとても高まったとき、あるいは身体的な活動で興奮した子どもたちを集中した学習状況に戻す必要があるときには、「重力が消えてくつろぐ空想物語」という表現をしてみましょう。ゆっくりと、静かに話し始めます。「まぶたをすぅーっと閉じます……そして手を楽にしてひざに置きます……腕も楽にして……ぐにゃぐにゃになって……軽くなって……軽くて浮いているようです……とても軽くて重力にまったく引かれていないようです……今度は……わかるかな……首や肩が楽になって軽くなったのがわかりますか……頭を上に支えるだけの重力しかありません……みなさんの頭は、ゆらりゆらりと動いて、気持ちのよい場所を探すかもしれません。さぁ、今は、とーっても気持ちがいいですね……体に重さはほとんどあり

ません……何をするのも簡単に思えます……さぁ，ふわふわ旅行に行くことを考えてみましょう……雲を見つけて柔らかく包まれて休みたいですね……地球の重力からずっとずっと離れた宇宙船の中で，遊泳している宇宙飛行士もいいですね……ふわふわ旅行ですから，自分が好きなようにできます……重力もみなさんが考えていることを引っ張れはしません……空想の中では，好きなように簡単に浮かぶことができるのです……そろそろ，ゆっくりじわじわと重力に引っ張られるのをまた感じ始めます……地球にどんどん近づくにつれてうまく呼吸をしていることに気づくでしょう……休めたなぁ，さっぱりしたなぁ，リラックスしたなぁと思えましたね……3回，長くゆっくり深呼吸をしましょう……そして目を開けてください。学校で次に何をするかわかりますか」。

● 創造的な思考活動

　重力をトピックとして用いて，創造的な思考活動を刺激しましょう。子どもたちに聞きます。「もし地球に重力がなかったら，どうなってしまうでしょう。園（校）庭で遊ぶときは，どうでしょう。食事のときは，宇宙飛行中の飛行士みたいに食べなければならないのはどうでしょう。みなさんは教室で座っていられるでしょうか」。

● 食べ物を使った活動

　クラスの子どもたちを，量り売りをしている近くの食料品店に連れて行きましょう。子どもたちと一緒に200グラム分のキャンディーを買って，等分する方法を考えさせることは，重力の学習にはよい投資です。

　校外学習で科学博物館で行けるようなら，ぜひ宇宙飛行士が食べるアイスクリーム「ディッピン・ドッツ（訳注：直径2〜3ミリ程の小さな粒状アイス）」を買って，クラスのみんなで味見してください。宇宙食も購入できるかもしれません。

● 園（校）外での学習活動

　重力が物体をどのくらい引っ張っているのか知ることは，多くの仕事やサービスではとても大切なことです。郵便局，食料品店，飼料販売店，空港，薬局，病院，工場の集荷場などで園（校）外学習を計画するときには，重さを量る道具も見学してみましょう。集荷場の巨大なはかりの上で，クラス全部の子どもが一緒に体重測定をすると，とても面白いです。

科学概念を多様に関連づける

概念を維持する

　ある子どもが，転んで立ち上がるときに，重力概念を使って言いました。「このジューリョクがぼくを倒したんだ！」。重力のおかげで，楽しんだり，仕事が楽にできたりするような活動があります。特に大きく筋肉を使う遊び活動ではそうです。たとえば，積み木を高く積む遊び，すべり台，シーソー，ブランコでの遊び，キャッチボール遊びなどたくさんあります。重力のせいで，きつい活動もあります。積み木を片づけたり，ジャングルジムにのぼったり，階段を歩いて上がったり，丘をてくてくとのぼったりすると疲れるのは重力のせいです。重力の力が，子どもたちの活動にどう影響しているのか説明しましょう。積み木の傑作が倒れて積み直すときには，重力の引きを考えて一番重い積み木をどこに置くのがよいかと聞きましょう。

園（校）庭を改善する

　園（校）庭にある優れた遊具，特にすべり台やブランコで遊ぶと，いつも変わらずはたらく重力という力を，日々学ぶことになります。子どもの身体が，「上がるものは必ず下がる」という知識を吸収するのです。遊び場にある丘は，すばらしい財産です。そこで，子どもは，重力に逆らって上るのにエネルギーが必要であることや，走り降りるときの「ふわっと飛ぶような」感覚を理解して受け入れるのです。このように，特別に作られた丘は小さくても有用です。芝生を敷きましょう。

概念を結びつける

重力と空気の関係：空気を入れた2つの風船をつり合わせると，重力は空気も引っ張っていることが，はっきりとわかります。ストローを別のストローに差し込むと，長いつり合い棒ができます。モビールを作ったときと同じように，棒の中心を糸で結びます。そして，2つの風船を同じ大きさに膨らませ，棒の両端に1つずつ結びつけます。風船が同じ色であることを必ず確認してください。風船の色が違うと，中に入っている空気の量も違っていると考える子どもがいます。

　用意した棒と風船を吊して，棒を静止させます。軽いほうに小さく切ったテープを巻いて，バランスをとってください。2つの風船に，正確に同じ量の空気を吹き込むのはなかなか困難です。「これから先生が1つの風船を針で突きます」と子ど

もたちに話します。「風船はどうなるでしょうか」。風船がパンと破れるとき，驚いてつり合いがどうなるか観察するのを忘れてしまう子どもがいます。「風船が破れる音が嫌な人は，手で耳を押さえておきましょう」。風船をパンと破って，次のように問います。「どっちの風船が下がりましたか。どうしてそうなりましたか。重力は空気も引っ張っているのです！」（破れた風船が飛び散ったときには，それらを集めて棒の端につけて，空の風船と空気の入った風船を比較しましょう）。

重力と水の関係：重力による引きが物体の浮き沈みに影響しているという考えを紹介しましょう。たとえば，重力は，コルクよりも水をよく引っ張ります。雨粒が地表に引かれて落ちてくるのは，重くなって水蒸気の粒として雲の中で浮かんでいられなくなるからだということを思い出させましょう（第9章「天気」を参照）。教室の窓についている雨粒に加わる重力のはたらきを観察しましょう。

● 家庭と地域の支援

子どもたちに，重力に反して上へと動くものを見せる機会を，家族で持ちましょう。エレベーターやエスカレーターでは，大きなモーターで人を持ち上げています。家族が一緒にビルの建築現場を見に行ってもよいでしょう。そこでは，資材を持ち上げるために巨大なモーターが利用されています。家族で器械体操やバレエ，フィギュアスケートのテレビ番組を見るときには，体操選手やダンサーが自分の腕や脚をどう使ってバランスをとっているかについて教えることができるでしょう。

近くの科学博物館に，穴に向かってコインが回転しながら転がり落ちる重力井戸のような，重力に関する参加型の展示がないか問い合わせてください。

参考文献

Gertz, S., Portman, D., & Sarquis, M. (1996). *Teaching physical science through children's literature.* New York: McGraw-Hill.

Sumners, C. (1994). *Toys in space: Exploring science with the astronauts.* Blue Ridge Summit, PA: Tab Books.

Taylor, B., Poth, J., & Portman, D. (1995). *Teaching physics with toys.* Middletown, OH: Terrific Science Press.

Vancleave, J. (1993). *Janice VanCleave's gravity.* New York: John Wiley.

第13章 簡単な機械

> 「機械」という言葉を聞いただけで身がまえてしまうでしょうか？ 「距離×力の大きさ＝仕事」といった式を思い起こさせるのでしょうか。まあリラックスしてください。本章の活動は，子どもを大きな発見の世界に誘うものです。簡単な機械のおかげで，子どもたちはものごとをもっと楽にできるのです。

　ブルブルとうなるモーターの音や車輪の回転音は，西欧社会ではほとんど気づかれることもない日常的な背景音となっています。子どもたちは，簡単な機械を使ってものを動かせたり持ち上げたりできると自信を深めます。その知識は，当然のように複雑な機械への興味を誘うものです。本章の体験活動では，以下の科学概念を探究します。

- 摩擦は熱を生み，ものの動きを遅くし，ものをすり減らします。
- てこはものを持ち上げるのを助けます。
- 斜面を使うと，ものを引っ張り上げるのが楽になります。
- ねじには斜面が巻きついています。
- 簡単な機械はものを動かすのを助けます。
- 車輪には単独で回るものと，一緒に回るものとがあります。
- 1つの車輪で，別の車輪を回すことができます。
- 車輪は，ものを持ち上げることを，引き下ろすことに変えてくれます。

　摩擦の利点と，不都合な点について経験すると，後に続く実験の理解が容易になります。簡単な機械による実験では，てこ，斜面，ねじ，車輪，車軸，滑車を紹介します。

第13章　簡単な機械

> 導入：「手のひらを合わせてすばやく擦ってみましょう。どんどん擦ってみましょう。手に何かが起こるのを感じられますか。私たちが今したことで熱が生まれました。熱の原因は摩擦とよばれる力です」。

科学概念

摩擦は熱を生み，ものの動きを遅くし，ものをすり減らします。

1. 摩擦はものの滑りをどのぐらい遅くするのでしょうか

学習のねらい：摩擦がものの動きを遅くする効果を直接調べて楽しむ。
用意するもの：消しゴム　小さく切ったパラフィン紙　虫めがね　屋外のすべり台（すべり台がなければ，なめらかな板をテーブルに立てかけます）　パラフィン紙のシート　流し用のゴムマット（シンクマット）か浴槽用のゴムマット（バスタブマット）
クラス全体での活動：
1. 小さく切ったパラフィン紙を子どもに1枚ずつ渡して，次のように言います。「パラフィン紙で腕を擦ってみましょう。つるつるとよく滑るでしょう。今度は消しゴムで腕を擦ってみましょう。つるつると滑りますか。どうして違うかわかりますか」（ゴムはより多くの摩擦を起こします）。
2. 「虫めがねでパラフィン紙と消しゴムを見てみましょう。どちらがつるつるしていますか。どちらがざらざらしていますか」。
3. 🐛外に出て順番にすべり台を滑らせます。まずパラフィン紙を敷いて滑り，次にゴム製マットを敷いて滑ります。「つるつるした紙だとあまり摩擦を起こしません。だから速く滑れるんです」。

2. 摩擦が起きるとどうなるか，見たり感じたりできるでしょうか

学習のねらい：摩擦が熱を起こし，ものをすり減らすことに興味を抱く。
用意するもの：15センチぐらいの大きさの木片　7センチ四方ぐらいの粗い紙やすり　金づち　釘　虫めがね
事前の準備：金づちを使って，大きめの木片に2〜3本の釘を半分ぐらいまで打ち込んでおきます（片側に釘抜きのついている金づちは，てことして利用できます。釘をツメに引っかけ，そのまま金づちを手前にぐっと引きます。金づちの柄を下に押し下げて釘を引き抜きます）。
小グループでの活動：
1. 子ども1人ひとりに紙やすりと木片を配ります。「触ってみましょう。なめらかでしょうか。ざらざらしているでしょうか。虫めがねで見るとどうでしょうか。なめらか

231

でしょうか。でこぼこしているように見えるでしょうか。両方を強く何度も擦り合わせてみましょう。何が起こるでしょうか」。
2.「自分の指が熱くなっていないですか（ざらざらしているもの同士を擦り合わせると，多くの摩擦を生みます）。木片はすり減ったでしょうか。木をよく見てみましょう。触ってみましょう。つるつるになったでしょうか。紙やすりには変化がありましたか。摩擦はものにどんなことを起こすのでしょうか」。
3.「今からこの釘を木から引き抜こうと思います。引き抜くとき，摩擦が起きると思いますか。釘が出てきたらすぐに，釘を触ってみましょう。釘と木はあたたかいでしょうか，それとも冷たいでしょうか。釘と木は擦り合ったのでしょうか。どうしてそう思ったのですか」。

3. どうすれば摩擦を減らせるでしょうか

学習のねらい：摩擦を減らす方法を見つけて楽しむ。
用意するもの：粗い紙やすり　ワセリン　発泡スチロールのトレイ　クリームチーズかゼリー　クラッカー　パラフィン紙　食卓用のナイフ
事前の準備：紙やすりは5センチ四方に切り分けます。パラフィン紙の上に，スプーン1杯ぐらいのクリームチーズかゼリーを盛ります。これは子どもたちの人数分用意します。
小グループでの活動：
1. 子どもたちに2枚の紙やすりを配ります。「2枚をすばやく擦ってみましょう。紙やすりはどうなりましたか」。
2.「紙やすりを見てみましょう。でこぼこでざらざらではないですか。でこぼこな場所を何かで埋めたら，なめらかになると思いませんか。ワセリンで試してみましょう。紙やすりが，お互いになめらかになったか確かめてみましょう」。
3. 子ども1人ひとりに，皿にクラッカーを2枚のせて配ります。ステップ1と2をくり返し，次の潤滑剤としてクリームチーズかゼリーを使います。子どもには，この実験の後でクラッカーを食べさせます。

話し合い活動：子どもに料理用の油の缶を見せてください。この油について知っていることや，どうして家で使われるのかを尋ねてみましょう。油でなめらかで滑りやすい表面ができることを理解させましょう。摩擦は，熱を生み，ものをすり減らし，ものを使いにくくし，ものをきしませます。油はその摩擦を減らすのです。
　園（校）庭のすべり台にホースで水を流すと，摩擦を減らすと同時に涼しさを楽しめます。安全のために，水がかかると摩擦が減ること，そのためプールのそばでは滑って転びやすいことを思い出させましょう。

4. 摩擦はどんなふうに役立っているのでしょうか

学習のねらい：摩擦を役立てたり，安全を保つために使えることに満足感を得る。
用意するもの：チョーク　黒っぽい色の紙　小さく切ったパラフィン紙　鉛筆　ワセリン

ねじぶたのプラスチック容器　水の入った鍋2つ　石けん　タオル

小グループでの活動A：
1. 子どもに紙とチョークを配ります。「チョークは紙の上でどんな音を立てるでしょうか。どうしてこんな音がするのかわかるでしょうか」。
2. 「ワセリンにチョークを浸してみましょう。こんどはチョークは擦れるでしょうか。チョークの表面はどうなったでしょうか。線を引くには摩擦が必要なのですね」。
3. 子どもに鉛筆でパラフィン紙に線を引かせてみましょう。パラフィン紙は，ワックスでコーティングされています。コーティングは，潤滑油のようなはたらきをすることを説明しましょう。

小グループでの活動B：
1. 「このビンのふたを手で開けられますか。よくできましたね」。
2. 「もう一度試してみましょう。ただし今度は，先に手を濡らして石けんをつけてみましょう。どうして今度は開けにくくなったのでしょうか。何かが足りないのでしょうか」。
3. 「濡れた手でドアノブを持ってみましょう。回せるでしょうか」。

話し合い活動： 子どもにお互いの靴底を見てみるように言います。「なめらかで滑りやすい靴はありませんか。かかとがゴムの靴はありますか。全面がゴムの靴はありますか。スニーカーは走ったり止まったりすることが得意ですか。横滑りはどうでしょうか。車のタイヤはなめらかで滑りやすいですか。それともスニーカーの靴底のようですか。それはどうしてでしょうか」。スリップしやすい道路，滑りやすい浴槽，濡れたお風呂の床について話してみましょう。これらの場所を安全にするのに，摩擦はどんな役割を果たしているでしょうか。

科学概念　てこはものを持ち上げるのを助けます。

1. てこで何ができるでしょうか

学習のねらい： てこを使うことで，力をもっと強くしたいという願いをかなえる。
用意するもの： 本　丈夫な30センチの定規　鉛筆　ひも　180センチくらいのシーソーにできる板　大きなブロック　空のペンキ缶　短いドライバー
事前の準備： 2冊かそれ以上の本を，ひもでしばっておきます。科学コーナーに，定規，鉛筆，表を置いておきます。「一番楽に持ち上がったもの」の表には，「指」「てこ」「同じ」，の3列を作り，本を持ち上げたときの簡単さを記録します。「てこ（訳注：支点から力点までの距離）の長さ」の表では，横方向に「短い」「長い」の列，縦方向に「軽い」「重い」の行を作り，実験の結果を記録します。

　機械や機械がする仕事について話し合いましょう。まずは，機械や機械がする仕事について子どもが知っていることを聞いてみます。発明された機械はどんなものでも，簡単な機械をいくつか使って仕事が楽にできるようにしているのですよとつけ加えましょう。子

どもたちは，自分も簡単な機械を使っているのを知って驚きます。「ある日先生は運動場で，ソフィアがデービッドを持ち上げるために，何かを押し下げているのを見ました。デービッドもソフィアを持ち上げるために何かを押し下げていました。何をしていたかわかりますか。シーソーのはたらき方で何か気がついたことはありますか。板は何かの上にのっていませんか。ものを持ち上げる仕事を楽にするものにはどんなものがあるか，見てみましょう」。

[?] **探究活動**：てこ＊は，仕事を楽にさせる簡単な機械の１つだという基礎的な知識を持たせましょう。ひもで束ねた本を持ち上げるとき，ひもの輪に指をかけて引っ張り上げるのと，定規の下に鉛筆を置いて，定規を指で押し下げるのとでは，どちらが楽か予想を聞いてみます。鉛筆を定規の下に置き（支点），定規をてことして使うにはどうしたらよいか聞いてみます。必要なら，本の下に定規を差し込んで，定規の下に鉛筆を置き，定規の端を押すようすを見せます（図13-1）。科学コーナーで，子どもたち１人ひとりに実験させてみましょう。輪に指をかけて本の束を持ち上げるのと，てこを指で押して本を持ち上げるのとを比べさせます。定規のいろいろな目盛り位置に鉛筆を置く実験もさせましょう。わかったことは「一番楽に持ち上がったもの」の表に記録します。そして結果について話し合います。本が一番楽に持ち上がったのは，鉛筆の支点が本に近いときと遠いときとのどちらでしょうか。

＊てこは，力点，支点，作用点の位置関係で３種類のタイプに分けられます。そして，それらは用途によって使い分けられています。この活動では，支点が力点と作用点の間にあるてこを使っています。

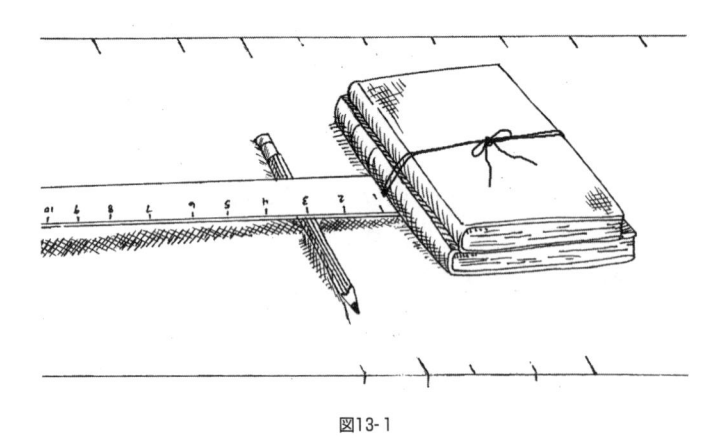

図13-1

🌸その後，厚い板とブロックを床に置くか，外に持って出て置きます。１人の子に板の端に立ってもらい，もう１人の子には，板でその子を持ち上げるように頼みます。うまくいくかどうか予想をさせます。また，どうすればうまくいくかの意見も聞きます（ブロックを支点，厚い板をてこにします。板にのっている子を支えられるように，その子のそばに立ちます）。うまくできたら，次の予想をさせてみます。「まったく同じやり方で２人の子を持ち上げられるでしょうか」。やってみましょう。「どうしてだめなのでしょう。さっきと何が違うのでしょうか」（重さが違う）。「何を変えたらうまくいくのでしょうか。やってみましょう」。

ブロックの位置を変えると持ち上げられることを発見したら、てこの支点から力点までの長さに注目させます。この長さも変わっているのではないでしょうか。少人数の子どもたちで実験をして、その結果を「てこの長さ」の表に記録します。板にのっているものの重さと、持ち上げるのに必要なてこの長さ（訳注：支点から力点までの距離）の記録を集計します。実験の最後に、原理を再確認します。てこが長いと、持ち上げやすくなります。楽に持ち上げるには、作用点に支点を近づければよいのです。

🍀園庭のシーソーで、シーソーの上での相手の位置が変わると何が起きるか観察させてみましょう。力点にかかる重さと、てこの長さの関係についてさらに調べられます。

話し合い活動：グループ学習の時間に、ペンキなどの小さな缶のふたを、こじ開けさせてみます。小さいドライバーをそばに用意しておきます。子どもはふたをこじ開けるときに、ドライバーを押し下げるでしょうか。支点は缶のふちになることも教えましょう。他にもいろいろなものがてこになります。子どもたちはてこになるものを他に見たことがあるでしょうか。ロバート・ウェルズの『ライオンのおもさはかれる？』（訳注：せなあいこ訳，1999，評論社）の関連する箇所を読むとよいでしょう。

立つ場所を変えると、てこのはたらき方も変わります。

科学概念 斜面を使うと、ものを引っ張り上げるのが楽になります。

傾いた平面（斜面）は、重力に逆らってものを持ち上げるのを楽にしてくれる、簡単な機械の一種です。

1. 斜面はどのように私たちがものを持ち上げるのを助けるでしょうか

学習のねらい：斜面で重いものを持ち上げることを誇らしく思う。

用意するもの：古くて頑丈なスーツケース　スーツケースをいっぱいにするための重いもの　少なくとも1.2メートル以上の長さの厚い板　テーブル

事前の準備：スーツケースが，子どもでは持ち上げられないほど重くなるように，中におもしを詰め込みます。

小グループでの活動：

1. 「取っ手を持って，この重いケースをテーブルの上まで持ち上げられますか。やってみましょう」。
2. 「この板が，ケースをテーブルに上げるのを手伝ってくれるか試してみましょう」。厚い板を床から机の天板へと渡します。渡した板のそばまでスーツケースを運んできます。「これを斜面とよびます」。
3. 「斜面を滑らせると，斜面がスーツケースの重さをかなり引き受けてくれますね。ほら，スーツケースが上まで上がりました」。

🍀園庭にすべり台があったら，この活動をいろいろ変化させて楽しめます。すべり台と同じぐらいの長さのロープを，スーツケースの取っ手に結びます。最初に階段側でスーツケースを持ったままどこまで上がれるか，子どもに代わる代わる挑戦させてみます。その後，すべり台のてっぺんまで登り，すべり台の斜面を使ってロープでスーツケースを引き上げさせます。そして，結果を比べます。どちらの方法が最少の仕事でスーツケースを一番高く運べたでしょうか（Wiseman et al., 2002を参照してください）。

子どもたちが近所で斜面を見かけたら，それを記録しておきましょう。斜面を使うと，重いものを下ろすときも，楽に安全にできます。ダンプカーの写真を見せてあげましょう。

外に出て，ダンプカーの荷台が斜めになってるのを観察します。

第13章　簡単な機械

科学概念　ねじには斜面が巻きついています。

> 導入：A4版ぐらいの大きさの紙を用意し，対角線に沿ってクレヨンで太い線を引きます。太い線の真ん中を切り，2枚の三角形にクレヨンの線が残るようにします。この三角形と，鉛筆，大きめのねじ，ボルトとナットを用意します。「この紙の三角形についている線は，斜面のように見えませんか。この紙から何ができるかよく見てください」。鉛筆に三角形を巻きつけると，紙の線がねじ山のようにみえます。渦巻き形の線を下から上までたどってみます。それとねじとを比べてみます。子どもたちにボルトとナットを配ります。「ボルトの周りの曲線に沿ってナットを登らせることはできるでしょうか。やってみましょう」。

1. ねじはどんなところで役立つでしょうか

学習のねらい：ねじを使うと，ものが動かせることに驚く。

用意するもの：（できるだけたくさん用意します）　ねじ式のクッキープレス（クッキー生地の押し出し器）　ティッシュ　C型クランプ（しゃこ万力）　工作用粘土　使い古しの口紅の筒　ねじ式のくるみ割り器　ペットボトルとそのふた　プラスチック製のパイプとジョイント　古いピアノ椅子や，高さ調節ができるオフィス用の椅子

事前の準備：口紅の筒の下側は，普通2つの部品からできています。この口紅を分解すると，らせん状のねじがあるのがわかります。このねじを回すと口紅がせり出してくるのです。活動で使ういろいろなものを分解したり組み立てたりできる「調べものコーナー」を作りましょう。安価で簡単な仕組みのものを，クラスの子どもたちに準備してあげましょう。

小グループでの活動：
1. クッキープレスから押し出し型を取り除きます。ティッシュをクッキープレスに詰めます。取っ手を握ってねじを回すとどうなるかを，子どもたちに見させます。「どうしてティッシュが持ち上がったのでしょうか」。
2. 粘土を丸めてC型クランプに挟み，ねじを回します。クランプは立てて使います。ねじが一番上まで持ち上がって，粘土がつぶれるまで，取っ手を回します。
3. 2個のねじがしっかりかみ合うと，引き離せなくなることを見せます（ペットボトルとそのふた，パイプとジョイント，大きなボルトとナットなどを用意しましょう）。
4. ピアノ椅子やオフィス用の椅子がねじで持ち上がることを，子どもに体験させます。回すとねじが出てくるのを観察させます。

第Ⅱ部：科学概念・体験・統合的な活動

科学概念 簡単な機械はものを動かすのを助けます。

1. ころは，ものをどう動かすでしょうか

学習のねらい：ものを動かす方法（引きずる，ころを使う，車輪を使う）を比べて楽しむ。
用意するもの：ダンボール箱　縄跳びの縄　丸い木の棒を切ったものか，丈夫な紙の筒を4つ（ころとして使います）　キャスターが4つついている台車か板
事前の準備：学校に台車がなければ，厚さが2.5センチぐらいの板にキャスターを4つねじ止めして台車を作ります。
小グループでの活動：

1. 箱を縄跳びの縄でしばります。2人の子がグリップを手に持ち，箱を引っ張り合います。交代しながらやらせてみましょう（ダンボール箱はすぐ壊れてしまうかもしれません。たくさん用意しておきます）。「引きずるのは簡単でしょうか，それともむずかしいでしょうか」。
2. 床にころを並べます。箱をその上に置きます。そしてステップ1をくり返します。「ころが箱を動かすのを助けていますね」（ころは箱の下から外れてしまうでしょう。次の子どもの番になったらもとに戻します）。
3. 「どちらの方法が摩擦が少なかったでしょうか」。引きずった後や，ころの上を転がした後に，箱の底を触ってみます。
4. 「では，ころがずっと箱の下にくっついたままでいられるようにしてみましょう」。箱を台車の上に置きます。「箱を引っ張るのは，どちらが楽だったですか。ころを使ったときでしたか，台車に乗せたときでしたか」。

話し合い活動：ころの実験を思い出させます。「4つのころは，箱を遠くまで動かせましたか。車やトラックの車輪の代わりに，ころを使ったらどうでしょうか。車を動かし続けるには，誰かが車の前にころを置き続けなくてはなりません。そうだったらどうでしょう。でも，ころは家全体をほんの少しだけ移動させるときに使われたりします。ころはベルトコンベアやエスカレーターの一部としても使われ，食料品店で大きなトラックから荷物を下ろすときにも使われています」。

科学概念 車輪には単独で回るものと，一緒に回るものとがあります。

1. 単独の車輪と，ペアになった車輪はどのようにはたらくのでしょうか

学習のねらい：1つの車輪と，ペアになった車輪の動きを比べて楽しむ。
用意するもの：4つの車輪がついた軽い家具（オフィスの椅子，タイプライター台，移動テーブル，キャスターつきのかご，台車）　車軸が見えるおもちゃの車　小さめの紙皿　テープ　ストロー　コンパス

第13章　簡単な機械

事前の準備： コンパスで紙皿の正確な中心点を探します。中心に1枚ずつ印をつけ，1センチの穴を開けます。子どもに1枚ずつ配ります。テープを2〜3センチの長さに切って，子どもたちが使えるよう，机のへりに軽く貼っておきます。

小グループでの活動：
1. 子どもたちを，少なくとも1.5メートル離して，2列に向かい合わせます。
2. 「交代で，部屋の向こう側の友だちのほうまで，この椅子を押してみましょう。そしてどうなるかを見ましょう。どんなふうに動くでしょうか」。
3. 「こんどはおもちゃの車を走らせてみましょう。椅子の車輪のように動くでしょうか」。椅子の車輪ともう一度比べさせます。車輪をすぐ近くで観察させます。どちらも同じだと思っているときには，椅子と車を，それぞれ上下逆さにします。車軸に気づかないときには言ってあげます。車軸でつながった車輪がペアになって回ることを指し示します。
4. 子どもたちに紙皿を配ります。一方の子どもから，もう一方の子どものほうへ紙皿を転がさせます。次にストローとテープを配り，ストローに2人の紙皿をくっつけさせます。車軸をもつ2枚の紙皿（車輪）は，よく転がることを体験させます。

話し合い活動： 単独で動く車輪と，ペアになった車輪のそれぞれの利点について話しましょう。教室に古いアップライトピアノかキャスターのついた収納棚あれば，子どもにそれを押させてみましょう。単独で動く小さな車輪がついていると，短い距離であれば，とても重いものをあらゆる方向に楽に動かせます。「車，バス，トラックの車輪は，1つひとつが別々に動きますか」。カタログから車輪のついたものの写真を見せます。「これらについている車輪は別々に動くのでしょうか，それとも車軸でつながった車輪が使われているのでしょうか」。ドアノブが，車軸のついた車輪と同じ仕組みだということを知ると，子どもたちはびっくりするでしょう。古いドアノブを持ってきたり，学校の中で1つ外してきたりしてみましょう。手動式の欧文タイプライターがあれば，子どもたちと，ころ，車輪，車軸にあたるものを探してみましょう。車輪に車軸のついている普通のローラースケートと，単独の車輪が並んでいるインラインスケートとを比べてみましょう。

あれぇ！　車輪がペアになっていると，ぐるっと回れない。バックして戻らなきゃいけないんだ。

第Ⅱ部：科学概念・体験・統合的な活動

科学概念 1つの車輪で，別の車輪を回すことができます。

1. 歯車はどのようにはたらくのでしょうか

> **学習のねらい**：歯車のかみ合った動きがよくわかり，喜ぶ。
> **用意するもの**：ハンドル式の泡立て器　深めのボウル２個　スープ用のスプーン　水　洗剤　歯車のおもちゃ，中身の見える時計，中身の見えるオルゴール，分解してもよい古時計　クレヨン　新聞　スポンジ　保護めがね
> **事前の準備**：１／２カップの水とスプーン１杯の洗剤をボウルの中に入れます。床に新聞紙を広げます。
> **小グループでの活動**：
>   1. 子どもたちにこう尋ねます。「ハンドル式の泡立て器をよく見てみましょう。車輪のようなものはいくつあるでしょうか（少し変わった形をした車輪もあります）。大きな車輪が回るときに小さな車輪はどう動くか見てみましょう」。歯車という言葉を紹介します。歯車とは歯がついている車輪のことで，隣の車輪の歯とかみ合って回ると説明しましょう。
>   2. 「順番に，泡立て器を使って歯車がどんなふうにはたらくか調べましょう。ボウルの中の洗剤を泡立て器でかき混ぜたときと，スプーンでかき混ぜたときの泡を比べてみましょう。どちらが簡単に泡立ちますか」。
>   3. 泡立て器の先の部分を速く回すために，大きな歯車が小さな歯車を回しているのを子どもたちに見せます。
>
>   歯車のおもちゃを調べるコーナーを作ります。できれば古いねじ巻き式の時計と，精密ドライバーも用意します。子どもたちが時計を分解するときには，保護めがねをかけさせます。
>
> ◆**安全のための注意**：時計のコイル状の金属バネは，ふちが鋭いので危険です。この部分は必ず大人がねじを外し，取り除きます。
> **話し合い活動**：変速機のない普通の自転車を借りてきて，グループで調べます。歯車がよく見えるように自転車をひっくり返します。子どもたちに「歯車には，かみ合っていないのに一緒に回るものもあります。かみ合う代わりにチェーンが取りつけられていて，それで回るのです。大きい歯車が１つと，小さい歯車が１つあるのは，ちょうど泡立て器と同じですね。自転車のペダルを回して，チェーンが小さな歯車を回しているのを見てみましょう。ペダルを１周させる間に自転車の後輪が何回転するか数えてみましょう」。
>
>   自転車のタイヤの溝を見てみます。「摩擦が自転車を止める役割をしているんですね。チェーンはどうしてべとべとしているのでしょう。油を注さないといけないのでしょうか。タイヤの中には何が入っていると思いますか？」。

第13章　簡単な機械

> **科学概念**
>
> 車輪は，ものを持ち上げることを，
> 引き下ろすことに変えてくれます。

1. 滑車は，ものを持ち上げるときにどのように役に立つのでしょうか

> **学習のねらい**：重いものを持ち上げるのに滑車が役に立つことがわかり誇らしく思う。
>
> **用意するもの**：小さな滑車　丈夫なひも（床から滑車までの距離の倍の長さ）　バケツとブロック　ストップウォッチ　フックつきのねじ
>
> **事前の準備**：フックつきのねじを天井の梁かドアの枠に取りつけます（管理者の許可が必要です）。ひもを滑車の車輪に通してから，滑車をフックに引っ掛けます。
>
> **小グループでの活動**：
> 1. 子どもたちに滑車を見せましょう。「バケツにこんなにブロックが入っているんだけれど，この車輪を1つ使うだけで，バケツが楽に持ち上げられるようになると思いますか？」。
> 2. 「まず，片手でどのくらいこのバケツを持ち上げていられるかやってみましょう。できるだけ高いところまで持ち上げてくださいね。時間を計りますよ」といって，それぞれの子がバケツを持っていた時間を測定します。
> 3. バケツの取っ手とひもをしっかり結びます。「今度は，このひもを引っ張り下ろして，バケツを持ち上げてみましょう。持ち上げていられた時間を先生が計りますね」（バケツをゆっくりと降ろすのを見せます。ただし，誰かが突然バケツを落としてしまうかもしれないので，そばに立っておきます）。「バケツを持ち上げるとき，ひもを引っ張り下ろしたでしょうか，それとも持ち上げたでしょうか」。
>
> **話し合い活動**：「滑車は，大きな船や列車に荷物を積み込むときに役に立ちます。そのほかにも滑車は，クレーン車，ヨットのマスト，掲揚台，建築現場の足場などでも使われています（これらの写真を探しておきましょう）。大きな建物の中で人々を運んでくれるエレベーターでは，いくつもの滑車が組み合わされて使われています。1つの車輪があると，人や機械は引っ張るだけで，ものを引き上げられるのです」。ロバート・ウェルズの『ライオンのおもさはかれる？』を読んでみましょう。

統合的な活動

● 算数の活動

ねじ，ボルト，ナットの分類：分類コーナーを作り，いろいろな大きさのナット，ボルト，ねじを用意しておきます。子どもたちは，同じものを見つけたり，順番に並べたり，グループに分けたりします。いろいろな分類が可能です。子どもたちに

は，分類した理由を説明させてみます。

車輪の数による分類ゲーム：カタログに載っている，車輪（や車輪に似たもの）がついたものの写真を切り抜いて，台紙に貼っておきます。子どもたちには，それぞれの車輪の数でグループに分類させます（レコードプレーヤーのターンテーブルは「1つの車輪をもったもの」の例として使います）。

造形表現の活動

コラージュ：次のような材料でコラージュを作ると，簡単な機械を強く連想させます。車輪の形をしたマカロニ，太いひも，ビンの王冠，アイスキャンディーの棒，そして円形，三角形，長方形などに切った工作用紙（車輪型のマカロニは滑車や歯車の一部として使いやすいものです。しかし，制作よりも見知らぬ味への興味が強い子どもは，マカロニを黙って食べてしまうかもしれません）。

切り貼り：子どもたちは，自分用の本を作ったり，クラスみんなで使う本の一部分を作ったりすることを喜びます。自分用の本を作るときには，2〜3枚の紙を折って，ホッチキスで綴じたものを用意します。グループ用の本のときは，上部にパンチ穴を空けた厚紙を使います。綴じひもか，カードリングで綴じます。はさみ，のり，簡単な機械が載っているカタログからページごと切り抜いてきたもの（時計，ハンドル式の泡立て器，手押し車，車輪のついたおもちゃ，機械で動くおもちゃ，工具，カート，コショウ挽きなど）を用意します。絵が十分な量あれば，簡単な算数体験にもつながります。ページごとに，車輪が1つのもの，2つのもの……といったふうに本を作ることもできるでしょう。

アートの表現手段としての摩擦：子どもたちが鉛筆やクレヨン，チョークで何かを描いていると，紙に色をぬるときに摩擦が起きていることに気づくことがあります。

摩擦の研究プロジェクト：このプロジェクトは少なくとも2日を要します。装飾プレートを作るために，8×12センチの廃材の木片を子どもたちに配り，紙やすりでつるつるになるまで磨かせます。次に子どもたちは，マーカーで紙の上にデザインを描き，はさみで切って，磨いたプレートにのりづけします。教師がそのプレートと絵をクリアラッカーでコーティングします。乾かすのに最低1日かけます。プレートの上端に，引っ掛けるためのワッカつきのねじを取りつけます。親にプレゼントするととても喜ばれます。

第13章　簡単な機械

● 遊び

ダンボールの車作り：車や列車を作るには，ダンボール箱，車輪に見立てる紙皿，割りピンぐらいがあればよいでしょう。自動車解体業者からもらってきた本物の車のハンドルや，タイヤのチューブと空気入れ，不用になった鍵などがあると，遊ぶときの楽しさが増します。

エレベーター：背の高い冷蔵庫用のダンボール箱は，エレベーターにできます。側面の1つに入り口を切り開け，その上に何階かを表わす数字を書き入れます。積み木や家事のままごとの一部として作ってもよいでしょう。

滑車遊び：高層ビルのエレベーターを作ってみましょう。滑車の真下に，3面にブロックを積み上げてタワーを作ろうと子どもたちに言葉をかけてみます。牛乳パックでエレベーターを作り，滑車に掛けたひもの先端にそれを結びます。牛乳パックの側面の1つを切り抜いて，おもちゃの人形をのせます。

　ブロック遊びコーナーの両端に滑車を取りつけてみましょう。床面から60〜90センチの高さにするとよいでしょう。小さなかごの取っ手にひもを通し，そのひもの端を結んで輪にします。2つの滑車に，その輪を掛けて，ピンと張ります。これで，おもちゃの乗客を運ぶロープウェーや，ブロックを運んでいる工事現場のベルトコンベアのようになります。滑車で動くロープウェーのおもちゃも市販されています。

他の室内遊び：ものを斜面の上に持ち上げるベルトコンベアのおもちゃが，お店で売られています。似たものに，飛行機に荷物を積み込むベルト・ローダや，農機具のおもちゃの一部として入っているベルトコンベアもあります。ベルトコンベアを動かす2つのローラーは，小さなクランクで動いています。

　可動部が透けて見えるおもちゃでは，遊びながら本章の簡単な機械の概念を拡張できます。組み立ておもちゃ，歯車のおもちゃ，時計，オルゴール，ドアの錠など，可動部が見えるものがいろいろと売られています。砂場や水遊び用のテーブルには，水車も用意しておきましょう。

　塩化ビニルのパイプとジョイントをつなぎ合わせていくと「創作」ができます。また，穴あきボードに不用になった金物をつけてもよいでしょう。戸棚のドアノブ，ちょうつがい，ボルト，ナット，ワッシャーなどをつけていきます。子どもたちにも扱いやすい短めのドライバーを用意しておきましょう。車輪，歯車，時計の文字盤を飾る創作をするなら，想像がわきやすいよう，作業机に，ビンの王冠，チューブのふた，不用になった糸巻きなどを置いておきましょう。

第Ⅱ部：科学概念・体験・統合的な活動

🔵 創造的な身体表現

機械仕掛けのおもちゃ：子どもたちは，ぜんまい仕掛けのおもちゃの，ぎこちなくカクカクした動きが好きです。1人の子どもをおもちゃに見立てて，ぜんまいを巻いてあげましょう。他の子どもたちは，今自分たちが見ている子が，どんなおもちゃになっているのかを当てます。全員の子どものぜんまいを同時に巻いて，みんなで音楽に合わせて動いてもよいでしょう。さらに，子どもたちがオズの魔法使いのブリキ男のように動くのも面白いです。錆びつきすぎて動けなくなったり，油を注して摩擦がなくなったおかげで動けるようになったりするのを演じます。子どもたちに，他の簡単な機械の動きもまねてみるように促してみましょう（Thompson, 1998を参照のこと）。

おもちゃには，簡単な機械を使ったものがたくさんあります。

🔵 創造的な思考活動

シェル・シルヴァスタインの詩「宿題機」を読んでみましょう（訳注：倉橋由美子訳,1984,『屋根裏の明かり』,講談社）。それから子どもたちに，問題を解決するのを助けてくれる新しい機械のアイディアを尋ねてみます。「その機械に何をしてほしいですか。それはどんな機械なのですか」。子どもたちには考えた発明品の絵を描いたり，説明を書いたりさせてみましょう。それらを取りまとめて「クラスのみんなのスゴイ発明の本」を作りましょう。子どもたちが好きだったり，使ったことがあったりする簡単な機械について書かせてもよいでしょう。そして，「簡単な機械についてこんなことがわかったよ」という文集にしてみましょう。

もしも…だったら？：家族がピクニックに出かけたときのようすがわかる写真を集めます。食べ物を準備する，車に乗り込む，釣り竿や遊び道具をそろえるなどです。こう尋ねてみましょう。「もしも，ある日摩擦が全部なくなったらどうなるでしょう。ピクニックはどこが違ってくるでしょうか。そう，お母さんはピーナッツバターサンドイッチが作りたくてもビンを開けられずに困ってしまうかもしれません。子どもたちは車まで歩いていこうとしたら滑って転んじゃうでしょう。野球のボー

ルを打ったらバットは男の子の手から滑り出してしまうでしょう。釣り竿は握っている手からスルッと抜けてしまうかもしれませんね」。

● 食べ物を使った活動

子どもたちは，機械でおいしい食べ物を作って食べると，機械がとても大切なものだと感じられます。簡単な機械を使って，教室で食べ物を作ってみましょう。クッキープレスで，いろいろな形のクッキーが作れます。手回しグラインダーでは，クラッカーを砕いてクッキー生地にふりかけたり，鳥のためにトーストを砕いてパンくずを作ったりできます。型抜きでクッキーを作るときには，のし棒を使います。ハンドル式の泡立て器がプリンの材料を混ぜるのに使えます。ハンドル式のコーヒーミルでコムギを挽きます。そして，リンゴの皮むき／薄切り器を借りてくると，リンゴスナックが作れます。

● 園（校）外での学習活動

1. 学校の給食室に行くだけでも，簡単な機械が実際に動いているところを見学できます。タイミングがよければ，配達トラックから降ろされた食材が，二輪の手押し車で運ばれるのを見ることができるでしょう。手押し車の車輪には車軸がついていますし，荷物を持ち上げるときにてこの原理を使っています。厨房には台車や，大型の缶切りがあるでしょう。大型缶切りには，缶を切るための丸い刃，缶を回転させるギア，軸を回すハンドル，缶切りを机に固定するクランプがついています。

2. 学校の事務室にある電動タイプライターには，活字のついた円盤・ギア・車軸・ローラーなどが入っています。許可を得て，ふたを持ち上げて中を子どもたちに見せてあげましょう（しかし，触らせてはいけません）。プラスチック製の修正テープのリールやワープロのリボンカートリッジも調べてみましょう。タイプライターの中にこれと同じものがあるか探してみましょう。

3. 校務員さんは，簡単な機械の原理を使っている工具や道具を子どもたちに見せてくれるかもしれません。

4. 近くの道路で，教師が自分の車をジャッキアップしてみせると，ねじやてこの原理を印象的に見せてあげられます（地面についているほうの車輪には車止めをし，子どもたちは安全な距離まで離しておきましょう）。

◆**安全のための注意**：園（校）外で見学を計画するときには，安全性をしっか

りチェックしておきましょう。行く場所は誰もが利用する一般的な場所とは限りません。子どもをしっかり監督しましょう。

5．スポーツクラブのウエイトトレーニングの機械には滑車がたくさん使われています。また，ちょっと見えにくいかもしれませんがランニングマシンにもローラーが使われています。
6．郵便局の配送作業をしているところでは，たくさんの車輪やローラー，コンベア，ベルト，滑車が使われているのが見かけられます。
7．スーパーマーケットでは，吊りレールから肉が垂れ下がるようすや，金属フレームで組まれたローラーの上を，荷物がトラックから倉庫まで滑るように運ばれるのが見られます。簡単な機械が動く原理を見せる機会はかなりたくさんあります。そのため，すぐ「やり過ぎ」になってしまう恐れがあります。見学を取り入れすぎて，かえって子どもたちの興味をそいでしまうことにならないようにしましょう。

科学概念を多様に関連づける

● 概念を維持する

　学校の日々の活動の中で，簡単な機械の原理を活用する機会は数知れません。ものを楽に動かしたい，回したい，滑らせたいときには，ほんの少し油を差して摩擦を減らせばよいのです。摩擦がなさすぎて，小さい子どもが危険な目にあうこともあります。裸足の子どもが滑りやすい床を走ったり，不用心な子どもが雨の日や道が凍っている日に道を横断したりするときなどです。

　てこや車輪を応用する一例として，子どもたちに，手押し車で重い砂袋を砂場まで運ばせてみましょう。手押し車を使わないで運ぶのもやってみて，手押し車が運ぶのをどれほど助けるのか気づかせましょう。

　簡単な機械の概念は，作業台での作業の中でも生かされます。たとえば，紙やすりで磨いたり，のこぎりで切ったりするときには，摩擦が起きます。他にも，釘抜きつきの金づちで釘を引き抜くときにはてこを使っていますし，万力やクランプでは，ねじがかみ合うことで木材をしっかりとめています。

　子どもたちには，教室や運動場の道具の修理や保守のようすをできる限り見せてあげましょう。さらによいのは，内気な子どもや，積極的に関心を向けたり承認し

てあげる必要のある子どもに協力を求めることです。ある子どもは，注意を引きつけるためにおもちゃを壊したり，他の子どもをいじめたりしていました。しかし，整備士のリーダーになってからは問題行動をやめることができました。その男の子は，油差しの役を受けもち，三輪車のボルト締めにも誇りをもって取り組みました。学校の設備の世話役になり，友だちも作れたのです。

● 園（校）庭を改善する

子どもたちがオリジナルの傾斜路やてこを作れるように，長さ180センチの板を数枚用意しましょう。5センチ角の木材を両端に木ねじでとめておくと，ジャングルジムの横棒にのせても滑りません。安全のために，板を立てかける高さの限度を決めておきましょう。

すべり台や平均台を増やすのもよいでしょう。壁で囲まれた花壇を作る場合は，その壁の厚さを幅広にして平均台のようにするとよいでしょう。

● 概念を結びつける

簡単な機械は，ものの重さを克服するのに役立ちます。ものを動かしたり，持ち上げたりするときに重さについて話すなら，重力という言葉を持ち出しましょう。磁石を使うと，強い車軸や車輪が何でできているのかを知ることができます。ちょうつがいがさびて油を注す必要があるときにも，磁石で材質を調べられます。

簡単な機械の原理は舟や水を動かすのにも使われます。ロバート・マックロスキーの絵本『かもさんおとおり』（訳注：わたなべしげお訳，1965，福音館書店）には，その簡単な例として，てこの役割をするオールや，スワンボートを動かす水かき車が出てきます。

● 家庭と地域の支援

家族の人に，簡単な機械に関連して，道具を貸してもらったり，技術を見せてもらったりできるか聞いてみましょう。タッドの母親は，彼女の祖母が使ったバター撹乳器を貸してくれました。ジェニーの母親は，彼女がふだん使っている手回し式のパンこね機で，私たちと一緒にパンを作ってくれました。どちらの子も，親の貢献のおかげで一目置かれるようになりました。

近くの子ども博物館や科学館で，簡単な機械について参加型の展示をしているかどうか探してみましょう。大きな岩を巨大なてこを使って持ち上げたり，ロープと

滑車で自分自身を高く持ち上げたり，車輪を回転させてすごいことを起こさせたりすると，印象的な体験学習となります。

参考文献

Friedhoffer, Bob. (1996). *Physics lab in a hardware store*. New York: Franklin Watts.
Kassinger, Ruth. (2001). *Reinvent the wheel*. New York：John Wiley.
Macaulay, David. (1998). *The new way things work：A visual guide to the world of machines*. Boston：Houghton Mifflin.［デビッド・マコーレイ　(1999)　歌崎秀史（訳）　道具と機械の本: てこからコンピューターまで　岩波書店］
Thompson, W. (1998). A moving science lesson. *Science and Children*, **36**(3), 24-28.
VanCleave, Janice. (1993). *Machines*. New York：John Wiley.
Wiese, Jim. (1994). *Rollercoaster science*. New York：John Wiley.
Wiseman, K., Cadwell, D., & Pike, L. (2002). It's time for adventure buddies. *Science and Children*, **39**(6), 40-46.

第14章 音

とても怖い映画を見ているとき，耳をふさいだら少し気持ちが落ち着いたという経験はないですか。もしかしたら，音は映像よりも私たちの感情を強く動かすのかもしれません。そのため，音という現象を子どもたちと一緒に調べることは大切です。

音は何かが振動して出るものだということがわかると，子どもたちは恐ろしそうな音にも怖さを感じずにすみます。遠くの雲から聞こえてくる音でも，自分の喉から出す声でも，音は振動によって生じるのです。本章の体験活動では，次のような科学概念について探究します。

- 音は何かが振動したときに起きます。
- 音はいろいろなものを通して伝わります。
- 振動するものの大きさが違うと違った音がします。

まずはじめに，グループ活動の中で「振動」という言葉の意味をしっかりと学ばせ，振動で音が出ることをつかませましょう。それから，振動を体験したり，どんなものを通して音が伝わるのか実験したり，振動するものの大きさと音の高低との関係について考えさせたりします。

導入：子どもが振動とは何かがわかるように，まず，音をたててみましょう。たとえば，次のような言葉かけをしてみます。「腕を上げて，手をブラブラさせてください。そこで，できるだけ速くその手を振ってみましょう。手のこのようすを何と言いますか。振っている，揺すっている，震わせている。どれもいいですね。「振動する」というのも，ものが前後に激しく動いているようすを表わす言い方の1つです。振動しているとき，みんなの手は違って見えませんでしたか。振動が速すぎて，ぼやけるものもあります。振動しているときには他にも変わったことが起きます。静かにしてよく聞いていないとわかりません

よ。耳元で手と指をすばやく振動させてごらんなさい。どうですか。プンプンという音が聞こえた人はいますか」。

「さあ今度は，自分の喉にそっと指を置いてみましょう。そしてやさしく「イーー」と言ってみましょう。指先に何か感じましたか。もう一度してみましょう。喉の中で何かが振動していましたか。そうです。音は喉の中で作られているのです。私たちが聞くすべての音は，何かが振動して生じているのです。「ブーー」と言いながら，唇を触ってごらんなさい。どうですか」。

科学概念　音は何かが振動したときに起きます。

1. ものの振動を目で見てみましょう

学習のねらい：音とものの振動との関係に気づき驚く。
用意するもの：プラスチックの定規か，製本セットのプラスチックの背綴じの部分　コーヒー豆の缶とプラスチックのふた，または丈夫なドラム　砂か米かクッション材の発泡スチロール　1リットル入りの牛乳パック　輪ゴム
事前の準備：牛乳パックの片側に窓を切り開けます。輪ゴムを牛乳パックの縦方向にはめます。
小グループでの活動：
1. 「こちらをよく見て，しっかり聞いてください」。テーブルや椅子の端に，定規を飛込台のようにして置きます。定規の先端を押し下げてたわませ，手を離します。「どんなようすでしたか，どんな音がしましたか」。
2. 牛乳パックを見せます。「輪ゴムをはじくとどうなるでしょうか。よく見て，しっかりと聞いてください。さあ，みんなもやってみましょう」。
3. 「定規や輪ゴムが振動しているのがよくわかりましたね。しかし，見えにくい振動もあります。軽いものをこの缶のふたの上に置いて，ふたが振動するかどうか調べてみましょう」。砂，米，発泡スチロールなどをふたの上に置き，ふたをポンポンとたたきます。「どうなりましたか。みんなもやってみましょう」。

2. ものの振動を体感してみましょう

学習のねらい：音と振動との関係を楽しみ，思い出に残る経験をする。
用意するもの：ねじ式の目覚まし時計・ねじ式のキッチンタイマー・おもちゃのオルゴールのいずれか　櫛　パラフィン紙（ティッシュペーパーだと濡れて破れてしまう）
事前の準備：パラフィン紙を適当な大きさに切り，櫛の歯の部分を巻くように包みます。
小グループでの活動：
1. ねじを巻いていない時計，タイマー，オルゴールなどを子どもに渡します。「今，振

第14章 音

　　　動していますか。音がしていますか」。
2．ねじを巻き，もう一度子どもに手渡します。「今度は，振動を感じますか。どんな音が聞こえますか」。
3．「空気と紙を振動させて，音をたててみましょう。櫛の幅に切った紙を2つに折って櫛の歯を挟みます。そして櫛の背のほうの紙を口に挟んで，声を出して鼻歌を歌ってみましょう。振動はおかしな感じかもしれません。でも音はすてきです」。
4．教室やホールを回って，電気による振動（水槽の水中ポンプ，ステレオのスピーカー，冷水器など）を体感してみましょう。

科学概念　音はいろいろなものを通して伝わります。

1. 音は空気中を伝わるでしょうか

学習のねらい：空気が音の振動を伝えることを，楽しみながら確かめる。
用意するもの：30センチの長さに切った散水用のホース　透明なビニルチューブ
小グループでの活動：
1．「このホースの中には何があるかな。ホースの片端を口にあてて，もう片端を耳にあててみましょう。そして，小さな声で自分の名前をささやいてみましょう。声が聞こえましたか。ホースの中では何が振動したのかな」。
2．「ホースの先に手をあてたら，何が振動しているかがわかりますよ。トゥーットとかタッ，タッ，と言ってごらんなさい。しゃべるたびに手を何かが押しているのがわかりますか」（喉から出た振動が，ホースの空気を伝っていったのです）。
3．子どもたちを席につかせ，ビニルチューブでお互いに話をさせて遊びましょう。
🍂園（校）庭を静かに聞いて回ります。どのくらいたくさんの音が聞こえますか。
話し合い活動：「隣に座っている友だちの耳を覗き込んでみましょう。耳の中で何かが振動していますか。見えない何かが耳の中にあるのでしょうか」。
　コーヒー豆の缶のふたをポンポンと叩いたときに，砂や発泡スチロールが飛び跳ねたのを思い出させましょう。振動しているものは，周りのものも振動させます。「あるものが振動すると，周りにある空気も振動します。こうして，音が空気によって伝わっていき，私たちの耳に音が届きます。そうすると，耳の中の空気も振動します。それで，私たちは音を聞くことができるのです」。手で耳をふさいだり開けたりしながら音楽を聴き，子どもにこの考えを実験させましょう。手で耳をふさぐと，耳の中の空気は十分に振動できるでしょうか。
◆安全のための注意：「私たちの耳には，外側の見えるところと内側の見えないところがあります。耳の内側はとても繊細にできているので，空気の振動でも震えることができるのです。こうして私たちは音を聞いています。この繊細な部分がうまくはたらくように，私たちは十分気をつけなければいけません。耳を守るための決まりについて何か思いつくものがありますか」。

2. 音は水を伝わるでしょうか

学習のねらい：水が音の振動を伝えるということを驚きながら発見する。
用意するもの：プラスチックのバケツなど，同じ容器を2個　切れ味の悪いはさみ　水がこぼれたときのためにスポンジ・ビニルシート・新聞紙など　ビニルチューブ
事前の準備：1つの容器に，水を半分くらい入れます。
小グループでの活動：

1. 「音を立てますから，順番にバケツの横に耳を当ててみましょう」。水を入れていないほうのバケツの中で，はさみを開いたり閉じたりして，ジョキジョキと音をさせます。
2. 「同じ音を，こちらの水の入ったバケツの中でもさせてみます。音を聞いてみましょう。水中の音のほうが大きいですか，それとも小さいですか。ビニルチューブの片端を水の中に入れ，もう片方の先に耳をあてて，聞いてごらんなさい。空気から伝わってくるときと水から伝わってくるときとでは，どちらのほうが大きな音がしますか」。子どもたちに，はさみをジョキジョキさせたり，その音を聞いたりする活動をさせます。

注：クラスの子どもたちが魚釣りに行ったことがあるなら，釣りをしている人がどうしてとても静かにしているのか，そのわけがここでわかるでしょう。鯨は何キロも離れた先にいる他の鯨の声を聞くことができることも子どもに伝えましょう。

3. 音は固体を伝わるでしょうか

学習のねらい：固体が音を伝え，音を強めることに驚く。
用意するもの：テーブル　テーブルの上をコツコツと叩くのに使うビンの王冠・棒きれ・小石　時計・モーター・音の鳴るおもちゃ
小グループでの活動：

1. 「みんなでいろいろな音をさせてみましょう。とても小さな音かもしれないので，気をつけて聞きましょうね」。指の爪でテーブルの天板をコツコツ叩いて音をさせます。「これは，大きな音でしたか。もう一度同じような音をたててみるので，今度は，片方の耳を手でふさいで，もう一方の耳をテーブルにつけて聞いてみましょう」。
2. 「空気を伝わった音と，木のテーブルを伝わった音のどちらが大きかったですか。今度は，耳をテーブルにあてて，目をつぶってみましょう。1人ずつ順番に，ここにあるものからどれかを選んでテーブルをコツコツ叩いてください。他の人は，何の音か当ててみましょう」。
3. その後，時計やモーター，音の鳴るおもちゃの音を聞き比べてみます。これらを手に持って聞くときと，テーブルの上に置いて普通に聞くときと，テーブルの上に置いて，さらに耳をテーブルにつけて聞くときでは，音はどう違うでしょうか。どれが一番大きな音でしょうか。違いがわかるには時間がかかるでしょう。ゆったりとしたペースで学べるように配慮し，子どもの考えにしっかりと耳を傾けましょう。

  [?] 探究活動：いろいろなものが，時計の音をどのぐらいよく伝えるのかを試すコーナーを作って，継続的に調べる活動ができるようにしましょう。片方の耳をふさぎ，ふさいでないほうの耳と時計の間に，何かものを挟んで調べます。試すものには，金属製の鍋の

ふた，木，マグカップ（耳にかぶせる），まくらなどを使うとよいでしょう。他にどのようなもので子どもは試してみたいでしょうか。わかったことをクラスで図に記録しましょう。

4. ひもはどのようにして音を伝えるでしょうか

学習のねらい：ピンと張ったひもが音をよく伝えることを発見して楽しむ。
用意するもの：細いひも　金属製のスプーン　固形石けん　紙コップを糸電話1つにつき2個ずつ　きり
事前の準備：スプーンでチャイムを作るために，ひもを75センチに切ります。紙コップの底の中央に，穴を1つずつ開けます。糸電話を作るために，ひもを1.5メートルに切ります（家庭に持ち帰って使うときには，もっと長くてもかまいません。同じ教室で子どもたちが一斉に糸電話を使うときには，ひもは短くしたほうがうまくいきます）。

小グループでの活動：
1. 短いほうのひもを指にかけて，だらりと垂らします。「垂らしたひもをはじくと，振動して音がするでしょうか。両手で持ってピンと張ったらどうでしょう。自分のひもでやってみましょう」（ひもを垂らしたほうは，振動が遅すぎて音はしません）。
2. 「金属製の重いものをひもの先につけて，振動させます。ピンと張ったひもが音を伝えるかどうか確かめてみましょう」。ひもの両端にスプーンを結びます。ひものちょうど真ん中のところを持って耳にあてます。上体をかがめて，スプーンが自由にぶら下がるようにします。ひもを揺すって2つのスプーンをぶつけ，ひもに伝わってくる音を聞きます。
3. 子どもと一緒に，紙コップで糸電話を作ります。ひもの先が堅くなるように，固形石けんの上で擦ったり，テープを巻いたりしましょう。2つの紙コップの穴に外側から

普通の糸とスプーンでも，振動すると音が出ます。

第Ⅱ部:科学概念・体験・統合的な活動

ひもを通し,中で結んでとめます。「ひもをまっすぐピンと伸ばしておきましょう。片方のコップで話しをして,他の人はもう1つのコップで聞いてみましょう」。

話し合い活動:輪ゴムを1人ずつに配り,ゴムを引っ張ったり緩めたりしながら,指ではじかせてみましょう。スプーンでチャイムを作ったり,紙コップで糸電話を作ったりしたことで,ひもがどのように振動して音を伝えるかわかったでしょうか。振動して子どもの声を伝えたものがいくつありましたか(紙コップの中の空気,紙コップ,ひも)。

科学概念 振動するものの大きさが違うと違った音がします。

1. 長さの違う弦が振動したとき,音はどう違うでしょうか

学習のねらい:音の高さの違いを聞き分けたり,その違いが振動する弦の長さに関係することを知って喜ぶ。

用意するもの:3つの大きさの違うプラスチックの箱:8,10,13センチなど 卵パック容器(訳注:パック容器の上部が,卵形にでこぼこしているものは使えません。平らなものを使いましょう) 箱や卵のパックの周りに十分はめられるサイズの大小の輪ゴム 鉛筆 (できれば)オートハープかギター

事前の準備:小さい輪ゴムをどのプラスチックの箱にもはめます。一番小さい輪ゴムは,一番小さい箱にはめてみましょう(3つの箱に同じ大きさの輪ゴムをはめても,同じ音はしません。なぜか発見してみましょう)。

小グループでの活動:

1. プラスチックの箱にはめた輪ゴムをはじきます。「音はどれも同じでしたか。どの輪ゴムの音が一番高かったですか。どれが一番低かったですか。試してみましょう」。

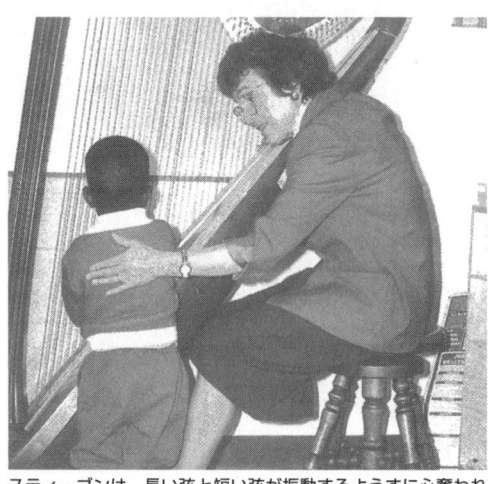

スティーブンは,長い弦と短い弦が振動するようすに心奪われています。

2. 「次は，こうしてみましょう」。卵パックに大きい輪ゴムを縦向きにはめます。パックの左端近くで，鉛筆を輪ゴムの下に挟みます。パックの右側のほうのゴムをはじきます。どんな音がしますか。ゴムをはじきながら，鉛筆を少しずつ右にずらします。「音が違ってきましたか。高くなってますか，それとも低くなってますか。輪ゴム全部が振動してますか，それともはじいている部分だけが振動してますか。振動している部分がだんだん短くなると，音も高くなってますね」。子どもにも，鉛筆をずらしながら輪ゴムをはじく体験をさせてみましょう。「これでドレミファソラシドが弾けるかな。曲が弾けるかな」。

話し合い活動：弦の長さと音の高さとの関係が実にはっきりとわかるものに，オートハープがあります（本物のハープや，前のパネルを外したアップライトのピアノ，ふたを開けたグランドピアノでも同じように両者の関係がよくわかります）。同じ目的でギターを使うときには，弦のどの部分が振動しているかはっきりさせましょう。そうすると，振動している弦の長さと音の高さとの関係がわかりやすくなります。

2. 振動する空気の柱の長さが違うと，音はどう違うでしょうか

学習のねらい：空気が振動するとき，その空気の柱の長さで音の高さが違うことを知って喜ぶ。

用意するもの：500ミリリットル入りの空のビン8つ（吹き方の実演をするために，ビンを何本か余分に用意します）　水差し　じょうご　マスキングテープ　スポンジ　消毒用アルコール　ペーパータオル

事前の準備：1オクターブの音を出すには水をどのくらいずつ入れればよいのか，前もって家で確かめておきます。ビンの形の違いにもよりますが，底からだいたい以下の高さまで水を入れればよいでしょう。

　空　4.5cm　6.5cm　10cm　11.5cm　13cm　14cm　15cm

　どのビンにも，入れる水の高さの目印としてテープを貼っておきます。できれば，子どもにテープの印のところまで水を入れさせます。

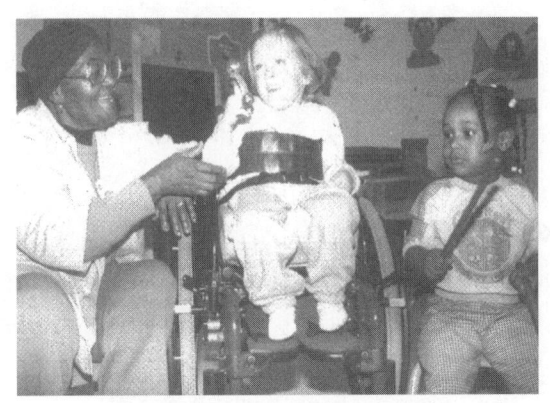

音を出すのは，誰にとっても楽しいことです。

第Ⅱ部：科学概念・体験・統合的な活動

小グループでの活動：

1. 「このビンの中には何が入っていますか。ビンの中の空気が振動したらどうなりますか。空気がビンの口の上を通り過ぎると，中の空気が振動しますよ」。音を鳴らして見せます＊。
2. 「ビンの中に水を入れてみましょう。どのビンに空気がたくさん入っているかわかりますか。振動する空気の量が違ったら，音がどう違うか試してみましょう」。
3. 1番のビンから8番のビンまで順にならべます。1つのビンにつき1人，合計8人の子どもに，ビンを順番に吹かせて，音階を鳴らさせてみます。子どもたちは音を鳴らすことができましたか。次の子どもたちに代わる前に，消毒用アルコールでビンの口を拭きます。

注：ルーマニアのパンフルート音楽の美しい調べを聴きましょう。ザンフィルは，伝統的なパンフルートの演奏者です。パンフルートは，長さが違うパイプを階段状に並べて組んだもので，彼のCDジャケットの多くに載っています。

＊実演して見せるときには，下唇を歯にくっつけるようにしてひろげ，ビンの口に下唇をあて，トゥーっとビンの向こう側に向かって息を出します。ビンの中に吹くのではありません。家で練習してみましょう。音を出すのがむずかしいときは，フルート奏者のアドバイスを受けましょう。

統合的な活動

● 算数の活動

音の高さや大きさの順番にならべる：振動するものの大きさと，そのものが出す音の高さとの数学的な関係を，楽しみながら調べられます。市販のベルのセットとか，ウィンドチャイム（訳注：長さの違う金属の棒をたくさん吊るした風鈴）のキットなどを型枠に置いて，鉄琴を作ります。ベルやチャイムは，一番大きいものから一番小さいものへ並べたり，音の高さによって一番低い音から一番高い音へ音階順に並べたりするとよいでしょう。

● 造形表現の活動

ドラム：空き箱を使ったり，プラスチックのふたがぴったり閉まる缶を使ったりしてドラムが作れます。箱や缶の周りに色画用紙をのりづけし，のりが乾くまで輪ゴムで紙をしっかりと固定します。子どもに，マーカーで絵を描かせたり，華やかに飾りつけさせたりしてみましょう。

第14章　音

ホルン：ペーパータオルの芯の周りに毛糸をぐるぐる巻いてのりでつけたり，マーカーで飾りつけたりする作業を，子どもたちにやらせてみましょう。大人は，空気孔を片方の先に開けます。筒の片方をパラフィン紙でしっかりと覆い，輪ゴムでしっかりととめます。子どもたちがこの作業をするときには，ちょっと手を貸してあげましょう。口の開いている筒の端から息をトゥートゥーと吹くと，高い音が鳴らせます。

● 遊び

1. 紙コップの糸電話を，ごっこ遊びに導入すると，遊びがますます楽しくなります。
2. 病院ごっこで，お互いの心臓の鼓動を実際に聞いてみるのもよいでしょう。本物の聴診器や手作りの聴診器で音を「集める」と，音がもっとはっきりと聞こえます。聴診器を手作りするには，細目のビニルチューブの両端に，2つの軟らかいプラスチック製のじょうごの先をはめて作ります。片方のじょうごを子どもの胸にあて，もう一方のじょうごを耳にあてて，心臓の鼓動を聞きます。

● 鑑賞活動

音当て：音をさせるものを2つずついろいろと集めます。たとえば，コオロギのおもちゃ（訳注：押すとコオロギの鳴き声ような音が出るおもちゃ），紙やすり（擦り合わせて音を出す），小さなベル，鈴，ビンの王冠（叩き合わせて音を出す），ジョキジョキと音のする切れ味の悪いはさみ，波型の段ボール（指先でこすって音を出す），携帯用の櫛とパラフィン紙（吹いて音を立てる），小型のシンバルなど。音をたてるもの一揃いを教師用の袋の中に入れておきます。もう一揃いは，お弁当が入るくらいのサイズの紙袋に，1つずつ外からはわからないように入れます。紙袋の口を折りたたみ，その秘密の音の袋を，席についている子どもたちに配ります。子どもたちに目をしっかりとつぶらせ，教師は自分の袋の中から1つを選んで音を鳴らします。それから，子どもたちは，自分たちの紙袋から，音をさせたものを探します。この活動にはたっぷりと時間を使いましょう。

音合わせ：小分け収納トレイと，黒や灰色のフィルムケースなど中身の見えないプラスチックの入れ物で，モンテッソーリの感覚訓練と似たことができます。小石，砂，コイン，米粒，シリアルなど，ふったときに独特な音がするものをフィルムケースに詰めます。同じものを詰めたケースを2つ作り，底に同じ数字や同じアルフ

ァベットなどを書いておきます。子どもが自分で誤りがわかるようにするためです。一揃いのフィルムケースを収納トレイの片側に並べ、子どもに同じ音のするケースを見つけさせて、その横に置かせます。

● 創造的な身体表現

大人が演奏する楽器の音に合わせて体を動かすと、子どもたちは音の高低を体全体で表現できます。低い音のときは床に近い姿勢を、高い音のときは体を伸ばした姿勢をとります。ゆっくりとした上昇音階ではしゃがんだ姿勢から伸び上がってつま先立ちになり、下降音階が演奏されるとしゃがんだ姿勢に戻ります。太鼓の音に合わせて、テンポやリズムの違いを動きで表現をすることもできます。このときには、子どもたちが部屋の中を同じ方向に回るようにさせましょう。

● 創造的な思考活動

やさしくゆったりとした調子で、たとえば次のように話し始めます。「目をつぶり、音の記憶に思いをめぐらせてみましょう。にぎやかなベルの音が聞こえてきました。……この音を聞いているあなたはどこにいるのかな。……ベルの音は何を知らせてくれているのかな。……次はやさしいベルの音。……これは何の音かな。……あら、嵐がやってきて風の音が聞こえてきました。……すぐに雨の降る音も聞こえてきますよ。……雷の音も。……部屋の窓から風が吹き込み、ブラインドがバタバタと音をたてます。……今度は、台所で誰かがあなたの朝ご飯を作ってくれる音が聞こえてきました。……パンが焼けてトースターから飛び出る音が聞こえます。他にどんな音が聞こえるかな」。その他にも、音をイメージさせてみましょう。そして、子どもに音のイメージと、それを思い浮かべたわけを言わせてみましょう。

● 食べ物を使った活動

ポップコーンを電子レンジで焦がさずに作るには、音で聞き分ける必要があります。電子レンジが用意できるようなら、子どもにはじける時間を計らせてみましょう。

● 園（校）外での学習活動

こだまがする場所が園（校）内にあるかどうか探してみましょう。がらんとした体育館など、壁が高く窓の少ない仕切られた区画がよい場所です。子どもに、壁に向かって名前を叫べば、振動が壁にぶつかり跳ね返ってくることを伝えましょう。

そして試してみましょう。

　子どもたちと一緒に出かける機会があれば，静かにして歩き，いろいろな音を聞き分けてみることを提案してみましょう。学校から歩いていけるところに，パイプオルガンのある古い教会や公会堂などがあれば，音の学習にとっては絶好の場所になります。

科学概念を多様に関連づける

● 概念を維持する

　学校にいるときに，とても大きくて，ぎょっとするような音が聞こえてくることがあります。雷と航空機の衝撃波です。雷の稲妻が空気中を通ると，空気が突然あたためられて急激に膨らみ，振動します。雷は，雲のはるかに上のほうで，急に膨らんだ空気が振動して聞こえる音なのです。

　航空機の衝撃波が急に聞こえると，独特な音ということもあって恐怖心を抱かせます。子どもたちが思いがけない音にびっくりするのは，もっともなことです。その驚きを認めてやり，冷静な反応のお手本を示すと，子どもの恐怖心を和らげることができます。ジェット機がとてもとても速く飛ぶと，ジェット機の出した音で振動している前方の空気にジェット機自体が「ドン」とぶつかると説明しましょう。音はとても速く伝わるけれども，ジェット機には音よりも速く飛べるものもあります。地上にいる人々には，その衝突が，大きな爆発音のように聞こえるのです。

● 園（校）庭を改善する

　園（校）庭の静かな場所にウィンドチャイムを吊してみましょう。子どもたちが，貝などのリサイクル品でチャイムを作ることもできます。園（校）庭の遊具を扱っている業者がやってくれるようなら，伝声管を地下に埋めてみましょう。管の口を垂直に地上に出して，話ができるようにします。

● 概念を結びつける

1. 本章の体験活動には，子どもがこれまでに獲得してきた空気についての科学概念，たとえば何もなさそうに見えるところにも空気があることや，空気が動くとものを押すことなどと関連するものがあります（第7章「空気」を参照）。

2．摩擦も音を発生させます。たとえば，紙やすりを擦り合わせたり，鉄を潤滑油なしで擦り合わせたりするときにギシギシと音がするのも，振動が起きるためです（第13章「簡単な機械」を参照）。
3．自然素材による楽器が伝統的に作られてきました。たとえばひょうたんで作ったホルン，竹笛や葦で作るパンパイプ，乾燥したサボテンで作るレインスティック（訳注：揺すると雨のような音の出る伝統楽器），丸太をくり抜いて作る太鼓などです。動物の皮は太鼓の膜に使われ，動物の角や巻き貝は管楽器に使われ，動物の骨が打楽器に使われたりします。

マヤとジャスティンは，伝声管で会話しています。

● 家庭と地域の支援

親で楽器をクラスに持ってきて演奏してくれる人がいると，子どもの音への関心が高まります。家庭にあるベルやウィンドチャイムを貸してもらえると，子どもの楽しみが広がります。保護者が子どもと一緒に，ミュージックベルの合奏や子どもコンサートなどの地域での活動に出かけると，音への関心を高められます。

近くの子ども博物館では，ささやき声の部屋（訳注：ある場所で小声でささやくと，別のある場所でその声をはっきり聞くことのできる特別な部屋）や，子どもが跳んで曲を弾く床の大型鍵盤など，実際に音を出せる展示を家族で楽しめるかもしれません。

参考文献

Franklin Institute Science Museum. (1995). *Ben Franklin book of easy and incredible experiments*. New York: Wiley.

Hann, Judith. (1991). *How science works*. Pleasantville, NY: Reader's Digest.

Levine, S., & Johnstone, L, (2000). *Science experiments with sound and music*. New York: Sterling.

Moomaw, Sally. (1997). *More than singing: Discovering music in preschool and Kindergarten*. St. Paul. MN: Redleaf Press.

Murphy, P., Klages, E., & Shore, L. (1996). *The science explore*r. New York: Henry Holt.

Schaffer, L., Pinson, H., & Kokoski, T. (1998). Listening to rain sticks. *Science and Children*, **35**(5), 22-27.

Seller, Mick. (1992). *Sound, noise, and music*. New York: Glouster Press.

第15章 光

> 皆さんは虹を見て，すごいなあと思ったことがあるでしょう。夜，懐中電灯の光を当てて遊ぶ「鬼ごっこ」が面白いと思ったことがあるかもしれません。川の流れのきらきら反射する太陽光のきらめきをきれいだと思ったこともあるでしょう。このような光についての基本的な経験を，子どもたちにもってもらいたいと思います。

赤ちゃんは生まれたときから，光を感じることができます。その後，ベビーサークルの中で，赤ちゃんは太陽光線をつかまえようとします。よちよち歩きの頃には，かげをつかまえようとするかもしれません。もう少し大きくなった子は，きらきらする反射光とスペクトルの美しさに感動します。暗闇は光がない状態であることを教えてあげると，怖がりな子の不安は和らぎます。本章では，以下の科学概念に関わる体験活動を行ないます。

- 光がないと，日常体験では，何も見ることができません。
- 光はまっすぐに進みます。
- かげは光が遮られたところにできます。
- 夜は地球自身のかげです。
- すべての目に見えるものは光を反射しています。
- 光にはたくさんの色が混ざっています。
- 光が屈折すると，ものが違ってみえます。

真っ暗な箱の中で懐中電灯の光をつけると，子どもたちは，光の直進性や，かげができるようす，光が光学フィルターを通るようすを観察できます。他にもいろいろな体験活動を通して，昼と夜，反射と屈折について学びます。

第15章 光

> 導入：光についての経験が思い出せるように，夜の暗やみが怖くなくなったことについて書かれているレイ・ブラッドベリの『夜をつけよう』（訳注：今江祥智訳，1998，BL出版）などの本を読みましょう。

科学概念 光がないと，日常体験では，何も見ることができません

1. 暗箱の中に何があるでしょうか

学習のねらい：光をつけるとものが見えることを知り，暗闇への不安を解消する。
用意するもの：ペンライト　予備の乾電池　ふたのついた靴の空箱　小さな写真　古くて重い毛布　背の低いテーブル
事前の準備：靴の空箱の側面に，直径約2センチぐらいの覗き穴を開けます。箱の上面には切り込みをいれます。箱の内側の，覗き穴と反対側の面に写真を貼ります。テーブルの上から床まで毛布をかけて，暗い場所を作ってください。
小グループでの活動：
1. 「腹ばいになって，テーブルに掛けてある毛布の中に頭を入れてみましょう」と，子どもたちに言います。
2. 「ここに箱があります。横には，覗き穴があります。のぞき穴から何か見えるかな」と言い，子どもたちに箱を渡します。
3. 「今から箱のようすを変えてみます。その後で，もう一度箱を覗いてみてください」。ペンライトのスイッチを入れて，箱の上の切れ込みからペンライトを押し込みます。「今度は箱の中に何か見えますか。見えたものは最初から，そこにあったんですよ。最初は見えなかったけど，どうしてかな。考えてみましょう」。
4. ペンライトを取り除き，もう一度箱を手渡します。「写真は，まだ同じところにありますよ。写真が見えますか。光を消すと何が起こりますか。ものを見るために，光が必要です。光がないと，何も見られません」。

毛布に包まれたテーブルは光の実験への興味をそそります。

第Ⅱ部：科学概念・体験・統合的な活動

> この体験活動が何度もくり返せるように準備してください。子どもたちは，自分の力で暗闇を消したり，もう一度暗闇にしたりできることに感動を覚え，安心します。

科学概念　光はまっすぐに進みます。

1. 懐中電灯の光はどう進むでしょうか

学習のねらい：光の直進性に興味を抱く。
用意するもの：ペンライト　予備の乾電池　3枚の白い紙　毛布と背の低いテーブル　積み木　テープ
事前の準備：紙のついたてを3つ準備します。
- 積み木を2段積み重ねます。その上にペンライトをのせて，テープでとめます。ペンライトのスイッチを入れてください。
- 図15-1のように，紙を折り，ペンライトの前に立てます。
- 光の中心が当たるところに，小さな穴を開けてください。
- 他のついたても，同様に穴を開けます。光が全部の穴を通過できるように，ついたてを少しづつ離して一列に並べてください。そして，テーブルを毛布で覆います。

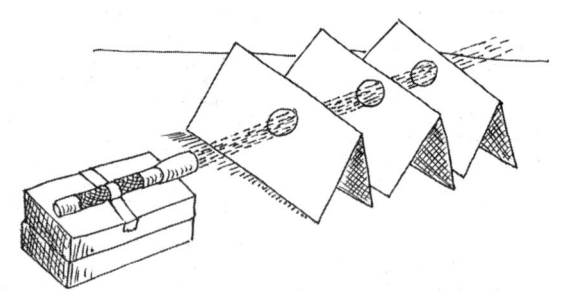

図15-1

小グループでの活動：
1. 子どもたちに言います。「光がどうやって進むのか調べましょう。テーブルの横で寝転んでください。頭を毛布の中へ入れてみましょう。先生はこちら側にいます。先生の反対側には誰もいませんね」。
2. ペンライトのスイッチを入れます。「テーブルの向こう側の毛布に光が当たっているのが見えますか。この光はついたての全部の穴を通っています」。
3. 「リズちゃん，手を穴の前に置いてください。何が起きましたか。リズちゃんの手が光を遮ったかな。それとも，光は紙の周りで曲がり，次の穴を通っていったかな」。
4. 「リズちゃんがしたように，順番に光を遮ってみましょう。光はついたての周りで曲がっていますか。それとも，光はまっすぐ進んでいますか」。子どもたちにペンライトを使わせて，光の道筋を何度も確かめさせます。

第15章 光

科学概念 かげは光が遮られたところにできます。

1. 光はどんなものを通過するでしょうか

学習のねらい：いろいろなものが光をどう通すのか，光を遮ったときにかげはどのようにしてできるのかを観察して楽しむ。

用意するもの：ペンライト　毛布と背の低いテーブル　パラフィン紙　厚紙　大きめの靴の空箱　透明なガラスピン　水　色つきのティッシュペーパー　クリアフォルダー

事前の準備：靴の空箱の底を大きく切り取ってください。厚紙で，8センチ程度の簡単な人形を作ります。ガラスピンに水をたっぷりと入れます。テーブルに毛布をかけてください。

小グループでの活動：

1. 「どんなものが光を通すのか観察しましょう。テーブルの横で寝転んでください。先生はみんなの斜向いにいます」。
2. 切り取った面を子どもたちのほうに向けて，箱を置いてください。ペンライトをつけて，裏から子どもたちのほうに向けて光を照らします。「空気を通り抜けた光が見えますね」。
3. 箱の中に水の入ったピンを置きます。「水を通った光が光るかどうか，見てみましょう」。
4. 同じようにして，「パラフィン紙を通った光も，同じように光るか確かめてみましょう」。切り取った面にパラフィン紙を貼ります。「1か所が光っていますか。それとも全体的に光っていますか」色つきのティッシュペーパーやクリアフォルダーでも同じようにやってみてください。
5. 「今度は，光が厚紙の人形を通りぬけるかどうか，試してみましょう」。箱を取り除き，毛布の上にかげが映るように人形を置いてください。
6. 人形の片側だけに光が当たっていることを，子どもたちに気づかせます。「人形が光を遮ると，暗い場所ができます。それがかげなんです」。

見て，ぼくたちは光を遮っているんだよ！

第Ⅱ部：科学概念・体験・統合的な活動

> **クラス全体での活動** 🖐️：晴れた日に外へ出ます。舗装されたところで，チョークを使い，子どもたちのかげの輪郭をなぞってください。かげをなぞりながら，「太陽の光はニーナちゃんの体を通り抜けてますか。それともニーナちゃんの体が光を遮っていますか」と聞きます。そして，「太陽の光は，ニーナちゃんの体を通り抜けないんだよね。先生は，その暗くなったところをなぞってるんだ」と言います。
> **注**：子どもたちは透明な窓ガラスが，たまに鏡のようになって，光を反射することを知っているかもしれません。この現象は光がガラスの表面で反射したために生じます。静かな池や浅いスイミングプールの水面も，鏡と同じように光を反射します。

科学概念　夜は地球自身のかげです。

1. なぜ昼と夜があるのでしょうか

> **学習のねらい**：自転している地球には，光の当たらないところができ，それが夜の暗闇であることを知って安心する。
> **クラス全体での活動**：（地球儀かボール，ＯＨＰか懐中電灯，チョーク，部屋を暗くします）。
> 　「太陽の光を遮ってかげを作ったのは楽しかったですね。地球も同じようなことをしているのを知っていますか。昼と夜は，地球が太陽の光を遮ることで起きます。太陽の代わりに懐中電灯を使って実験しましょう。地球儀は私たちの大きな地球を表わします。地球儀の上で私たちがいるところに，チョークで印をつけます。地球はいつもゆっくりと回転しているので，ゆっくりと地球儀を回します。印をつけたところをよく見ていてくださいね。印は今明るいところにありますか。光は地球の周りを回り込んで，私たちのいるところをずうっと明るくすることができますか。いいえ，違いますね。光はまっすぐ進んでいます。今度は，私たちがいるところはかげの部分，地球の反対側の光の当たらない部分に入っています」。
> 　地球儀を回し続けて，地球儀の上に印をつけたところが，交互に明るくなったり暗くなったりするようすを子どもたちに確認させてください。「光の当たらない部分に入っている時間を何とよびますか。光が当たっている時間は何と言いますか」。子どもたちにも地球儀を回させましょう。
> 　教室で，日の出や日の入りについて扱っている話や詩，歌などを取り上げるときは，夜と昼についての古典的な考え方について説明してください。太陽が地球の周りを回っているように見えますが，実際は地球が太陽の周りを回っていて，地球が自転することによって太陽に向いている場所が昼間になります。子どもたちの誤解を授業の中で正してください。

第15章 光

科学概念 すべての目に見えるものは光を反射しています。

> **導入**：ミニサイズのペンライトのスイッチを入れて，両手のひらの中に隠してください。手のひらを開き，どこから光が見え始めるか，子どもたちに確認させてください。「この光はペンライトが出した光ですね」。次に，小型の鏡を手に持ってください。「鏡は光を出すことができますか」。今度は，鏡にペンライトの光を当てます。反射した光が壁や天井に当たるように，鏡を傾けてください。「天井に当たっているのは，ペンライトの光でしょうか。鏡の光でしょうか」。何度かペンライトをつけたり消したりします。そして，ペンライトをつけているときだけ，光が反射して天井に当たることを，子どもたちに確かめさせてください。

1. よく光を反射するものはどれでしょうか

> **学習のねらい**：光線を反射させて楽しみ，反射面の違いを知る。
> **用意するもの**：強い日光かスポットライト　白い紙　イーゼル　アルミホイルの鍋　厚紙　アルミホイル　色紙（黄色・赤色・黒色）　黒いカーペットのサンプル・光沢のある布・バスタオル
> **事前の準備**：しわがよらないよう，アルミホイルを厚紙に巻きます。
> **? 探究活動**：夜，車に乗っているとき，対向車もいないのに，突然目に光が飛び込んできた経験がないか子どもたちに聞いてみましょう。「それは，どうして起こったのでしょうか」。光を反射させる方法を子どもたちに示しましょう。紙をイーゼルにとめて，日当たりのよい窓やスポットライトに対して直角に（日が当たらないように）置きます。窓やライトに向かってアルミホイルの鍋を持ち，反射した光がイーゼルに貼った紙に当たるようにします。子どもたちは何に気づくでしょうか。反射という言葉を紹介しましょう。他のものも同じように光を反射するのでしょうか。
>
> 　小グループを作って，白い紙や，その他の素材で光を反射させましょう。子どもたちは素材を選んで，それぞれの素材や色がどのくらい光を反射するのか比較して，その結果を記録します。いろいろな素材で実験するよう促します。最後に結果をまとめ，話し合いましょう。
>
> 　🍀 よく晴れた日に外でアルミホイルの鍋で，「反射鬼ごっこ」をしましょう。
> **◆安全のための注意**：反射させた日光を人の目に向けてはいけません。
> **クラス全体での活動**：新しいアルミホイルのなめらかな面で光を反射させてみてください。みんなが観察できるように，アルミホイルは少しずつ使いましょう。その後，シートをくしゃくしゃにして，光を反射させてみましょう。拡散した反射光と最初のなめらかな面の反射光とを比較してください（くしゃくしゃにすると，小さな面がたくさんできます）。

第Ⅱ部：科学概念・体験・統合的な活動

> **科学概念** 光にはたくさんの色が混ざっています。

1. 光を曲げて色を見るには，何を使えばいいのでしょうか

学習のねらい：プリズムを通過した光の中に，隠れていた光の色を見つけて驚く。
用意するもの：雑誌　直射日光かOHP　角をテープで保護した小さなガラス板かプラスチック板＊　プリズムかシャンデリアの粒　透明なプラスチック製の小箱　水　シャボン玉　水槽（できれば）　回折格子（訳注：光を回折させてスペクトルを得る平板。理科教材店や博物館の売店で購入できます）（入手できれば）　試供品のCD2枚　ひも

小グループでの活動：

1. 「光の中にびっくりするものが含まれています。この雑誌を使ってその仕組みがわかります」。雑誌のカットしてある面（小口）を子どもたちに向け，綴じてあるほうを自分のほうに向けて持ってください（図15-2）。「雑誌のページが揃っていると，雑誌の横の面は1つの太い線のように見えます。雑誌の先を下に曲げてみます。すると，太い線が広がって，たくさんの紙の端が現われることがわかります。やってみてください」。
2. 光源の前にガラス板を置いてください。「光がこのガラスを通るときには，透明に見えますね。では，光を曲げるガラスで光を広げてみると，どう見えるか試してみましょう」。
3. 光線の前にプリズムを置いてください。そして，スペクトルが部屋に映るように，プリズムを回してください。「さあ，秘密がわかりました！　光は本当は7つの色（スペクトル）をもっているのです。でも透明なもので曲げられたときだけ，その7つの色を見ることができるのです」。子どもたちにもやらせてみてください。
4. 水槽があれば，日当たりのよい窓の近くに水槽を置き，水を入れてください。水槽の角を通った光のスペクトルが見えます。よく見える場所に，子どもたちを立たせてあげてください。
5. 晴れた日には，小さなプラスチック箱に水を入れ，外に持ち出して実験してみましょう。子どもたちは，箱の角を通過してできたスペクトルを観察できます。
6. 日当たりのよい窓のそばで，シャボン玉を作り，その色を観察しましょう。
7. 回折格子やCDを子どもたちに調べさせて，虹色効果を見てみましょう。
8. 無料で配られているCDのラベル面どうしを張り合わせます。窓の近くでひもに吊して，部屋中に光を反射させてください。反射した光の中にスペクトルが含まれています。

＊虫めがねを使ってはいけません。

図15-2

第15章　光

科学概念　光が屈折すると，ものが違ってみえます。

1. 水滴を通してみると，ものがどのように見えるでしょうか

学習のねらい：光の進路が曲がると，ものが違ったように見えることに驚く。
用意するもの：小さいピン　水　点眼器　パラフィン紙　新聞　プラスチックのカード型レンズ（フレネルレンズ）　倍率の高い虫めがねを2つ　トイレットペーパーの芯　スポンジ　調べるための小物
事前の準備：子どもの1人ひとりに，水の入ったピンを渡します。パラフィン紙と新聞紙の印字してある部分を，8センチ角に切ります。子どもたちには，新聞紙にパラフィン紙をのせて配ります。
小グループでの活動：

1. 「パラフィン紙の上に水を一滴落とすと，どうなりますか。水を落としたところの新聞を見てみましょう。どう見えますか。水滴の形は平べったいですか，丸いですか」。
2. 「では，もっと水滴を落としてください。水滴のところは，まだ丸い形をしていますか。それとも平べったくなっていますか。文字はまだ大きく見えますか。どうしてしょう。何が変わったのでしょうか」。
3. 「スポンジで水を吸い取って，もう一度やってみてください」。
4. 子どもたちに，虫めがねのレンズの湾曲した輪郭を見せてください。「水の入ったピンを持ち上げてみてください。丸い形をしていますね。ピンの向こう側にある指を見てください。どう見えますか」（湾曲したガラスや水滴を光が通過すると，光の進路が曲がります。それらを通して見ると，ものは違って見えます）。「丸いものを通して見たら，ものが大きく見えましたね」。プラスチック製のカード型レンズの表面の溝が湾曲しているようすを見せてください。
5. 2つの虫めがねでトイレットペーパーの芯を挟み（簡単な顕微鏡になります），効果を調べましょう。新聞の文字を1つの虫めがねで見たときと，トイレットペーパーの芯と2つの虫めがねを組み合わせて見たときとを比べてみましょう。

　　体験活動の後，レンズと虫めがねは，子どもたちが自由に使って個別に調べられるところに置いておきましょう。焦点をうまく合わせるには，虫めがねを目の近くで持ち，見るものへ近づいて焦点を合わせるやり方を子どもたちに教えましょう。

注：スプーンの内面（凹型）に写る上下逆さまの像や，妙な具合に拡大された外面（凸型）の像は，子どもたちの興味をそそります。曲面に像が映るときには，反射の仕方が変わり，光の進路が曲げられることを教えます。

統合的な活動

算数の活動

かげと算数：晴れた日の朝早く外に出て，子どもたちが太陽に背を向けて一列になれる場所を見つけてください。子どもたちに，互いのかげをチョークでなぞらせます。なぞったかげには，その子の名前を書いておきましょう。メジャーでかげの長さを測り，部屋に帰ってかげの長さを表にまとめます。正午にさっきと同じ場所に戻り，もう一度かげの輪郭を描き，長さを測ってください。地球が回っていることを抽象的に説明しても，子どもの印象にはあまり残りません。しかし，このようなかげの変化をとらえる体験をすると，結果として，理解を深めることができるでしょう。

放課後，もう一度先ほどの場所に戻ってください。子どもたちのかげはどこにありますか。夕方のかげの長さを測ってください。そして，かげの長さを表に書き加えてください（私たちの地球は太陽からずっと離れたところで自転しているので，時間が経つにつれてかげの方向が変化します。また，太陽の高度が変化するため，かげの長さが変化します）。

鏡と算数：鏡を使って，簡単に対称を体験することができます。子どもたちに小さな長方形の鏡を与えてください。雑誌の切抜き写真を配り，鏡に映して，まったく同じ像が映るかどうか確かめましょう。また，半円のものを鏡に映すと，円形になるかどうか確かめましょう。

省エネルギー（日常生活にも役立ちます）：電球のワット数を子どもたちに見せて，ワット数が変わると明るさが異なることを説明します。小型の傘のない電気スタンドを使って，ワット数の違いで明るさが違うことを見せます。子どもたちと一緒に，教室で使われているワット数の合計を計算してみましょう。教室に誰もいないときに照明を消す理由がわかります。

角度についての追究：将来，幾何学を学ぶときの下地を作るため，懐中電灯と鏡で遊ばせてみましょう。鏡に当たる光の角度と，鏡から反射する光の角度が同じであることを調べます。子どもたちに問いましょう。「鏡を使って，ドア，天井，テーブル……に光を当てられますか」。

🔵 光を使った話

1. レオ・レオーニの『あおくんときいろちゃん』（訳注：藤田圭雄訳，1967，至光社）を読んでみましょう。小さな学習スタンドと，青と黄色のプラスチックのうちわを使い，話に合わせてうちわを重ねて色を混ぜたり，うちわを離して別々の色にしたりします。子どもたちに，学習スタンドとうちわを使って体験活動をさせましょう。スタンドの下に1枚の白い紙を敷きます。うちわの代わりに色つきのプラスチック板でも同じことができます。
2. 小さくて強力なスタンドと人形を使って，かげを生きているかのように動かしたり，簡単なかげの話しをしたりしましょう。暗くした部屋の中に物語の舞台を作り，その周りに子どもたちを輪になって座らせます。小さい人形を，外でかげ鬼をして遊ぶ子どもたちに見立てます。このゲームでは，厚紙の木やブロック塀のかげが逃げ場になります。人形の子どもたちを困らせるために，厚紙の雲を人形とスタンド照明の間に通します。人形は，かげ鬼をするためのかげが見えなくなったので，かげがなくなってしまったのだと考えます。人形を，横で話を見ている子どもたちのほうへ歩かせます。「かげを見つけるにはどうしたらいいの」と，人形が子どもたちに助けを求めます。

🔵 造形表現の活動

反射するコラージュ：光沢のある包装紙やアルミホイル，スパンコール，きらきら光る小物，星型の飾りなどでコラージュを作りましょう。

反射するものを吊す：銀紙やアルミホイルを2枚ずつ簡単な形に切らせます。3，4種類の形を切り抜き，光沢面を下にして一列に並べさせます。それぞれの形の中心に，ボンドを少しぬります。そのボンドをぬったところにおよそ40センチの長さのひもを置きます。子どもたちには，上から同じ形のもう1枚の紙やホイルを貼らせてください。ひもの端には，金色のプラスチック糸巻きを結び，天井やドアの枠にテープでとめましょう。

「ステンドグラス」のメダル：ジュース缶などの「6本入りパック」から，缶を固定しているプラスチック製のリングホルダーについている6つの輪をばらばらに切り離してください。切り離した輪の上のところに太い縫い針で穴をあけ，その穴に糸を通して結びます。子どもたちは，リングの周りにのりを点々とつけ，色のついたティッシュペーパーとセロファンをその上に貼りつけます。余分な紙は切り取ります。でき上がったメダルを窓に掛けてください。「光が透き通るかな」。

半透明なパラフィン紙：子どもたちに色つきティッシュペーパーを好きな形に切らせ，2枚のロウ引きのパラフィン紙の間にならべて挟み込ませます。それを新聞紙を敷いた加熱調理用のトレイの上に置き，ピザローラーで強く擦って固めます。

色の混合：レオ・レオーニの『あおくんときいろちゃん』を読むと，子どもたちは色絵の具の色混ぜをしたいと思うでしょう。年少の子どもたちでは，一度に2つの原色だけを混ぜてみます。年長の子どもたちでは，三原色を混ぜて，虹のすべての色を作り出すことができます。

遊び

船ごっこ：積み木で作った船の乗組員になっている子は，喜んで潜望鏡を使います。子どもたちには，鏡が光を反射してその興味深い効果が生み出されている仕組みを教えさせましょう。

かげ遊び：雨の日の自由遊びの時間には，ブラインドを下ろして，部屋の隅にOHPを用意してみましょう。ダンス音楽をかけ，子どもたちに決められた場所で踊らせ，影を作って遊ばせます。♣晴れた日は外で，子どもたちと一緒にかげ鬼をしましょう。

反射と屈折のアトラクション：みんなで持ち寄ったおもちゃや日用品をできるだけ多く使って，反射と屈折についての体験活動をさらに続けます。万華鏡，筒の先にレンズがついているオクトスコープ，牛乳パックで作った潜望鏡などは，すべて，鏡を使って魅力的な形や景色を映し出します。トンボの眼のオクトスコープには25の平面がカットされていて，昆虫が見る世界を体験できます。回折格子やそれを利用したレインボーグラスなどのおもちゃでは，虹色効果が発生します。よく見かける，見る向きで絵柄が変わる絵にも，レンズがついています。このような品物は自然観察館や博物館の売店で売っています。古い双眼鏡や，プラスチック製のカード型レンズ，色々な種類の虫めがね，そして調べるための小さなものを入れた容器も科学コーナーに置いておきましょう。

創造的な身体表現

鏡になろう：鏡の中の先生になったつもりになって，先生の動きをそっくり真似するよう，子どもたちに言ってみましょう。あなたが動くように，子どもたちも静かに動きます。座っている間，頭や首，肩，腕，手，指を動かして，たくさんの動作をします。落ち着かないグループをおとなしくさせるときにも，よい活動です。

第15章 光

🟢 創造的な思考活動

もしも…だったら？：活動のしめくくりとして，クラスの子どもたちにこんな話をしてみましょう。「みなさんが嵐の夜に目を覚ましたとき，停電していたら，どうしましょう。月あかりはなく，星は雲に隠れています。家の電気はつきません。懐中電灯は持っていません。それに，みなさんは眠くないのです。好きな本を読もうと，部屋を手探りで捜します。探した本が見つかりましたか。本は読めますか。クレヨンと紙の入った箱を手探りで捜します。絵が描けますか。どんな色で描きますか。鏡に自分の姿が映っていますか。お家の人が明かりをともすには，どうしたらいいでしょうか。部屋は明るくなりましたか。もっと明るくするにはどうしたらいいでしょう。他に何か変わったことはありますか」。

科学概念を多様に関連づける

🟢 概念を維持する

1. ドアのノブ，ぴかぴかしたボタン，昼食で使うスプーン，運動場の水たまりなど，反射するものに気がついたら，それを子どもたちに知らせてあげましょう。
2. 直射日光の当たる教室の窓にプリズムを吊します。きれいなスペクトルが出るようにプリズムの位置を調整したりして，実験してみてください。
3. お昼寝の時間の後にブラインドを上げるときや，すりむいたひざをよく見るときなど，機会があれば，ものをよく見るには光が必要なことを話してみてください。この素敵な世界を見るには光が必要なことについても話しましょう。
4. 子どもたちが何か調べたいと思ったときに自由に虫めがねが使えるように，虫めがねはすぐ手に取れる場所に置いておいてください。教室に顕微鏡を用意して，「みんなが小さな標本を調べたいと思ったときには顕微鏡を出してあげるよ」と子どもたちに言っておきましょう。顕微鏡の鏡を調節して，標本にたくさん光を反射させることも話しましょう。
5. 校庭の近くにある木や建物のかげの長さの変化を調べてみましょう。朝，昼，夕方に外に出て，舗装されたところではチョークで，芝生などでは石を置いてかげの長さの変化を調べます。この役割は，特定の子にお願いしましょう。その子から，他の子へ変化のようすを説明してもらいます。
6. レーザー光線は，テレビ番組やおもちゃの広告で破壊用の武器として取り上げ

られることがあります。考え方のバランスをとるために，レーザー光線の前向きな利用方法について説明をしてください。医者は，レーザー治療で病気を治療します。他にもレーザーには，有意義な使い方がたくさんあります。スーパーのレジでは，商品についているバーコードを「読み取る」ためにレーザー光線が使われています。CDを鳴らすときにも，波長の短いレーザー光線をCDに当てています。

● 園（校）庭を改善する

　園（校）庭をいっそう魅力的にするために，陰影を変えてみましょう。ぶどう棚は，晴れた日に心地よい日かげを作るとともに，ぱっと変化する葉の模様を作り出します。秋や春に，大きな日かげを作る木を植えてみましょう。根を保護するためにウッドデッキで樹木を取り囲み，こかげを遊び場にします。静かな活動をするためにも平らな涼しい場所は必要です。庭があれば，子どもたちが太陽の光に好奇心を抱くように，杭と杭の間に不要になったCDをひもでぶら下げましょう。

● 概念を結びつける

　表面張力の体験活動と，光の屈折とを関連づけてください（第8章「水」を参照）。水滴の表面が引っ張り合うことで，水滴の表面がカーブすることを思い出させてください。水の曲面を通過した光は屈折し，見え方が変わります。シャボン玉は表面張力で丸くなり，虹色に光ります。教室の植物を子どもたちが世話をするとき，どんな植物でも成長するためには光が必要であることを思い出させてください。また，植物は人や動物の根源的な食べ物（食物連鎖の底辺）であるため，私たちも，生きていくためには光が必要となります。

● 家庭と地域の支援

　家庭でも，子どもの関心を光に向けさせるように促します。窓のステンドグラスから差し込む光，夜に懐中電灯をつけたときの光の筋，晴れた夜と霧の夜の車のヘッドライト，灯台の明かり，野球場の照明など，話題はたくさんあります。家の屋根にある太陽熱温水器にも注意を向けさせましょう。そこでは，太陽のエネルギーを熱として蓄えます。家庭には，光を電気に変える太陽電池のついた電卓があるでしょう。スーパーマーケットでは，光センサーのついた自動ドアを子どもに示したり，レジで商品の金額を読み取るバーコードリーダーがレーザーを使っていること

も知らせましょう。

　家の近くの天文台やプラネタリウムで，家族向けのプログラムが開かれているか探します。光について参加型の展示がある子ども博物館を探して，家族に知らせましょう。

参考文献

Bennett, A., & Kessler, J. (1996). *Apples, bubbles, and crystals*. New York: Scholastic.
Doherty, P., Rathjen, D., & Exploratorium Teacher Institute.(1995). *The magic wand and other bright experiments on light and color*. New York: John Wiley. ［Paul Doherty, Don Rathjen, Exploratorium Teacher Institute （1997）広井　禎・他（訳）絵を映す魔法の杖：光と色　丸善］
Franklin Institute. (1995). *The Ben Franklin book of easy and incredible experiments*. New York: Wiley.
Hann, J. (1991). *How science works*. Pleasantville, NY: Reader's Digest.
Kepler, L. (1996). *Windowsill science centers*. New York: Scholastic.
Lauber, P. (1994). *What do you see and how do you see it?* New York: Crown.
Levenson, E. (1994). *Teaching children about physical science*. New York: Tab Books.
VanCleave, J. (1993). *Microscopes and magnifying lenses*. New York: John Wiley.

第16章 環境

> 環境に関心がありますか。関心がない人っているの！ それでは，どうしたら子どもたちに未来について心配させたり怖がらせたりしないで，この美しい惑星，地球を守っていくための学習をさせられるのでしょうか。本章の活動は，子どもたちに環境に対する積極的な態度や，しっかりとした知識を導くための手助けになるでしょう。

植物，動物，空気，水，天気，岩石，そしてヒトの体は，主だった環境の要素で，しかも子どもたちが接することができるものです。これらのことがらを学習すると，環境（これには私たち自身も入っているのですが）への基礎的な理解が築かれます。本章で示されている体験活動は，子どもたちが以前に学習した科学概念の間につながりをもたらします。ここでは，環境という，すべてを包摂するような概念の理解を進めるために，次のような下位概念を探究します。

- ものごとの間，たとえば，植物，動物，空気，水，天気，岩石，そして私たち自身などの間にはつながりがあります。
- 環境とは私たちの身の回りのことです。私たちはそこで生活するのと同時に，それについて学習できます。
- 私たちは力を合わせて，ゴミを減らす，再利用，修理，リサイクル（再資源化）して，環境を維持できます。

これらの概念は，先にあげた主だった要素を学習した後で取り上げることもできますし，年間の科学学習の導入として用いることもできます。それはこれらの概念が，他の科学学習の要素に枠組みを与えるものだからです。広い領域にまたがる環境の話は複雑なので，小学2～3年生以上の子どものほうが適しているでしょう。ただ，ここで紹介する活動には，もっと年少の子どもたちにもうまく導入できるも

第16章　環境

のもあります。教師は，自分のクラスの子どもたちにとって，最もよいと思われる時期や方法を自由に決定できます。

以下の活動の中で，子どもたちは自分と自分の身の回りの関係について調べたり，草むらの環境を注意深く調べたり，微気候（マイクロクライメット）を調べたり，飼育槽を作ったり，草木に親しみをもったり，いろんな方法でリサイクルの活動に参加し，環境を大切にすることを誇りに感じたりするようになるでしょう。私たちのねらいは，子どもたちに自然に対する関心や愛護の気持ちをずっともち続けてもらうことにあります（Wilson, 1996を参照のこと）。

また，本章は子どもたちの自然環境をさらに豊かにするために，どう校庭を修復していったらよいのかということを教師や学校に示す内容も含んでいます。これは学校での環境教育のために使えるだけでなく，かつて普通に遊んでいた身近な自然の環境を子どもたちに提供するためでもあるのです。

科学概念　ものごとの間，たとえば，植物，動物，空気，水，天気，岩石，そして私たち自身などの間にはつながりがあります。

1. 何と何がつながりをもっているでしょうか（教室内活動）

学習のねらい：他の人とつながっているという安心感をもつ。
用意するもの：名刺大のカード　クリップかテープ　マーカーペン　はさみ　ひもや毛糸を約2メートルの長さに切ったもの数本　掲示板か壁面（子どもたちを輪にして，その内側で行なってもかまいません）

小グループでの活動：

1. 子どもたちに「つながり」という言葉について知っていることを聞いてみましょう。いくつか例をあげる必要があるかもしれません。たとえば，つながったレゴブロックや電車，あるいは，教師と子どもがひもの両端を持って「今，先生とあなたはつながっているね」と言うなどです。クラスの友だちや家族の人たちとのつながりについて考えるように発問してみましょう。子どもたちが出してきたつながりをもとに，カードとひもでつながりを表わしてみましょう。

　　たとえば，サラが「私はお母さんとつながっている」と言ったとしたら1枚のカードにサラ，もう1枚のカードにお母さんと書きます。そして，2枚のカードを掲示板などにテープでとめ，カードとカードをひもで結びます。もしかすると，サラのお母さんは登下校のときにテイラーも一緒に車に乗せるかもしれません。そこで，テイラーと書いたカードをテープでとめます。そして，サラのお母さんのカードとテイラーのカードをもう1本のひもで結びます。もし，テイラーが放課後，アンドリューの家に遊びに行ったのなら，2人もつなげます。カードとひもをつなげる作業をできる限

り続けます。子どもたちの発言はさまざまです。しかし、子どもたちの話し合いをもとに、つながりをどんどん広げていきましょう。
2. どの子どもたちも、心の中にしっかりとつながりの考え方がもてるように、つながりについてどんな発言をしても受け入れてあげましょう。野外のものについても、子どもたちが「つながっている」と考えられるものは何か、話し合わせましょう。
3. 子どもたちが引き続き学習できるように、作ったつながりの図は残したままにしておきましょう。そして、子どもたちが新しい考えを追加できるように、余ったカードとひもを近くに置いておきましょう。年長の子どもなら、自分たちが作ったつながりに説明をつけ加えることもできます。

2. 何と何がつながりを持っているのでしょうか

学習のねらい：野外の環境のつながりについての気づきを楽しむ。
用意するもの：名刺大のカードか付箋（1人あたり3～4枚）　鉛筆かマーカーペン　台紙に使う厚紙や、厚い織物、プラスチック板など（3～4人のグループに1枚）
小グループでの活動：
1. 教室で、子どもたちが最初に行なった「つながり」の活動について思い出させます。「今日は校庭に出て、私たちの周りのもののつながりについて勉強します」。子どもたちに「環境」とはどんなものなのか、考えを聞きましょう。「私たちがいるところ、そして、ここで私たちを取り囲んでいるすべてのものを環境といいます」。
2. 子どもたちは外に出て、輪になって座ります。子どもたちが今いる環境（たとえば、空気や近くの小川など）で、見たり、聞いたり、匂いを嗅いだり、触ったりできるもの、見たり聞いたりはできないけれども実在するものについて、できる限り考えを出し合います。
3. 年少の子どもたちの場合には、話し合った内容をカードに書きましょう。そして、カードを台紙に貼りつけ、関係を示すつながりを鉛筆で結びます。年長の子どもたちの場合には、小グループに分かれて、自分たちでこの作業をさせてみましょう。
4. 話し合いの中で、それぞれのグループがさまざまなつながりを作るように配慮します。「まだ誰も考えていないつながりはありませんか」「もっと直接的につながるものはありませんか」。この話し合いの目的は1人ひとりの子どもたちが、それぞれに追求したい疑問を見つけることにあります。「もし…ならどうなるだろうか」という疑問は新しい考えを引き出すことができます。「もし水がなかったらどうなるでしょうか。もし太陽が一日中輝いていたらどうなるでしょうか」。それぞれが自分の疑問をもつよう促します。子どもたちの疑問（たとえば「アリは何を食べるのだろう」など）を後で調べるときには、教室にある本や、その他の資料などを見つける手助けをしてください。

第16章　環境

3. 生命の網の目の中で生きる🍀

学習のねらい：自分が環境要素と結びついていると感じ，所属感を感じる。

用意するもの：ひもを巻いて玉にしたもの

クラス全体での活動：子どもたちを輪になって立たせましょう。教師は巻いたひもを持って輪の真ん中に立ちます。ある子どもに，その地域に生えている植物の名前を1つあげさせ，それを答えた子どもにひもの端を持たせます。別の子に「その植物を食べるのは何ですか」と聞きます。答えが納得いくものであれば（たとえば，ウサギ），その子どもにもひもを持たせます。これでウサギはその植物とひもで結ばれました。すべての子どもがつながりをもつまで，このような食べ物やすみかの質問を続けます（たとえば，「ウサギを食べるのは何ですか」「キツネはどこに住んでいますか」など）。

ある子ども（多分，1人は木と答える子がいるでしょう）を座らせ，「木が倒れたとき，引っ張られた感じがしたのは誰ですか」と質問してみます。この活動を通じて，子どもたちは体を使ってつながりを体験できます。

「この小さな生き物はどこに住んでいると思う？」

| 科学概念 | 環境とは私たちの身の回りのことです。私たちはそこで生活するのと同時に，それについて学習できます。 |

1. 生き物の環境とはどのようなものでしょうか🍀

学習のねらい：草むらの小さな生き物になったつもりで楽しみ，それらの小さな生き物に共感する。

?　探究活動：「みなさんはおやゆび姫の物語を知っていますか。おやゆび姫はみなさんの親指くらいの大きさしかありません。おやゆび姫が散歩したらどうなるか確かめてみま

279

しょう」。子どもたちに虫めがねと1.3メートルの長さのひもか毛糸を渡します。子どもたちを近くの草むらか林に連れて行き，子どもたちに自分が探検する場所を決めさせます。「みなさんが持っているひもを伸ばして，おやゆび姫になったつもりでひもに沿って腹這いになって進んでみましょう。草の背丈がどんなに高いか見てごらんなさい。あなたの頭よりも高いですね。頭を低くして，虫めがねで小さなところまで見てみましょう。そこには小さな動物がいますか。それは何をしていますか。アリが急いでお家に帰ろうとしているのが見えますか。アリは忙しすぎてみなさんとお話しできなかったですね。飲み水にするしずくや，何か食べ物が見つかりましたか。どこで休憩したいですか。枕に使えそうな柔らかいコケがありますか」。

子どもたちが見たことは，グループのみんなに報告させます。後で，自分の小さな世界を絵に描いてみるように促します。

2. 微気候を作ってみましょう

学習のねらい：小さな世界を想像し，持続的な飼育槽を作って楽しむ。
用意するもの：（できれば）草むらから掘り起こした小さな植物か，以前の体験活動で育てていた小さな苗木（p.76「種子の成長が始まるのに必要なものは何でしょうか」を参照）　少量のコケ　小枝か樹皮・貝殻・小石　2リットル入りのペットボトル（2人に1本か，各自に1本ずつ）　鉢植え用の土　砂利　砕いた木炭（化学的に処理された練炭ではないもの）　使い古しのスプーン　新聞紙（室内で作業するとき）　霧吹き
事前の準備：ペットボトルを準備します。ペットボトルのラベルは取り除きます。はさみかカッターナイフで，ペットボトルの上から2／3のところで切ります。
小グループでの活動：

1. 「みなさんは，自然に雨が降ってくる小さな世界を作れると思いますか。そこでは植物が育ち，みんなは小さな葉っぱの下で生活している気分になれますよ」。子どもたちに作り方を示しましょう。ペットボトルの底に小石を敷きつめ，その上を砕いた木炭で覆い，それからスプーンで土を入れて厚めの層を作ります。数本の小さな植物を土の中に丁寧に植えましょう。植えるときには，まず植物の根を埋めるための穴を掘ります。それから根の上に土をかぶせて固めましょう。最後に，樹皮やその他の自然物で飾りつけをしましょう。貝殻は小さな池にできます。
2. 霧吹きで植物を湿らせましょう。ペットボトルの上側2／3をもとに戻して内側に押し込み，下側と上側をテープで止めます。もし，ペットボトルのキャップをなくしてし

図16-1

まっていたら，口をテープで塞ぎましょう（図16-1）。これを，直接太陽が当たらず，あたたかくて明るい場所に置きます。
3. 次の日，ボトルの中で水が蒸発し，凝結しているのを観察させましょう（p.156「温度が違うと，水はどのように変わるでしょうか」を参照）。「雨」粒となって，もう一度土に戻っていくのです。もし子どもたちが植物に霧吹きで水をかけすぎていたら，容器の中は水滴だらけになっているでしょう。水分がありすぎてカビが生えそうなら，ボトルの口に貼ったテープを数時間取り外しましょう。反対に，ボトルの中の水分が足らないようであれば，植物に霧吹きで水を与えましょう。そして，この小世界の自給自足について話しましょう。さらに，これらの植物が養分と水分をどのように得ているのかについて考えさせましょう。

3. 目を閉じたままで，木について学びましょう 🍀

学習のねらい：木に親しみをもち，木を固有の生命体として見ることができる。
用意するもの：一本立ちの木（毒のあるウルシなどが巻きついていないもの。この活動のためにどこかの公園に行く必要があるかもしれません）　目隠し用の柔らかなタオル（子ども1人に1枚）　大きなクリップか普通のクリップ
小グループでの活動：
1. 子どもたちと野外に出かけて聞きます。「ある古くて大きなものについて知りたくないですか。それは話すことはありませんし，ものを見ることもありません。見たり話しかけたりしなくても，私たちにはそれがわかります。これが何だかわかるかな」。
2. 子どもたちをペアにして活動させます。1人の子が目隠しをし，もう1人の子がパートナーを1本の木まで連れて行きます。目隠しをした子に，手で木を感じさせます（目隠しを怖がる子もいるでしょう。そのときには目隠しをせずに，目を閉じるだけでかまいません）。さらに，いろいろな感覚を使って探ってみるように促します。そして，聞きます。「木の皮はどんな感じですか。枝をみつけましたか。葉っぱはありますか。根っこは突き出していますか。その木には穴がありますか。幹の周りに手を回すと届きますか。木はどんな匂いがしますか。べとべとしていますか」。
3. 目隠しした子どもが調べ終わったら，パートナーはその子どもを木から離れたところに連れて行き，ぐるっとターンさせます。そして，目隠しを取って，その子どもに自分が調べた木を当てさせます。その後で，役割を交代します。
4. 教室に帰って，子どもたちが自分が調べた木についてどんなことを覚えているか，絵に描かせます。その木は自分の特別な木として年間を通して関わり続けるよう促します。このようにすると，子どもたちはその1本の木に愛着をもつようになります。そして，木は単に生活の背景を彩るものではなく，生き生きと個性をもった存在に思えてきます。最後に，木と他の動物や私たち自身との関係について話し合いましょう（p.288「概念を維持する」を参照）。

第Ⅱ部：科学概念・体験・統合的な活動

科学概念

私たちは力を合わせて，ゴミを減らす，再利用，修理，リサイクル（再資源化）して，環境を維持できます。

1．ゴミを減らし，水を大切にするには，どうしたらいいでしょうか

学習のねらい：世界の環境を守ることの大切さを体感し，仲間と協力することのすばらしさを実感する。
用意するもの：不要になったダンボール　マーカーペン　体重計
クラス全体での活動：
＜Part 1：ゴミを減らす＞
1. 子どもたちに自分たちが今まで学校のゴミ箱にどんなものを捨ててきたか思い出させます。黒板にそれを書き出します。そして，それらのゴミを種類別にグループ分けさせます。いろいろなグループができます。子どもたちが分類したグループ分の段ボール箱を用意し，それぞれラベルを貼ります。数日間，それぞれのダンボール箱に分別してゴミを捨てます（ダンボール箱はゴミ収集している間，空にしないように注意します。生ゴミは毎日処分しますが，その量を記録しておきます）。
2. 収集期間が終わったら，それぞれのダンボールの重さを量り，グラフにします。この結果をもとに，1年間に出るゴミの量を予測したグラフを黒板上に描きます（この計算については，教師がしてもよいでしょう）。
3. 問題点があると子どもが考えているかどうか調べましょう。子どもをグループ分けして，それぞれのグループにどうやったらゴミの量を減らせるか，またどうやってゴミを再利用できるかを考えさせます。もし，子どもが問題意識をもっていなかったときには，「もしゴミ収集車が私たちの学校に来なくなり，ゴミを持っていってくれなくなったらどうなるでしょうか。ゴミ収集車がなかった時代，人々はゴミをどう処理していたのでしょうか」といった質問をします。たとえば，ペーパータオルを半分に切って使うとか，片面だけ使った紙は箱にためておいて裏面を使えるようにしておくとか，鉛筆やクレヨンを大切に使うようにするといったゴミを減らす方法をクラスで考えましょう。その後，子どもたちのゴミを減らすアイディアをどうやって実現していくか一緒に計画します。ほとんどのアイディアは1，2日試してみる価値があります。かなり有効なアイディアもあるでしょう。記録をとったり，学期末までにはどれだけのゴミをクラス単位で減らせるか予測したりします。
4. 学校環境の改善活動に取り組みましょう。どうしたらこの環境を，もっと居ごこちのよい場所にできるか一緒に考えます。「ゴミはそれぞれの場所に捨てる」ことで，子ども全員が学校環境を守ることに参加しているのだと話します。「ほんのちょっとのゴミでも害になる」ことを思い出せるようなスローガンを考えさせます。このような環境活動は，学校全体で取り組めます。年少児と年長児の交流の機会にもなり，お互いにとって価値あるものとなります。バーバラ・クーニーの『ルピナスさん』（訳注：掛川恭子訳，1987，ほるぷ出版）という本では，どうやったら1人の人間が環境の改善に貢献できるかというテーマを扱っています。
5. 「生物によって分解される」と「生物によって分解されない」という概念，いわゆる

簡単に腐敗して土に返りやすい物質とそうでない物質について調べましょう。校庭の邪魔にならない場所に，変質しにくい発泡スチロールのコップやビニル袋，ジュースの缶などを紙袋と一緒に埋めます。数か月後にもう一度掘り出し，それぞれのものが土の中でどう変化したのか見ます。子どもたちが観察したことを，分解しない人工物はリサイクルしたり再利用したりする必要があるという考えに結びつけるよう促しましょう。校庭で堆肥を作りましょう（p.88「土の成分」を参照）。

6．教室内で壊れたものを捨てずに修理して使いましょう。それには壊れたものをためておくための「修理箱」を置きます。壊れたものを修理して使う経験をすることで，子どもはものの大切さを学びます。修理するのに，子どもや教師では技術的に手に負えないものは，校務員さんや，心安い子どもの保護者に協力をお願いするのも１つの手です。年長の子どもであれば，破れた本のページをテープで貼ることもできます。また，簡単に縫い合わせて直すこともできるようになるでしょう。安全ピンや糸や針の入った救急道具を用意しておきましょう。就学前児や幼稚園児は，学校の自転車を整備することを得意がります。きしむ車軸にオイルを注したり，モンキーレンチでハンドルのボルトを締めたりできるよう，オイルやレンチを使いやすいところに置いておきましょう。

＜Part 2：水を守る＞

導入：生態系での水の大切な役割について話し合いましょう。水は，すべての生き物が生きるために必要不可欠な物質の１つです。水は，自然の中でくり返し利用されています。飼育槽の中で蒸発し，水滴となり，雨となったサイクルを思い出しましょう（p.174「蒸発と凝結によって雨が降ります」を参照）。たくさんの廃棄物が湖や川などに捨てられたり，化学物質が地下水脈にしみ込んでしまったりすると，生き物は必要とする水を十分得られないかもしれません。今までのところ新しい水を作り出す方法は見つかっていません。そのため私たちは，世界の貴重な水を汚さないように使わなければなりません。あなたの地域で用いられている浄水方法を調べてみましょう。

1．子どもたちが水を無駄にしないための簡単な方法を試してみましょう。大きな空の牛乳パックを用意し，校内の蛇口から流れ出る水を１分間溜めます。その水をコップに移し替えて，何杯分になるか調べます。その水の量は，子どもたちが流しっぱなしで手を洗うごとに浪費している水の量にあたります。

　その後，洗面器を使って手を洗うことについて話し合います。また，１人ひとりの人間や動植物，大地が，それぞれどのように水を必要としているかを話し合います。不必要に水を流しっぱなしにしない，無駄遣いをしないという子どもたちの心がけが，私たちの地球を救う手助けとなっていくのです。

2．限りある地球環境の保全を自覚している１人として，４月22日の「アースデイ（地球の日）」をみんなで祝いましょう！

統合的な活動

算数の活動

1. 見つけてきた小枝や小石，木の葉や鳥のはねなどの天然の素材を，大きさの順に並べてみましょう。自然の素材を使った活動では市販の教材とは違い，面白い疑問や発見がいろいろ見つかるでしょう。たとえば，短くて太い棒は，長くて細い棒より「小さい」といえるのでしょうか。

2. 見つけてきたもので大きな数を数えてみましょう。バスケットの中には，何枚落ち葉が入るでしょうか。落ち葉を1枚1枚重ねて2センチの厚さにするには，何枚の落ち葉が必要でしょうか。木には何枚の葉がついているでしょうか。ドングリは何個ついているのでしょうか。サヤの中には何個の種が入っているのでしょうか。子どもたちに，自然の豊富さを教えましょう。

3. 葉っぱの面積を比較しましょう。いろいろな大きさの厚紙を子どもたちに配り，その紙の大きさにだいたい見合うぐらいの葉っぱを見つけさせます。年長の子どもであれば，方眼紙を使ってそれぞれの葉っぱのおおよその面積を導き出すこともできるでしょう。

4. おおまかな数について考えましょう。運動場の周りや歩道を一周するのに必要な歩数を数えます。どの子どももまったく同じ歩数になったでしょうか。歩数の違いについて話し合います。どうやって違いをまとめたらよいでしょうか。

5. 自然物の中から左右対称なものを探しましょう。たとえば，葉っぱの左右の形は似ていますか。葉が落ちた後の落葉樹の形を見てみましょう。左右対称でしょうか。木が1本だけ生えているときと，集まって生えているときとで違いはあるでしょうか。

造形表現の活動

蜜蝋の造形：子どもに，蜜蝋が柔らかくなるまで手であたためさせます。あたためることで蜜蝋を思い通りの好きな形に変えられます。薄くなるまで引っ張ると半透明な物体が作れます。蜜蝋は冷たくなることで固くなり，もう一度あたためることで柔らかくなり，何度もくり返し使うことが可能です。その反面，溶けやすい性質があるので，完成した作品を直射日光が当たるところや，熱い車内などに置かないように気をつけましょう。この天然の素材は色のバリエーションも豊富で，手芸店

などで手に入れることができます。生態学の体験活動という意味では，天然の蜂の巣を購入してみましょう。蜂蜜だけを取り除きます。べたべたした状態で最後まで残っているのが蜜蝋です。ぬるま湯で気をつけて洗ってから造形に使いましょう。

日光写真🍀：自然の中で見つけてきた葉っぱなどの天然素材を，黒っぽい厚紙の上で好きなように並べてみます。風などで飛ばないように，厚紙の四隅と，葉っぱの上には石をのせておきます。太陽の下で，1時間ほどそのまま置いておきます。太陽にさらすことで，ものが置かれていたところはそのままの色で残り，それ以外のところは色あせてしまいます。日光写真用の紙（感光紙）も，このような目的のために市販されています。使用するときは商品の説明書に従ってください。

手作りのチョーク作り🍀：粉絵の具とスプーン6杯分の石膏とを，1カップの水に入れてよくかき混ぜます。すばやくプラスチックの製氷トレイに入れて約30分かけて固めます。子どもたちは，このチョークをアスファルトの上や歩道などで使って遊べます。

遊び

おうちごっこ🍀：適当な環境があれば，子どもたちに自然の中で「家」を作らせてみましょう。枝や木の葉，石などで想像力に富んだ家を作り，遊ぶことで，子どもたちの自然への理解が深まります。また，自然を大切にしようとする心を養うよい機会ともなります。低木を剪定しておくと，子どもたちが秘密の隠れ家を作るのにちょうどよい場所となります（大きなレンギョウのしだれた枝が，隠れ家を作るのにぴったりです）。子どもたちに意味深い自然との触れ合いの機会を与えると，将来的に責任ある管理（スチュワードシップ）の意識を養えるのです。

創造的な思考活動

もし雨が全然降らなかったら，もし太陽が一日中出ていて夜がなかったら，私たちの世界はどんなものになるだろうと子どもたちに想像させます。どの子の意見も受け入れてあげましょう。子どもたちには，お互いの意見に耳を傾け，他の子の意見にさらに自分の考えをつけ加えていくような話し合いになるように促しましょう。

ジャクリーヌ・ホースフォールの『3歳からの自然体感ゲーム』(訳注：日本ネイチャーゲーム協会訳，1999，柏書房）という本には，森の中の木になったり，地球の中心部を探検したり，水の流れになったり，上空を漂うシャボン玉になったりとった架空の体

第Ⅱ部：科学概念・体験・統合的な活動

験を心に描く助けになるような話が載っています。

🟢 食べ物を使った活動

🍀子どもたちが自然の中から食用になるものを採取してきて食べることは，自然を愛する教師には魅力的で絶好の機会でしょう。私の住む地域では幸運なことに，近くにたくさんあるクワの木が，夏のはじめ頃に食用になる実をつけます。秋に熟したヤマブドウやニワトコの実がどこで収穫できるか知っている人もいるでしょう。どちらも収穫したすぐはとてもすっぱくて食べられませんが，やる気のある教師なら（幼い子どもたちの手の届かないところで）実を収穫してきてゼリーを作り，クラスの子どもたちと分け合ってもよいでしょう。作業しているときに写真を撮っておくと，本当に自然の中から採ってきのだということがわかります。

子どもたちは落ちている木の実を拾ったり，おいしそうな果実を採るのが大好きです。子どもたちは手当たり次第に採りますし，それを味見してしまう子も多いでしょう。私たちの学校の校庭では，不意にホコリタケが校庭で生え出しました。ホコリタケは食べられますし，珍味としても名高いのですが，子どもたちは興味がないようでした。逆に，校庭のフェンスの向こう側に黒く熟したイヌホオズキの実や，美しいワインカラーのヨウシュヤマゴボウの実を見つけた子どもはおいしそうだという誘惑に駆られるかもしれません。しかし，それはどちらも有毒です。安全のため，自然の中で見つけた食べ物を子どもに与えるときには，必ず専門家に確認してからにしましょう（身の回りの有毒植物についてはp.81「◆安全のための注意」を参照）。

多くの先住アメリカ人はその昔，耕作をしない部族が多く，野生の木の実や果物，植物を頼りに暮らしてきたということを話してあげましょう。その後の入植者たちも，穀物などが貴重であったため，多くが野生の木の実や果物などを頼りに生活していました。スーパーなどで野菜や果物が並ぶようになったのは，歴史的にみてそのずっと後の話ということになります。

🟢 園（校）外での学習活動

小川の散策🍀：もし身近に小川があれば，まずは自分で下調べに出かけ，子どもを連れて行くのにふさわしい場所であるかどうかの確認をしましょう。十分に時間をかけて，川沿いで見つけられて子どもたちにも見せたいもの（植物，昆虫，石，泥や土，木など）を見つけておきます。秋になれば水位が下がる傾向にあるので，

第16章　環境

幼い子どもたちを連れて出かけるには安全な時期です。本書で何度か述べているように，子どもたちに与える科学的なテーマは極力シンプルなものにしましょう。自然の中に入ってしまえば，見たいもの知りたいものがありすぎて，子どもたちは長い説明に耐えられなくなってしまいます。一緒に行く大人はこのことを十分理解しておきましょう。これまで自然環境について学んできた知識は，この散策のときに，また散策が終わってからのクラスでの話し合いの場で再認識できます。

下水処理場や浄水場： 手を洗った後の水や，トイレを流した後の水がどう処理されていくかということに疑問をもつ子どもも多いでしょう。子どもたちに，汚水はどんな方法で処理すればよいのか，また池，川，地下水などを飲み水として安全な水にするにはどうすればよいのかを考えさせ，意見を聞きましょう。できれば地元の下水処理場や浄水場を見学させてもらうのもよいでしょう。沈殿とろ過の体験活動

アスファルトの校庭が自然な広場へと変わりました（カリフォルニア州バークレーにあるワシントン・スクールの環境園）

をすると，そのプロセスがより具体的にわかります。ビン1杯分の泥水を用意します（水たまりの水でも，約1リットルの水に砂利などを含んだ土を混ぜて作ってもかまいません）。ロートにコーヒーフィルターを取りつけ，少量の泥水を流し込み，ロートの下の容器にろ過された水を溜めます。その結果をみてみましょう。ろ過された水は，見た目はきれいになっていますが，飲むことはできません。用意した残りの泥水は1日そのまま放置し，泥やその他の物質がビンの底に沈殿するようすを観察させます。水の上部が，だんだんと透明になっていくようすがわかるでしょう。ジョアンナ・コールの『水のたび』（訳注：藤田千枝訳，1995，岩波書店）を読んでみましょう。

埋め立てゴミ処分場： ゴミが埋め立てられる場所に興味をもつ子どももいます。この活動をするときには，バスを利用する必要があるでしょう。埋立地のようすを実際見ることで，教室に戻ってから子どもたちの間でリサイクルや再利用について，たくさんの意見交換が期待できます。砂場の中におもちゃのトラックや何かを埋め立てる遊びが始まることもあります。

科学概念を多様に関連づける

概念を維持する

1. 子どもたちをグループ分けして，協力して学び合える状態を作ります。お互いが協力し，お互いの足りないところを補い合っていくことで機能している自然環境と，お互いが助け合って学習していることが同じような関係にあるということに気づかせます。
2. 子どもに，毎日交代しながら教室内で動物や植物の世話をさせ，室内に小さくても自然と触れ合える環境を保ちます。
3. 子どもたちが，生き物である木々を大切にしようとする心をもつようになり，また木々たちが私たちに必要不可欠な酸素を供給しているということを理解し始めたら，次のような統計を見せます。「12歳の子どもが，その後の生涯で排出する二酸化炭素を処理するには，1人あたり65本の木を植え，育てる必要があります」。それからクラスごとに苗木を植え，水やりや管理を担当して新しい木を育てます。著者の学校では数年にわたって木を植える活動を行なっています。そのおかげで，今では子どもたちが校庭のこかげで過ごすことができます。

🌑 園（校）庭を改善する

子どもたちの学びと遊びのために校庭を改良する：環境教育は，学校を出た自然の中で行なうのが，最も効果的です。生態系の説明をするのに豊富な実例が使えますし，子どもが何度も訪れて親しむことができます。かつては，身近に子どもたちが触れ合うことのできた自然も，そうでなくなってしまった地域が増えています。さらに，現代の子どもたちはいろいろな理由から外で遊ぶ機会が減ってきています。子どもの成長には，野外で自然と触れ合うことが必要であると信じている教師もいるでしょう。その教師たちは，校内のみならず地域の多くの人たちと協力して子どもに対して，より質の高い野外環境を提供する必要があることを強く感じていることでしょう。学校の管理職，科学（理科）の担当者，PTA，教育委員会，地域，会社などのすべてが力を合わせて，校庭の改善に努めていく必要があります。

この分野で世界的に運動が始まりだしたのは1990年代に入ってからです。この運動によって，典型的なアスファルトや芝生のグランドに替えて，木々や水，花，潅木，野菜，積み上げられた木の枝，鳥小屋，堆肥置き場などの自然な要素を取り入れたいと願っていた教師や学校関係者は勇気づけられました。また，子どもたちがそれらの環境と身近に触れ合える遊び場を用意することも必要です。

ガーデニング：最初に，花や野菜，地域で自生している植物で花壇作りをするとよいでしょう。いろいろな庭園が考えられます。たとえば，「先住アメリカ人の庭園」では，トウモロコシ，マメ，カボチャなどを栽培し（Caduto & Bruchac, 1996を参照），「ピザ庭園」ではトマトやコショウやハーブを栽培します。「バタフライ・ガーデン」では，身近に見られるいろいろな植物，特にチョウが好んで蜜を吸いにやってくるような花や幼虫のえさになる植物を栽培します。「文化のルーツ庭園」（Mannes & Rehns, 2001を参照）では，私たちが食べているものと歴史や地理とのつながりが具体的にわかります。どこに何を植えるか，どうやって管理していくかを決める話し合いには，最初から子どもたちを参加させましょう。そうすると，子どもたちは関心をもち，庭の手入れをしっかりとするようになります。ここにいくつかガイドラインをあげておきます。

1. 次の年まで何も建てる予定のない場所を花壇に選びます。これは学校や教育委員会の営繕関係の人に確かめておきます。校務員さんによく話をして，植えたものが刈り取られたり，殺虫剤をまかれたり，ゴミ捨て場として使われないようにします。近所から目障りでないことも確かめておきましょう。野外環境をよみがえらせるには多くの人の協力が必要です。相談することはとても大切です。

2．花や野菜が6時間ぐらい太陽の光を浴びることのできる場所を選びます。日当たりが悪いのなら，コケやシダが生い茂る庭を作りましょう。子どもが座れる丸太や岩を置けば，子どもたちがほっと一息できる場所になります。

3．水が近くで手に入る場所，できれば蛇口からホースで水が引ける場所を選びます。さもないと，ガーデニングによほど熱心でない限り，雨が降らないときや夏休みに花壇を維持できなくなります。

4．もし土壌に鉛が含まれている心配があるときには，検査しておきましょう。その土地にかつて建築物があり，長期間生活の拠点となっていたのなら，鉛による土壌汚染がみられることがあります。また，高速道路の近くであれば自動車から排出された鉛で汚染されていることも考えられます。汚染された土壌を避けるには，石やレンガ，材木で枠組みを作り，新しい土を敷きつめて花壇をかさ上げします。CCA（クロム化ヒ酸銅）で防蟻処理された木材は，ヒ素が含まれるため2002年から環境保護局によって家庭や学校での使用が禁止されています（訳注：CCAはかつて日本でも使われていましたが，今ではほとんど使われていません）。ACQ（銅・第四級アンモニウム化合物）は，比較的安全で木を守る効果も高い保存剤です。しかし，子どもたちに木が腐敗していくようすを見せるのも勉強になるでしょう。花壇作りに廃タイヤを使うこともありますが，子どもたちが古いゴムを使うことの安全性を問題視する声もあります。

5．除草剤，殺虫剤，防腐剤，殺菌剤などの使用を極力抑える意味で，総合的病害虫管理（IPM）の適用を考えましょう。害虫を殺すために多くの人が毒物をたくさん使うことで，子どもたちにも悪影響が及んでいるのではないかということに関心が寄せられています。詳しい情報を知りたいときには，図書館で調べたり，農業相談員などの専門家に相談してください。アメリカのいくつかの州では，このIPMを学校で適用することを決めており，全米レベルでも立法化が提案されています。

あなたの地域には，子どもたちとガーデニングへの愛情と知識を共有したいと願っている園芸好きの人がいると思います。単に植物にとどまらず，世代間の交流プロジェクトとして立ち上げることもできるでしょう。

堆肥作り：花壇作りと関連して堆肥置き場を作ることは，大切な取り組みです。堆肥作りをすると，子どもたちは，自然が不要物を栄養価の高い土に変化させていくようすを実際に見ることができます。次のガイドラインを参照してください。

1．刈り取った雑草などを手軽に捨てられるところに堆肥置き場を作ります。ただ

し，見苦しくなく，周りの住人に悪臭などで迷惑をかけない場所にします。
2．木製やプラスチック製で見た目もきれいな既製の容器もありますが，支柱と金網を使った手作りのものでも十分使えます。
3．時どき，刈り取った雑草などの上から薄く土を重ねます。茎や葉などと混ぜずに，ただ刈り取った葉だけを重ねていくのは避けましょう。空気の通りが悪くなり，うまく発酵しないで，ぬるぬるしてしまいます。校務員さんなどにも協力してもらって，よい土作りを成功させましょう。

牧草地の草花：芝生がこんなにも普及する前には，アメリカ国内にも，たくさんの牧草地がありました。背の高い草原が広がり，野花が咲き乱れる美しい牧草地を復活させていくことは，人にとってもうれしいことですし，環境にとってもやさしいのです。牧草地ができると，子どもたちは野花をふんだんに摘むこともできます。どんな種を植えればよいのかは，農業相談員などの専門家に相談してください。

水のある環境：水を学校環境に取り入れることは，かなり大がかりな計画ですが，子どもたちはいろいろなことを学ぶ機会が得られます。子どもは水で遊ぶことが大好きですし，野生の生き物たちも水を求めています。立ち入りが制限できる中庭なら，創意に富んだ池や湿地を作ることが可能でしょう。誰でもが入れる校庭であっても，植物が周りにうっそうと取り囲んでいる浅い湿地なら，子どもでもほとんど危険がありません。アメリカ国民の多くは，子どもを水の近くで遊ばせることを恐れすぎています。しかし，学校に水のある環境を取り入れはじめているところもあります。メリーランド州全土の学校では，洪水調節池を作り変えるなどして，湿地を整備しています。子どもたちは小鳥が水浴びをするようすを観察することから始まり，他の子どもと共同でさらに発展的な活動を行なっています。西ナイル熱の発生で，たまり水に媒介役となる蚊が発生することを心配する人もいます。しかし，生態系のバランスがとれた池では，魚などの大きな生き物が蚊の幼虫を食べてしまいます。また，コウモリや鳥類など蚊を好んで食べるものも多くいます。健全でバランスのとれた生態系を作るように力をつくしましょう。

木を増やそう：いろいろな種類の潅木で垣根を作ってみるという長期的なプロジェクトがあります。垣根は，鳥たちの避難所になったり，すみかになったりします。子どもたちが寝転んだり座ったりするときのこかげにもなるでしょう。子どもたちには，どんな潅木があるのか調べさせましょう。

　どんな子どもも，木に実がなっているのを見つけたら採ろうとするのが自然ですし，教育的な意味もあります。梨の木や，ブルーベリーを植えるのもよいかもしれませ

ん。私の知っている学校でも，子どもたちが毎年1本ずつ木を植えています。そして，その木々がつけた実を使って算数の勉強をするのです。

　木々は環境の中で大きな役目を果たします。こかげを作り，生き物にすみかを与え，マツカサ，サヤ，葉っぱなどの遊び道具も提供してくれます。ですから，できるだけ大きな木から植え始めるとよいでしょう。植える場所を注意深く決定し，特に最初の1年は大切に育てましょう。地元の樹木は，その土地の環境に適応するように進化してきたのです。いったん根づけば，管理の必要性も少なくなっていきます。

みんなで一緒に：何かをしようと決めたときには，子どもたちや地域の人たちも巻き込んで進めましょう。子どもたちは協力することで，環境についての理解だけでなく，環境を大切にする方法も身につけていきます。そして，それは生涯役立つでしょう。地域の人々と一緒にすれば，教師がいないときにも，代わりに手助けをしてくれるかもしれません。地元の人で，景観デザインや植物の選定に詳しい人に協力を求めるのもよいでしょう。野外は子どもたちにとって，「一番大きな教室」です（Humphries & Rowe, 1994を参照）。野外の教室は，学校と地域とをつなぐ大切な役割を担っています。そして，すべての子どもたちと，その家族の生活をより豊かにするものなのです。

● 概念を結びつける

　一般的に，環境とはこの地球に存在するすべての要素，物質のことです。そのため，教室の話し合いで，ありとあらゆるつながりを取り扱おうとすると，子どもたちには手に負えなくなってしまいます。このため，本章は，第4章から第10章までで取り扱った科学概念に限って関連づけました。絶滅の危機にさらされる動物，大規模な汚染，再生不能な資源の枯渇などといったトピックは意図的に避けました。このような問題は，子どもたちを不必要に悲しませ，悩ませてしまい，自分たちが無力だと思ってしまうと考えたからです。子どもでも大人でも，心から価値を認めるものに対しては，積極的に関わっていこうとするでしょう。そのため，本章では，自然との前向きなつながりに焦点を合わせて取り扱いました。

● 家庭と地域の支援

　家族にも，環境に配慮するお手本を示してもらうようはたらきかけましょう。親が買い物先で食べ物をまとめ買いすれば，商品の包装に必要な資源の消費を減らせ

ます。買い物のとき，子どもたちに長さや重さを測る手伝いをさせると，実体験に基づく算数の勉強にもなります。こまめに電気を消したり，水の無駄遣いに気をつけたり，短距離の移動では車に乗らず歩いたり自転車に乗ったりすることで，子どもたちもエネルギーの節約に貢献できます。

子どもたちは，空き缶を洗って潰したり，古新聞をそろえて束にするといったことで地域のリサイクル活動に参加できます。家庭に配られる広報紙には，地域で行なわれる，川，道路，海岸などの清掃活動の日程と場所が掲載されているでしょう。

家族でゴミ捨て場を訪れ，ゴミ処理装置を見学したり，下水処理場の展示を調べたり，自分の家庭に水を送っている水源を見つけたりしましょう。年長の子どもであれば，地図上で川の流れなどをたどり，貯水池やダムの位置を調べることもできます。

自然環境センターなどには自然遊歩道があったり，地元の植物や動物について紹介していたりするでしょう。植物園や動物園でも，環境についての展示会などをよく催しています。年長の子どもであれば，宇宙に強い興味をもつ子もいるでしょう。プラネタリウムに行ったことのある子もいるでしょう。こうして見てみると，私たちにとってはとても大きな地球も，さらに大きな仕組みの小さな一部分にすぎないことがわかります。このことは，刺激的であり，またほっとすることでもあります。「私たちは，もっと大きな仕組みの一部であり，それゆえ安全でもあるのです」。

参考文献

Barrett, K., & Willard, C. (1998). *Schoolyard ecology*. Berkeley, CA: GEMS, Lawrence Hall of Science.
Boston Schoolyard Initiative. (2001). *Landscape manual for on-site personnel*. Boston: Author.
Caduto, M.J., & Bruchac, J. (1996). *Native American gardening: Stories, projects and recipes for families*. Golden, CO: Fulcrum Publishing.
Cornell, Joseph. (1979/1999). *Sharing nature with children*. Nevada City, CA: Dawn Publications.　［ジョセフ・コーネル　（2000）　吉田正人・辻　淑子・品田みづほ（訳）　ネイチャーゲーム　柏書房］
Earthworks Group. (1990). *50 simple things kids can do to save the Earth*. Kansas City: Andrews and McMeel.　［アース・ワークスグループ（編）　（1990）　亀井よし子・芹沢　恵（訳）　子どもたちが地球を救う50の方法　ブロンズ新社］
Earthworks Group. (1994). *50 simple things kids can do to recycle*. Berkeley, CA: Earthworks Press.
Fry-Miller, K., & Myers-Wall, J. (1988). *Young peacemakers project book*. Elgin, IL: Brethren Press.
Gibbons, E. (1988). *Stalking the wild asparagus*. Brattleboro, VT: Allen C. Hood.

Herman, M., Schimpf, A., Passineau, J., & Treuer, P. (1991). *Teaching kids to love the Earth.* Duluth, MN: Pfeifer-Hamilton.

Horsfall, J. (1997). *Play lightly on the Earth: Nature activities for children 3 to 9 years old.* Nevada City, CA: Dawn Publications. ［ジャクリーヌ・ホースフォール （1999） 日本ネイチャーゲーム協会(訳) 3歳からの自然体感ゲーム 柏書房］

Humphries, S., & Rowe, S. (1994). The biggest classroom. In P. Blatchford & S. Sharp (Eds.), *Breaktime and the school: Understanding and changing playground behavior* (pp. 107-117). London: Routledge.

Kasperson, J., Lachecki, M., & Hollman, K. (1994). *More teaching kids to love the Earth.* Duluth, MN: Pfeiffer-Hamilton. ［マリナ・ラチェッキ，ジェイムス・カスパーソン （2001） 目崎素子(訳) もっと！子どもが地球を愛するために：センス・オブ・ワンダー・ワークブック 人文書院］

Kohl, M.A., & Gainer, C. (1991). *Good Earth art: Environmental art for kids.* Bellingham, WA: Bright Ring Publishing.

Lovejoy, S. (2001). *Sunflower houses* (2nd ed.). New York: Workman.

Mannes, J., & Rehns, M. (2001). *Seeds of change: Learning from the garden.* Parsnipanny, NJ: Dale Seymour.

Moore, R. (1993). *Plants for play: A plant selection guide for children's outdoor environments.* Berkeley, CA: MIG Communications.

Moore, R., & Cosco, Nilda. (2002). *Developing an earth-bound culture through design of childhood habitats.* A thoughtful statement on the urgency of reconnecting children with nature. At www.naturalearning.com.

Moore, R., & Wong, H. (1997). *Natural learning: The life history of an environmental schoolyard.* Berkeley, CA: MIG Communications.

Orion Society. (1998). *Stories in the land: A place-based environmental education anthology.* Great Barrington, MA: Author.

Project Learning Tree. (1993). *Environmental education activities, grades K-6.* Washington, DC: American Forest Foundation.

Pringle, L. (1997). *Taking care of the Earth: Kids in action.* Honesdale, PA: Boyds Mill Press.

Rivkin, M. (1995). *The great outdoors: Restoring children's right to play outside.* Washington, DC: National Association for the Education of Young Children.

Rivkin, M. (2000). *Outdoor experiences for young children.* ERIC Digest EDO-RC-00-7. Available on Internet from ERIC Clearinghouse on Rural Education and Small Schools.

Russell, H.R. (1990). *Ten minute field trips* (2nd ed.). Washington, DC: National Science Teachers Association.

Tufts, C. (1988). *The backyard naturalist.* Washington, D.C.: National Wildlife Federation.

Vander Mey, B.J., McDonald, S.I., Hicks, K.L., & Feindt, K.L. (2001). *Printed resources for gardening with children and youth.* Clemson, SC: Landscapes for Learning, Clemson University Extension Service.

Wilson, Ruth. (1996). The development of the ecological self. *Early Childhood Education Journal,* **24** (2), 121-123.

補章　家庭で行なう科学体験活動

🌀 植物

　植物はとても大切です。植物がないと，地球上の生物は生きることができません。子どもが植物について発見したことを，しっかり聞いてあげましょう。植物がどう成長するのか，自分たちが植物とどう関わっているのかについても語り合いましょう。そして，簡単な植物の栽培活動を子どもと一緒に楽しんでください。

　家庭で植物を使って体験活動をすることは，学校での体験活動よりも利点があります。家庭では，子どもはみなさんと一緒に，できごとの始めから終わりまでを観察できるのです。たとえば，植物が種子から成長し，もう一度種子になるまでの一連のサイクルを，一緒に観察できます。もし，狭くても日当たりのよい土地があれば，インゲンマメの種をまいてみましょう。子どもには水やりをさせます。発芽や花，小さなマメなどを子どもと一緒に観察し，話をしましょう。とれたマメを食べてみましょう。乾燥保存するために少し残しておきます。翌年には，保存しておいたマメを子どもにまかせましょう。枯れた後，ツルを土に埋めると腐り，翌年の植物のための新しい土壌となります。コンポスト容器で，生ゴミをリサイクルし堆肥を作ってみるのもよいでしょう。

ビンでの植物栽培：小さなビンに水を入れ，大きめのニンニクの球根を一かけら，先が水の上に出るように浮かべます（図17-1）。もし，球根が小さすぎてビンの口から落ちそうなら，爪楊枝を3本刺し，球根が半分くらい水に浸かる

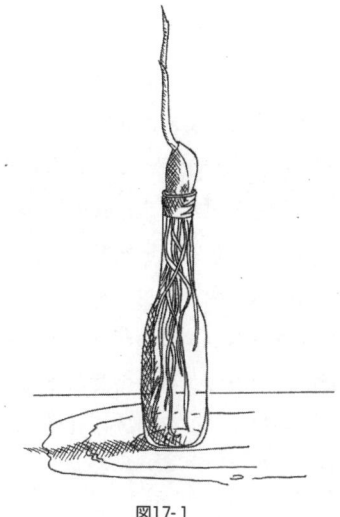

図17-1

ように吊します。毎日新しい水に入れ替え，球根が水に浸っているようにします。短い時間でぐんぐん育つ芽や根の成長を観察しましょう。

窓台でのガーデニング：果物を食べるときに種を見つけたら，忘れずに子どもに見せましょう。柑橘類の種をいくつか，数日間水に浸してください。また，小さな容器の中に鉢植え用の土を入れて，種を少しまきます。そして，それを日当たりのよい窓際に置いてください。子どもに，毎日少量の水やりをさせ，根気よく観察させましょう。別の容器に，インゲンマメ，レンズマメ，トウモロコシの種などをまきます。そして，どの種が早く成長するのか，どれが長い間枯れずにいるかを調べましょう。その過程で起こったことについて，考えたり話したりするよう心がけましょう。

● 動物

地球には，人間を含めて数百万種の動物がいます。すべての動物には共通の特徴があります。学校で詳しく観察している動物について，子どもから話を聞きましょう。家庭でできて，しかも動物への子どもの興味・関心を高められる方法をいくつか紹介します。

観察し，不思議に思う：子どもと外出するときには，よく見かける小さな動物でも，それらを見かけたときには，立ち止まってよく見てみましょう。アリ，毛虫，ハト，リスなどは，近所の歩道にもいるような身近な動物です。このように子どもと過ごすと，子どもの中に身近な野生の動物への畏敬の念が育ちます。よちよち歩きの子どもでさえも，少し教えれば，立ち止まって観察できるようになります。

夜行性の昆虫や鳥などの動物を子どもが観察できるのは，家庭だけです。市街地で見つけたり鳴き声が聞こえたりするものもいれば，田舎や森林で見つけたり鳴き声を聞くことのできる動物もいます。近くの自然環境センターでは，そうした動物のようすを観察する，夜のハイキングが催されているかもしれません。夜の動物観察ハイキングは，学校ではできない特別な冒険です。

家の庭や窓辺に鳥が来るように，簡単なえさ場を設けてみましょう。また，庭をチョウや鳥が集まる場所にしてみませんか。そのためには，地域の植物を植えて，野生動物の食べ物を用意します。巣，水，雛を育てる場所も作りましょう。そこに小さな動物が引きつけられ住みつくようになれば，子どもにとってもすばらしい場所になります。子どもも喜んで協力してくれるでしょう。

補章　家庭で行なう科学体験活動

● ヒトの体

子どもは，すばらしくて複雑な自分の体のはたらきや仕組みについて，どんどん知識を増やしています。このすばらしい贈りものである体を，価値あるものとして子どもに大切にさせましょう。

測ってみる：子どもは，成長を楽しみにしています。子どもの成長は，主に骨の成長にともなう背丈の伸びに現われます。子どもの脚の骨の長さを，みなさんの脚の骨と比較してみましょう。そして，成長した大人の大きさを目安に，子どもたちの成長を測定してみましょう。子どもの脚の骨の長さが，大人の脚の骨と同じぐらいになるには，あとどのくらい成長しなければならないでしょうか。同じことを，手，指，足についてもやってみましょう。子どもに，大人のトレーナーやジャケットを着せてみます。大人と同じ体格になるために，他にも成長が必要なところがあるでしょうか。骨の成長には，牛乳が大切だということを子どもに話してください。眠っている間は体があまり動かないので，骨が最もよく成長することを教えましょう（十分な休息が必要なわけがよくわかります）。子どもの背丈をクローゼットの内側に鉛筆で印をつけて，成長記録をつけてみましょう。印の横にテープを貼って，身長と日付を記録しておきます。毎年，子どもの誕生日にこれを行なうとよいでしょう。

成長を記録する：大人の体にも，成長を続けているところがあります。身長が伸びなくなっても，髪の毛や爪は成長し続けていて，1年に何度も切らなくてはいけないことを，子どもに気づかせます。みなさんの爪のゆっくりした成長を子どもと一緒に観察しましょう。爪のつけ根にボールペンで印をつけます。透明なマニキュアがあれば，その印にマニキュアを塗って消えないようにします。その印が，爪のつけ根から離れていくのに，どのくらいの日数がかかるのか調べましょう。みなさんの爪の成長と子どもの爪の成長とを比べてみましょう。人間の肌が，一生を通じて成長し，再生され続けることも話しましょう。

ここを比べてみましょう：体のいろいろなところの長さを測って比べると面白いことがわかります。子どもたちと一緒にやってみましょう。子どもに，立って両手をいっぱいに広げさせ，両手の指先から指先までの長さにひもを切ります。それから，そのひもの長さと子どもの背丈とを比べてみましょう。ひもの長さと背丈はだいたい同じはずです。家族についても，両方の長さを比べてみましょう。次に，子どもの前腕の長さ（手首からひじまでの長さ）と足の大きさとを比べます。両方の長さはだいたい同じですか。子どもに，家族の足と前腕の長さを比較させてみましょう。

297

やはり，両方の長さは同じくらいになるでしょう。

空気

　子どもは，空気の特性——目に見えないが，あらゆる生き物が生きていくのに必要不可欠なもの——について学んでいます。科学的な体験活動で，子どもがどんなことを発見したのか聞いてみましょう。それから，台所で，簡単な実験を一緒にやってみましょう。

圧力ってすごい！：子どもと一緒に，空気圧について好奇心をそそる体験をしましょう。きれいに洗った，ふたつきの軽いプラスチック容器を用意します（ピーナッツバターの入れ物やリサイクル容器でもかまいません）。まず，容器の底から約1.5センチ上に，小さな穴を丁寧に開けます（穴の直径がストローの大きさ程度になるようにしてください）。流し台で，子どもにその容器へ水を入れさせて，聞きます。「どうなっているかな」（穴からちょろちょろと水が流れ出ている）。すばやく容器にふたをして，聞きます。「どうなったかな」（水の流れが止まった）。「水が流れ出ないように，容器のいろんな面から押していたのは何かな」。子どもに考える時間を与えます（ふたを開けていたときに，水を押し出したものと同じだよ。空気だ！）。流し台で，子どもに，しばらくの間，ふたを閉めたり開けたりして遊ばせましょう。一緒にこの実験をしたことをその後も話しましょう。翌日，翌週，翌月にも話します。こうして，子どもは，空気圧を自分の長期的な知識として蓄えていくのです。

水

　水は，地球上で最も広く知られている化合物です。この惑星の3／4を占めています。この魅力的な物質は，あらゆる生物の生存に必要不可欠です。水についてどんなことを知っているか子どもに聞いてみましょう。そして，子どもと一緒に，水を使った簡単な楽しい体験活動をしましょう。

氷の形：氷ができるような冷たい温度に接する機会は，学校よりも家庭の台所のほうが多くあります。水は，入っている容器の形に凍ることを，子どもと一緒に発見して楽しみましょう。たとえば，いろいろな大きさや形のプラスチック（または金属）容器に水を入れて凍らせてみましょう。スプレー容器についている指ぬき程度の大きさのプラスチックや，入れ子のようになっている計量カップなどが利用できます。工夫をして楽しんでください。ビニルの手袋に水をいっぱい入れて，きつく輪ゴムでとめて凍らせてみましょう。冷凍庫の中で水の入った手袋がどうなるか，

子どもと一緒に調べます。濡れたペーパータオルを逆さにしたボウルに貼りつけて凍らせるとどうなるか調べてみましょう。タオルが凍ったら，容器から外します。ボウルの形をしたペーパータオルのでき上がりです。スポイトで，アルミホイルの上に丁寧に水滴を落とし，凍らせます。その美しい結果を楽しんでください。同じように，霧吹きでアルミホイルに水をかけて凍らせてみましょう。

氷の安全性（寒冷地での冬の学習向け）：透明で底の深い容器に水を入れます。それを冷凍庫に入れるか，氷点下の気温が続く野外に置きます。数時間おきに，どう変化していくか調べましょう。水の表面に氷の層ができたら，子どもに注意深く観察させて，その氷の下がまだ水であることを確かめさせましょう。氷は，容器の外側から中心へ向かって凍ります。野外の池や川でも同じです。外側のふちに近いところの氷は滑って遊べるほど頑丈に見えても，中央の氷は人の重さに耐えられるほど厚くも頑丈でもないことがあります。氷の上で滑ったりスケートをしたりするときの家庭でのルールについて，家族で話し合いましょう。

水が押し上げることの発見：子どもと一緒に泳ぐとき，水が上向きに押す力を体感させましょう。子どもを肩が浸かる深さの水中に立たせます。そして，両手を楽にして体からちょっとだけ離します。腕がどうなったか聞いてみましょう。短い間に何が起こりましたか（水が下から腕を押し上げて，腕が上に動きだします。腕をもとに押し戻すには，ある程度力が必要です）。水中で，ボールのように体を丸くするとどうなるか子どもに予想させます。また，水面で体をいっぱいに伸ばすとどうなるか，水中で体を丸くしたときと比較させましょう。水が下から上に押す力で私たちは浮かぶのです。

● 天気

太陽は地表をあたためます。地表であたためられた空気は上昇し，冷えると下降します。そして，私たちが「風」とよぶ空気の動きが生じます。空気は水分も一緒に運んでいます。こうしたいろいろな状態を合わせて，「天気」とよんでいます。子どもは，太陽，空気，水が作用し合って天気が決まる興味深い過程について学んでいます。家庭で，子どもたちと一緒に，天気に関して調べる活動に取り組みましょう。

空気の上昇と下降：子どもと一緒に，家の中で空気の動きを調べてみましょう。糸の先に，小さな薄い紙を細長く切って貼りつけます。もう片方の糸の先を，ドアの枠に取りつけて，紙をぶら下げます。空気の流れるほうへ紙がなびくのを，子ども

と一緒に静かに観察しましょう。次は，空気の上下の流れを調べます。電気のついている100ワットの電球のすぐ上に子どもの手をかざしてみましょう。安全に十分気をつけてください。あたたかい空気を体感できます。それから，約1.5センチ幅の薄いティッシュペーパーの端を持って，その電球の真上に持っていきます。ティッシュペーパーの先がひらりと上がるのを観察してください。熱くなった電球が空気をあたため，そのあたためられた空気でティッシュペーパーが持ち上げられたのです。次に，冷凍庫か冷蔵庫のドアを少しだけ開けて，細長いティッシュペーパーをドアの下の隙間にかざしてみましょう。冷たい空気が，ティッシュペーパーの先を下に押し下げるはずです。風がどうして起きるのか，子どもと話をしましょう。つまり，世界中には，太陽で空気があたためられている場所もあれば，空気が冷やされている場所もあります。冷たい空気は，あたたかい空気の下にもぐり込み，あたたかい空気は上昇します。こうした空気の圧力や勢いのよい流れを「風」とよんでいます。

乾燥： 空気が水分を吸収する現象は，日常生活の中でよく見られることを子どもに示し，気づかせましょう。たとえば，冷蔵庫の奥にあるしおれたニンジンやリンゴ，ひからびたパン，さっきは濡れていたけど今は乾いている手袋，台所のカウンターで自然乾燥させたお皿などです。これらはみんな，空気が触れて，水分が吸収された例です。

体験活動の統合： あたたかい空気に含まれている水分が，冷たいところに触れると，凝結して水滴となるようすを子どもに示します。たとえば，あたたかい飲み物を入れたテイクアウト用容器のふたの裏，あたたかいシャワーを浴びた後の風呂場の鏡です。

岩石と鉱物

　子どもが採集することのできる最も古いものは何でしょうか。岩石です！ とても小さな砂粒から，私たちが住んでいるとても大きな岩のボール（地球）まで，岩石は私たちの生活にかけがえのないものです。子どもが楽しんで岩石を集められるよう援助しましょう。庭があれば，土の手入れを子どもに手伝わせます。

岩石収集： 子どもが岩石の収集に夢中になっているのであれば，自分が見つけたすばらしい岩石を楽しく整理したり，考えたりできるように支援しましょう。お気に入りの岩石について子どもから話を聞きましょう。「見た目にどんな特徴があるのかな」「どこで見つけたの」，などと聞きます。図書館の本を借りたり，手ごろな入

門書を購入したりして，お気に入りの岩石の種類や名前を調べましょう。場所を見つけて，できるだけたくさんの岩石を飾ります。卵のパック容器は，簡易な展示箱に使えます。余った岩石は，家のあちこちで，さまざまに使ってみましょう。たとえば，石けん置きの底に敷いて石けんを乾かすのに使ったり，鉢植えの植物の下や家の外で樋の下にしいて使ったりできます。

タイムカプセル：家の近くの，あまり人が通らない場所に，30センチ四方くらいの浅い穴を掘りましょう。葉や草を何枚も重ねて，穴の片側半分を埋めます。もう片側には，ちぎったアルミホイルを埋めます。そして，その上に土をかぶせましょう。埋めた場所に石で目印をつけて，一年後に掘り出せるようにします。結果を確かめるのを忘れないように，掘り出す日をカレンダーに書いておきます。（自然物は腐り，カビが生えていることがわかるでしょう。アルミホイルには，何の変化もみられないでしょう）。お子さんに，この2種類のものに何が起こったのか，また，私たちが，埋め立てゴミで分解できないものを再利用，またリサイクルしなくてはいけないわけについて，なるべくたくさんの考えを話すように促しましょう。そして，家族のルールを作ります。それは，「無駄遣いはしません。散らかしません。地球を守り，よりよくしていきます」です。

● 磁石

　子どもは，磁石のはたらきを楽しく発見的に学んでいます。どんな磁石にも，2つの極――N極とS極（地球という巨大な磁石にもあります）――があります。磁石について，自分の子どもがどんなことを知っているのか聞いてみます。その後，磁石で子どもと一緒に遊んでみましょう。

鉄くずを踊らせる：子どもと一緒に，磁石のおもちゃを作りましょう。小型で強力な磁石，底の浅い箱，食品用ラップフィルム，テープ，スチールウールを用意してください。まず，スチールウールを細かく切ります。これには，大型のキッチンバサミが一番適しています。スチールウールを必要なだけ切って，箱の底に薄く敷きます。箱にラップをかぶせ，テープでとめます。箱の下で磁石を動かし，鉄くずを踊らせたり，模様を作ったりして一緒に楽しみましょう。

隠れた磁石探し：子どもと一緒に，家の中に隠れている磁石を探しましょう。いつも使っているけれど，ほとんど気づくことのない磁石を発見してみるのです。磁石つきのクリップ入れ，食器棚のドアの留め金，非常用の懐中電灯をとめておくケース，マグネットつきのメモ挟みなどに磁石が隠れています。冷蔵庫をしっかりと閉

めておくための，扉の磁石も調べてみましょう。磁石は，外からは見えなくても，車のモーターや電気モーター，ラジオ，スピーカー，コンピュータ，電話，テレビ，テープレコーダーの重要な部品であることも話します。銀行のATMやガソリンスタンド，スーパーのレジで使うカードの磁気部分を子どもに見せましょう。磁石は自分たちの生活に必要で，毎日利用していることを子どもに気づかせます。

重力

　子どもは，重力──地球の中心に向かってすべてのものを引っ張る力──について調べる体験活動を行なっています。そうした新しい知識を子どもと分かち合います。その後，重力で楽しく遊びましょう。

動かない風船：2つの小さな風船を膨らませます。できれば，色も大きさも同じものがよいでしょう。1つは口を結び，もう1つは，いったん空気を抜きます。空気を抜いたほうの空の風船に，小さなじょうごを使って，米粒か小石を大さじ一杯入れます。そして，もう一度膨らませて口を結びます。テーブルの端に2つの風船を置いて，子どもに息を吹きかけさせましょう。テーブルから転がり落ちるのはどっちの風船でしょうか。傾いてもテーブルの端から動かないのはどっちの風船でしょうか。子どもは，重力によってこの違いが生じていることに気づくでしょうか。それぞれの風船の重さを比較して考えさせます。

バランス：粘土で作ったボールか，なければ夕食用に買ってきたジャガイモでもかまいません。それに，2つの金属製のフォークを用意して，重力を使ったバランスの体験活動をしましょう。最初に，1本の指先の上で，粘土のボールかジャガイモを落とさずにバランスを保てるか試してみましょう。それから，そのボールかジャガイモの両側に，2本のフォークをそれぞれ下向きになるように差し込みます。下から1/3程度のところに差し込んでください。さぁ，つり合わせてみましょう！　全体的な重さが指より下に移ったので，ジャガイモや粘土ボールはバランスがとりやすくなります（図17-2を見てください）。

図17-2

補章　家庭で行なう科学体験活動

● 簡単な機械

「中には何が入っているのかな」「どうやって動くの」。これらは，子どもがよく抱く疑問です。子どもたちは学校で簡単な機械について調べる体験活動を行なっています。簡単な機械は，ものを持ち上げたり動かしたりする基本的な技術です。私たちの身の回りにある，あらゆる複雑な機械は，簡単な機械の考えを組み合わせて作られています。家にある簡単な機械の仕掛けを発見して楽しみましょう。

何をどのように：みんなが使っている簡単な機械を一緒に探しましょう。

- ペンキの缶をこじ開けるとき，ドライバーはてこになります。
- 身近にある斜面は，車椅子用のスロープ，大型駐車場の傾斜路，遊び場のすべり台などたくさん見つかります。
- ハンドル式の泡だて器は，歯車が使われていて，外からすぐ見えます。

車のボンネットを開けると，ベルトがあって，モーターがいろいろなシャフトを回しているのがわかります。その仕組みを子どもと一緒に調べて，それぞれのベルトがどのようなはたらきをしているか話し合いましょう。歯車は，他の歯車を回転させる車輪のようなものです。缶切りには，小さな歯車がついているものがあります。ねじ巻き時計は，歯車でいっぱいです。もし，壊れたねじ巻き時計があれば，子どもと一緒に分解してみましょう。できるだけ小さなドライバーを捜して使ってください（コイル状のバネは，大人が取り除きます。バネが突然飛び出すことがあります。バネの鋭い縁にも注意しましょう）。

自転車についている歯車（ギア）のはたらきを調べます。自転車は，三輪車よりも小さな力で速く進みます。それは，自転車のチェーンとギアがどうはたらいているからなのでしょうか，子どもに比較させましょう。科学博物館や歴史博物館に子どもを連れて行ったときには，歯車や滑車，車輪などの簡単な機械を観察しましょう。

便利な車輪：家の中で，小さな車輪を調べましょう。小さな車輪は，ものを楽に動かすはたらきがあります。冷蔵庫，掃除機，スーツケース，ショッピングカート，野外バーベキュー用具などの脚についています。ローラースケート，インラインスケート，スケートボードもよく見てください。道を歩いているときにトラックを見つけたら，車輪がいくつあるか数えるゲームをしてみましょう。

● 音

子どもは，音について発見的な活動を行ない，それが，空気，水，固体を振動と

して伝わることを学んでいます。音について子どもが新しく知ったことを聞き，家庭でできる簡単な実験を一緒にやってみましょう。

触って，見て，伝える：子どもと家の中にある音について発見活動を行ないます。子どもは，音がものの振動で生じることをすでに知っています。まず，「触る」実験で，いろいろなものが音を出しているかどうか調べましょう。

　たとえば，耳を手でふさいで，洗濯機やドライヤーをひじで触ってみましょう。スイッチが入ってモーターが動いているときと，スイッチを切っているときの両方で行ないます。耳をふさいでいても機械の音が聞こえるでしょうか。音を出しているのは物体の振動であることを子どもに説明しましょう。

　次に，その機械の上に，水の入った小さな容器をのせます。そして，もう一度，耳をふさぎます。機械のスイッチを入れたときと切ったときの水のようすを「見る」実験です。水が容器の中で震えているのがわかります。これは，モーターの振動と音の影響です。耳から手を離し，モーターの音を「聞き」，機械の影響で振動している水面を「見て」みましょう。

大きくして！：音を大きくするものがあります。子どもと一緒に，「こんにちは」とささやいて楽しみます。それから，耳を手でふさぎ，もう一度「こんにちは」とささやきます。自分の頭の内部で声を聞くと，音が大きくなります。口や鼻の中の空気の振動や，頭蓋骨の振動が音を増幅させます。自分の声を聞いて楽しみましょう！

● 光

　光は植物を成長させ，私たちの世界を目に見えるようにしています。子どもは，このような好奇心をそそる知識を発見的に学習してきています。光のふるまいについて，子どもの説明を聞いてみましょう。その後，一緒にかげ（光が遮られて暗いところ）について簡単な遊びをして楽しみましょう。

かげで遊ぶ：子どもがかげについて学ぶ最高の場所は，みなさんがいる家庭です。それも日が暮れた後が最適です。子どもは，光が何かに遮られるとかげができることをすでに知っています。ですから，強力な懐中電灯や，強さが調節ができるスポットライト型の照明を用意して，暗くなった部屋の中で，子どもと一緒に次のような体験活動を行ないましょう。

1. 子どもを懐中電灯の近くに立たせて，背中に光を当てます。前の壁にできたかげを観察しましょう。子どもがゆっくりと壁のほうへ歩いていくと，かげがど

う変化するか観察しましょう。

2．同じことを，床の高さから照らして試してみます。続いて，子どもの頭の高さからも照らしてみてください。光の方向や距離が変わると，かげの大きさや位置がどう変わるか観察して楽しみましょう。

3．もう1つ光源を加えて，別の方向からも光を当てます。かげはいくつになりますか（野球観戦をするときには，いくつもの照明塔から光が当たっている選手のかげについて，忘れずに話をしてみましょう）。

4．懐中電灯の前に，パラフィン紙を2枚重ねてあてます。そして，不透明な紙で光の一部を遮ると，子どものかげがどう変化するか観察します。雲が太陽の光を遮ったときにも，これと同じような変化がかげに起こることを話しましょう。

5．身近なもののかげを作って遊びましょう。たとえば，おもちゃ，フォーク，櫛など，思いつくものは何でもかまいません。みなさんが子どもの頃に教わったかげ絵遊びをしましょう。

6．暗い部屋では子どものかげがどうなるのか調べましょう。

　晴れた日に子どもと一緒に外出するとき，強烈な太陽の光から顔を守るために，かげができるものを身につけます。それが，ひさしやつばの広い日よけ帽子です！

　夜，街頭の下を子どもと一緒に歩いていると，かげが，あるときは自分たちの前に，あるときは後ろに，そして，あるときは，前後と横にもかげができているのを観察しましょう。そうしたかげの違いを引き起こしている光が，どの方向からきているか見つけましょう。あるときには，自分自身の体が光の行く手を遮っています。光が複数の方向から当たれば，複数のかげができます。家の中で，一日に何度か違う時間にかげを観察してみましょう。かげを見つけたら，子どもと一緒に，何が光を遮ってそのかげができているのか，遮っているものを見つけましょう。

● 環境

　私たちのクラスでは，子どもたちでもできる環境改善の方法について学んでいます。子どもたちは，みんなの協力が必要であることを，以前よりはっきりと理解しています。子どもと一緒に，「ゴミを減らす・再利用・修理・リサイクル」で学んだことを，家庭で実際にやってみましょう。リサイクルするために空き缶を洗ったり，古新聞を重ねて束にしたりするのを手伝わせます。リサイクルをするときには，ガラスやプラスチックの容器から，ふたやキャップなどを責任をもって取り外させます。スーパーへ買い物に行くときは，袋を持ってくる係を子どもに割り当て，忘

れずに袋を持たせましょう。

　ガーデニングは，環境美化という意味でも，健康によい野菜を育てるという意味でも，すばらしい家庭プロジェクトとなります。屋外に十分なスペースがないときには，ベランダやバルコニーに鉢植え用の土を袋ごと置いて，即席の庭を作ります。多少でも日当たりが確保できるところに，その袋をどさっと置きます。袋にいくつか穴を開けて，そこに種や小さな植物を植えます。必要であれば，水をやります。土はビニル袋の中に入っているのですから，あまり乾燥しません。雑草も生えません！　場所とやる気があれば，裏庭か家の近くに，小さな野生生物が住むことのできる環境を作ってみましょう。

参考文献

Allison, L., & Weston, M. (1994). *Pint-size science: Finding-out fun for you and your young child.* Boston: Little Brown.

Emory, J. (1994). *Nightprowlers: Everyday creatures under every night sky.* San Diego: Harcourt Brace.

Harlan, J., & Quattrocchi, C. (1994). *Science as it happens: Family activities with children ages 4 to 8.* New York: Henry Holt.

Hirschfield, R., & Whiet, N. (1995). *The kids' science book.* Charlotte, VT: Williamson.

Hickman, P. (1999). *The night book: Exploring nature after dark.* Buffalo, NY: Kids Can Press.

Paulu, N., & Martin, M. (1992). *Helping your child learn science.* U.S. Department of Education. Stock #065-000-00520-4. U.S. Government Printing Office Order Desk #202/783-3238.

VanCleave, J. (1996). *Play and find out about science.* New York: John Wiley.

VanCleave, J. (1999). *Play and find out about bugs.* New York: John Wiley.

訳者あとがき

　本書は，Pearson Prentice Hall社から2004年に刊行された"Science Experiences for the Early Childhood Years"の第8版の翻訳です。初版が1976年に出版されて以来，ほぼ4年に1回，新版が出版され，第9版が2007年に出版されました。残念ながら，翻訳がほぼ完了してから，第9版が刊行されたため，最新版の訳出はできませんでしたが，本書のすばらしさは少しも損なわれていません。

　訳本のタイトルは『8歳までに経験しておきたい科学』としました。本書で紹介されている活動が，全米乳幼児教育協会の指針や全米科学教育スタンダードに準拠しながら，主として4歳から8歳の子どもたちを対象に書かれているためです。とはいえ，本書で紹介されている体験活動は，3歳ぐらいから楽しめるものもありますし，小学校高学年や中学校の理科授業で取り扱える活動もたくさんあります。そのため，幼稚園・保育所の先生方や，小学校生活科や理科を担当しておられる先生方，それにその年齢の子どもをお持ちの保護者の方々に手に取っていただけるよう，訳語もできるだけ平易な日本語になるように工夫しました。実際に子どもたちと一緒に科学の面白さ，奥深さを体験してほしいと考えています。

　さて，本書の特徴を簡単に紹介しておきたいと思います。本書の1つめの特徴は，著者らが子どもたちと実際に行なってきた体験活動が，身近な素材を使って簡単に行なえる形で，とてもわかりやすく示されていることです。訳者らも，本書中の体験活動の一部を子どもたちと実践してみたところ，熱心な探究活動を引き出すことができました。本書を手に取られた先生方，保護者のみなさんも，本書で取り上げている活動を子どもたちと体験することで，きっと楽しい時間を過ごしながら，子どもたちの科学への興味と関心を引き出すことができるものと思います。

　2つめの特徴は，園（校）外での活動を重視していることです。科学の活動というと，部屋の中の活動を思い浮かべることが多いのではないかと思いますが，本書では室内での活動に加えて，園（校）外での活動のヒントや，園（校）庭の改善のヒントが第Ⅱ部のどの章でも示されています。科学が実際の世界で生きて活用できることを知った子どもたちは，科学の意義や重要性をさらに知ることができるでしょう。

　3つめの特徴は，学習における感情の大切さや，科学以外の学びとの統合を強調していることです。感情や，統合的な学びの大切さは古くから言われてきましたが，

第1章でも紹介されているように，これは最新の理論によっても裏づけられています。これまでの科学活動では，珍しいものやびっくりするような現象で子どもたちを引きつけることはあっても，そこで得た体験を，子どもたちの生活の中で生きて働く知識に転化させていく視点は弱かったのではないかと思います。その意味で，本書の提案は科学体験活動のいっそうの質的な向上に有益な示唆をもたらしてくれるものです。

　最後の特徴は，家庭との連携をとても重視していることです。これまで日本で行なわれてきた保育や教育は，どうしても園や学校の中に閉じがちでした。家庭は，どちらかといえば，園や学校での成果を持ち帰ったり，補完したりする役割としてとらえられることが多かったのではないでしょうか。本書では，園や学校と家庭とがお互いに高め合う関係としてとらえられ，望ましい連携の仕方が具体的に示されています。この点でも，とても参考になると思います。

　ここで本書の著者，ジーン・ハーレン博士とメアリー・リプキン博士について，簡単に紹介させていただきます。ジーン・ハーレン博士は，オハイオ大学にて子どもの発達について教鞭をとり，退職後の現在も，家族や子どもとの臨床的な実践を続けられています。本書の初版から執筆し続けているハーレン博士は，自身が大学の附属校において，思考力豊かで好奇心にあふれる幼い子どもたちに科学を教えたのがきっかけで，幼年期の科学教育に関心をもたれました。同時に，ハーレン博士は，大学の教員志望学生が基礎的な科学知識を欠いていることに気づきました。そこで彼女は，基礎的な科学の概念知識と，そうした知識を幼い子どもたちの体験や思考に織り交ぜる統合的な活動方法を提供するものとして，本書にまとめました。今回翻訳された第8版においても，認知と感情に関する新しい知見を加えながら，その基本的な考え方が引き継がれています。共同執筆者であるメアリー・リプキン博士は，第6版より共同執筆を行なっており，その後，精力的に改訂が行なわれています。メアリー・リプキン博士は，メリーランド大学ボルティモア校（University of Maryland, Baltimore County：UMBC）の准教授で，現在，教育学部長を務めています。彼女は，幼児教育プログラムのコーディネーターとして，科学・数学教育法を教えていました。とりわけ，子どもたちの野外での遊び活動に関心をもち，子どもたちの野外活動経験が失われたことの影響について，多数の論文や著書を発表したり，ワークショップを開催したりしています。現在は，環境汚染が乳幼児に及ぼす有害な影響に関心をもって研究されています。メアリー博士とリプキン博士は，本書の翻訳にあたって，訳者からの些細な質問にも丁寧に答えてく

訳者あとがき

ださいました。心よりお礼申し上げます。

　本書は前半の第Ⅰ部と，後半の第Ⅱ部の2部構成になっています。第1章から第3章までの第Ⅰ部では，幼年期の科学的な経験の意義や，科学的な探究を深めていくうえでの最新理論が簡潔にまとめられています。第Ⅱ部の第4章から第16章までには，科学的な領域ごとに活動の具体例が示されています。そして，最後に，家庭で行なう科学体験のヒントが示されている補章がつけ加えられています。

　実際の活動に興味がある方は，第Ⅱ部の中から，子どもたちが興味をもっている領域の活動を選び出して使うことができます。しかし，園や学校の先生方には，ぜひ第Ⅰ部の理論もあわせて読んでいただき，科学的な知識や体験をどのように深化，拡充していけばいいのかについて，基礎的な理論も学んでいただきたいと思います。

　なお，原著では，第Ⅱ部のいずれの章においても，科学体験を進めていくうえで有用な文献を紹介した「本とのつながり」や，科学に関係した歌や手遊びを紹介している「音楽的な活動」などが含まれていました。しかし，邦訳されていない本がほとんどであったり，日本ではなじみのない歌が主だったりしたために，原著者の了解を得て，こうした部分は削除しています。また，本文中の活動例には，アメリカでは手に入りやすくポピュラーな材料であっても，日本では入手しにくいものも含まれていました。そのため原意を損なわない範囲で，日本で手に入りやすい材料を示したり，訳注で情報を補ったりしたところもあります。

　最後に，本翻訳を行なうにあたって，愛媛大学教育学部の家山博史先生，日詰雅博先生には，動植物の日本語名称について貴重なご示唆をいただきました。また，愛媛大学教育学部附属幼稚園の桝鏡大先生，愛媛大学教育学部幼年教育専修の河内理恵さん，高橋明日香さんには，読みにくい部分などの指摘をしていただきました。感謝いたします。

2007年8月

深田昭三・隅田　学

訳者一覧 （*は監訳者）

深田昭三*（愛媛大学教育学部教授）　　　　　第Ⅰ部第1章, 第Ⅱ部第8章
溝邊和成（兵庫教育大学大学院教授）　　　　　第Ⅰ部第2章, 第Ⅱ部第11章
隅田　学*（愛媛大学教育学部教授）　　　　　第Ⅰ部第3章, 第Ⅱ部第9章
池田仁人（相模女子大学学芸学部教授）　　　　第Ⅱ部第4章
坂田知津江（愛媛県教育委員会指導主事）　　　第Ⅱ部第5章
出山利昭（愛媛大学教育学部附属小学校教諭）　第Ⅱ部第6章
藤井浩樹（岡山大学大学院教授）　　　　　　　第Ⅱ部第7章
坂田尚子（常葉学園大学教育学部非常勤講師）　第Ⅱ部第10章
土田　理（鹿児島大学教育学部教授）　　　　　第Ⅱ部第12章
藤谷　哲（目白大学人間学部准教授）　　　　　第Ⅱ部第13章
北野幸子（神戸大学大学院准教授）　　　　　　第Ⅱ部第14章
坂口　淳（新潟県立大学国際地域学部教授）　　第Ⅱ部第15章
松本伸示（兵庫教育大学大学院教授）　　　　　第Ⅱ部第16章
角谷詩織（上越教育大学大学院准教授）　　　　補章

監訳者紹介

深田昭三

1957年島根県に生まれる
所属：愛媛大学教育学部　教授
学歴：広島大学大学院教育学研究科博士課程後期単位取得退学
職歴：広島大学教育学部講師，愛媛大学教育学部助教授を経て，現職
専門領域：幼児心理学
〈著書・訳書〉
『幼児教育の方法』北大路書房，2004（分担執筆）
『保育内容・人間関係』北大路書房，2003（分担執筆）
『認知心理学者新しい学びを語る』北大路書房，2002（分担執筆）
『子どもと仲間の心理学』北大路書房，1996（分担訳）　など

隅田　学

1970年愛媛県に生まれる
所属：愛媛大学教育学部　教授
学歴：広島大学大学院教育学研究科博士課程後期修了　博士（教育学）
職歴：米国ジョージア大学教育学部客員研究員，広島大学教育開発国際協力研究センター講師，宮崎大学教育文化学部講師を経て，現職（2012-2013 英国ケンブリッジ大学教育学部客員研究員）
専門領域：理科教育，科学教育，才能教育
〈著書・訳書〉
"*International Perspectives on Early Childhood Education and Care*" Open University Press, 2013（分担執筆）
"*Debates on Early Childhood Policies and Practices: Global Snapshots of Pedagogical Thinking and Encounters*" Routledge, 2012（分担執筆）
"*International Perspectives on Science Education for the Gifted: Key Issues and Challenges*" Routledge, 2016（Taber, K. S.と共編著）
"*Science Education in East Asia: Pedagogical Innovations and Research-informed Practices*" Springer, 2015（分担執筆）
"*International Perspectives on Early Years Workforce Development*" Critical Publishing, 2015（分担執筆）

8歳までに経験しておきたい科学

2007年9月20日	初版第1刷発行	定価はカバーに表示
2020年7月20日	初版第5刷発行	してあります。

<table>
<tr><td>著　　者</td><td>J．D．ハーレン</td></tr>
<tr><td></td><td>M．S．リプキン</td></tr>
<tr><td>監 訳 者</td><td>深　田　昭　三</td></tr>
<tr><td></td><td>隅　田　　　学</td></tr>
<tr><td>発 行 所</td><td>㈱北大路書房</td></tr>
</table>

〒603-8303　京都市北区紫野十二坊町12-8
電　話　(075) 4 3 1 - 0 3 6 1㈹
F A X　(075) 4 3 1 - 9 3 9 3
振　替　0 1 0 5 0 - 4 - 2 0 8 3

Ⓒ2007
制作　ラインアート日向・華洲屋　印刷／製本　シナノ書籍印刷㈱
検印省略　落丁・乱丁本はお取り替えいたします。

ISBN978-4-7628-2585-9　　Printed in Japan

・ JCOPY 〈㈳出版者著作権管理機構 委託出版物〉
本書の無断複写は著作権法上での例外を除き禁じられています。
複写される場合は，そのつど事前に，㈳出版者著作権管理機構
（電話 03-3513-5088,FAX 03-3513-5089,e-mail: info@jcopy.or.jp）
の許諾を得てください。